C·H·Beck
PAPERBACK

C.H.BECK GESCHICHTE DER ANTIKE

Bereits erschienen:

ELKE STEIN-HÖLKESKAMP
Das archaische Griechenland
Die Stadt und das Meer

SEBASTIAN SCHMIDT-HOFNER
Das klassische Griechenland
Der Krieg und die Freiheit

PETER SCHOLZ
Der Hellenismus
Der Hof und die Welt

WOLFGANG BLÖSEL
Die römische Republik
Forum und Expansion

ARMIN EICH
Die römische Kaiserzeit
Die Legionen und das Imperium

RENE PFEILSCHIFTER
Die Spätantike
Der eine Gott und die vielen Herrscher

Johannes Preiser-Kapeller

BYZANZ

Das Neue Rom und die Welt des Mittelalters

C.H.Beck Geschichte der Antike

Mit 9 Karten und 8 Abbildungen

Vordere Umschlaginnenseite: Die Imperien Afro-Eurasiens um das Jahr 200 n. Chr.
Hintere Umschlaginnenseite: Afro-Eurasien um das Jahr 7000 der römisch-ostchristlichen Zeitrechnung (1492 n. Chr.)
Karten aus Christian Grataloup (2023), «Die Geschichte der Welt. Ein Atlas», München, S. 36f. und S. 224f.; Titel der französischen Originalausgabe: «Atlas historique mondial» © Les Arènes, Paris, 2019, © L'Histoire, Paris, 2019, mit freundlicher Genehmigung

Originalausgabe

www.chbeck.de
Umschlaggestaltung: Kunst oder Reklame, München
Umschlagabbildung: Mosaik der Muttergottes mit Kind und Kaiserin Eirene-Piroska (Ausschnitt), 12. Jahrhundert, Hagia Sophia, Istanbul; © akg-images/Bildarchiv Monheim/Jochen Helle
Satz: C.H.Beck.Media.Solutions, Nördlingen
Druck und Bindung: Pustet, Regensburg
Gedruckt auf säurefreiem und alterungsbeständigem Papier
Printed in Germany
ISBN 978 3 406 80680 3

klimaneutral produziert
www.chbeck.de/nachhaltig

Für Katerina

Στην Κατερίνα

INHALT

1. RÖMER, GRIECHEN, BYZANTINER: DAS ANDERE MITTELALTER

Junge Römer, tanzen anders
als die anderen
Falco, Junge Römer (1984)

In der Regierungszeit des Kaisers Justinian erläuterte der Historiker Hesychios im 6. Jahrhundert n. Chr.: «Als 362 Jahre seit der alleinigen Herrschaft des Kaisers Augustus im Alten Rom vergangen waren und sich dessen Glück bereits zum Ende neigte, übernahm Konstantin (...) die Zepter und gründete das Neue Rom (griechisch *Nea Rhome*), das Konstantinopel genannt wurde.»[1] Die von Kaiser Konstantin gegründete Hauptstadt am Bosporus war somit nicht nur das neue, sondern das jüngere Rom, dem die Zukunft gehörte, wie Hesychios nach dem Ende des Kaisertums im alten Rom im Jahr 476 wusste. Noch drastischer argumentierten Beamte in Konstantinopel im Jahr 968 in der Hitze des Streits mit päpstlichen Gesandten, die ein Schreiben überbracht hatten, das nicht an den «Kaiser der Römer», sondern «der Griechen» adressiert war. Wüssten die Gäste vom Tiber nicht, dass «der heilige Konstantin das kaiserliche Zepter, den ganzen Senat, die ganze römische Kriegsmacht» ins Neue Rom geführt hatte, während im alten Rom nur «gemeine Knechte, Fischer, Trödler, Vogelsteller, Hurenkinder, Pöbel und Sklaven» zurückblieben?[2]

Allerdings sollte sich in Westeuropa die Verweigerung des Römernamens für das Imperium von Konstantinopel trotz der dort ungebrochenen Tradition der Kaiserherrschaft durchsetzen. Insbesondere nachdem Herrscher seit Karl dem Großen wieder selbst den römischen Kaisertitel beanspruchten, titulierte man den Konkurrenten am Bosporus so wie die Gesandten 968 als «Kaiser», manchmal sogar nur als «König der Griechen», da dort ja Griechisch und nicht mehr Latein gesprochen wurde (das aber auch im Westen keine lebende Sprache mehr war). Um das östliche Römerreich noch deutlicher vom antiken Imperium Romanum abzugrenzen, nutzten westliche Gelehrte ab dem 16. Jahrhundert den Kunstbegriff des «Byzantinischen Reichs», abgeleitet vom Namen der griechischen Kolonie Byzantion, die Kaiser Konstantin zur neuen Hauptstadt ausgebaut hatte. Dieser Terminus war ursprünglich nicht negativ besetzt; der französische König Ludwig XIV. (1643–1715) und seine Nachfolger zollten dem imperialen Vorbild des Neuen Rom Bewunderung und förderten die Entstehung einer «byzantinistischen» Wissenschaft. Doch umso mehr verorteten die Denker der Aufklärung im 18. Jahrhundert mit dem verhassten Ancien Régime auch «Byzanz» und andere «orientalische Despotien» auf der falschen, fortschrittsfeindlichen Seite der Geschichte. Seitdem verbindet der gebildete Westeuropäer mit dem Begriff «Byzantinismus» die fadenscheinige Fassade eines morschen Regimes, hinter der sich Heuchelei, Kriechertum und Intriganz verbergen. Ein Element dieser Verzerrung des «Byzantinischen Reichs» war seine Darstellung als Autokratie, mit totaler Kontrolle des Herrschers über Gesellschaft und Kirche (unter dem Stichwort «Cäsaropapismus»), unterstützt von willfährigen Helfern. Diese Aspekte wurden zuletzt wieder aus Anlass des Angriffskriegs gegen die Ukraine herangezogen, um die «Andersartigkeit» Russlands unter anderem durch sein mit der Christianisierung aus Konstantinopel ab dem 10. Jahrhundert erworbenes «byzantinisches» Erbe zu erklären. Solche Kommentare zeugen nicht nur von einer Unkenntnis der Geschichte des Römerreichs und der mittelalterlichen Rus, die alles andere als ein autokratischer Zwangsstaat waren, sondern bilden auch ein bemerkenswertes Echo zum Missbrauch der Geschichte durch das Putin-Regime, das mit Verzerrungen ähnlichen Inhalts die eigene Abgrenzung vom «Westen» möglichst tief in der Vergangenheit verankern möchte.

Was man Byzanz von der römischen Tradition allenfalls zubilligte, war «spätrömische Dekadenz», die auch Falco im eingangs zitierten Lied beschwor. Dieses neue Byzanzbild fand im 19. Jahrhundert ebenso Eingang in den Schulunterricht. Im für den Unterricht an höheren Schulen im österreichischen Kaiserreich 1845 zugelassenen Geschichtslehrbuch aus der Feder des Professors für Kirchengeschichte Josef Annegarn ist zu lesen: «Aber es würde wenig unterhalten, von allen folgenden Kaisern (des Byzantinischen Reichs) zu hören. Vergiftungen und alle anderen Arten des Mordes, oft von Weibern bewirkt, wiederholen sich in schauerlicher Einförmigkeit bei jedem Regierungswechsel. Oft vergiftete der Sohn seinen Vater, um eher zur Regierung zu gelangen.»[3] Aus moralisch-pädagogischen Gründen durfte leicht beeinflussbaren jungen Gemütern der Großteil der «byzantinischen» Geschichte nicht zugemutet werden. Doch auch mehr als 100 Jahre später erfuhren die Schülerinnen und Schüler aus einem Lehrbuch des Jahres 1966: «Während das oströmische Reich durch das Vordringen des Islam alle afrikanischen und arabischen Gebiete und die Mittelmeerinseln verloren hatte, war das neue Kaiserreich (Karls des Großen) im Westen jung, stark und nach außen geschützt. (…) Im Reiche Karls und seiner Nachfolger war ein Werden und Wachsen, im oströmischen Reich ein Bewahren und allmähliches Vergehen.»[4]

Insgesamt wusste die traditionell auf West- und Mitteleuropa ausgerichtete Geschichtsforschung im deutschsprachigen Raum (und andernorts) und ihre in den Unterricht einfließende Deutung der Historie mit dem östlichen mittelalterlichen Abkömmling des Römischen Reichs nicht allzu viel anzufangen. Allenfalls als «Schutzwall» vor dem Islam und anderen «asiatischen» Gefahren oder als Bewahrer antiker Bildungstradition durfte dieses Reich zum «Aufstieg» Europas beitragen. Eine eigenständige Rolle oder gar Innovationskraft wurde den «Byzantinern» hingegen kaum zugebilligt.

Und auch wenn man das Studium dieser Kultur mit einem ersten Lehrstuhl in München 1897 im universitären Curriculum verankerte, als Bezeichnung für das neue Fach setzte sich «Byzantinistik» durch, mit allen damit verbundenen Assoziationen. Auch deshalb lautet der Haupttitel des vorliegenden Bandes «Byzanz», schlichtweg pragmatisch, um interessierte Leserinnen und Leser dort abzuholen, wo sie mehrere Generationen der Geschichtsforschung hingelenkt haben. Demgegenüber wagt dieses Buch aber den Versuch, in den folgenden Kapiteln auf den Kunstbegriff «byzantinisch» zu verzichten und entsprechend dem Selbstverständnis zumindest der Eliten und der von ihnen verfassten Quellen das Reich und seine Bewohner konsequent als «römisch» zu bezeichnen. Dies mag Leserinnen und Leser irritieren, aber auch helfen, «Byzanz» als ein weiteres Millennium römischer Geschichte über die Antike hinaus zu verstehen. Was den Rombegriff seit der Expansion in den gesamten Mittelmeerraum während der Republik im 2. Jahrhundert v. Chr. ausmachte, war die Idee eines die Erdteile übergreifenden, für die Weltordnung unersetzlichen Imperiums – und in dieser Hinsicht setzte sich der römische Anspruch im Römerreich des Mittelalters fort, selbst wenn die Hauptstadt nicht mehr am Tiber, sondern am Bosporus lag, und die Verwaltungssprache nicht mehr Latein, sondern Griechisch war. Der letzte römische Kaiser Konstantin XI., der am 29. Mai 1453 im Kampf gegen die Osmanen fiel, trug noch jene Titel, die Caesar Octavian Augustus im Lauf seiner Übernahme der alleinigen Leitung des römischen Staatswesens ab 30 v. Chr. angenommen hatte.

Problematisch wird angesichts dieser Kontinuität aber die Epochengrenze zwischen Antike und Mittelalter. Gehören die Geschehnisse des 11. oder 15. Jahrhunderts in einen Band einer Reihe zur «Geschichte der Antike», selbst wenn sie noch in einem Römischen Reich stattfanden? Viele der früheren Grenzmarkierungen wie die Christianisierung des Imperium Romanum ab dem 4. Jahrhundert n. Chr. oder der «Untergang» des weströmischen Reichs im Jahr 476 wurden in den letzten Jahrzehnten umgeworfen, im Sinne einer an zeitlicher und räumlicher Abdeckung wachsenden «Spätantike». Aber auch diese späte Antike muss irgendwann enden. Rene Pfeilschifter versucht in seinem zuvor letzten Band dieser Reihe zur «Spätantike» das Ende seiner Erzählung der römischen Geschichte im 7. Jahrhundert dadurch zu rechtfertigen, dass dieses, vor allem aufgrund der arabisch-islamischen Expansion, eben einen solchen Einschnitt markierte, der die antike von der mittelalterlichen Geschichte des Römerreichs trennte. Somit konnten die folgenden 800 Jahre nicht mehr Platz in einem Buch zur Geschichte der Antike finden. Der Historiker dürfe nicht auf «Selbstbenennungen und Selbstbeschreibungen» hereinfallen; nur dann «hätte das

Römische Reich bis 1453 bestanden», während es aber heute «einhellige Ansicht» sei, dass «das Römische Reich die Antike nicht überdauerte».[5] Er zitiert in diesem Abschnitt eine dem Patriarchen Gregor von Antiocheia zugeschriebene Ansprache an die meuternden römischen Truppen an der Ostgrenze zu den Persern aus dem Jahr 589, in der der Kleriker das Vorbild der römischen Soldatentugend der tiefen Vergangenheit bis hin zu Titus Manlius Torquatus im 4. Jahrhundert v. Chr. beschwor. Und Pfeilschifter erläutert: «Äußerlich dürfte Gregor von einem griechischen Bischof des zehnten Jahrhunderts nicht viel unterschieden haben. Aber Gregor wusste von Torquatus, sein späterer Kollege nicht. Der eine lebte in der Antike und war Römer, der andere lebte im Mittelalter und war Byzantiner.»[6] Wie aber der entsprechende Abschnitt im vorliegenden Buch zeigt, war gerade das 10. Jahrhundert eine Zeit umso stärkeren Bezugs auf die römische Tradition des Reichs, mit einer Intensivierung der Lektüre und des Sammelns «antiken» Wissens, mit Klerikern, die die alte römische Geschichte zusammenfassten, und mit Kaisern, die sich auf das römisch-republikanische Geschlecht der Fabier beriefen.

Für eine Spätantike, die immerhin bis ins 11. Jahrhundert reicht, trat Thomas Bauer 2018 in seinem vielbeachteten Buch «Warum es kein islamisches Mittelalter gab» ein, in dem er auf die Kontinuität der sich ab dem 7. Jahrhundert entfaltenden arabisch-islamischen Zivilisation verwies, die sich mit dem westeuropäischen Periodisierungsmuster nicht vereinbaren ließ. Bauer sprach dabei auch das parallele Beispiel des Römischen Reichs des Ostens an, das ja in Konflikt und Austausch eng mit der islamischen Welt verflochten war. Tatsächlich markierte das 11. Jahrhundert auch im Verständnis der Historikerinnen (eigentlich ist es nur eine) und Historiker des Römerreichs des Mittelalters eine äußerst krisenhafte Zeit, die ähnlich wie im 7. Jahrhundert beinahe im Zusammenbruch des Imperiums geendet hätte. Doch sie wurde überwunden, und die Kaiser in Konstantinopel verstanden sich auch im 12. Jahrhundert als römische Weltherrscher. Einen noch viel dramatischeren Einschnitt stellte das Jahr 1204 dar, als Kreuzfahrer und Venezianer Konstantinopel eroberten und den römischen Kaiser erstmals aus seiner

Hauptstadt vertrieben. Damals schien die Geschichte des Neuen Rom tatsächlich an ihr Ende gekommen, jedoch gelang – nach Ansicht der Zeitgenossen auf wundersame und somit umso mehr legitime Weise – 1261 die Rückkehr der römischen Kaisermacht nach Konstantinopel. Erst mit der osmanischen Eroberung am 29. Mai 1453 endete für die Römer des Ostens die politische Existenz ihres Imperiums, auch wenn die römische Identität unter griechischsprachigen Christen noch lange weiterbestehen sollte. Will man die Geschichte dieser Römer so wie jene der islamischen Welt zu ihren eigenen Bedingungen erzählen, dann muss sie die gesamten mehr als 1100 Jahre von der Gründung bis zur Eroberung Konstantinopels umfassen.

Wenn aber dennoch – und erneut in gewissem Widerspruch zum Reihentitel – vom «Neuen Rom und der Welt des Mittelalters» die Rede ist, dann wird damit die sich ständig wandelnde geopolitische Umwelt des Römerreichs in den Blick genommen. Vor allem in Anpassung an diese oft dramatischen Veränderungen mussten trotz aller Kontinuität die Römer sich und ihr Reich immer wieder neu «erfinden», in eklatantem Gegensatz zum Klischee vom stagnierenden, dekadenten «Byzanz». Näher lässt sich diese Welt des Mittelalters mit dem nachrömischen Westen Europas bestimmen, der mit Konstantinopel stets verbunden blieb und ihm nachzueifern versuchte, ihm aber insbesondere mit den Kreuzzügen in einer gegenüber der Antike stark veränderten und letztlich auch verheerenden Form naherückte. Gleichzeitig eröffnen sich mit dem Blick auf und von Konstantinopel aber auch Perspektiven auf eine mittelalterliche Welt weit jenseits Westeuropas, in Richtung Ostafrika und Indischer Ozean, Kaukasus und Zentralasien oder Schwarzes Meer und Osteuropa.

Es ist aber klar, dass diese Geschichte auf 350 Seiten nicht in allen Aspekten angemessen unterzubringen ist. Gleichzeitig will das vorliegende Buch eine traditionelle lineare Erzählung der römischen Geschichte zwischen dem 4. und dem 15. Jahrhundert bieten, auch im Wissen, dass der Leserschaft über den am Beginn erwähnten Justinian hinaus kaum ein Kaisername dieser Zeit so geläufig sein wird wie jene des Augustus, Nero, Trajan oder Mark Aurel.

Innerhalb dieser Erzählung werden Schwerpunkte vor allem dort gesetzt, wo es um die Selbstvergewisserung und Erneuerung des Römerreichs und seinen Platz in der Welt des Mittelalters geht. Somit ist der Tanzrhythmus dieses Buches über die «jungen Römer» anders als jener der Bände dieser Reihe über das «alte» Rom, vom Lied Falcos bis zum Ballettauftritt des Sonnenkönigs Ludwig XIV., der uns im letzten Kapitel begegnen wird.

2. VOM ALTEN ZUM NEUEN ROM: DIE ORIENTIERUNG EINES IMPERIUMS

Die Verflechtung der griechischen und römischen Welt

Wie die Expansion der Römer die vorher unverbundenen Geschehnisse der Ökumene, der «bewohnten Welt», in einer neuen Weise vernetzte, erläuterte der griechische Staatsmann Polybios um 140 v. Chr. in seinem Geschichtswerk. Erst von da an, so schrieb er, wurden die Entwicklungen in Italien und Afrika mit jenen in Asien und Griechenland zu einem Ganzen verflochten.[1] Tatsächlich eröffnete die Eroberung der griechischen Staatenwelt den Römern eine weit über das Mittelmeer hinausreichende Perspektive, hatten die Feldzüge Alexanders des Großen im 4. Jahrhundert v. Chr. doch das gesamte Perserreich bis nach Zentralasien und Indien erfasst. Das römische Reich konnte zwar die Gebiete östlich des Euphrats in Mesopotamien und im Iran nie dauerhaft besetzen, da dort mit dem Partherreich eine ebenbürtige Großmacht entstand. Doch existierten Handelsverbindungen aus den griechischsprachigen Provinzen in Ägypten über das Rote Meer bis nach Indien und vom Schwarzen Meer über die Wolga bis ins Innere Asiens. Auch aus diesen weitreichenden Verbindungen bezog Rom das Selbstbewusstsein, Ordnungsmacht der gesamten Welt zu sein.

Der um 200 v. Chr. auf der Peloponnes geborene Polybios machte aber auch die Brutalität der römischen Eroberer deutlich. So wie im selben Jahr Karthago in Nordafrika machten sie 146 v. Chr. Korinth in Griechenland dem Erdboden gleich. Schon davor hatten die Römer zahlreiche griechische Städte zerstört, Tausende Menschen getötet und Zehntausende in die Sklaverei verkauft. Polybios selbst wurde 167 v. Chr. als einer von 1000 Aristokraten aus Griechenland nach Rom deportiert. Die griechischen Provinzen wurden danach im 1. Jahrhundert v. Chr. Hauptschauplatz der Kämpfe, die den

Verfall der römischen Republik begleiteten, bis zur Entscheidungsschlacht zwischen Marcus Antonius und Octavian bei Actium in Westgriechenland im Jahr 31 v. Chr. Erst mit der Durchsetzung der Alleinherrschaft des Octavian-Augustus, der die Fassade der römischen Republik beibehielt, aber tatsächlich das römische Kaisertum grundlegte, herrschte die *Pax Romana*.

Jetzt konnte man auch die Friedensdividende der Einbindung in ein den gesamten Mittelmeerraum umspannendes Großreich genießen, dessen wachsendes Straßennetz ins afrikanische und asiatische Hinterland und in Europa bis zum Rhein und zur Donau reichte. Davon profitierten vor allem die urbanen Eliten, Großgrundbesitzer und reichen Händler, die ihre Städte gegenüber den römischen Statthaltern und dem Kaiser repräsentierten. Um dessen Gunst konkurrierten sie durch die Errichtung von Statuen und Tempeln zu Ehren Roms und des Monarchen. Im Laufe der Zeit identifizierten sich diese griechischsprachigen Eliten immer mehr mit jenem Staatswesen, dem sie Stabilität und Wohlstand verdankten. Einige erhielten das römische Bürgerrecht und hohe Positionen in der Verwaltung und am Kaiserhof. Gut 300 Jahre nach Polybios verfasste der aus Kleinasien stammende Publius Aelius Aristides Theodorus im Jahr 155 n. Chr. eine Lobrede «Auf Rom». Das «bemerkenswerteste und lobenswerteste Merkmal» der römischen Herrschaft sei die großzügige Gewährung des Bürgerrechts an alle begabten und «mannhaften» Untertanen. Weder «die Meere noch die Weite des Landes behindern» die Ausweitung der Bürgerschaft, «Asien und Europa unterscheiden sich nicht» und «Karrieren sind offen für Talente». Reiche und Arme fänden «Zufriedenheit und Gewinn», das Imperium sei «eine einzige und allumfassende Harmonie».[2] Im Überschwang sprach so ein Nutznießer des Systems, der schon in Kinderjahren zusammen mit seinem Vater vom als besonders «Griechen-freundlich» bekannten Kaiser Publius Aelius Hadrianus (reg. 117–138) das römische Bürgerrecht erhalten hatte. Stolz führte Aristides Theodoros als Römer nun den Vornamen und den Familiennamen Publius Aelius des wohltätigen Imperators.

Gleichzeitig blieb Aelius Aristides ein stolzer Vertreter des Erbes der Griechen und verfasste alle seine Werke in ihrer Sprache. Gemeinsam mit anderen Zeitgenossen legte er die Basis für die Erneuerung und Fortführung der griechischen Literatur und Gelehrsamkeit im Römischen Reich bis ins Mittelalter. Man nannte diese Periode schon in der Antike die «Zweite Sophistik», in Nachahmung der ersten Blüte des griechischen Wissens im 5. Jahrhundert v. Chr. Der «hard power» Roms stellt Aelius Aristides die überlegene kulturelle «soft power» Athens gegenüber, die nicht auf Garnisonen, sondern der Anziehungskraft der Bildung gründete. Dennoch markiert sein Werk eine Station hin auf dem Weg zu einer römischen Identität im griechischen Osten.

Weniger deutlich als für die urbanen Eliten war der Nutzen der *Pax Romana* für die überwiegende Masse der Bevölkerung, die das Land bearbeitete, darunter Bauern mittlerer und kleinerer Besitzgröße, aber auch Pächter und Sklaven auf den Gütern der Reichen. Wohl 80 bis 90 Prozent der Bevölkerung waren in der Landwirtschaft tätig. In der Verteilung des auf den agrarischen Überschüssen beruhenden Reichtums wurden die Balancen zwischen staatlichen und gesellschaftlichen Akteuren ausverhandelt. Zumindest, dass es im Innern nicht zu weiteren Kriegen kam und keine Invasoren von außen in das Reich einbrachen, war auch für die Masse der Bevölkerung ein Segen, selbst wenn Abgaben und Arbeitsdienste etwa für das römische Militär geleistet werden mussten. Insgesamt war der Zugriff des Zentralstaates in den ersten Jahrhunderten der römischen Kaiserzeit noch relativ locker, und die lokale Verwaltung oblag den einzelnen Stadtgemeinden. Archäologische und naturwissenschaftliche Befunde belegen für diese Zeit agrarisches und demographisches Wachstum in den Provinzen des Osten. Funde von Keramik höherer Qualität auch außerhalb der Wohnstätten der Eliten deuten eine gewisse Verbreitung des Wohlstands und des Zugangs zu Produkten jenseits des absoluten Grundbedarfs an. Begünstigt wurde diese Entwicklung durch relativ stabile klimatische Verhältnisse während des sogenannten «Römischen Klimaoptimums». Es ging auch mit meist ausreichenden Nilschwemmen in Ägypten einher, dessen Ernteüberschuss der Ernährung der mittlerweile über eine Million zählenden Einwohner der Hauptstadt Rom diente. Diese und andere Achsen des staatlich geförderten

Transports, etwa zur Versorgung der Truppen, förderten wiederum den Handel und das Gewerbe der Privatleute.

Die Krise des Imperiums und die Herrschaft der vier Kaiser

Allerdings endete diese stabile Klimaperiode in der zweiten Hälfte des 2. Jahrhunderts n. Chr. Ein Fanal war der erstmalige Ausbruch einer reichsweiten Pandemie, der in der Forschung nach dem damaligen Kaiser Marcus Aurelius Antoninus so benannten «Antoninischen Pest». Sie wurde 165 n. Chr. offenbar von römischen Truppen auf einem Feldzug gegen das Partherreich aus Mesopotamien eingeschleppt. Die Identität des Krankheitserregers und die Zahl der Opfer sind bis heute umstritten, doch fügte sich die Seuche auch in eine ansonsten immer krisenhaftere Zeit. Sie betraf nicht nur das römische Reich, sondern ganz Afro-Eurasien. Auch das chinesische Kaiserreich wurde in dieser Zeit von Witterungsextremen und Epidemien heimgesucht, die zusammen mit einer Welle von Aufständen schließlich 220 n. Chr. zum Sturz der Han-Dynastie und zum Zerfall des Imperiums in drei Reiche führten. Weiter westlich zerbrach das Reich der Kuschana, die die Handelsrouten von Zentralasien über Afghanistan bis nach Nordindien kontrolliert und im Kontakt mit Rom gestanden hatten. Und auch das von den Römern mehrfach attackierte Reich der Parther geriet ins Trudeln, bis sie 224/226 von der persischen Dynastie der Sasaniden verdrängt wurden, die sich dann als sehr viel unangenehmere Nachbarn des Römerreichs erweisen sollten.

Größere und besser organisierte Verbände der Nachbarvölker beunruhigten die römischen Grenzen auch an der Donau, etwa die Markomannen und Quaden. Gegen sie musste Marcus Aurelius jahrelang Krieg führen, nachdem sie sogar bis nach Norditalien vorgedrungen waren. Aufgrund der wachsenden Belastungen an verschiedenen Fronten hatte der Kaiser erstmals seine Macht geteilt. Sein Adoptivbruder Lucius Verus sollte als Mitkaiser im Osten gegen die Parther kämpfen, starb aber im Jahr 169 vermutlich an der Seuche.

Nach dem Tod des Marcus Aurelius folgte ihm 180 sein Sohn Commodus, der jedoch im Jahr 192 einer Palastverschwörung in Rom zum Opfer fiel. In der Folge kämpften mehrere Kandidaten um die Macht, bis sich der von den Legionen der Donaugrenze in Carnuntum zum Kaiser ausgerufene, im heutigen Libyen geborene Septimius Severus im Jahr 194 durchsetzte. Seine Thronbesteigung markiert eine neue Periode, in der die Kaiser vor allem durch die Truppen erhoben wurden, während der Einfluss des Senats und des Volkes in Rom zurückging. Septimius Severus gelang es aber, vorerst das Reich zu stabilisieren und die Kaisermacht in seiner Familie zu halten. Sein Sohn Marcus Aurelius Severus Antoninus, genannt Caracalla, gewährte in seiner *Constitutio Antoniana* am 11. Juli 212 allen frei geborenen Bewohnern des Imperiums das Bürgerrecht, «um die Würde des römischen Volkes zu vergrößern».[3] Dieser neue Rechtsstatus war allein sicher nicht ausreichend, um eine allgemeine Identifikation mit dem Römertum zu gewährleisten, aber markierte einen nächsten Schritt hin zu einer weiterreichenden römischen Identität.

Die Dynastie des Septimius Severus endete im Jahr 235 mit der Ermordung des Severus Alexander auf einem Feldzug gegen die Germanen in der Nähe von Mainz. Zuvor hatte die meuternde Armee den Offizier Maximinus Thrax, der wie viele Soldaten dieser Zeit aus den südosteuropäischen Provinzen stammte, zum Kaiser ausgerufen. Doch konnte er sich nicht im ganzen Reich durchsetzen und wurde 238 ebenfalls von seinen Soldaten ermordet. In den folgenden Jahrzehnten riefen unterschiedliche Truppenteile an verschiedenen Grenzen ihre Generäle als Herrscher aus, die dann gegeneinander um die Macht stritten. In den knapp 50 Jahren zwischen 235 und 284 lösten einander 26 Kaiser ab, doch beanspruchten in dieser Zeit nicht weniger als 70 Männer nach- und nebeneinander den Kaisertitel. Während dieser Reichskrise des 3. Jahrhunderts musste das Imperium erstmals eroberte Gebiete im heutigen Rumänien und Südwestdeutschland wieder aufgeben. Gleichzeitig fielen die Armeen der persischen Sasanidendynastie und verschiedene germanische Verbände in das Imperium ein. Davon waren die östlichen Provinzen nicht nur an den Grenzen betroffen, sondern auch tief im Hinterland. Die Goten und ihre Verbündeten drangen von nördlich des Schwarzen Meers sowohl zu Land über die Donau als auch zu Schiff bis in die Ägäis vor und verwüsteten 267 sogar Athen.

Das imperiale Versprechen von Frieden, Sicherheit und Wohlstand wurde somit brüchig. Zudem suchte zwischen 250 und 270 neuerlich eine Pandemie den römischen Mittelmeerraum heim. Deshalb versuchten manche Eliten, die offensichtlich überforderte römische Zentralmacht durch eine regionale Machtbildung zu ersetzen, die die Probleme vor Ort bewältigen konnte. Legitimiert wurden solche Sonderreichsbildungen wie um Palmyra in Syrien oder in Gallien durch Siege gegen äußere Gegner. Erst Kaiser Aurelian konnte ab 270 die Gesamtherrschaft wiederherstellen und den dauerhaften Zerfall des römischen Imperiums verhindern. Aurelian begann jedoch ab 271 auch mit der Errichtung neuer Stadtmauern für die Hauptstadt Rom, die über Jahrhunderte keiner Befestigung bedurft hatte. Die Brüchigkeit der *Pax Romana* wurde damit in besonderer Weise augenfällig. Allerdings konnten die Mauern und andere Bauten Aurelians ebenso als Bekenntnis des Kaisers zur vernachlässigten Hauptstadt gedeutet werden, der er das gesamte Imperium wieder untertan machte. Noch reichte die Strahlkraft Roms, um die Einheit des Reichs aufrechtzuerhalten. Doch wurde Aurelian im Jahr 275 bei den Vorbereitungen für einen Feldzug gegen die Sasaniden ermordet.

Dauerhaft beendete die ständigen Thronkämpfe der General Diokletian, den im Jahr 284 eine Heeresversammlung bei Nikomedeia in Nordwestkleinasien zum Herrscher erhob. Er versuchte, die ungeordnete Teilung der Kaisermacht zwischen den verschiedenen Fronten des Reiches zum Nutzen des Imperiums zu institutionalisieren. 285/286 erhob er den General Maximinianus zum Mitkaiser (*Caesar*) und dann zum gleichberechtigten Hauptkaiser (*Augustus*) für den Westen des Reiches. Im Jahr 293 wurde dieses Zweikaisersystem um zwei den *Augusti* jeweils untergeordnete Mitkaiser mit Constantius I. Chlorus für den Westen und Galerius für den Osten zu einer Viererherrschaft (Tetrarchie) erweitert. Die Mitkaiser wurden von ihren *Augusti* adoptiert. Dieses Verwandtschaftssystem er-

Abb. 1: Die Kaiser der ersten Tetrarchie mit Diokletian (286–305), Porphyr, Höhe 1,36 Meter. Bis 1204 in Konstantinopel, danach in Venedig, San Marco

hob man durch die Schaffung zweier göttlicher Kaiserclans so wie das gesamte Kaisertum in eine sakrale Sphäre. Das vervierfachte Kaisertum sollte sich selbst erneuern, indem die *Augusti* nach 20 Jahren abdankten und die Mitkaiser zu Hauptkaisern aufrückten, die ihrerseits fähige Mitkaiser auswählten. Die Einigkeit wurde an öffentlichen Plätzen durch Statuen der in brüderlicher Umarmung vereinten Tetrarchen propagiert, die man aus dem den Kaisern vorbehaltenen, wertvollen Porphyrgestein aus der ägyptischen Wüste fertigte. Die bekannteste dieser Figurengruppen steht heute an einer Ecke des Markusdoms in Venedig, wohin sie nach der Plünderung Konstantinopels 1204 gebracht wurde (Abb. 1).

Die Herrschaft der Tetrarchen bewährte sich; von Britannien bis Ägypten wurde die Zentralmacht wiederhergestellt. Auch außenpolitisch feierten sie große Erfolge, so 298/299 einen günstigen

Friedensschluss mit den persischen Sasaniden. Wegweisend für die nächsten Jahrhunderte waren die Reformen in der Verwaltung: Die Anzahl der Provinzen wurde verdoppelt und somit die Präsenz und der Zugriff der kaiserlichen Administration erhöht. Zivile und militärische Verwaltung trennte man. Die Zahl der Truppen wurde auf 400000 bis 600000 Mann erhöht und in fest stationierte Grenztruppen und mobile Feldarmeen, die den (oder die) Kaiser begleiteten, gegliedert. Um diesen vergrößerten Militär- und Verwaltungsapparat zu finanzieren und die Staatskassen nach der Krise der vorangegangenen Jahrzehnte wieder zu füllen, wurde das Abgabensystem verändert. Zuerst alle fünf, dann alle 15 Jahre (der Zyklus der sogenannten «Indiktion») veranlagte man sämtliche Steuerzahler neu. Dabei berücksichtigte man sowohl die Größe und Qualität der Ackerflächen als auch die Anzahl der eingesetzten Arbeitskräfte. Diesem Steuersystem wurden ebenso die Provinzen Italiens unterworfen, das seinen Sonderstatus verlor. Außerdem ging Rom seiner Stellung als Hauptresidenz der Kaiser verlustig, die ihre Basis nun oft in Städten näher an den Grenzen wie Trier, Mailand oder Nikomedeia in Nordwestkleinasien errichteten.

Als weitgehend erfolglos erwies sich der Versuch, der durch die Entwertung der Silbermünzen in den Jahrzehnten zuvor verursachten Teuerung mit der Festlegung von Maximalpreisen Herr zu werden. Das zuerst 301 erlassene kaiserliche Edikt Diokletians gehört zu den berühmtesten Gesetzen der Antike, seine mehrfache Wiederholung zeugt aber auch von seiner relativen Wirkungslosigkeit. Das Verwaltungssystem erscheint sowohl in zeitgenössischen Quellen wie der *Notitia Dignitatum* (ein Verzeichnis der zivilen und militärischen Dienststellen und der Truppeneinheiten in beiden Reichsteilen vom Beginn des 5. Jahrhunderts) als auch in modernen Darstellungen als von der Zentrale bis zu den Provinzen streng hierarchisch durchorganisierter «spätantiker Zwangsstaat».

Tatsächlich war aber die römische Administration in Antike und Mittelalter nie ein bürokratisches Regime im modernen Sinn. Scheinbar fixierte Aufgaben- und Kompetenzteilungen oder Weisungsbefugnisse konnten auf vielfache Weise umgangen werden, insbesondere durch die Wirksamkeit persönlicher Netzwerke der

Verwandtschaft, Freundschaft oder Patronage. Dies geschah auch mit Zustimmung des Kaisers, des mächtigsten aller Patrone, dessen Position durch den Wettstreit konkurrierender Gruppierungen innerhalb der Administration als Schiedsrichter sogar gestärkt wurde. Begünstigte Funktionsträger konnten auf Zeit oder dauerhaft Kompetenzen an sich ziehen, die nichts mit ihrer nominellen Aufgabe zu tun hatten. Gesetze und Verfügungen wandte man keineswegs ohne Ansehen der Person an, sondern unterschiedlich je nach gesellschaftlichem Status und Einfluss. Gerade für Angehörige der Eliten bot sich die Gelegenheit, sich dem staatlichen Zugriff, insbesondere der Besteuerung, teilweise zu entziehen oder im Gegenzug Funktionen in der Verwaltung für eigene Zwecke zu nutzen. Dies blieb eine Herausforderung auch während der gesamten mittelalterlichen Geschichte des Römerreichs. Insgesamt konnte unter vormodernen Bedingungen kein Staatswesen auch nur annähernd so weit oder effektiv in das Leben seiner Bürger eingreifen wie ein Staat des 20. oder 21. Jahrhunderts.

Dies gilt auch für die von Diokletian befohlene Verfolgung der Christen. Mit dem Wandel des Kaisertums im 3. Jahrhundert und seiner zunehmenden Erhebung in die sakrale Sphäre ging eine Verschärfung der Ahndung religiöser Abweichung einher. Schon unter dem Soldatenkaiser Decius kam es 249 bis 251 zu einer ersten umfassenden Verfolgung der mittlerweile über größere Teile des Reiches verbreiteten Christen. Neuerliche Verfolgungen verfügte Kaiser Valerian 257/258. Unter den Tetrarchen wurden dann 303 die Entfernung der Christen aus Ämtern und Ehrenstellungen in Armee und Verwaltung, die Zerstörung von Kirchen und Exemplaren der Heiligen Schriften und bei fortwährendem Widerstand und der Verweigerung des heidnischen Opfers auch die Hinrichtung verfügt. Das tatsächliche Ausmaß der nun folgenden Verfolgung hing vom Eifer des Kaisers des jeweiligen Reichsteils und der lokalen Funktionsträger ab. Am intensivsten fiel sie im Osten des Imperiums aus, wo auch die größten christlichen Gemeinden zu finden waren.

Konstantin, das Christentum und das Neue Rom

Als Diokletian plangemäß im Mai 305 abdankte und sich in seinen großen Palast in Split im heutigen Kroatien zurückzog, zeigte sich bald, dass weder die Verfolgung der Christen noch das Vierkaiser-System aufrechterhalten werden konnten. Schon seinen Mit-Augustus Maximinianus musste Diokletian zum Rücktritt zwingen. Constantius I. Chlorus im Westen und Galerius im Osten rückten als *Augusti* nach und wählten sich neue Mitkaiser, Severus im Westen und Maximinus Daia im Osten. Als Constantius Chlorus 306 verstarb, erkannten aber dessen mehr dem Herrscher als dem Regierungssystem loyale Truppen seinen Sohn Konstantin I. in York in Britannien als Kaiser an. In Rom riefen die mit ihrem Bedeutungsverlust unzufriedenen Prätorianergarden wiederum Maxentius, den Sohn des Maximinianus, zum Kaiser aus, der sich gegen den legitimen *Caesar* Severus durchsetzen konnte. In mehreren Abkommen und Konferenzen versuchte man, die irregulär erhobenen Kaiser entweder in das Tetrarchen-System zu integrieren oder als Staatsfeinde zu eliminieren.

Tatsächlich aber standen die verschiedenen Kandidaten einander bald wie während der Krise des 3. Jahrhunderts auf dem Schlachtfeld gegenüber. Im Jahr 311 verstarb mit Galerius der letzte amtierende Kaiser der ersten Tetrarchie, nachdem er davor noch die Verfolgungsedikte gegen die Christen widerrufen hatte. 312 kam es zum Entscheidungskampf zwischen Konstantin I. und Maxentius um die Macht im Westen des Reiches. In der Schlacht an der Milvischen Brücke bei Rom siegten die Truppen des Konstantin am 28. Oktober. Angeblich nach einer Vision des Kaisers, durch die ihm in diesem Zeichen der Sieg verheißen worden war, hatten sie ihre Schilde mit dem Christogramm (der Kombination der zwei ersten Buchstaben des Namens «Christus» im griechischen Alphabet, Chi/X und Rho/P) bemalt. Es existieren aber verschiedene christliche und heidnische Versionen von Visionen des Kaisers, die sie auch mit dem vormals von Konstantin verehrten Sonnengott Sol Invictus in Verbindung bringen. Auch die moderne Forschung diskutiert bis heute über den Charakter der Zuwendung Konstantins zum Christentum. Taufen ließ er sich, wie aber damals durchaus üblich, erst auf dem Totenbett, um nicht zu Lebzeiten nochmals eine Sünde auf sich zu laden, da doch die Taufe die Reinwaschung von allen irdischen Verfehlungen bedeutete. Bis dahin aber mischten sich weiterhin «heidnische» und christliche Aspekte in seiner Selbstdarstellung auf Münzen, Medaillen, Friesen oder in Skulpturen.

Konstantin traf sich nach seinem Sieg im Westen mit einem der Kandidaten um die Macht im Osten des Reiches, Licinius, 313 in Mailand. Sie vereinbarten nicht nur eine neue Teilung des Imperiums, sondern auch eine Duldung des Christentums. Bald machte Konstantin deutlich, dass er den Glauben der Christen nicht nur dulden, sondern aktiv fördern wollte; 319 wurde der christliche Klerus von allen Steuerpflichten befreit, 321 die Sonntagsruhe festgeschrieben. Als sich die Spannungen zwischen Konstantin und Licinius verschärften, ging Letzterer mit Gewalt gegen die Christen vor, was Konstantin als Anlass zum Krieg diente. Nach seinem Sieg im Jahr 324 beherrschte Konstantin das gesamte Imperium, das erneut unter einem Kaiser vereint war.

Konstantin verewigte seinen Triumph im selben Jahr mit der Grundsteinlegung einer neuen Hauptstadt, indem er die um 660 v. Chr. entstandene griechische Kolonie Byzantion ausbaute. Sie lag strategisch günstig an der Meerenge des Bosporus zwischen Mittelmeer und Schwarzem Meer und zwischen Südosteuropa und Kleinasien. Mit der Erweiterung des Stadtgebiets um das Fünffache auf 700 Hektar plante er ein «Neues Rom», das weit über das Umland von Byzantion hinausreichte. Für die zusätzliche Versorgung der im Entstehen begriffenen Metropole ließ er die Getreideüberschüsse aus Ägypten nun statt an den Tiber an den Bosporus umleiten. Wie im «alten Rom» wurde für einen Teil der Bevölkerung die kostenlose Versorgung mit Getreide bzw. Brot etabliert. Zu den Bezugsberechtigten gehörten nicht nur Bedürftige, sondern neben Soldaten der kaiserlichen Leibgarden auch Angehörige jenes Senats, den Konstantin nach dem Vorbild des alten Rom ebenso am Bosporus einrichten ließ. Ab 359 wurde dieser Senat auch im Rang jenem am Tiber gleichgestellt. Die Zahl der als Angehörige des senatorischen Stands ausgewiesenen Mitglieder der höchsten Eliten wuchs im Lauf des 4. und 5. Jahrhunderts im Osten von 300 auf mehr als 2000 Personen. Doch gab es auch einen inneren Kreis von in der Hauptstadt präsenten Senatoren, die tatsächlich als eine Art Kronrat dem Kaiser zur Seite standen, selbst wenn sie keine eigenständige Entschcidungsgewalt mehr hatten. Großen Einfluss konnten sie aber ausüben, wenn Kaiser minderjährig waren oder es galt, einen neuen Kaiser zu küren – auch in späteren Jahrhunderten.

Die am 11. Mai 330 eingeweihte, bald *Konstantinupolis* (d.h. die Stadt Konstantins) genannte Metropole wurde keineswegs als rein christliche Siedlung geplant. Sie erhielt neben Kirchen auch pagane Denkmäler, etwa eine Monumentalstatue des Kaisers als Sonnengott auf einer mehr als 35 Meter hohen Säule. Spätere Legenden versuchten den deutlich heidnischen Charakter des Monuments zu neutralisieren. Sie behaupteten, dass unter der Säule auch die Axt Noahs, mit der er die Arche baute, und zwölf Körbe mit Brotresten der Speisung der 5000 durch Jesus Christus vergraben wurden.

Deutlich im öffentlichen Raum sichtbar wurden mit den Kirchenbauten sowohl in der neuen als auch in der alten Hauptstadt Rom oder auch in Jerusalem die kaiserliche Gunst und der steigende Einfluss des Christentums. Deshalb musste sich Konstantin aber auch kurz nach seinem Sieg über Licinius mit einer innerkirchlichen Debatte auseinandersetzen, die sich um die Lehrmeinung des Priesters Arius aus Alexandreia drehte. Er behauptete, dass Jesus Christus dem Gottvater als Geschöpf nur wesensähnlich, nicht aber wesensgleich sei; der Vater allein sei Gott. Zur Klärung dieser Frage berief Konstantin im Jahr 325 ein allgemeines («ökumenisches») Konzil von mehr als 200 Bischöfen nach Nikaia in Nordwestkleinasien. Sichtbar wurde damit die Kirche als Organisation, die alle Provinzen des Reiches erfasste. Auf dem Konzil wurde die Lehre des Arius verurteilt und ihr das Dogma des dreieinigen Gottes in der Wesensgleichheit von Gott-Vater, Gott-Sohn und Gott-Heiliger Geist entgegengestellt.

Mit dem Konzil etablierte sich auch das Kaisertum als wesentliches Element im Gefüge der Kirche; christliche Autoren entwickelten ein christliches Kaiserbild und versuchten, das Imperium in den göttlichen Heilsplan zu integrieren. Besonderen Überschwang legte dabei Eusebios, der nach dem Ende der Christenverfolgungen im Osten 313 zum Bischof von Kaisareia in Palästina gewählt worden war, an den Tag. Er verfasste eine Lebensbeschreibung Konstantins, in dem er dessen Auftritt beim Konzil in Nikaia mit dem eines «Engels Gottes vom Himmel her» verglich. Der äußeren Gestalt des Kaisers, seine «majestätische Würde und unüberwindliche Körperkraft» entsprach der Glanz der Seele Konstantins.[4] Die antike Vorstellung, der zufolge körperliche und seelische Schönheit miteinander einhergingen, verband sich mit christlichen Erwartungen. Auf dieser Grundlage wurde der christliche Kaiser der Römer zum erwählten Diener und sogar Abbild Gottes, und spätere Herrscher mussten sich an diesem Ideal messen lassen. Mit dem Kaiser wurde auch dem Imperium ein neuer Platz in der christlichen Weltordnung zugewiesen. Konnte es Zufall sein, dass die vom ersten Kaiser Augustus gefestigte *Pax Romana* mit der Geburt des Erlösers Jesus Christus zusammenfiel, oder wurde das römische Imperium nicht damit als irdisches Gefäß der christlichen Religion ausgezeichnet? Darüber hinaus wies man dem Römischen Reich in der schon in den Visionen des Propheten Daniel im Alten Testament erwähnten Abfolge der Weltreiche die Rolle des letzten Imperiums zu, dessen Bestand für die Aufrechterhaltung der Weltordnung unerlässlich war. Das Ende des Römischen Reichs würde den Anbruch der Endzeit anzeigen.

Die Forschung hat in den letzten Jahren für diese Verflechtung von Herrschaft und Religion den Begriff des «imperialen Monotheismus» geprägt, «ein Gott, ein Kaiser als Abbild Gottes, ein Weltreich, ein Glaube».[5] Die Debatte um den sogenannten «Arianismus» zeigte aber auch von Beginn an die Grenzen kaiserlicher Religionspolitik. Denn keineswegs verschwand die Lehre des Arius nach der von Konstantin unterstützten Verurteilung auf dem Konzil von Nikaia, sondern fand weiterhin Anhänger (später auch insbesondere unter germanischen Gruppen). Somit wurde das Potential zur Stärkung des sozialen Zusammenhalts durch eine im Idealfall alle Bürger umfassende Staatsreligion konterkariert durch die Entstehung verschiedener, miteinander im Streit stehender christlicher

Gemeinschaften, von denen nur eine mit der Religionspolitik des Kaisers übereinstimmte.

Zudem sollte sich schon gegen Ende des 4. Jahrhunderts erweisen, dass die christliche Idealisierung des Kaisertums nicht nur eine Erweiterung, sondern auch eine Beschränkung der Macht des Herrschers bedeuten konnte. Vertreter der Kirche stellten nun Maßnahmen des Kaisers in Frage, wenn sie ihrer Ansicht nach mit der Lehre und Moral des Christentums nicht im Einklang standen. Dabei konnten sie auch an ältere, aus der Zeit der Republik fortgeführte Vorstellungen vom römischen Staat als Gemeinwesen anknüpfen, als dessen Sachwalter der Kaiser zu dienen habe. So schrieb Herodian in seiner um 240 auf Griechisch verfassten Geschichte der Kaiser nach Marcus Aurelius, die auch später im Mittelalter viel gelesen wurde, «dass die Herrschaft nicht der Besitz eines Mannes ist, sondern von jeher der gemeinsame Besitz des römischen Volkes».[6] Der Kaiser hatte demnach dem weltlichen Wohl und nun auch dem Seelenheil der Römer zu dienen. Tat er dies in den Augen seiner Untertanen nicht, so mochte seine Herrschaft als illegitime Tyrannei kritisiert oder sogar herausgefordert werden. Zudem konnten auch Niederlagen gegen äußere Feinde, Naturkatastrophen, Seuchen oder spektakuläre Himmelserscheinungen als Folgen kaiserlichen Versagens gedeutet werden, da Gott durch diese Plagen seinen Unwillen über die Taten eines Herrschers oder die vom Kaiser zu verantwortende Sündhaftigkeit des Volkes äußerte. Zeitweilig vermochten es die römischen Kaiser, solch oppositionelle Stimmen zum Schweigen zu bringen. Doch blieben derartige Vorstellungen während der gesamten römischen Geschichte des Mittelalters lebendig und wurden zumindest im Nachhinein beschworen, um den Sturz eines Herrschers zu rechtfertigen. Einer grenzenlos absoluten Herrschaft, wie sie etwa die neuzeitliche Staatstheorie mit Thomas Hobbes' «Leviathan» entwarf, redeten die Römer des Mittelalters im Gegensatz zum modernen Klischee von der «byzantinischen Despotie» jedenfalls kaum das Wort.

Herrschten aber gottesfürchtige Kaiser, konnte man hoffen, dass das Römerreich so wie die Kirche bis zum Ende der Zeiten Bestand haben würde, auch wenn zeitweilig Barbaren das Imperium als göttliche Strafe für die Sünden des christlich-römischen Volkes angriffen und verwüsteten. Für dieses nun für die Weltgeschichte unentbehrliche Staatswesen bürgerte sich im Laufe des 4. Jahrhunderts im Griechischen der Begriff *Romania* ein. Die Wortbildung weist auf einen Ursprung in der «Volkssprache» und nicht im Sprachgebrauch der Gelehrten hin und war vielleicht schon vor der Christianisierung im Osten des Reichs im Umlauf. Erste Belege finden sich aber vor allem in christlichen Texten der zweiten Hälfte des 4. Jahrhunderts. Dies mag darauf hindeuten, dass die Annahme des Christentums durch die Kaiser für weitere, bereits christliche und griechischsprachige Kreise das Bekenntnis zu einer römischen Identität verstärkte. Demgegenüber verwendete man die traditionelle Bezeichnung «Hellene» im Lauf der Zeit fast nur mehr für die heidnischen «antiken» Griechen bzw. andere Gruppen, die einer polytheistischen Religion anhingen und von denen sich die christlichen Römer abgrenzen wollten. Diese Römer sprachen zwar weiterhin Griechisch, eine ethnische Identifikation war aber damit immer weniger verbunden.

Diese Entwicklung war umso erstaunlicher, da das frühe Christentum so wie das Judentum durchaus in Opposition sowohl zur griechischen Gelehrsamkeit als auch zur römischen Herrschaft gestanden hatten. Doch lieferte das Judentum mit Persönlichkeiten wie Philo von Alexandreia oder Flavius Josephus im 1. Jahrhundert n. Chr. auch Vorbilder für die Verknüpfung von griechischer Bildung, römischem Bürgertum und Glauben an den einen Gott. Deshalb wurden die Werke der beiden auch im christlichen Römerreich weiter gelesen und überliefert. Ein grundlegender Text für das christliche römische Mittelalter wurde ebenso die schon ab dem 2. Jahrhundert v. Chr. in Ägypten von jüdischen Gelehrten erstellte Übersetzung des Alten Testaments ins Griechische, die Septuaginta. Dennoch blieb stets eine Spannung zwischen der letztlich doch im Heidentum verankerten klassischen griechischen Bildung und der christlichen Lehre, die bis zum Ende des Römerreichs im 15. Jahrhundert zu Konflikten führte.

Aber nicht nur das Griechische wurde im Osten eine Sprache der christlichen Literatur, sondern auch das Koptische, das sich aus dem

Altägyptischen entwickelte, und verschiedene Formen des Syrisch-Aramäischen. Für weitere Sprachen wurde im Zeichen der Christianisierung im frühen 5. Jahrhundert überhaupt erst ein Alphabet entwickelt, so wie für das Armenische, Georgische und das heute ausgestorbene Kaukasisch-Albanische. Dabei inspirierten sich diese Gemeinschaften durch die Begegnung an allgemeinen Pilgerorten wie dem Heiligen Land oder dem Sinai gegenseitig. Gleichzeitig entstand damit auch ein wichtiger Grundstock an Perspektiven auf das Römerreich von innerhalb und außerhalb seiner Grenzen jenseits der lateinischen und griechischen Quellen.

Bei der Verwaltung des Reiches setzte Kaiser Konstantin trotz seines Wechsels in der Religionspolitik das Reformwerk Diokletians fort. Dem Amt des Präfekten der Prätorianergarde, die Konstantins Gegner Maxentius unterstützt hatte, entzog er alle militärischen Befugnisse. Dafür leiteten diese Präfekten nun die Zivilverwaltung mehrerer Provinzen und waren vor allem für die Einhebung der Steuern zuständig. Die Feldarmeen in der Reichszentrale sowie in verschiedenen Großregionen kommandierten *magistri militum* («Heermeister»). Erfolgreicher als Diokletian erwies sich Konstantin bei der Erneuerung der römischen Währung und Bekämpfung der Inflation. Die seit 309 geprägte Goldmünze im Gewicht von 1/72 des römischen Pfundes (4,55 g), der *Solidus*, wurde nach dem Sieg über Licinius zur einheitlichen Reichsmünze und Grundlage eines neuen Münzsystems. Dieses sollte seinen Wert trotz einiger Schwankungen bis ins 11. Jahrhundert weitgehend bewahren und letztlich mehr als 1000 Jahre bis ins 14. Jahrhundert Bestand haben. Die sonstigen administrativen Änderungen bildeten immerhin bis zur Krise des 7. Jahrhunderts die Grundlagen der Organisation des Imperiums.

Der Abtrünnige, die Hunnen und die Goten

Am 22. Mai 337 verstarb Kaiser Konstantin I. bei den Vorbereitungen für einen Feldzug gegen die Sasaniden und erhielt vorher noch die Taufe. Bestattet wurde er in einem Sarkophag aus Porphyr, wie viele Kaiser nach ihm in der späteren Apostelkirche in Konstantinopel. Auf seine Alleinherrschaft folgte erneut eine Teilung des Reiches, diesmal unter seinen Söhnen: Konstantios II. regierte im Osten, seine Brüder Konstantin II. und Konstans I. im Westen. Zwischen den beiden Letzteren kam es immer wieder zu Streitigkeiten, bis Konstantin II. 340 beim Versuch, Konstans I. die Herrschaft über Italien abzunehmen, ums Leben kam. Konstans I. wurde wiederum 350 durch den General Magnentius gestürzt, der als «Heide» das Christentum zwar nicht verfolgte, aber den ins Hintertreffen geratenen paganen Kulten seine Unterstützung zukommen ließ. Konstantios II. konnte allerdings Magnentius und weitere Rivalen besiegen und beherrschte ab 353 wieder das gesamte Reich.

Außenpolitisch erhöhte sich erneut der Druck sowohl an Donau und Rhein, etwa durch die germanischen Alemannen, und im Osten durch die Sasaniden unter dem lange regierenden Großkönig Schāpūr II. (309–379). Schāpūr II. ließ auch die Christen in Persien verfolgen, die jetzt gleichsam als «fünfte Kolonne» des christlichen Römerreichs in Verdacht gerieten. Deshalb residierte Konstantios II. nicht dauerhaft in Konstantinopel, sondern etwa in Antiocheia in Nordsyrien näher an der Front zu den Persern. Dennoch wurden der Ausbau der neuen Hauptstadt unter ihm fortgesetzt und am 15. Februar 360 die Kirche der göttlichen Weisheit, die Hagia Sophia, eingeweiht. Theologisch zeigte Konstantios II. allerdings im Widerspruch zu den Beschlüssen von Nikaia Sympathien für die Arianer, konnte aber gleichwohl seine präferierte Glaubensdeutung gegen den Widerstand der Anhänger der Dreieinigkeit nicht durchsetzen. Trotz dieser Auseinandersetzungen wuchsen der Einfluss des Christentums und auch die Anzahl der Gläubigen unter der Elite des Reiches beständig.

Dies musste auch Julian, der Neffe Konstantios' II., zur Kenntnis nehmen, der sich einem stark neuplatonisch-philosophisch ausgerichteten Heidentum zu- und vom Christentum abwandte, weshalb ihn christliche Autoren später den «Abtrünnigen» (*Apostata*) nannten. In Ermangelung anderer Erben machte ihn Konstantios II. 355 zum Mitkaiser im Westen. Nach dem Tod seines Onkels übernahm Julian 361 die Macht im ganzen Reich. Er förderte nun bewusst die verschiedenen nichtchristlichen Religionen, darunter auch die Juden, sodass sogar an einen Wiederaufbau des Tempels in Jerusalem gedacht wurde. Gleichzeitig versuchte Julian den Anteil der Christen am staatlichen und öffentlichen Leben zu beschränken. So sollte laut eines Edikts vom Juni 362 Christen der städtisch finanzierte Unterricht in der griechischen Redekunst und Wissenschaft verboten werden, da sie nicht in der Lage wären, die im Heidentum verwurzelten Texte ehrlich zu vermitteln. Damit traf Julian einen wunden Punkt und griff auch die Argumente christlicher Hardliner auf, die jede Beschäftigung mit heidnischem Wissen für gefährlich hielten.

Unterstützung fand Julian beim prominentesten griechischsprachigen Redner seiner Zeit, dem aus Antiocheia in Nordsyrien stammenden Libanios, der neben seiner Heimatstadt auch in Konstantinopel sowie in Nikaia und Nikomedeia in Nordwestkleinasien unterrichtet hatte. Unter seinen Schülern befanden sich allerdings nicht nur Heiden, sondern auch Christen, die sich die klassische Erziehung (griechisch *paideia*) aneigneten, um mit den Eliten auf gleicher Augenhöhe kommunizieren zu können. Einer war Basileios, der um 330 in Kaisareia in Kappadokien in Zentralkleinasien geboren worden war und in Konstantinopel und Athen eine umfassende Ausbildung erhalten hatte. Er trat dafür ein, dass auch Christen weiter die klassischen Texte studierten, sofern sie darauf achteten, die wertvollen Aspekte der Philosophie und Sprachkunst anzunehmen und die potentiell gefährlichen heidnischen Ideen zurückzuweisen. Sein ebenfalls aus Kappadokien stammender Freund Gregor von Nazianz argumentierte, dass die literarischen Schätze allen Lesern griechischer Sprache und nicht nur den «Heiden» gehörten. Und noch wortmächtiger als Basileios demonstrierte er in zahlreichen Texten, wie christlicher Glaube mit griechischer Bildung und Redekunst verknüpft werden konnte. Gregor von Nazianz galt auch in den folgenden Jahrhunderten und bis heute als einer der besten Autoren der griechischen Literatur.

Allerdings wären die christlichen Gelehrten trotzdem in Bedrängnis geraten, wenn die Herrschaft Julians nicht von so kurzer Dauer geblieben wäre. Den bereits unter Konstantios II. ausgebrochenen Krieg mit den Sasaniden versuchte Julian im Frühjahr 363 mit einem gewaltigen Schlag zu beenden, indem er mit mehr als 60000 Mann tief ins persische Gebiet bis zur Hauptstadt Ktesiphon, nahe dem heutigen Bagdad, vorstieß. Mangels Belagerungsgeräts war an eine Einnahme der Stadt allerdings nicht zu denken, sodass die Armee den Rückmarsch nach Norden antrat, auf dem Julian am 26. Juni 363 in einem Gefecht am Tigris fiel. Die Christen interpretierten den Tod des Kaisers als von Gott verfügte Strafe für seinen Abfall vom Glauben.

Mit Julian starb die Dynastie Konstantins I. aus. Die Offiziere der tief im persischen Feindesland stehenden Armee wählten noch am 26. Juni 363 mit dem Christen Flavius Jovianus einen der ihren zum Herrscher. Er schloss einen ungünstigen Frieden mit den Sasaniden und stellte die Privilegien der Christen wieder her, verstarb aber schon nach kurzer Herrschaft im Februar 364. Erneut wurden die obersten Militärs zu Kaisermachern und kürten den 321 in Pannonien geborenen Flavius Valentinianus in Nikaia zum Kaiser. Im März 364 ernannte er seinen Bruder Valens zum Augustus für den Osten, Verwaltung und Heer wurden erneut geteilt. Valentinian I. herrschte bis zu seinem Tod 375 im Westen. Sein Sohn und seit 367 Mitkaiser Gratian wurde zum Nachfolger, später wurde auch der jüngere Sohn Valentinian II. zum Augustus ernannt. Auch der nun im Osten regierende Kaiser Valens bekannte sich zum Christentum, jedoch ähnlich wie Konstantios II. in seiner arianischen Ausprägung. Dies führte neuerlich zu Konflikten mit Vertretern der Trinitätslehre von Nikaia, darunter Basileios von Kaisareia, sein Bruder Gregor von Nyssa und ihr Freund Gregor von Nazianz. Zeitweilig wurden sie auch von ihren Bischofsstühlen abgesetzt und in die Verbannung geschickt. Dennoch konnte auch Valens seine dogmatische Präferenz nicht als verbindlich durchsetzen.

Währenddessen wuchs die neue Hauptstadt Konstantinopel in diesen Jahrzehnten beständig. Um den steigenden Wasserbedarf zu decken, wurde ein umfangreiches Aquäduktsystem ins europäische Hinterland angelegt, das Quellen in bis zu 120 Kilometern Entfernung vom Bosporus erschloss. Unter Kaiser Valens wurde ein wesentlicher Teil dieses Netzwerks vollendet, darunter das bis heute seinen Namen tragende, imposante Aquädukt im Zentrum Istanbuls. Daneben sorgte sich Valens auch um die kaiserliche Bibliothek und ließ 372 vier Schreiber für das Griechische und drei für Latein anstellen, die neue Bücher verfassen und ältere restaurieren sollten. Noch waren beide Sprachen prominent am Hof in Konstantinopel vertreten.

Eine wesentliche Veränderung der geopolitischen Umwelt des Reiches markierte im Jahr 375 der Vorstoß der aus der zentralasiatischen Steppe kommenden Hunnen gegen das Reich der Goten in der heutigen Ukraine. Die Hunnen galten für die Römer als die bislang fremdartigsten, wildesten und gleichzeitig mobilsten Barbaren. Über die Gründe ihres Vorstoßes nach Osteuropa zirkulierten in der Antike verschiedene Legenden; die jüngere Forschung hat sowohl Konflikte in den zentralasiatischen Steppen als auch klimatische Veränderungen ins Feld geführt. Um dieselbe Zeit stießen ebenso verschiedene als Hunnen bezeichnete Gruppen von Zentralasien aus in Richtung Sasanidenreich und bis ins nördliche Indien vor. Die Goten nördlich des Schwarzen Meers wurden von den Hunnen besiegt und unterworfen.

Bald fühlten sich die ihnen westlich benachbart an der Donau siedelnden terwingischen Goten ebenso bedrängt. 376 gestattete Kaiser Valens Teilen der Terwingen den Übertritt über die Donau auf Reichsgebiet. Schon zuvor waren germanische Gruppen innerhalb der römischen Grenzen angesiedelt worden. Ungewöhnlich war vielleicht die Dimension dieser Bevölkerungsbewegung. Dass sie aus dem Ruder lief, lag vor allem an der Korruption und an der Unfähigkeit der Beamten, denen der damals im fernen Antiocheia weilende Kaiser Valens die Organisation der Ansiedlung der Neuankömmlinge anvertraut hatte. Diese versagten nicht nur bei der ausreichenden Versorgung der Goten, sondern versuchten sogar, sich an ihrer Not zu bereichern. Die Goten rebellierten, und bald schlossen sich ihnen weitere mit der Verwaltung des Reichs unzufriedene Gruppen an, sodass sich das gesamte Gebiet zwischen der unteren Donau und dem Vorfeld Konstantinopels in Aufruhr befand. Erst jetzt griff der Kaiser an der Spitze der Hauptarmee ein, unterschätzte aber die Schlagkraft der Goten. Unklugerweise ließ er das feindliche Lager übergangslos nach einem mehrstündigen Marsch durch den heißen Sommer Thrakiens am 9. August 378 angreifen. In der folgenden Schlacht bei Adrianopel (dem heutigen Edirne) unterlagen die Römer. Kaiser Valens selbst kam dabei ums Leben, was die Schockwirkung der Niederlage noch vergrößerte.

Angesichts dieser Krise ernannte 379 Kaiser Gratian im Westen den erfahrenen General Flavius Theodosius zum Augustus für den Osten. Nur mit Mühe gelang es ihm, die Lage in den südosteuropäischen Provinzen wieder unter Kontrolle zu bringen und 382 einen Vertrag mit den Goten zu schließen. Er regelte vermutlich ihre Ansiedlung und Versorgung auf römischem Boden, ohne dass wir die Details des Abkommens kennen.

Wenn alle Menschen Christen werden

Während dieser Jahre unternahmen die Kaiser aber auch entscheidende Schritte hin zu einer endgültigen Christianisierung des Reiches: 379 legte Kaiser Gratian das heidnische Priesteramt des *pontifex maximus*, das die Kaiser seit Augustus ausgeübt hatten, nieder. Theodosius, der sich 380 als erster amtierender Kaiser schon vor seinem Tod taufen ließ, versammelte 381 ein zweites Ökumenisches Konzil in Konstantinopel. Die Versammlung erklärte eine Neufassung des Glaubensbekenntnisses von Nikaia als für die gesamte Reichskirche verbindlich. In einem Gesetz 391 wurden aber nicht nur zum Konzil in Widerspruch stehende Glaubensrichtungen wie der Arianismus verboten, sondern auch die kaiserliche Unterstützung aller nichtchristlichen Kulte eingestellt. Das Christentum wurde somit zur einzigen staatlich geförderten Religion. Die Christen stellten ab diesen Jahrzehnten vermutlich auch die Mehrheit der Bevölkerung im Reich. Wir müssen jedoch mit unterschiedlichen Geschwindigkeiten der Christianisierung rechnen, je nach Region und gesellschaftlicher Gruppe.

Für die zum Christentum Bekehrten galten auf jeden Fall neue Regeln. Durch Kirchenbauten und andere Monumente wurden der

Raum, durch Sonntagsruhe, Feiertage und Fastenzeiten die Zeit neu geordnet. Ehebruch und andere Verstöße gegen Glauben und Moral ahndete man durch kirchliche Strafen wie den Ausschluss aus der Gemeinschaft oder Bußpraktiken. In den ersten Jahrhunderten nach der Christianisierung wurde die nach römischem Recht geschlossene zivile Ehe seitens der Kirche noch anerkannt, erst später kam es zur Ausgestaltung eines christlichen Eherechts. Mit der Förderung durch den Kaiser wurde das Bekenntnis zum Christentum auch eine Frage für die Eliten oder jene, die dorthin aufsteigen wollten. Zwar konnten Heiden noch bis ins 5. Jahrhundert am Kaiserhof Karriere machen, doch schwand die Duldung dieser Option allmählich. Dafür entstand eine neue christliche Elite vor allem unter den Funktionsträgern der immer mehr mit dem römischen Staat verschränkten Kirche. Schon seit dem 2. Jahrhundert setzte sich in den christlichen Gemeinden die Leitung durch einen Bischof durch. Man erachtete ihn nicht nur als Nachfolger der Apostel, sondern auch als ein Abbild Christi. Ihm kamen das höchste Lehramt in Form von Predigt, Aufsicht über alle Kleriker sowie frommen Stiftungen und Klöster sowie das Richteramt in kirchenrechtlichen Angelegenheiten zu. Seit Kaiser Konstantin I. genossen die Bischöfe Vorrechte, die sie allmählich den Amtsträgern des Staates gleichstellten. Der Staat bediente sich seinerseits der wachsenden Autorität des Episkopats in einer mehrheitlich christlichen Gesellschaft. Im 6. Jahrhundert gab es in der Osthälfte des Reichs mehr als 900 Ortsbischöfe.

Aufgrund der Verchristlichung der Eliten waren es wiederum oft Angehörige der Oberschicht, die in den Dienst der Kirche traten und die höchsten Ämter wahrnahmen, wobei manche direkt aus dem Staats- in den Kirchendienst wechselten. Ein besonders aufschlussreiches Beispiel ist der um 370 im nordafrikanischen Kyrene in eine reiche Familie geborene Synesios. Er studierte in Alexandreia bei der berühmten Philosophin Hypatia, die 415/416 durch christliche Eiferer ermordet wurde, und begeisterte sich für den Neuplatonismus, der auch Kaiser Julian beeindruckt hatte. Dennoch bekannte sich Synesios zum Christentum, auch wenn er die dogmatischen Streitigkeiten seiner Zeit und Angriffe auf heidnische

Persönlichkeiten und Kultbauten ablehnte. Um 411 wurde er aufgrund seiner guten Beziehungen sogar zum Bischof von Ptolemaïs in Ägypten gewählt, nahm allerdings für sich in Anspruch, dass er entgegen den kirchlichen Vorschriften weiterhin mit seiner Frau zusammenleben dürfte, während ihre Schicksalsgenossinnen in solchen Fällen üblicherweise in ein Kloster eintraten.

Denn mit der Anerkennung des Christentums zu Beginn des 4. Jahrhunderts und der fortschreitenden Integration der Kirche in das Gefüge des Reiches gewann auch eine Bewegung der Abkehr von der Welt an Kraft, insbesondere in Ägypten. Anachoreten (griechisch «die, die sich zurückziehen») wanderten in die Wüste (griechisch *eremos*) und suchten ein Leben in Abgeschiedenheit als Eremiten. Manche von ihnen siedelten relativ nahe beieinander und bildeten asketische Gemeinschaften. Im Zentrum stand eine Kirche mit einem oder mehreren Priestern, welche Gottesdienste feierten und den aus diesem Anlass hinzukommenden Einsiedlern die Kommunion spendeten. Als Vorbild des rechtgläubigen Asketen galt bald der 356 verstorbene Antonios, insbesondere aufgrund seiner von Bischof Athanasios von Alexandreia verfassten Lebensbeschreibung (Vita), die wiederum zum Ausgangspunkt einer blühenden neuen Literatur der Heiligenviten (griechisch *Hagiographie*) wurde.

Zur Gründerfigur des koinobitischen (von griechisch *koinos bios* «gemeinsames Leben») Mönchtums wurde Pachomios. Er war ein ehemaliger Soldat, der nach einigen Jahren asketischen Lebens ca. 321 eine klösterliche Gemeinschaft in Tabennisi in Oberägypten gründete. Alle Aspekte des Zusammenlebens wie Gebet, Arbeit, Kleidung und Nahrung, wurden streng geregelt. Gästehäuser in der Nähe von Klöstern für fromme Besucher bildeten einen ersten Ansatz christlichen Herbergswesens. Die Mönche unterstanden einem Abt und durften über keinen Privatbesitz verfügen. In der Tradition des Pachomios entstanden viele Klöster, auch außerhalb von Ägypten. Insbesondere Basileios von Kaisareia legte in Kappadokien in Kleinasien mit seinen Regeln die Grundlagen für das östliche Mönchtum. Selbst Bischof, plädierte er für ein mönchisches Leben in Gemeinschaft unter kirchlicher Aufsicht, auch um möglichen

Auswüchsen der Askese, die mit der offiziellen Lehre in Widerspruch standen, Einhalt zu gebieten. In der Klostergemeinschaft seiner Schwester Makrina wiederum lebten neben Mönchen auch heilige Jungfrauen; sie wurde damit zu einer Gründerfigur des Nonnentums.

Kaiser Theodosius I. erreichte nach der Befriedung der Goten auf dem Balkan auch eine Einigung mit dem persischen Sasanidenreich. Im Jahr 387 wurde Armenien, das damals größte Königreich südlich des Kaukasus und ein ständiger Zankapfel, zwischen Rom und den Sasaniden geteilt. Dabei fiel der Löwenanteil den Persern zu, obgleich sich Armenien seit dem frühen 4. Jahrhundert zum Christentum bekehrt hatte. Damit begann eine relative Friedensphase zwischen den beiden Großmächten des Ostens für die folgenden 120 Jahre. Theodosius bekam auch freie Hand, um gegen den Usurpator Magnus Maximus im Westen des Reiches vorzugehen, der 383 den dortigen Kaiser Gratian gestürzt und dessen Halbbruder Valentinian II. vertrieben hatte. Valentinian konnte Theodosius I. im August 388 nach seinem Sieg über Magnus Maximus erfolgreich wieder im Westen einsetzen. De facto war er nun der mächtigste Mann des Gesamtreiches und hielt sich auch längere Zeit in Italien auf. Dort wurde Theodosius aber vom einflussreichen Bischof Ambrosius von Mailand im Jahr 390 gezwungen, öffentlich Buße zu tun, nachdem im kaiserlichen Sold stehende Truppen eine Rebellion in Thessalonike blutig niedergeschlagen und über 7000 Christen getötet hatten. Schon davor hatte Ambrosius protestiert, als Theodosius I. den Bischof von Kallinikon am Euphrat zwingen wollte, die von einem christlichen Mob zerstörte jüdische Synagoge wiederaufzubauen. Auch in diesem Fall hatte sich Ambrosius durchgesetzt. Ein getaufter Kaiser konnte nun veranlasst werden, den Regeln der Kirche unmittelbar Folge zu leisten.

Im Jahr 392 wurde Valentinian II. im Westen ermordet und durch Eugenius ersetzt, hinter dem der Heermeister Arbogast stand. Schon Arbogasts Vater Bauto war wie andere Germanen in die römische Armee eingetreten und hatte so die militärische Karriere seines Sohnes grundgelegt. Erneut ging Theodosius I. mit Waffengewalt gegen die Usurpatoren vor und trug im September

394 in der blutigen Schlacht am Frigidus im heutigen Slowenien den Sieg davon, bei der viele der besten Truppen beider Reichsteile fielen. Danach herrschte noch einmal ein Hauptkaiser über das gesamte römische Reich. Theodosius I. verstarb allerdings schon im Januar 395 in Mailand. Noch vor seinem Tod hatte er seine Söhne Arkadios (im Osten, geboren um 377) und Honorius (im Westen, geboren 384) als Mitkaiser eingesetzt. Diese Teilung des Kaisertums erwies sich nun als dauerhaft, auch wenn man weiterhin von *einem* Imperium ausging.

Das Neue Rom, das blieb

Mit Arkadios und Honorius endete aufgrund ihres jungen Alters vorerst die Zeit der Soldatenkaiser. Seit dem Ende des 2. Jahrhunderts waren die Kaiser vor allem aus dem Militär gekürt worden und profilierten sich als Feldherrn an der Spitze ihrer Truppen. Die «Kinderkaiser» blieben nun in ihren Residenzstädten, was potentiell zusammen mit ihrer Minderjährigkeit den Spielraum für andere nach Einfluss strebende Vertreter insbesondere des Militärs erhöhte. Dies zeigte sich vor allem im Westen des Reiches. Schon die Usurpationen und Bürgerkriege der 380er und 390er Jahre hatten die dortige Instabilität des kaiserlichen Regimes offenbart, unter Mitwirkung von Akteuren sowohl römischer als auch germanischer Herkunft. Dieser Trend setzte sich in den folgenden Jahrzehnten fort; eine systematische Erhebung des Althistorikers Lothar Schwinden zählt zwischen 395 und 425 acht äußere und zwölf innere Kriege im Westen – und sechs äußere und nur zwei innere Konflikte im Osten.[7] Der Frühmittelalterexperte Walter Pohl verweist diesbezüglich auf das «(…) Gewaltpotential innerhalb der römischen Gesellschaft», in der «gerade Reichtum und Bündelung der Ressourcen zu ständigen Machtkämpfen» führten, an denen Römer wie «Barbaren» gleichermaßen teilnahmen.[8] Wie in der Zeit der späten Republik oder im 3. Jahrhundert gehörte die Loyalität der Soldaten, von denen auch immer mehr von außerhalb des Reiches kamen, ihren jeweiligen Befehlshabern und kaum dem Kaiser. Darin unterschieden sich diese Warlords wiederum wenig von den entstehenden Gewaltgemeinschaften germanischer Verbände unter ihren Anführern, die ab dem frühen 5. Jahrhundert in immer größerer Zahl im Westen des Reiches aktiv wurden, Dies führte innerhalb von 80 Jahren nach dem Tod Theodosius' I. zum Zerfall der dortigen kaiserlichen Zentralmacht. Die Gründe dafür werden bis heute intensiv diskutiert.

Es stellt sich aber auch die Frage nach den Gründen für den Fortbestand des römischen Kaisertums im Osten. Die Ausgangssituation ähnelte jener im Westen: Der jugendliche Kaiser Arkadios zog sich vom unmittelbaren Kommando der Truppen in seine Residenzstadt Konstantinopel zurück, während germanische Heerführer an Macht gewannen und die Goten weite Teile des Imperiums auf dem Balkan in der Nähe des Reichszentrums kontrollierten. Im Gegensatz zum Westen konnte sich im Osten aber kein germanischer Heermeister auf Dauer durchsetzen. Außerdem blieb der Einfluss von römischen Vertretern der zivilen Bürokratie stark. Insgesamt konnte sich in Konstantinopel mit der Verstetigung der kaiserlichen Residenz ähnlich wie in den beiden ersten Jahrhunderten des Kaisertums in Rom ein neues, ausbalanciertes «Akzeptanzsystem» herausbilden, wie es Historiker wie Rene Pfeilschifter genannt haben.[9] Das Erringen und Bewahren der kaiserlichen Macht hingen von der Anerkennung durch die führenden Vertreter der zivilen und allmählich auch kirchlichen Eliten – darunter auch der Senat –, des Volkes und der in und um die Hauptstadt stationierten Truppen ab. Durch die Bindung an Konstantinopel konnte das Militär nicht mehr wie in den Jahrhunderten zuvor als alleiniger Kaisermacher fungieren.

Um Verwaltung, Heer und Volk der Hauptstadt zu versorgen und bei Laune zu halten, bedurfte der Kaiser umfangreicher Ressourcen. Diese lieferten ihm trotz des Verlusts der Kontrolle über weite Teile der Balkanhalbinsel die reichen Provinzen in Kleinasien, Syrien und vor allem Ägypten. Sie lagen im Gegensatz zu den Territorien der weströmischen Kaiser außerhalb der Reichweite der germanischen Verbände, aber nicht unbedingt der Hunnen, die zwischen 395 und 397 einen Einfall über den Kaukasus nach Kleinasien, Syrien und Mesopotamien unternahmen und dabei gleichermaßen römische wie persische Provinzen verwüsteten. Diese gemeinsame Bedrohung trug aber dazu bei, dass an der Ostgrenze zu den Sasaniden weitgehend Ruhe herrschte, auch da die Perser zudem in Zentralasien mit anderen hunnischen Gruppen im Konflikt standen. Darüber hinaus zirkulierten Vorstellungen einer (annähernden) Gleichrangigkeit und einer daraus abgeleiteten besonderen Verantwortung der zwei Imperien für die Aufrechterhaltung der Weltordnung. Beim Historiker Theophylaktos Simokattes heißt es, nur «durch diese gewaltigen Reiche werden die ungehorsamen und kriegsliebenden Stämme niedergehalten und das Leben der Menschen in guter Ordnung bewahrt».[10]

Diese Idee der Koexistenz und Kooperation zwischen Rom und Persien fand auch in der Konstruktion eines Verwandtschaftsverhältnisses zwischen Kaiser und Großkönig, die sich im diplomatischen Verkehr als «Brüder» bezeichneten, Ausdruck. Diese Verwandtschaft wurde vor allem dann beschworen, wenn einer der beiden Monarchen versuchte, seine innenpolitische Stellung durch demonstrative Verbundenheit mit der anderen Weltmacht zu stärken: Kaiser Arkadios setzte sogar den Perserkönig Yazdgard I. als Vormund seines unmündigen Sohnes Theodosios II. ein. Der Großkönig kam dieser Verpflichtung nach und bedrohte jeden mit Krieg, der die Herrschaft Theodosios' II. gefährden sollte. Im Gegenzug griff Konstantinopel nicht ein, als die christlichen Armenier im persisch beherrschten Teil des Landes 450 einen Aufstand unternahmen, nachdem Amtsträger der Sasaniden versucht hatten, sie zur Annahme des Zoroastrismus zu zwingen. Das Römerreich nutzte den gemeinsamen christlichen Glauben zwar als Grundlage diplomatischer und militärischer Interventionen jenseits der Grenzen, aber meist nur, wenn es auch in seinem realpolitischen Interesse lag.

Zum Zeitpunkt seiner Thronbesteigung am 1. Mai 408 war Theodosios II. erst sieben Jahre alt, es folgte also eine weitere potentiell gefährliche Zeit kaiserlicher Minderjährigkeit. Die Regentschaft führten aber nicht wie im Westen Militärs, sondern verschiedene Vertreter der Verwaltung wie der Prätorianerpräfekt

Anthemios. Ab 414 kam zudem der älteren Schwester des Kaisers Pulcheria, die zur *Augusta* ernannt wurde, großer Einfluss zu. Ihr wird auch eine besondere Gewandtheit im Griechischen und Lateinischen zugeschrieben. Sogar eigene literarische Werke verfasste Ailia Eudokia, die 421 Theodosios II. heiratete und vor ihrer Taufe Athenaïs hieß. In Athen wurde sie als Tochter des heidnischen Rhetoriklehrers Leontios geboren, von dem sie eine ansonsten meist Männern vorbehaltene umfassende Bildung erhielt. Sie förderte zusammen mit Theodosios II. ab 424 auch das Unterrichtswesen in Konstantinopel.

In Südosteuropa standen die Provinzen Konstantinopels wie jene im Westreich den verschiedenen Invasoren offen; nach dem Abzug der Goten unter Alarich in Richtung Italien erwiesen sich vor allem die Hunnen als wiederkehrende Bedrohung. Um die Hauptstadt besser zu schützen, wurde 413 auf Geheiß der Regierung für Kaiser Theodosios II. zwischen Goldenem Horn und Marmarameer an der Landseite von Konstantinopel ein weiterer, etwa sieben Kilometer langer mehrfacher Mauerring errichtet. Dadurch wurde das Stadtgebiet nochmals von sieben auf zwölf Quadratkilometer erweitert und hatte sich seit der Zeit vor Konstantin I. innerhalb eines Jahrhunderts mehr als versechsfacht. Das Dreieck der Halbinsel zwischen Goldenem Horn, Bosporus und Marmarameer war nur von Westen her zugänglich. Es wurde durch das Tal des Lykos geteilt, wies Höhenunterschiede von bis zu 70 Metern auf und verengte sich mehr und mehr hin zum alten Stadtkern im Osten. Dorthin war auch die Hauptverkehrsachse in Verlängerung der Via Egnatia, die von der Adriaküste quer durch den Balkan führte, ausgerichtet. Entlang dieser Linie wurde die *Mese Odos* (griechisch «Mittelstraße») als Hauptroute der Stadt angelegt. Sie entsprang im Augusteion, dem alten Forum der Stadt, auf dem nun das Milion, das vierbögige Monument mit dem zentralen Meilenstein des Imperiums, stand. Um das Augusteion herum erhoben sich der Kaiserpalast, die Kirche der Hagia Sophia, das Hippodrom und das Senatsgebäude. Die *Mese* führte von dort bis zum Goldenen Tor in der Stadtmauer; hier betrat normalerweise der Kaiser die Stadt und zog dann im Triumphzug die *Mese* entlang zur Hagia Sophia.

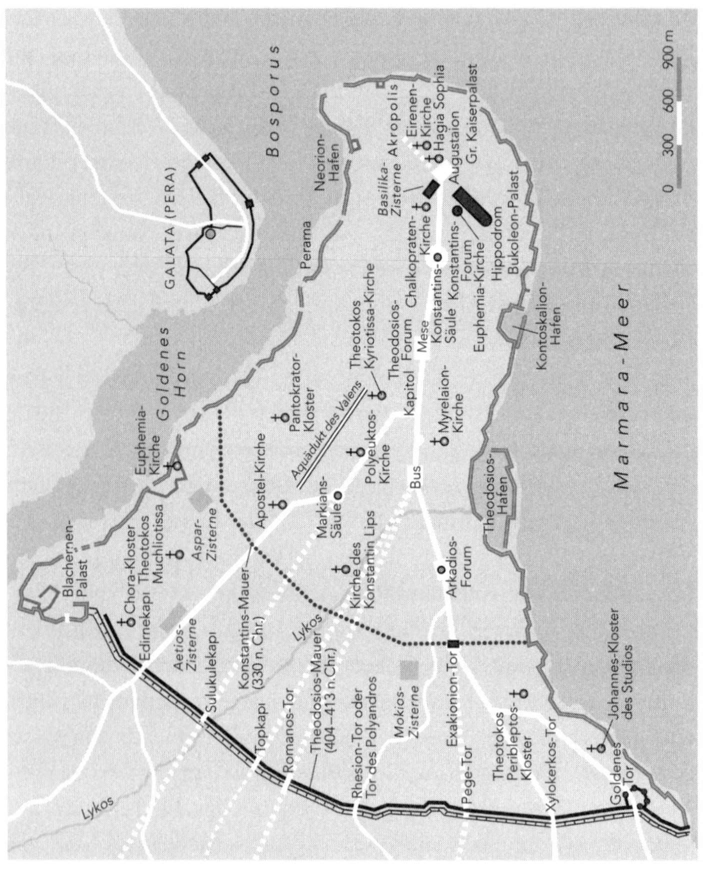

Karte 1: Konstantinopel im Mittelalter

Allerdings wurden die Areale zwischen der alten Mauer Konstantins I. und der neuen Landmauer Theodosios' II. nie zur Gänze bebaut und boten Platz für Gemüsefelder, Obstgärten, aber auch Klöster (um 448 waren es innerhalb der Stadtmauern bereits 23) und Landgüter. Östlich davon war die in 14 Regionen gegliederte Stadt aber dicht besiedelt und hatte wohl bereits 200 000 Einwohner. Laut einer um das Jahr 425 entstandenen Liste fanden sich darin neben den Palästen der Kaiser und Reichen, mehreren Kirchen und anderen Prachtbauten acht Thermen und 153 private Bäder,

20 öffentliche und 120 private Bäckereien sowie 117 Stellen für die Verteilung des Brotes, das mit dem aus Ägypten auf Staatskosten herbeigeschafften Getreide gebacken wurde. Dem Import von diesem Getreide und anderen Waren auf dem Seeweg diente auch ein bereits 390 unter Theodosius I. am Marmarameer errichteter großer neuer Hafen, dessen Becken 2005 beim U-Bahn-Bau im Istanbuler Stadtviertel Yenikapı samt den Überresten von 37 Schiffen wiederentdeckt wurde.

Versiegten diese Importe, konnte die Lage für den Kaiser brenzlig werden. Als etwa Theodosios II. im Jahr 431 in einer Prozession durch die Stadt zog, empfing ihn ein Teil der Bevölkerung, die wegen ausbleibender Transporte unter Brotknappheit litt, mit Steinwürfen, sodass er die Flucht ergreifen musste. Ähnlich wie im Rom der frühen Kaiserzeit ergab die nun permanente Anwesenheit des Kaiserhofes in Konstantinopel die Möglichkeit zu derartigen Formen der Kommunikation zwischen Untertanen und Herrscher. Gelegenheit, Wünsche und Forderungen, aber auch Unwillen zu artikulieren, boten ebenso die regelmäßigen Pferderennen und andere Spiele im unter Konstantin I. neu errichteten Hippodrom, das mit 80 000 bis 100 000 Sitzplätzen einem signifikanten Teil der Einwohnerschaft Raum bot. Sie organisierte sich dort wie schon in Rom seit dem 1. Jahrhundert im Rahmen von «Fanclubs» der unter verschiedenen Farben antretenden Rennställe, wobei neben den «Roten» und «Weißen» den in der Forschung sogenannten «Zirkusparteien» der «Blauen» und der «Grünen» besondere Bedeutung zukam. Ihre Sprechchöre dienten nicht nur der Anfeuerung der Rennfahrer, sondern auch der rituellen Anerkennung eines neu gewählten, im Hippodrom vorgestellten Kaisers und seiner wiederholten Bejubelung bei späteren Spielen. War das Volk unzufrieden, konnte der Jubel allerdings auch in Spott und sogar verbale oder physische Attacken umschlagen. Ähnliche Anlässe boten andere öffentliche Auftritte wie die wachsende Zahl an Prozessionen, an deren Spitze sich wie Theodosios II. 431 die nun christlichen Kaiser setzten, um in Notzeiten den Schutz Gottes zu erflehen. Insgesamt bewirkte die mit der Christianisierung in Fortsetzung von vorchristlichen Trends des 3. Jahrhunderts einhergehende Sakralisierung des Kaisertums keineswegs eine Immunisierung des von Gott erwählten Herrschers gegen irdische Kritik.

Die Sorge des Kaisers musste auch der Rechtgläubigkeit seiner Untertanen gelten, und um deren Definition entbrannten neue theologische Debatten, die sich mit der Konkurrenz zwischen den führenden kirchlichen Zentren des Ostens vermengten – Alexandreia in Ägypten, Antiocheia in Syrien und Konstantinopel. Diese Diskussionen drehten sich nach der Festlegung auf die Wesensgleichheit von Gott-Vater und Gott-Sohn in den Konzilien des 4. Jahrhunderts vor allem um das Verhältnis von göttlicher und menschlicher Natur in Jesus Christus. Der zwischen 412 und 444 im Amt befindliche Patriarch Kyrill von Alexandreia, der auch mit großer Brutalität gegen Nichtchristen in seiner Stadt wie die «Heiden» und die große jüdische Gemeinde vorging, trat als Verfechter einer «Ein-Naturen-Lehre» auf. Diese wird aufgrund der griechischen Terminologie als «Miaphysitismus», von den Gegnern auch als «Monophysitismus» bezeichnet. Demnach hätten das Göttliche und das Menschliche in Christus eine Natur gebildet. Maria könne deshalb auch als *Theotokos* (griechisch «Gottesgebärerin») bezeichnet werden.

Vor allem gegen letztere Formulierung wandte sich der von Kaiser Theodosios II. 428 eingesetzte Patriarch von Konstantinopel Nestorios, der für eine Lehre von zwei Naturen, göttlich und menschlich, eintrat. Die Nestorios und seinen Anhängern von Kyrill und dessen Partei auf dem dritten ökumenischen Konzil in Ephesos 431 vorgeworfene strikte Trennung der beiden Naturen und Annahme von zwei Personen in Christus kann ihm hingegen rückblickend nicht nachgewiesen werden. Dennoch wurde Nestorios auf dem Konzil 431 verurteilt und des Amtes enthoben. Die Verehrung der Muttergottes gewann damit weiter an Popularität, insbesondere auch in Konstantinopel. Dort wurden schon im 5. Jahrhundert mehrere bedeutende Marienkirchen, etwa im Blachernenviertel im Nordwesten der Stadt, errichtet. Dem Schutz der Gottesmutter für das Neue Rom wurde in der Folge auch immer wieder die Abwehr von Feinden oder Naturkatastrophen zugeschrieben.

Eine mit jener des Nestorios vergleichbare Theologie fand jedoch Anklang bei christlichen Gemeinden im Perserreich, wo sich mit Förderung der Sasanidendynastie eine eigene «assyrische» Kirche des Ostens herausbildete, die sich in den nächsten Jahrhunderten über Zentralasien bis China ausbreitete. Mit dem Konzil von Ephesos 431 war aber auch die Auseinandersetzung innerhalb der Reichskirche keineswegs beendet. Daneben sorgte ebenso das Wachstum des Mönchtums für einiges Unruhepotential in Kirche und Gesellschaft. In Ägypten etwa bedienten sich Bischöfe radikalisierter Mönche als Kampfgruppen in der Auseinandersetzung mit kirchlichen und weltlichen Gegnern. Während der deshalb sogenannten «Räubersynode» von Ephesos, die Kaiser Theodosios II. für den August 449 einberufen hatte, kamen sie sogar auf der höchsten kirchlichen Ebene zum Einsatz. Mit ihrer Unterstützung setzte Kyrills Nachfolger Dioskoros I. die Annahme einer strengen Einnaturenlehre durch. Innerkirchlicher Frieden kehrte aber auch damit nicht ein.

Ephesos wurde unter Kaiser Theodosios II. nicht nur als kirchlicher Versammlungsort, sondern ebenso als Pilgerzentrum gefördert. Auch ansonsten wurde das räumliche Gefüge des ganzen Reiches durch die Entstehung des Pilgerwesens verändert. Mit der Christianisierung intensivierte sich das Streben, die Orte des Heilsgeschehens in Palästina zu besuchen, vor allem Jerusalem. Eine zusätzliche Aufwertung erlebte die Stadt durch die Auffindung des Grabes Christi sowie (angeblich) des Heiligen Kreuzes im Jahr 325 durch die Mutter Kaiser Konstantins, Helena. Darüber hinaus zogen auch Reliquien verschiedener Märtyrer viele Pilger an, beispielsweise in das Kloster des Menas nahe Alexandreia in Ägypten oder in das Heiligtum des Hl. Nikolaos in Myra im südwestkleinasiatischen Lykien. Je mehr sich der Ruhm eines Heiligen verbreitete, desto größer wurde auch die Zahl der Pilger an seiner Grabesstätte. Besonders prestigeträchtige Reliquien wurden manchmal nach Konstantinopel überführt, was auch eine Verlagerung der Heiligenverehrung nach sich zog. Durch solche Entwicklungen veränderten sich die Anziehungspunkte im Netzwerk der Routen zur See und zu

Lande. Auch die imaginären Landkarten in den Köpfen der Gläubigen in allen Teilen des Reiches richteten sich nach Osten (lateinisch *Oriens*) aus, sie «orientierten» sich hin auf das nunmehr «Heilige» Land um Jerusalem, aber auch auf Konstantinopel.

Der innere Barbar

438/439 war unter dem Namen des Kaisers Theodosios II. auch ein großes Sammelwerk der bis dahin erlassenen Kaisergesetze, der *Codex Theodosianus*, erstellt worden, das ebenso im Westreich in Kraft gesetzt wurde. Militärisch intervenierte Konstantinopel im Westen 425 zugunsten Valentinians III. und dann nochmals 431 und 441 zur Unterstützung im Kampf gegen die Vandalen in Nordafrika bzw. auf Sizilien, die beiden letzten Male allerdings mit wenig Erfolg. Im Juli 450 starb Theodosios II. 49-jährig überraschend an den Folgen eines Reitunfalls. Mit ihm erlosch die männliche Linie der Dynastie Theodosius' I. im Osten.

In dieser Situation konnte so wie im Westen noch einmal ein «barbarischer» Feldherr größeren Einfluss auf das Kaisertum in Konstantinopel gewinnen. Mit Unterstützung des aus dem Volk der Alanen stammenden Heermeisters Aspar wurde der Offizier Markian im August 450 von Senat, Volk und Heer als Kaiser ausgerufen. Um seine Legitimation durch Anschluss an die vorher regierende Dynastie zu steigern, heiratete er Pulcheria, die Schwester Theodosios' II. Ihrem Einfluss schrieben manche Quellen die Entscheidungen eines weiteren 451 in Chalkedon, gegenüber Konstantinopel auf der asiatischen Seite des Bosporus, abgehaltenen Konzils zu. Die Beschlüsse der Synode von Ephesos 449 wurden dort verworfen und eine «Zwei-Naturen-Lehre» als verbindliche orthodoxe Lehre der Reichskirche festgelegt. Demnach gab es eine göttliche und eine menschliche Natur in Christus, allerdings «unvermischt, unverändert, ungeteilt und ungetrennt».[11] Doch erneut konnte das Kaisertum die allgemeine Anerkennung der Konzilsbeschlüsse nicht durchsetzen. Insbesondere in den reichen Provinzen Ägyptens und Syriens, aber auch in Teilen Kleinasiens sowie jenseits der

Reichsgrenzen in Armenien blieb die Ein-Naturen-Lehre stark. Der Widerstand äußerte sich zeitweilig auch in gewaltsamen Aufständen gegen die Vertreter des Dogmas von Chalkedon. Unterstützt wurden hingegen die Entscheidungen von Chalkedon durch den Patriarchen des Westens, Papst Leo I.

In Chalkedon 451 wurde auch die Gliederung der Reichskirche in fünf Patriarchate in der hierarchischen Reihenfolge Rom, Konstantinopel, Alexandreia, Antiocheia und Jerusalem festgelegt, wobei Konstantinopel Kleinasien und die östliche Balkanhalbinsel als Sprengel zugewiesen wurde. Der westliche Balkan mit Griechenland blieb, obwohl politisch dem Ostreich zugehörig, bis zum 8. Jahrhundert im kirchlichen Zuständigkeitsbereich Roms.

Für eine gewisse außenpolitische Entspannung sorgte der Zerfall des Hunnenreiches nach dem Tod Attilas im Jahr 453. Allerdings sah sich Konstantinopel nun vormaligen Hilfsvölkern der Hunnen gegenüber. Dazu gehörten die Ostgoten, die zur dominierenden Gruppe auf der westlichen Balkanhalbinsel aufstiegen und ab 460 jährliche Tributzahlungen forderten. In ähnlicher Weise musste man an der südlichsten Außengrenze um diese Zeit unruhige Nachbarn beruhigen. Seit dem 3. Jahrhundert v. Chr. hatte das Reich von Meroë (im heutigen Sudan) die Gebiete südlich von Ägypten beherrscht. Um 380 n. Chr. zerfiel das meroitische Reich jedoch nach längerer Krise. Bereits um 330 hatten die Könige von Aksum (im heutigen Äthiopien und Eritrea) die Schwäche der Nachbarn genutzt und die Hauptstadt Meroë geplündert. Am meisten profitierten aber die nomadischen Blemmyer, die schon davor die Grenzgebiete zwischen den Meroiten und der römischen Provinz beunruhigt hatten. Um einen verlässlicheren Verbündeten zu gewinnen, förderten die Römer den Aufstieg der Herrscher der Nobaden, die im Norden des heutigen Sudan ein Königreich mit der Hauptstadt Faras begründeten. Südlich davon entstanden mit Makuria um die Hauptstadt Dongola und Alodia mit der Residenz Soba zwei weitere Königreiche. Diese Staaten blieben vorerst trotz einzelner christlicher Gemeinden «heidnisch», im Gegensatz zu Aksum, wo sich König Ezana schon um 340 zum Christentum bekehrt und Beziehungen mit Konstantinopel etabliert hatte. Das Interesse der

Römer an den Vorgängen in dieser Region war nicht nur in der Sicherung der ägyptischen Provinz begründet, sondern auch im Interesse an den Handelsrouten im Roten Meer, die Ägypten mit Ostafrika und Südarabien, von wo unter anderem Weihrauch importiert wurde, sowie mit Indien verbanden, von wo man Pfeffer und andere begehrte Gewürze bezog. Damit wurde auch die globale Reichweite römischer Macht sinnfällig vor Augen geführt.

In Konstantinopel blieb der Einfluss des Heermeisters Aspar vorerst stark. Nach dem Tod Markians Ende Januar 457 sorgte er für die Wahl des Offiziers Leon. Da er über keine rechtlich notwendige, aber doch nützliche dynastische Bindung an seine Vorgänger verfügte, ließ sich Leon I. nach seiner Wahl durch den Patriarchen von Konstantinopel krönen, um seine Legitimation zu steigern. Im Jahr 467 unternahm Konstantinopel auf Betreiben des Aspar einen letzten großen Versuch, das Kaisertum im Westen zu stabilisieren, indem man Anthemios, einen Schwiegersohn des 457 verstorbenen Ostkaisers Markian, mit starken Truppenverbänden als Kaiserkandidat nach Italien sandte. Im folgenden Jahr wurde eine große und mehr als sieben Millionen Goldmünzen teure Marine-Expedition unter dem Kommando des Basiliskos, einem Schwager Leons I., gegen die Vandalen nach Nordafrika in Marsch gesetzt. Die Vandalen hatten 467 auch oströmische Gebiete in Griechenland angegriffen. Das Unternehmen scheiterte aber spektakulär. Anthemios wiederum entzweite sich mit dem Heermeister Rikimer. Der daraus resultierende Bürgerkrieg fügte Italien und der Stadt Rom zwischen 470 und 472 schweren Schaden zu. Letztlich unterlag Anthemios, wurde von Rikimer hingerichtet und durch einen neuen Kaiser ersetzt.

Um nicht ein ähnliches Schicksal durch seinen Förderer zu erleiden, versuchte Kaiser Leon I., zu den germanischen Truppen Aspars durch Kräfte aus dem Inneren des Reiches ein Gegengewicht zu schaffen. 467 verheiratete er seine Tochter Ariadne mit Tarasikodissa, einem Offizier, der dem im Taurusgebirge im Südosten Kleinasien siedelnden Volk der Isaurier entstammte. Diese waren zwar römische Bürger und Christen, galten aber dennoch als unruhige «Barbaren», deshalb aber auch als tüchtige Krieger. Isaurische

Truppen waren schon in den 440er Jahren zur Sicherung der Hauptstadt eingesetzt worden. Leon I. ernannte Tarasikodissa zum Kommandanten der 461 geschaffenen Gardetruppe der Exkubitoren. 471 wurde Aspar von diesen neuen Kräften gestürzt und ermordet.

An seine Stelle trat aber nun Tarasikodissa und seine wachsende Macht; er nahm den Namen Zenon an. Sein erst siebenjähriger Sohn Leon II. aus der Ehe mit der Tochter Leons I. wurde 474 nach dessen Tod sogar zum Kaiser gewählt. Zenon fungierte als Mitkaiser und führte de facto die Herrschaft. Als Leon II. schon 475 verstarb, erhob sich Zenon selbst zum Hauptkaiser. Dies erregte allerdings den Widerstand seines Schwagers Basiliskos, der den unglücklich verlaufenen Feldzug gegen die Vandalen 468 kommandiert hatte. Er konnte Zenon 475 sogar aus Konstantinopel vertreiben. Zur selben Zeit, als in Italien der Streit um die Kaisermacht in seine Endphase ging, tobte also auch im Osten ein Bürgerkrieg, sodass das gesamte Imperium zu wanken schien.

Die Herrschaft des Basiliskos wurde jedoch immer unpopulärer, während Zenon loyale Truppen hinter sich scharen und schließlich im Juli oder August 476 Konstantinopel wieder einnehmen konnte. Kurz darauf traf jedoch eine Gesandtschaft des Feldherrn Odoaker ein, der im September 476 den letzten weströmischen Kaiser Romulus Augustulus abgesetzt und die Macht in Italien ergriffen hatte. Nun sandte er die Kaiserinsignien an Zenon, um seine Anerkennung der Oberhoheit Konstantinopels zu demonstrieren. Einen eigenen Kaiser im Westen würde man nicht mehr benötigen, so die Gesandten Odoakers, jener im Osten genügte. Das Römerreich hatte auf jeden Fall weiter Bestand, auch wenn sein Zentrum nun endgültig in den «Orient» gewandert war.

3. DAS NEUE ROM, DAS BLIEB, IN DER WELT DER SPÄTANTIKE (476–636)

Das Jahr 6000: Zeitenwende und Blütezeit

Unmittelbar nach seiner Rückkehr nach Konstantinopel im Sommer 476 musste sich Zenon also mit der Absetzung des weströmischen Kaisers Romulus Augustulus durch Odoaker auseinandersetzen. Vorerst pochte man auf die Rechte des im Exil in Dalmatien befindlichen, 475 abgesetzten Kaiserkandidaten Iulius Nepos, den Konstantinopel seit 474 unterstützt hatte. Nach dessen Tod 480 konnte aber Zenon das alleinige Kaisertum der Römer beanspruchen, auch gegenüber den im Westen herrschenden germanischen Machthabern. Odoaker hatte als Regent Italiens ebenso die Oberhoheit Zenons anerkannt. Dafür erhielt Odoaker den Titel eines *Patricius* und vermied damit auch die Brandmarkung als Usurpator, die ihm bei einer Beanspruchung des Kaisertitels geblüht hätte. Die Zeitgenossen sowohl in Italien als auch in Konstantinopel gingen aber vorerst keineswegs von einem Ende des Römischen Reichs im Westen aus, auch wenn dort kein Kaiser mehr residierte.

Zu einer Entfremdung mit dem Oberhaupt der Kirche des Westens führte allerdings ein von Kaiser Zenon und Patriarch Akakios von Konstantinopel im Juli 482 initiierter Kompromissversuch, durch das sogenannte *Henotikon*-Edikt den Streit um das Verhältnis der Naturen in Jesus Christus zu beruhigen. Während man damit eine gewisse Entspannung mit den miaphysitischen Gemeinden in den östlichen Provinzen erreichte, verweigerten sich die Päpste jeder Abweichung von den Beschlüssen des Konzils von Chalkedon. Die Folge war das sogenannte «Akakianische Schisma», das die Kirchen Roms und Konstantinopels bis 519 entzweite – die erste in einer Reihe von Kommunikationsstörungen zwischen West- und Ostkirche in den folgenden Jahrhunderten. Von einer dauerhaften

Trennung der Reichskirche ging man aber genauso wenig aus wie von einem Ende des Imperiums im Westen.

Als geschickter Herrscher erwies sich Zenon bei der Bewältigung der seit den 460er Jahren steigenden Bedrohung durch die Ostgoten auf dem Balkan. Bis 481 standen dort verschiedene gotische Gruppen unter der konkurrierenden Führerschaft des Theoderich aus der Familie der Amaler und des Theoderich Strabo. Nach dem Tod des Letzteren übernahm Ersterer die Herrschaft über den Großteil der Goten. Kaiser Zenon versuchte, ihn durch die Verleihung des Amtes eines Heermeisters und 483/484 sogar der Würde eines Konsuls in die römische Hierarchie zu integrieren. Theoderich unterstützte im Gegenzug Zenon gegen aufständische Isaurier. Doch brachen 486/487 wieder Kämpfe zwischen Römern und Goten aus. Zenon vermochte jedoch 488 Theoderich zu einer Invasion Italiens zu überreden. Ausgestattet mit der Würde eines *Patricius*, sollte Theoderich im Auftrag des Kaisers die nun als illegitim bezeichnete Herrschaft Odoakers beseitigen. Letzteren ermordete Theoderich 493 in Ravenna und setzte sich an die Spitze eines ostgotischen Königreiches – erneut zumindest nominell unter Oberhoheit des Kaisers, der auch auf den in Italien geprägten Goldmünzen dargestellt wurde. Für Konstantinopel war es aber wichtiger, die eigenen Provinzen zu entlasten, als an die Interessen des früheren Kernlands des Imperiums zu denken. Tatsächlich kehrte nach dem Abzug der Ostgoten ein großer Teil der Balkanhalbinsel wieder unter die Kontrolle Konstantinopels zurück.

Als Zenon im April 491 starb, wurde, so zumindest die Darstellung der Quellen, die Wahl eines Nachfolgers seiner Witwe Ariadne, der Tochter Kaiser Leons I., überlassen. Im Hippodrom soll das Volk nach einem «römischen» und «rechtgläubigen» Kaiser verlangt haben, wohl im Gegensatz zum «Barbaren» Zenon mit seiner versöhnlichen Haltung gegenüber den Miaphysiten. Zumindest der ersten Forderung wurde mit Kür des bereits 60-jährigen Hofbeamten aus der Finanzverwaltung Anastasios I. nachgekommen. Von ihm wurde später sogar behauptet, er stamme von Pompeius ab, dem Kontrahenten des Julius Caesar. Diesen somit waschechten Römer nahm Ariadne auch zum Ehemann.

Widerstand erhob sich gegen diese Wahl bei den unter Zenon so mächtig gewordenen Isauriern, die man aus der Hauptstadt auswies. Da sie sich auf eine Guerillataktik verlegten, konnten sie nur in einem langwierigen Krieg zwischen 492 und 498 unterworfen werden; Tausende wurden nach Thrakien umgesiedelt. Einer Revolte in Thrakien sah sich Anastasios wiederum von 513 bis 515 seitens des gotischen Heerführers Vitalianus gegenüber, der zeitweilig die Unterstützung des Ostgotenkönigs Theoderich genoss, den Anastasios 497 zuvor als Herrscher Italiens anerkannt hatte. Vor dem Hintergrund der wachsenden Entfremdung zwischen dem ostgotischen Regime in Italien und Konstantinopel entstand um diese Zeit die Deutung der Ereignisse des Jahres 476 als gewaltsames Ende des weströmischen Kaisertums, etwa beim in Konstantinopel tätigen lateinischen Chronisten Marcellinus Comes. Die Bekämpfung der Ostgoten wurde nun mit der angeblichen widerrechtlichen Zerstörung des weströmischen Staates durch sie bzw. Odoaker legitimiert. In die Rebellion des Vitalianus mischte sich auch Opposition gegen die Religionspolitik des Kaisers, der so wie Zenon Sympathien für die Einnaturen-Lehre hegte. Er hielt an der Kompromissformel des *Henotikon* fest; damit wurde aber auch das Schisma mit Rom verlängert.

Im Jahr 502 endete ebenso die Friedenszeit an der Ostgrenze zu den Persern. Der Sasanidenkönig Kavadh I. war erst kurz zuvor 499 mit Hilfe der in Zentralasien herrschenden hunnischen Hephthaliten auf den Thron gekommen. Nun wollte er seine nach Jahrzehnten des Bürgerkriegs immer noch fragile Macht durch einen siegreichen Angriff auf die römischen Provinzen festigen. Schon davor hatten Dürre, Heuschreckenschwärme, Erdbeben und Seuchen die nordmesopotamischen Grenzgebiete heimgesucht. Der Krieg verschärfte diese Not umso mehr. Eine zeitgenössische Chronik verknüpfte diese Ereignisse mit unheilverheißenden Himmelsphänomenen wie Kometen und Sonnenfinsternissen. Sie sah darin Anzeichen für das Nahen der mit dem Jahr 500 n. Chr. anbrechenden Endzeit. Grundlagen dieser Befürchtungen waren Berechnungen, denen zufolge die Schaffung der Welt auf die Zeit um 5500 v. Chr. datierte und somit das Jahr 500 das Jahr 6000 und den Anbruch des

7. Jahrtausends der Weltzeit markierte. Dieses Millennium aber würde dem siebten und letzten Tag der Schöpfung – «vor Gott sind 1000 Jahre wie ein Tag» (Petrus 2,3; vgl. Psalm 90,4) – und somit der Endzeit entsprechen. Auch der Name des regierenden Kaisers Anastasios I., der an das griechische Wort für die Auferstehung Christi (*anastasis*) erinnerte, wurde «endzeitlich» gedeutet. Konkret versuchte der Kaiser aber, durch Steuererleichterungen und andere Maßnahmen, den notleidenden Provinzen zu helfen. Darüber hinaus konnte der Kaiser im Jahr 506 einen Waffenstillstand mit den Persern erreichen, mit hohen römischen Geldzahlungen, die den Status des Großkönigs Kavadh I. im Inneren seines Reichs stärkten. Das Weltende ließ vorerst auf sich warten.

Zur Sicherung der Grenze in Mesopotamien wurden die Festung Dara errichtet und weitere Fortifikationen ausgebaut. Im Hinterland von Konstantinopel ließ Anastasios I. 60 Kilometer westlich der Hauptstadt ebenso zwischen Schwarzem Meer und Marmarameer über 56 Kilometer Länge die sogenannten «Langen Mauern» bauen. Verdienste erwarb er sich, entsprechend seinen Aufgaben vor der Kaiserkür, als Finanzpolitiker. So passte er das Währungssystem neu an: die seit Konstantin I. geprägte Goldmünze *Solidus* zu 4,55 g entsprach der Kaufkraft nach bei der Masse der Bevölkerung einem oder mehreren Monatsgehältern und war deshalb für Alltagsgeschäfte am Markt ungeeignet. Letzteren dienten Kupfermünzen in verschiedenen Gewichten und wechselnden Tauschverhältnissen zum Solidus. Da Steuern aber in Gold bezahlt werden mussten, war dieser Wechselkurs für die Masse der Bevölkerung hochrelevant, da er bestimmte, wie viele Kupfermünzen sie erwirtschaften mussten, um sie dann gegen einen Solidus eintauschen zu können. Anastasios I. legte nun fest, dass ein Solidus dem Wert von 288 Kupfermünzen eines von ihm wieder eingeführten Typs (*follis*) entsprach, was für mehr Stabilität sorgte. Darüber hinaus straffte er die Steuerverwaltung und schaffte eine vorher in Gold und Silber zu entrichtende Handelssteuer ab, was den Warenverkehr belebte. Insgesamt dürften aber vor allem die für die Stabilität des Regimes wichtigen Eliten in den Städten und Provinzen von den Maßnahmen profitiert haben. Für den Fiskus erwirtschaftete Anastasios trotz des teuren Krieges gegen die Perser hohe Überschüsse, sodass er bei seinem Tod im Juli 518 einen Staatsschatz von 320000 römischen Pfund Gold (mehr als 100 Tonnen) hinterlassen konnte. Dieses Vermögen bildete eine der Grundlagen für die ambitionierte Politik seiner Nachfolger und dokumentiert gleichzeitig die relative Blüte des Reiches in diesen Jahrzehnten.

Tatsächlich kann man für das 5. und frühe 6. Jahrhundert in Ägypten, Syrien und Kleinasien Anzeichen wirtschaftlichen und demographischen Wachstums feststellen. Diese Entwicklung wurde in manchen Gebieten durch relativ günstige klimatische Bedingungen, insbesondere höhere Niederschläge, begünstigt. In vielen Provinzen ging dieses Wachstum aber mit einer weiteren Ausdehnung des Großgrundbesitzes einher. Die mächtige Familie der Apionen z.B. kontrollierte im 6. Jahrhundert mehr als 30000 Hektar und somit 40 Prozent des gesamten Ackerlands in zwei Distrikten in Ägypten. Bewirtschaftet wurden diese Flächen teils mit Hilfe von Sklaven und Landarbeitern, teils zu unterschiedlichen Konditionen durch Pächter. Das Wachstum an Bevölkerung und somit Arbeitskräften im 5. und 6. Jahrhundert verschob den Einfluss wohl noch mehr zugunsten jener, die über das Land verfügten.

Doch zumindest in manchen Regionen profitierte auch der kleinere und mittlere Grundbesitz von der ökonomischen Prosperität, die sich im durch archäologische Surveys dokumentierten Wachstum von Kleinstädten und Dörfern äußerte. Dies gilt etwa für den Hauran zwischen Damaskus und Bosra im Südwesten und im Kalksteinmassiv östlich von Antiocheia im Norden Syriens. Dort wurden zwischen 700 und 800 Dörfer archäologisch identifiziert, die größten mit mehreren Kirchen und sogar Badehäusern. In ähnlicher Weise erlebte die Region des Negev, heute eine Wüstenlandschaft im Süden Israels, bis um die Mitte des 6. Jahrhunderts einen Siedlungsboom. Er basierte nach archäogeologischen Befunden auf einer ausgefeilten Kombination von künstlicher Bewässerung und Düngung, unter anderem mit den Exkrementen von Tauben, die in großer Zahl um diese Dörfer gezüchtet wurden. Der in dieser damals besser mit Regen versorgten, aber dennoch trockenen und sonnenreichen Region produzierte Wein war heiß begehrt und wurde über die Hafenstadt Gaza im ganzen Mittelmeerraum vertrieben.

Die Rolle des Staates für die wirtschaftliche Entwicklung ist zwiespältig. Zweifellos stellten die seit den Reformen Diokletians und Konstantins I. erhöhten Steuern und Zwangsdienste für Heer und Verwaltung große Belastungen dar. Die staatliche Nachfrage bot aber auch Anreize für die Produktion, insbesondere in Randregionen ohne sonstige größere Absatzmärkte. Ebenso konnte der private Handel von der Infrastruktur des Transports für die Zwecke des Staates profitieren, etwa von den Getreideflotten, die zwischen Ägypten und Konstantinopel pendelten und in zahlreichen Küstenstädten entlang der Route Station machten. Dementsprechend verzeichneten einige Metropolen in Westkleinasien einen Bauboom sowohl im öffentlichen als auch im privaten Bereich. Auch Ephesos erlebte eine dynamische Periode, die sich in technischen Anlagen wie der mehrstufigen, allerdings in mehreren Etappen errichteten Mühlenkaskade im Hanghaus 2 manifestierte, die in ihrer vollen Ausbaustufe Mehl für 8000 bis 12 000 Menschen produzieren konnte. Das Mühlengewässer betrieb auch eine Steinsäge zur Herstellung von Marmorplatten für die großflächige Ausgestaltung von Gebäuden.

Auch an vielen anderen Orten blieb die antike Urbanität in Grundzügen bis in das 7. Jahrhundert erhalten, bevor massive Zerstörungen durch feindliche Invasionen ähnlich wie zuvor im Westen des Reichs einschneidende Veränderungen nach sich zogen. Andererseits zeigen archäologische Befunde in manchen Gegenden Kleinasiens, dass städtische Zentren schon ab dem 5. Jahrhundert verfielen, während die Bautätigkeit in umliegenden ländlichen Gebieten zunahm. Ein Grund dafür mag der Rückzug regionaler Eliten aus den Städten gewesen sein; sie wollten sich damit den steigenden Belastungen für die urbane Infrastruktur und deren Erhaltung, die ihnen seit den Reformen Diokletians und Konstantins I. auferlegt wurden, entziehen und investierten lieber in ihre Landgüter. Dieser Trend zur «Ruralisierung» verschärfte sich mit den Katastrophen des 6. und 7. Jahrhunderts wie der Pestpandemie und den Kriegen gegen Perser und Araber.

Aufsteiger auf dem Thron: Justin, Justinian und Theodora

Nach dem Tod Anastasios' I. im Jahr 518, der wie alle Kaiser seit dem Thronwechsel von Arkadios zu Theodosios II. keinen Sohn hinterlassen hatte, konnte sich nach einem kurzen Ringen um den Thron der Kommandant eines der Garderegimenter durchsetzen, Justin I. Er war um 450 in einfachen Verhältnissen in der Gegend von Caričin Grad südlich von Niš im heutigen Serbien geboren. In dieser Region der Balkanhalbinsel war Latein und nicht wie sonst in weiten Teilen des Ostreiches das Griechische die hauptsächliche Verkehrssprache. Ebenfalls in Ermangelung eines Sohnes ließ er seinen Neffen Petrus Sabbatius, der sich nach seiner Adoption durch den Kaiser Justinianus nannte, als Nachfolger aufbauen und 521 zum Konsul erheben. Justinian heiratete 525 Theodora, die aus dem eigentlich nicht «standesgemäßen» Milieu der Schauspieler und Zirkusartisten stammte. Sie agierte tatsächlich als Partnerin in der Herrschaft, so wie wir sie auch auf den berühmten Mosaiken in San Vitale in Ravenna aus den 540er Jahren auf gleicher Augenhöhe mit dem Kaiser dargestellt finden.

Die Ehe mit Theodora trug zusätzlich zur Entrüstung der etablierten aristokratischen Kreise über die «Emporkömmlinge» Justin I. und Justinian bei, meinten doch andere alteingesessene Familien, ein besseres Anrecht auf den Thron zu besitzen. Insbesondere Theodora wurde Objekt des Hasses des zeitgenössischen Historikers Prokopios, der aus Kaisareia in Palästina stammte und im Staatsdienst stand. In seiner «Geheimgeschichte» unterstellte er der Kaiserin Prostitution und ungeheuerliche sexuelle Ausschweifungen, die sie auch nach ihrer Eheschließung mit Justinian fortgesetzt hätte. Zu jenen, die der Herrschaft der Emporkömmlinge Justin, Justinian und Theodora feindselig gegenüberstanden, gehörte auch Anicia Juliana. Sie war eine Tochter des 472 kurzzeitig als Kaiser des Westens amtierenden Flavius Anicius Olybrius und eine Urenkelin Theodosios' II. Auch mit der Familie des Anastasios I. war sie verschwägert. Ihren Status markierte sie 521/522 durch den Bau einer Kirche zu Ehren des Heiligen Polyeuktos, von deren

Pracht allerdings nur mehr wenige Reste einen unvollkommenen Eindruck geben. Erhalten ist hingegen ein zu ihren Ehren in Auftrag gegebener, reich illustrierter Buchkodex der Schrift des griechischen Arztes Dioskurides über die Arzneipflanzen, der auf einem Blatt auch Anicia Juliana zeigt. Das Buch blieb über 1000 Jahre in Konstantinopel in Gebrauch und befand sich zuletzt im Besitz des jüdischen Leibarztes von Sultan Süleyman dem Prächtigen, Moses Hamon. Von dessen Sohn erwarb 1569 der habsburgische Gesandte Ogier Ghislain de Busbecq den Kodex, weshalb er sich heute in der Österreichischen Nationalbibliothek in Wien befindet.

Um angesichts solcher Gegnerschaft zumindest ihre Rechtgläubigkeit herauszustreichen, vollzogen Justin I. und Justinian 519 einen kirchenpolitischen Schwenk weg von der Kompromissformel des *Henotikon* hin zu einer wieder eindeutig auf dem Konzil von Chalkedon beruhenden Linie. Das Schisma mit dem Papsttum in Rom wurde dadurch beendet. Im Jahr 526 besuchte Papst Johannes I., auch auf Veranlassung des Ostgotenkönigs Theoderich, sogar Konstantinopel, was das Prestige der Kaiser steigerte. Der Konflikt mit den Anhängern der Einnaturenlehre in den Ostprovinzen wurde dadurch aber erneut entfacht. Gegen Ende von Justins Regierung brach 526 auch der Krieg mit den Sasaniden wieder aus. Die Spannungen zwischen den Großmächten waren gewachsen, seitdem der König der Lazen Tzath I., der im heutigen Westgeorgien herrschte, 522 Konstantinopel besucht und die Taufe empfangen hatte. Dadurch markierte er auch seinen Wechsel aus der persischen Oberhoheit zur römischen. Außerdem gefährdete 525 eine Invasion des mit den Römern verbündeten christlichen Königs von Aksum (heute in Äthiopien) in den Jemen die Einflusssphäre der Perser am südlichsten Ende der Kontaktzone zwischen den Imperien in Arabien, wo es auch um die Kontrolle der Seehandelswege nach Indien ging.

Schon vor dem Tod Justins im August 527 war Justinian I. zum zweiten Augustus ausgerufen worden und übernahm anfangs relativ problemlos die Herrschaft. Der Aufsteiger war von einem besonderen Sendungsbewusstsein durchdrungen; als «von Gott eingesetzt unser Reich lenkend, das uns von der himmlischen Hoheit übergeben worden ist»[1] bezeichnet er sich in der Einleitung eines seiner vielen Gesetze und enthob damit gleichzeitig sein Kaisertum der bloß irdischen Wahl durch Senat, Volk und Heer. Diesen Anspruch markierte er auch später durch die Errichtung einer Reiterstatue, die ihn mit der rechten Hand in Richtung Osten gegen den persischen Feind drohend zeigte. In seiner linken Hand hielt Justinian einen Reichsapfel mit einem Kreuz; wie auch ein Text des 10. Jahrhunderts ausführte, symbolisierte dieser die Erde, die «eine Kugel ist», und von Jesus Christus und in seinem Auftrag durch den Kaiser regiert wurde.[2] Entgegen bis heute auch in Schulbüchern verbreiteten Irrtümern stellten sich mithin die Römer in Übernahme griechischer Erkenntnisse auch nach der Christianisierung und im Mittelalter die Erde als Kugel vor. Nur während der Regierungszeit Justinians entwickelte ein besonders frommer Autor namens Kosmas, wegen seiner weiten Reisen genannt der «Indienfahrer» (griechisch *Indikopleustes*), in Ägypten ein alternatives Weltbild aufgrund seiner Interpretation des Alten Testaments. So sah seine Welt nach Vorbild der Bundeslade wie eine Truhe aus, mit der Erde und den Meeren am Boden und dem Firmament darüber als Deckel, von dem an Schnüren die Gestirne hingen. Die Sonne zog sich des Abends hinter einen besonders hohen Berg zurück, damit es Nacht werden konnte. Der griechische Text des Kosmas wurde zwar auch später mehrfach kopiert und reich illustriert, vermochte aber den Konsens der Mehrheit der Gelehrten über die Kugelgestalt der Erde nicht in Frage zu stellen.

Der Anspruch des Kaisers auf die Weltherrschaft schien auch Resonanz zu finden bei Agapetos, einem Diakon vermutlich an der Hagia Sophia, der um 530 einen «Fürstenspiegel», also eine belehrende Ermahnung an Justinian verfasste. Gott nämlich habe dem Kaiser «das Zepter der irdischen Macht übergeben», damit er «die Menschen die Wahrung der Gerechtigkeit» lehrt. Wie bei früheren Autoren sind damit besondere moralische Erwartungen an den christlichen Kaiser verbunden. Ein Vorbild an Tugend musste er sein und Enthaltsamkeit gegenüber «unziemlichen Leidenschaften» üben. Sowohl für das eigene Seelenheil als auch jenes der Untertanen war der Kaiser Gott gegenüber verantwortlich. Und

«Herr ist der Kaiser zwar über alle, Sklave aber ist er mit allen vor Gott». Wohltaten sollte der Kaiser den Bedürftigen gegenüber erweisen und Gerechtigkeit gegenüber jedermann üben. Und Agapetos erläutert, «dass du nur dann als Kaiser sicher regierst, wenn du über Menschen herrschst, die aus freiem Willen gehorchen. Alles, was gegen seinen Willen unterworfen ist, lehnt sich auf, wenn es Gelegenheit bekommt. Was aber von den Banden des Wohlwollens festgehalten wird, gehorcht der Herrschaft unverbrüchlich.»[3] Auch bei Agapetos finden wir keine von Gott legitimierte unbeschränkte Autokratie, sondern ein Kaisertum, das an christliche Ideale und römisch-griechische Traditionen gebunden war.

Antike und moderne Historiker stellen für die erste Phase von Justinians Regierung einen ungeheuren Reformeifer fest. Zu den Zielen des Kaisers gehörte die Vollendung der Christianisierung des Imperiums und die vollständige Verdrängung des Heidentums. 529 ließ Justinian verbliebene pagane Institutionen schließen, wie die von Platon begründete philosophische Akademie in Athen oder den Isis-Tempel auf der Nil-Insel Philae im südlichen Ägypten. Aber nicht nur Anhänger heidnischer Kulte wurden verfolgt, sondern auch solche religiöser Sondergruppen. Dazu gehörten die mit dem Judentum verwandten Samaritaner, die Manichäer oder christliche «Irrlehren» wie die der Arianer. Justinians Politik richtete sich auf Grundlage der Beschlüsse des Konzils von Chalkedon auch gegen die Anhänger der Einnaturenlehre. Sie wurde aber abgeschwächt durch seine Gattin Theodora, die Sympathien für den Miaphysitismus zeigte. Theodora unterstützte auch Kleriker dieser Richtung, etwa Jakob Baradai, nach dem sich die Bezeichnung «jakobitisch» für die syrisch-orthodoxe Kirche einbürgerte. Er und andere Kleriker errichteten im Untergrund eine Kirchenorganisation parallel zu jener der auf Chalkedon beruhenden Reichskirche. So entstanden im Laufe des 6. und 7. Jahrhunderts eigenständige miaphysitische Kirchen in Ägypten und Syrien, außerhalb des Reichsgebiets in Armenien und Äthiopien.

Zum Ziel neuer Christianisierungsbemühungen wurden zwischen 538 und 545 die nubischen Königreiche von Nobatia, Makuria und Alodia im heutigen Sudan, mit denen das Römerreich seit dem 5. Jahrhundert im Kontakt stand. Einzelne christliche Gemeinden gab es dort schon länger, aber nun wurden sogar zwei konkurrierende Gruppen von Missionaren aus Ägypten entsandt, eine der Kirche des Dogmas von Chalkedon auf Befehl Justinians und eine der Miaphysiten mit Unterstützung Theodoras. Zwischen 537 und 550 gelang von Konstantinopel aus ebenso die Bekehrung von Teilen der Abchasen im nordwestlichen Kaukasus, die auch die römische Oberhoheit anerkannten. Als nunmehrigen christlichen Glaubensgeschwistern untersagte Justinian den Abchasen die bei ihnen übliche Kastration von Knaben, durch die Eunuchen geschaffen wurden, die man als Sklaven teuer ins Römische Reich verkaufte. Dort dienten sie seit dem 1. Jahrhundert n. Chr. in wachsender Zahl sowohl in Haushalten der Eliten als auch am Kaiserhof, wo sie wichtige Stellungen einnahmen, da mancher Herrscher ihnen mehr vertraute als Männern, die Nachkommenschaft zeugen und diese begünstigen konnten. Schon früh hatten die Kaiser aber auch die Kastration von römischen Bürgern sogar bei Todesstrafe untersagt, und dieses Verbot dehnte Justinian nun auf eines der Hauptexportgebiete von Sklaven aus. Dennoch dienten Eunuchen nicht nur unter Justinian, sondern auch in den folgenden Jahrhunderten in prominenten Positionen im Palast von Konstantinopel. Sie stammten teils aus dem Ausland, teils aus Provinzen des Reiches, wo Eltern ihre Söhne trotz der staatlichen Verbote kastrieren ließen, um ihnen die Aussicht auf eine Karriere am Kaiserhof zu eröffnen.

Verewigt hat sich Kaiser Justinian als Gesetzgeber. Um seiner Legislation einen festen Anschluss an die römische Tradition zu geben, befahl er schon bald nach seinem Regierungsantritt eine über den Codex Theodosios' II. hinausgehende Sammlung der Kaisergesetze. Die erste Redaktion des *Codex Justinianus* wurde bereits 529, die endgültige zweite Redaktion unter Leitung des *Quaestor sacri palatii* Tribonianus 534 publiziert. Daneben verfasste man 533 auch die *Institutiones* als Rechtslehrbuch und die «Digesten», eine Sammlung der Schriften römischer Rechtsgelehrter seit der Republik. Somit wurde der Schatz des römischen Rechts für die Nachwelt bewahrt. Auf dieses Corpus folgten Dutzende neue Gesetze (Novellen) Justinians, die aber entgegen früherer Gewohnheit nun auch in Griechisch, der vorherrschenden Verkehrssprache des Ostens, publiziert werden mussten, um verstanden zu werden. Obwohl Justinian, der ja aus den lateinischsprachigen Gebieten Südosteuropas stammte, gegenüber der Sprache der Griechen noch die beherrschende Stellung der alten Sprache der Römer beschwor, verlor Latein seine Bedeutung als Verwaltungssprache. Dennoch wurde die Sprache als Zeichen der Verbundenheit mit den Wurzeln des Staates weitergepflegt. Auf Justinians Nachfolger Justin II. verfasste der aus dem damals noch lateinischsprachigen Nordafrika stammende Corripus ein episches Gedicht. Und lateinische Buchstaben wurden als Ausweis des Römertums auch in späteren Jahrhunderten, als kaum jemand in Konstantinopel diese Sprache noch beherrschte, etwa auf Münzen sichtbar dargestellt.

Nach einem enthusiastischen Beginn erlebte die Herrschaft Justinians im Januar 532 ihre erste schwere Krise. Sie entzündete sich um die große Pferderennbahn (Hippodrom) in Konstantinopel, die als Ort der Kommunikation zwischen Kaiser und Volk der Hauptstadt diente. Hier wurde ein neuer Kaiser ausgerufen und akklamiert, hier konnte das Volk in Sprechchören auch Forderungen vortragen oder Unzufriedenheit äußern. Die sogenannten «Zirkusparteien» der Grünen und der Blauen dienten, wie bereits erwähnt, dementsprechend nicht nur als «Fanclubs» verschiedener Rennställe, sondern auch als Kristallisationspunkte der Formierung solcher Wünsche oder Proteste. Damals nun kam es zu einer schweren Störung dieser Kommunikation zwischen Kaiser und Volk. Als Justinian nach ersten Krawallen einige Rädelsführer aus den Reihen der Grünen und Blauen trotz der im Hippodrom vorgebrachten Forderung nach Begnadigung hinrichten ließ, verbündeten sich die sonst verfeindeten Gruppierungen gegen den Kaiser. Die Unruhen steigerten sich unter dem Kampfruf *nika* (griechisch «siege!») zu einem Aufstand gegen den Kaiser, in dessen Rahmen weite Teile der Stadt eingeäschert wurden. Mit Hypatios, einem Neffen Anastasios' I., proklamierten die Rebellen sogar einen Gegenkaiser. Justinian I. behielt aber letztlich die Oberhand und ließ die Unruhen blutig niederschlagen; 30000 Menschen starben. Angehörige der Oberschicht, die sich auf Seiten der Rebellen gestellt hatten,

Abb. 2: Istanbul, Hagia Sophia, Blick von Süden

wurden verbannt und ihr Vermögen beschlagnahmt. Der Aufstand verschaffte also dem Kaiser die Gelegenheit, die oppositionellen Kräfte in den alteingesessenen Eliten und in der Hauptstadt zu zerschlagen.

Die Zerstörungen des Nika-Aufstands boten dem Kaiser zudem einen Anlass zum Neubau der niedergebrannten großen Kirche der Heiligen Weisheit (Hagia Sophia). Er wurde in Rekordzeit bis 537 in einer nie da gewesenen Pracht als Kuppelbau errichtet, mit Baukosten von angeblich einer Million Goldstücken. Die Kuppel mit einem Durchmesser von 31 Metern und einer Scheitelhöhe von 55,6 Metern stellte eine besondere statische Herausforderung dar und musste nach einem Erdbeben 558 erneuert werden (Abb. 2). Außerhalb der Hauptstadt legte der Kaiser ebenso eine enorme, wenn auch im Werk «Über die Bauten» des Historikers Prokop wohl übertrieben dargestellte Bautätigkeit an den Tag. Sie umfasste weitere kirchliche Bauwerke, wie eine gewaltige neue Kirche der Muttergottes in Jerusalem oder das berühmte Katharinenkloster am Berg Sinai in Ägypten, aber auch zivile Gebäude und Festungen.

Nahe dem Ort seiner Geburt ließ der Kaiser um 535 sogar eine neue Stadt errichten, das nach ihm benannte Justiniana Prima. Sie ist vermutlich mit der archäologischen Stätte von Caričin Grad südlich von Niš zu identifizieren, die herausragende Befunde zur Stadtplanung des 6. Jahrhunderts liefert. Konstantinopel selbst erreichte in der ersten Hälfte von Justinians Regierung ihren Bevölkerungshöhepunkt mit vielleicht 500 000 Einwohnern. Um diese Massen zu versorgen, wurden die auf dem Seeweg aus Ägypten kommenden Getreidelieferungen neu organisiert; jährlich wurden nun mehr als 160 000 Tonnen in ungefähr 1000 Schiffsladungen transportiert.

Außenpolitisch hatte Justinian am Beginn seiner Regierung einen Krieg mit den Persern geerbt, den er 532 mit einem sogenannten «Ewigen Frieden», der gerade acht Jahre halten sollte, und der Zahlung von 11 000 Pfund Gold zu einem Ende brachte. Der Kaiser plante nämlich eine Offensive in Richtung Westen. Dort bot der Sturz des befreundeten Vandalenkönigs Hilderich den Vorwand für eine Intervention im immer noch reichen Nordafrika. Unter dem Kommando des Generals Belisar wurde 533 ein Korps von ca. 20 000 Mann zur See entsandt. Da das Gros der vandalischen Flotte in Sardinien lag, gelang Belisar die Landung und nach kurzem Feldzug bis 534 sogar die Eroberung des gesamten Vandalenreichs mit der Hauptstadt Karthago, in dem nach fast 100 Jahren wieder eine römische Verwaltung etabliert wurde. Dieser schnelle Sturz des Vandalenregimes mag auch auf die Spannungen zwischen den arianischen Germanen und der einheimischen «rechtgläubigen» Bevölkerung zurückzuführen gewesen sein. Der gefangene Vandalenkönig Gelimer wurde mit seiner Familie von Belisar nach Konstantinopel gebracht. Dort führte man den König im Triumphzug ins Hippodrom und entkleidete ihn vor den Augen der Bevölkerung seiner Herrschaftsinsignien; dann warf er sich vor Justinian zu Boden. Effektiver konnte der Kaiser seinen Anspruch auf die Herrschaft über die Welt nicht inszenieren.

Dieser unerwartet schnelle Erfolg in Afrika machte Appetit auf mehr. Als nächstes Ziel wurde 535 das Ostgotenreich im früheren Kernland Italien ausgewählt, mit dem sich die Beziehungen schon unter Anastasios I. verschlechtert hatten. Nun bot die Ermordung der Amalasuntha, Tochter des 526 verstorbenen Königs Theoderich, einen Anlass zum Eingreifen. In einer Novelle des Jahres 536 gab Justinian bereits die «Rückgewinnung der durch die Nachlässigkeit seiner kaiserlichen Vorgänger verlorenen Provinzen bis zu den Grenzen der beiden Weltmeere»[4] als Losung aus. Tatsächlich schien Belisar den raschen Sieg in Afrika im Ostgotenreich wiederholen zu können; bis 540 eroberte er fast ganz Italien samt Rom. Auch der gefangen genommene Ostgotenkönig Witigis wurde wie zuvor der Vandalenherrscher im Triumph nach Konstantinopel gebracht und musste sich dort unterwerfen. Die Wiederherstellung der unmittelbaren Herrschaft des römischen Kaisers über die gesamte Mittelmeerwelt schien in Reichweite.

Das andere Zeitalter Justinians: Klimawandel und Pandemie

Dieser Optimismus wich aber binnen weniger Jahre einer Weltuntergangsstimmung. Das «andere Zeitalter» Justinians, wie es der deutsche Althistoriker Mischa Meier nannte,[5] wurde in fast apokalyptischer Weise im Jahr 536 durch eine mehrere Monate andauernde Trübung der Sonne eingeleitet. Dieser Staubschleier wurde auf der Nordhalbkugel von Irland über den Mittelmeerraum und den Nahen Osten bis China beobachtet. Die damit einhergehende Abkühlung reduzierte in vielen Regionen das Pflanzenwachstum, wie sich an Baumringen ablesen lässt. Nach der neuesten Forschung gilt eine heftige vulkanische Eruption auf der Nordhalbkugel um 535/536 als Auslöser, deren Wirkung durch einen weiteren großen Ausbruch im Jahr 540 verstärkt wurde. Der Ausstoß größerer Mengen an Aerosolen in die Atmosphäre verursachte die Verfinsterungserscheinungen und Witterungsanomalien. Darüber hinaus rekonstruierte man auf der Basis von Baumringen aus dem Alpenraum und dem Altai, dass die Doppeleruption von 536/540 gemeinsam mit einer Verringerung der Sonnenaktivität das Kippen der Klimaverhältnisse auf der Nordhalbkugel in eine kältere Periode beschleunigte.

Dieser atmosphärischen Trübung folgte 539 ein weiteres Himmelsphänomen in Gestalt eines Kometen, den man als Boten des Unheils deutete. Im Jahr 540 erschütterte eine überraschende Invasion der Sasaniden unter Großkönig Chosrau I. die Ostprovinzen. Der persische Herrscher hatte vorher in diplomatischem Kontakt mit den in Italien bedrängten Ostgoten gestanden. Sein Feldzug gipfelte in der Eroberung Antiocheias, der drittgrößten Stadt des Römischen Reiches. Große Teile der Bevölkerung wurden nach Persien deportiert. Diese Katastrophe machte nachhaltigen Eindruck auf die ohnehin teilweise durch den Miaphysitismus von der Reichsorthodoxie getrennte Bevölkerung. Das imperiale Versprechen der Sicherheit wurde nun auch im Osten brüchig. Dies umso mehr, da dieser Angriff den Auftakt zu einem langwierigen Krieg bildete, der alle Gebiete von Arabien bis zum Kaukasus erfasste und bis 562 dauerte. Gleichzeitig erwies sich auch die Hoffnung auf einen schnellen Sieg in Italien als Illusion. Die 540er Jahre waren durch blutige, aber wenig erfolgreiche Kämpfe gegen die Ostgoten unter ihrem neuen König Totila gekennzeichnet, in deren Verlauf die italienischen Provinzen samt der Stadt Rom nachhaltig verwüstet wurden.

Der schlimmste Schlag folgte aber 541/542, als eine Seuchenwelle von Ägypten her, eingeschleppt durch die Getreideflotte, Konstantinopel und dann das ganze Reich, den gesamten Mittelmeerraum, Europa und den Nahen Osten erfasste. Vor mehr als zehn Jahren gelang erstmals die genetische Identifikation des Erregers der Seuche des 6. Jahrhunderts. Wie schon lange vermutet, handelte es sich um eine Variante des Bakteriums *Yersinia pestis*, des Erregers der Beulenpest. Weitere Forschungen bestätigten in den letzten Jahren diesen Befund und eröffneten die Möglichkeit, einen evolutionären Stammbaum dieser Bakterienvarianten zu rekonstruieren, die ab den 540er Jahren mehr als 200 Jahre im Mittelmeerraum zirkulierten und mehrfach für Bevölkerungsverluste sorgten.

Für ihre verheerende Wirkung insbesondere in Konstantinopel gibt es mehrere Augenzeugen. Prokop etwa schreibt, dass die Seuche anfangs nur wenige, dann 5000 und am Höhepunkt der vier Monate dauernden Epidemie 10 000 Tote pro Tag in Konstantinopel forderte und insgesamt die Hälfte der Reichsbevölkerung hinraffte. Der aus der Nähe von Amida (heute Diyarbakır in der Südosttürkei) stammende Johannes von Ephesos behauptet, kaiserliche Beamte hätten eine Zählung der Opfer versucht, aber ihre Bemühungen bei 230000 Toten eingestellt, was ungefähr der Hälfte der geschätzten Einwohnerzahl Konstantinopels entspräche.

Da Prokop und Johannes von Ephesos Quantifizierungsversuche der Regierung andeuten, auf die auch ihre Zahlenangaben zurückgehen könnten, wollte ihnen ein Teil der Forschung glauben. Sie schätzte einen Anteil der Opfer unter der Bevölkerung des Imperiums von 25 bis 33 Prozent, wobei größere Städte stärker betroffen gewesen seien als dünner besiedelte Gebiete. Die paläogenetische Identifikation des Erregers schien dieser Interpretation zusätzliches Gewicht zu verleihen, wurden doch für die besser dokumentierte, ebenfalls durch *Yersinia pestis* verursachte spätmittelalterliche Pandemie (ab 1348) für Europa und den Nahen Osten je nach Region Opferraten von 25 bis 50 Prozent oder mehr ermittelt. Demgegenüber versuchte aber 2019 eine junge Gruppe von Forschern unter Verweis auf verschiedene quantitative Parameter wie die Anzahl der Inschriften oder der in Ägypten verfassten Papyri-Dokumente zu belegen, dass die Seuche nicht jene gewaltige Katastrophe war, wie sie zeitgenössische Beobachter nahelegen. Allerdings führten ihre Kritiker wiederum ins Treffen, dass vergleichbare Parameter für die in ihrer Sterblichkeit gesicherte Pestpandemie des Spätmittelalters ebenfalls keine deutlichen Ausschläge nach unten aufweisen.

Außerdem ist zu berücksichtigen, dass der Ausbruch der Pest 542 innerhalb eines ohnehin von Witterungsextremen, Missernten und Kriegen heimgesuchten Zeitraums stattfand. Diese Widrigkeiten in ihrer Gesamtheit hatten Einfluss auf die Entwicklung der Bevölkerung und Wirtschaft des Römischen Reiches und seiner Nachbarn, wobei der Pest ein nicht unbedeutender, aber eben quantitativ nicht genau zu bestimmender Anteil an der Krise zukam. Sicher waren die Auswirkungen der Pest nicht überall gleich. Größere Metropolen wie Antiocheia in Syrien, das vor der Pest bereits von einem katastrophalen Erdbeben 526 und der persischen Eroberung 540 heimgesucht worden war, zeigen deutliche Zeichen des Niedergangs. Doch ging auch in der Negev in Israel die Zahl der dörflichen Siedlungen ab der Mitte des 6. Jahrhunderts dramatisch zurück, wobei Klimarekonstruktionen eine zunehmende Trockenheit anzeigen, die in Verbindung mit der Pest die Verluste verstärkte. Neben der Seuche und klimatischen Veränderungen trugen während dieser Zeit die verheerenden Kriege an der Ostgrenze zum Ende der spätantiken Prosperität bei.

Heilige und Sündenböcke

Zusammen mit den enormen Kosten der Kriege gegen die Perser und die Ostgoten brachten diese Widrigkeiten auch die Staatsfinanzen in eine Schieflage, was sich in einer zeitweiligen Minderung des Goldgehalts der Münzen zeigte. Doch wirkte die Seuche auch als ein psychischer Schock, der religiöse Deutungsmuster in Frage stellte. Dabei spielte das gesamte Bündel an Extremereignissen rund um die Pest eine Rolle, kombiniert mit der bereits länger bestehenden Endzeiterwartung für das 6. Jahrhundert n. Chr. und das mit dem Jahr 6000 anbrechende 7. Jahrtausend seit Erschaffung der Welt: An den Küsten sichtete man Geisterschiffe mit kopflosen Gespenstern, die die Pest an Bord mitbrachten. In Konstantinopel verbreitete ein Überlebender der Krankheit die Ansicht, die Geister der Seuche würden die Stadt verlassen, wenn man sie durch den Lärm zerbrechenden Geschirrs vertriebe. Diese Nachricht verbreitete sich rasant, sodass dann drei Tage lang Unmengen von Tongefäßen aus den Fenstern auf die Straßen geworfen wurden, bis man die Sinnlosigkeit dieser Maßnahme erkannte. Kurz danach ging das Gerücht um, dass sich die todbringenden Dämonen hinter der Gestalt von Mönchen und Klerikern verbergen, sodass die Menschen beim Anblick eines Vertreters dieser Gruppen die Flucht ergriffen. Sichtbar wird eine Infragestellung etablierter Autoritäten, die sich auch gegen den Kaiser richten konnte.

Als Justinian I. selbst an der Pest erkrankte, konnte dies, obwohl er überlebte, als Zeichen göttlichen Zorns verstanden werden. Man konnte die von ihm selbst immer wieder betonte himmlische Legitimation seiner Herrschaft, auch im Verweis auf das Bündel an Katastrophen und militärischen Misserfolgen dieser Jahre, anzweifeln. Prokop von Kaisareia ging in seiner «Geheimgeschichte» noch weiter: Justinian sei die mit der Endzeit erwartete Inkarnation des Antichristen, der «Dämon in Menschengestalt» und der Verursacher aller Katastrophen.[6] Dabei deutet Prokop an, dass derartige Verschwörungserzählungen weitere Anhängerschaft fanden.

Sowohl im Interesse des gesellschaftlichen Zusammenhalts als auch seiner eigenen Machtposition wollte Kaiser Justinian gegensteuern und die Deutungshoheit über die Seuche zurückgewinnen. Dem Geist der Zeit gemäß geschah dies vor allem auf religiöser Ebene. Nachdem die Seuche und anderes Unheil dem Unmut des Göttlichen zugeschrieben wurden, galt es, Fürsprecher bei Gott zu aktivieren, um eine Befreiung von der Not zu erflehen. Diese Funktion übernahm die seit 431 von der Kirche des Reiches als Mutter Gottes anerkannte Jungfrau Maria, deren Verehrung sich auch beim Volk zunehmender Beliebtheit erfreute. Damit einher ging eine steigende Anzahl an bildlichen Darstellungen, die neben Maria auch andere Heilige sowie Jesus Christus selbst zeigten. Diesen Bildern (Ikonen) wurde gleich der Muttergottes oder den Heiligen im Angesicht von Invasionen und Katastrophen eine Schutzfunktion zugesprochen. Dementsprechend setzte sich auch ihre Verehrung in der Kirche durch. Dies gilt ebenso für Reliquien, wie Stücke des angeblich im 4. Jahrhundert in Jerusalem entdeckten Kreuzes Jesu oder für Gebeine anderer Heiliger, deren Wundermacht durch eine wachsense Anzahl von Berichten in den Notzeiten des 6. Jahrhunderts Anerkennung fand. Solche wirkmächtigen unheilabwehrenden Objekte und Bilder wurden nun bei Bittprozessionen mitgetragen, bei Belagerungen auf die Stadtmauern gebracht oder bei Feldzügen in der Schlacht mitgeführt.

An der Spitze solcher Prozessionen zeigte sich umso mehr der Kaiser, der damit seine eigene Stellung festigen konnte. In Bildern und auf Münzen wurde die Nähe Justinians zu Jesus Christus betont. Verschiedene Texte beschrieben den Kaiser als heiligmäßigen Mann, der in der Sorge um Reich und Kirche kaum schlief und oft fastete. Wie Mischa Meier ausführt, wurde damit die Sakralisierung des Herrschers und des Reichs noch einmal gesteigert.[7] Auch mit Blick auf breitere Kreise der Bevölkerung gelang es, Reaktionen auf Unglücksfälle hin zu kirchlich und staatlich anerkannten Formen der Bewältigung des Unheils zu kanalisieren, die den gesellschaftlichen Zusammenhalt stärkten und bei Bedarf reaktiviert werden konnten – umso mehr, weil sie auch durch Prozessionen an Jahrestagen überstandener Katastrophen ins Gedächtnis gerufen wurden. Konstantinopel wurde darin auch zum Vorbild der weiteren christlichen Welt.

Vorbildwirkung für die weitere Geschichte des christlichen Europas hatte allerdings auch Justinians zweite Stoßrichtung zur Bewältigung der Krise: die Suche nach Sündenböcken. Die Verursacher des Zorns Gottes galt es zu erkennen und zu bestrafen. Dabei konzentrierte sich Justinian auf jene Gruppen, die er schon zuvor verfolgt hatte: Nichtchristen wie Heiden und Juden, christliche Häretiker und andere «Randgruppen» wie Homosexuelle. Wie Mischa Meier ausführt, wurde unter Justinian «erstmals in der römischen Rechtsliteratur überhaupt (...) eine Verbindung zwischen Homosexualität und göttlichem Strafgericht» hergestellt.[8] Noch weitere Kreise zog die Verfolgung verbliebener Vertreter des «Heidentums» insbesondere unter den weltlichen Eliten Konstantinopels. Mit Genugtuung berichtet Johannes von Ephesos zum Jahr 545/546, als auch Versorgungsengpässe für Unzufriedenheit in der Stadt sorgten, wie «prominente Personen», darunter «Professoren, Gelehrte, Rechtsanwälte und Ärzte» als Heiden enttarnt und «verhaftet, gegeißelt und eingekerkert» wurden.[9] Wie Mischa Meier ausführt, erlaubten diese Maßnahmen die Stabilisierung einer «ins Taumeln geratenen Gesellschaft», die sich damit auch für die noch größeren Herausforderungen des 7. Jahrhunderts rüstete.[10] Den Preis für die Resilienz des Römischen Reichs zahlten jedoch verschiedene «Randgruppen», die umso stärker ausgegrenzt und verfolgt wurden.

Wohl unter dem Eindruck der verschiedenen Katastrophen wandte sich Justinian auch immer mehr theologischen Fragen zu. 553 ließ er ein viertes Ökumenisches Konzil von Konstantinopel versam-

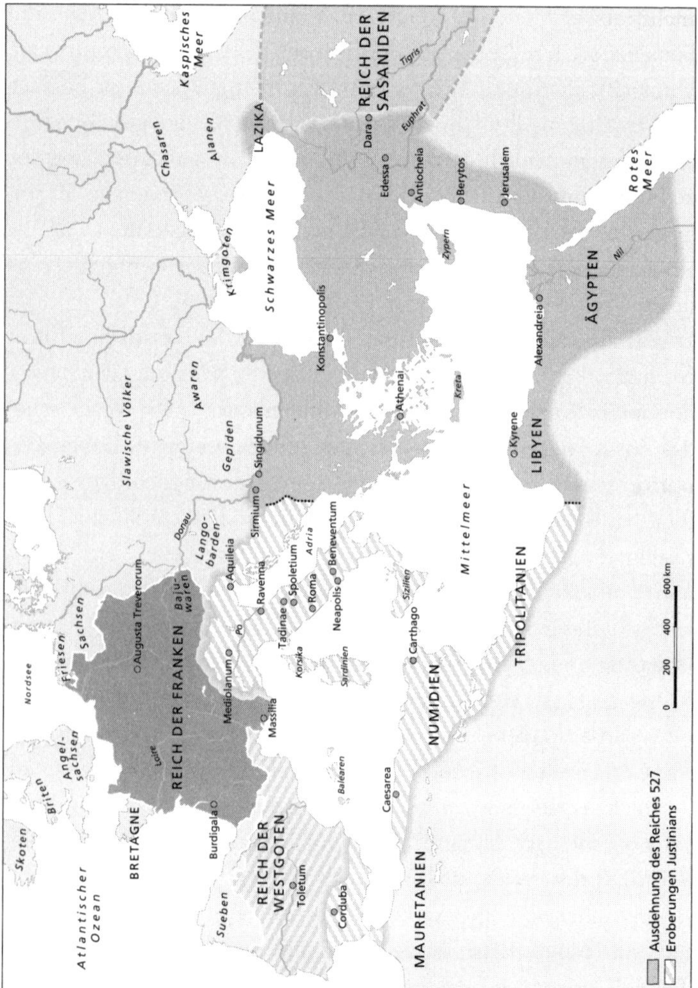

Karte 2: Das Römische Reich zur Zeit Justinians um 565

meln, das vor allem die Schriften dreier von den Anhängern der Einnaturenlehre abgelehnter Theologen des 4. und 5. Jahrhunderts verurteilte. Die damit intendierte Versöhnung mit den Miaphysiten gelang jedoch nicht.

Immerhin konnte Justinian noch die erfolgreiche Beendigung des Krieges gegen die Ostgoten durch den neuen Befehlshaber Narses, einen aus Armenien stammenden Eunuchen, 552/553 erleben. In Italien wurde eine Provinzherrschaft unter Auflösung der bis dahin auch unter ostgotischer Herrschaft weiterbestehenden Institutionen der weströmischen Zentralverwaltung etabliert. Das Land war aber durch die langen Kämpfe ruiniert. Um dieselbe Zeit gelang durch eine Intervention im Westgotenreich die Besetzung von Städten im Süden Spaniens, die ebenfalls als Provinz eingerichtet wurden. Zumindest das Mittelmeer schien somit nochmals unter dem Imperium Romanum vereint. Den seit 540 anhaltenden Krieg mit den Persern, die sich mit den Türken in Zentralasien einem neuen Gegner an ihrer Ostflanke gegenübersahen, beendete 562 schließlich ein «50-jähriger Friede». Er ließ aber einige territoriale Streitfragen offen und musste mit jährlichen Tributzahlungen von 30 000 Goldmünzen erkauft werden.

Dass die Grenzen des von ca. 1,3 auf zwei Millionen Quadratkilometer vergrößerten Reiches keineswegs gesichert waren, erwies sich vor allem auch auf dem Balkan, dessen Verteidigung gegenüber den anderen Kriegsschauplätzen vernachlässigt wurde. Ab 550 kam es mehrfach zu Einfällen von bulgarischen und slawischen Gruppen, deren Formierung an der Donaugrenze ähnlich wie früher bei den Germanen durch die Interaktion mit dem Imperium begünstigt wurde. Zeitweilig gelangten sie schon bis vor die Mauern Thessalonikes und Konstantinopels. 558 traf auch eine erste Gesandtschaft der aus der Steppe kommenden Awaren in Konstantinopel ein, die bald das Erbe der Hunnen an der Donaugrenze antreten sollten. Als Justinian I. am 14. November 565 über 80-jährig verstarb, hinterließ er ein Römisches Reich, das an mehreren außenpolitischen Fronten vor schweren Belastungsproben stand.

Herr, beschütze die *Romania!*

Unter den potentiellen Nachfolgern des kinderlos verstorbenen Justinian konnte sich sein Neffe Justin II. (565–578) durchsetzen. Er war mit Sophia, einer Nichte der Theodora, verheiratet, die ihrer Tante im Anspruch auf Anteil an der Herrschaft nacheiferte. Im Gegensatz zu seinem Onkel stützte sich Justin II. in stärkerem Ausmaß auf die angestammte senatorische Elite, deren Einfluss auf die Verwaltung er verstärkte. Die Maßnahmen gegen die Miaphysiten, die Justinian in den letzten Jahren seiner Regierung nach der Ablehnung seiner Kompromissangebote nochmals verschärft hatte, wurden gelockert. Justin II. initiierte Glaubensgespräche, ohne dass es zu einer dauerhaften Einigung gekommen wäre.

Das neue Kaiserpaar sah sich einer Verschlechterung der außenpolitischen Lage in Südosteuropa und in Italien gegenüber. Eine der Ursachen dafür ist weit im Osten zu suchen, wo in der heutigen Mongolei das Volk der Rouran vom Zerfall des nordchinesischen Reichs der Wei-Dynastie profitiert und ein mächtiges Steppenreich errichtet hatte. Dieses Imperium zerbrach allerdings um 550, geschwächt durch mehrere Witterungsextreme, die die Herden der Nomaden dezimierten. Die Rouran wurden von den ihnen vorher unterstehenden Türken besiegt. Den Khanen der Türken gelang es, die Vormacht in den Steppen von China bis ins westliche Zentralasien zu erringen, wobei sich aber relativ rasch eine Gliederung in ein östliches und ein westliches Khanat ergab. Der Herrscher des Letzteren, Iştämi, verbündete sich 557 mit dem Sasanidenkönig Chosrau I. und zerschlug bis 562 zusammen mit den Persern das Reich der Hephthaliten. Damit erlangte er auch die Oberhoheit über die reichen Handelsstädte der zentralasiatischen Sogdier wie Samarkand und Buchara.

Um diese Zeit tauchten 558/559 nördlich des Kaukasus nomadische Verbände auf, die sich als Awaren bezeichneten und eine Gesandtschaft nach Konstantinopel schickten. Ihrer Bitte nach Gewährung von Siedlungsräumen in den Grenzgebieten zu den Sasaniden kam Justinian I. nicht nach, aber er lud sie ein, jene hunnischen und bulgarischen Gruppen, die von nördlich des Schwarzen Meers dem Römischen Reich Probleme bereiteten, anzugreifen. Dieser Versuch, das Vorfeld des Imperiums durch das Ausspielen verschiedener Gruppen im Sinne römischer Außenpolitik zu ordnen, hatte unerwartete Nebenwirkungen. Die Awaren unterwarfen nicht nur die Völkerschaften in den Steppen am Schwarzen Meer, sondern tauchten kurz nach dem Tod Justinians 565 an der unteren Donau, viel näher an Konstantinopel, als nun noch mächtigere und somit unangenehmere Nachbarn des Reiches auf.

Die Herkunft der Awaren war schon bei den Zeitgenossen umstritten und ist es bis heute in der Forschung. Handelte es sich um Teile der Rouran, die nach dem Zusammenbruch ihres Reiches in der heutigen Mongolei den weiten Weg nach Westen gesucht hatten? Hatten sich ihnen auch Gruppen der Hephthaliten angeschlossen, deren Imperium um diese Zeit ebenfalls unter Druck der Türken geriet? Oder formierten sich unter diesem Namen verschiedene Ethnien aus dem näheren Umfeld des Römischen Reichs, die aufgrund der Umwälzungen in den Steppen Richtung Westen zogen? Neueste paläogenetische Untersuchungen an Gräbern im Karpatenbecken weisen darauf hin, dass zumindest ein Teil der awarischen Eliten aus Ostasien, also wohl aus den Reihen der Rouran, stammte. Von der unteren Donau aus gingen die Awaren ein Bündnis mit den Langobarden im heutigen Ostösterreich und Westungarn ein und zerstörten mit ihnen gemeinsam das Reich der Gepiden im Karpatenbecken. Während Letzteres nun unter die Kontrolle der Awaren geriet, beschloss ein Großteil der Langobarden 568 unter König Alboin, über die Alpen nach Italien zu ziehen, das gerade 14 Jahre zuvor von Konstantinopel erobert worden war. Insbesondere der Norden entlang des Po und die Gebiete um Spoleto und Benevent im Süden gingen an die Eindringlinge verloren, während die Herrschaft Konstantinopels auf die Küstengebiete und einen Korridor zwischen den früheren kaiserlichen Hauptstädten Ravenna und Rom zurückgedrängt wurde, wobei in Letzterem der Einfluss des Papstes als Stadtherr stieg.

Großen Widerstand konnte das römische Reich auch deshalb nicht leisten, weil der Frieden mit den Sasaniden wieder brüchig wurde. Diese hatten sich mit ihren vormaligen türkischen Verbündeten überworfen, sodass Kaiser Justin II. Hoffnungen auf eine Allianz mit Khan Iştämi setzte. Mit ihm wurden über Tausende Kilometer zwischen Bosporus und dem heutigen Kirgisistan unter Vermittlung von Kaufleuten aus Sogdien Gesandtschaften ausgetauscht und auch Seide gehandelt. Über ihre Verbündeten erhielten die Römer ungewöhnlich genaue Angaben über die damaligen politischen Verhältnisse in dem dem Türkenreich benachbarten China, die später in das Geschichtswerk des Theophylaktos Simokattes Eingang fanden. Im Jahr 570 erschienen auch Vertreter des armenischen Adels aus dem persischen Teil des Landes am Bosporus, um die Unterstützung des Kaisers für eine Rebellion gegen den Großkönig zu erbitten. Einen Rückschlag musste der Einfluss des Römerreichs hingegen im südlichen Roten Meer hinnehmen, wo die verbündeten Aksumiten aus dem Jemen vertrieben wurden, während sich dort persische Truppen festsetzten.

Als Justin II. daraufhin 571 die im Vertrag von 562 festgelegten Zahlungen an die Perser verweigerte, kam es zum Ausbruch eines neuen Krieges zwischen den Großmächten. Seine Hoffnung auf die Bündnisse mit den Türken und den Armeniern erwies sich als trügerisch, an beiden Fronten wurden die Perser nicht in der erwarteten Form gebunden. Als hingegen die wichtige römische Festung Dara in Nordmesopotamien verloren ging, erlitt Justin II. einen psychischen Zusammenbruch, der ihn regierungsunfähig machte. Die Regentschaft führten seine Gattin Sophia und vor allem der junge Gardekommandant Tiberios, der 574 zum Mitkaiser (*Caesar*) erhoben wurde. 575/576 konnte nach einer schweren Niederlage des Großkönigs Chosrau I. ein Waffenstillstand mit den Persern erreicht werden, der aber zeitlich und lokal begrenzt und mit neuen Tributzahlungen erkauft war.

Im Oktober 578 verstarb Justin II., und Tiberios II. stieg zum Hauptkaiser auf. 579 schied auch der persische Großkönig Chosrau I. aus dem Leben. Sein Sohn und Nachfolger Hormizd IV. wollte aber von dem zuletzt geschlossenen Waffenstillstand nichts mehr wissen, sodass der Krieg erneut aufflammte. Gleichzeitig griffen die Awaren 582 die strategisch wichtige Stadt Sirmium westlich von Belgrad an. Aus der Zeit der Belagerung ist auf einem Ziegelstein ein einzigartiges Stoßgebet eines Einwohners in recht eigentümlichem Griechisch erhalten: «Herr, hilf der Stadt und vertreibe den Awaren und beschütze die *Romania!*»[11] Es zeigt die Identifikation auch eines «einfachen» Bürgers des späten 6. Jahrhunderts mit dem römischen Reichsgedanken. Das Gebet blieb allerdings wirkungslos, und Konstantinopel musste sich nach dem Fall Sirmiums zu jährlichen Tributzahlungen von 80 000 Goldstücken an die Awaren verpflichten. Der teilweise Zusammenbruch der Grenzverteidigung an der Donau ermöglichte ebenso das Vordringen slawischer Gruppen auf dem ganzen Balkan bis nach Thessalonike und auf die Peloponnes, während die römische Macht auf die Küstengebiete zurückgedrängt wurde. Sowohl die früheren Kriege und Einfälle, aber vermutlich auch die Auswirkungen der Pest hatten das Römerreich auf dem Balkan geschwächt.

Im August 582 verstarb Kaiser Tiberios II. Noch vor seinem Tod hatte er den erfahrenen General Maurikios adoptiert und zum Mitkaiser erhoben. Einen Tag vor dem Ableben des Tiberios wurde Maurikios zum Augustus ausgerufen und übernahm die Macht. Während der Perserkrieg mit wechselndem Erfolg fortgesetzt wurde, versuchte der neue Kaiser, den Frankenkönig Childebert II. durch Zahlungen zu einem Feldzug gegen die Langobarden in Italien zu überreden, allerdings mit geringem Erfolg. Gleichzeitig wurde die militärische und zivile Verwaltung der unter römischer Herrschaft verbliebenen Gebiete 584 in der Hand eines Exarchen, der in Ravenna residierte, zusammengelegt. In gleicher Weise wurde ein solches Exarchat in Karthago für Nordafrika eingerichtet, wo Einfälle der als Mauren bezeichneten Völker aus den in die Wüsten übergehenden Randgebieten die Provinzen bedrohten. Die Administration der unter Justinian erworbenen Westgebiete wurde damit auf eine neue Grundlage gestellt. Verloren gingen um 584 allerdings große Teile der unter Justinian gewonnenen Gebiete in Südspanien.

Auch der mittlerweile fast 20 Jahre währende Krieg gegen die Perser verlief nicht allzu glücklich. 589 kam es zudem zu einer Meuterei der Truppen an der Ostgrenze, nachdem ihnen Kaiser

Maurikios den Sold gekürzt hatte. Doch dann ergab sich im Jahr 590 eine große Chance für eine günstige Beendigung des Konflikts durch einen Umsturz im Sasanidenreich: Der legitime Thronerbe Chosrau II. wurde nach dem Sturz Hormizds IV. durch einen Usurpator, den General Vahram Čobin, vertrieben und floh auf römischen Boden. Er ersuchte Kaiser Maurikios unter Verweis auf die schon früher beschworene brüderliche Verbundenheit der legitimen Weltherrscher um Unterstützung bei der Rückgewinnung des persischen Throns und machte dafür weitreichende Versprechungen. Tatsächlich gelang es den römischen Truppen mit armenischer Unterstützung, Vahram Čobin zu besiegen. In einem Friedensvertrag 591 trat Chosrau II. große Gebiete in Armenien und Ostgeorgien an die Römer ab.

Insbesondere die armenischen Gebiete versuchte der Kaiser nun als Provinzen zu organisieren und gleichzeitig die der Einnaturenlehre anhängende armenische Kirche zur Anerkennung des Konzils von Chalkedon zu zwingen. Dies führte aber zu einem Schisma innerhalb Armeniens und einigen Unruhen, die durch Zwangsrekrutierungen für die römischen Kriege in Südosteuropa nach verschärft wurden. Die seit dem 5. Jahrhundert entstehende armenische Literatur bietet einen seltenen Blick auf den römischen Imperialismus aus der Perspektive der Betroffenen. So unterstellt das Geschichtswerk des Sebeos aus dem 7. Jahrhundert dem Kaiser Maurikios einen regelrechten Plan zur Vernichtung der Armenier. In einem Brief an den Perserkönig Chosrau II. habe er geschrieben, dass die «Armenier ein widerspenstiges und ungehorsames Volk» seien, das zwischen Rom und Persien nur Unruhe errege. Deswegen wolle der Kaiser die Armenier in seinem Teil des Landes sammeln und nach Südosteuropa umsiedeln, damit sie dort entweder im Kampf gegen die Awaren sterben oder zumindest als Störfaktor zwischen den Imperien verschwinden. Chosrau II. solle in ähnlicher Weise «seine» Armenier nach Zentralasien deportieren.[12] Dieses Schreiben des Maurikios ist eine Erfindung, aber es spiegelt die Befürchtungen jener wider, die in die Mühlen der Großmachtpolitik gerieten.

Als mit Persien nun Frieden herrschte, verlegte Maurikios Truppen aus dem Osten, darunter Armenier, auf die Balkanhalbinsel.

Dort hatten die Awaren die Bindung der römischen Kräfte im Krieg gegen die Perser zu neuen Einfällen genutzt und eine weitere Erhöhung der jährlichen Tributzahlungen auf 100 000 Goldstücke erzwungen. Nun gingen die Römer gegen die Awaren und die von ihnen teilweise unterworfenen slawischen Gruppen in die Offensive. Diese Kämpfe brachten zwischen 591 und 602 beachtliche Erfolge, sodass man auf eine Wiederherstellung der Donaugrenze, ja sogar die Zerschlagung awarischer Macht hoffen konnte.

Zugeschrieben wird dem Maurikios in der Überlieferung der meisten Handschriften auch eines der wichtigsten römischen Militärhandbücher in griechischer Sprache, das *Strategikon*. Die Feldzüge des 6. Jahrhunderts wurden mit nicht allzu großen, aber mobilen Expeditionskorps, in denen der Kavallerie große Bedeutung zukam, unternommen. Im *Strategikon* wird von Armeen in der Größe von 5000 bis maximal 20 000 Mann ausgegangen. In ihren Reihen kämpften neben einheimischen Aufgeboten viele Kontingente aus benachbarten germanischen und nomadischen Völkern, aber auch Armenier, Perser und andere Ethnien des Ostens. Sechs der zwölf Bücher des *Strategikon* sind der Reiterei gewidmet, ihrer Bewaffnung und den Arten ihres Trainings, darunter die «skythische Ausbildung». In Fortsetzung älterer Terminologie werden darin die Steppenvölker in ihrer Gesamtheit immer noch als «Skythen» bezeichnet, die Herodot im 5. Jahrhundert v. Chr. als die typischen Reiternomaden beschrieben hatte, obwohl dieses Volk gar nicht mehr existierte.

Diese Tradition wurde auch in späteren Jahrhunderten und für andere Nachbarn des Römerreichs praktiziert. So tauchen die Kreuzfahrer aus Westeuropa im 11. Jahrhundert als «Kelten» und die Türken in Kleinasien als «Perser» in den Quellen auf. Doch trotz dieser Archaismen erweist sich der Verfasser des *Strategikon* über die tatsächliche Taktik und Bewaffnung der verschiedenen potentiellen Feinde seiner Zeit sehr gut informiert. Die Römer beobachteten ihre Gegner nicht nur, sondern übernahmen auch ihre militärtechnischen Innovationen. Beschrieben wird etwa die Nutzung von Pferdepanzern und Steigbügeln nach Art der Awaren. Den Steigbügel hatten die Awaren erst kurz vor der Abfassung des

Strategikon aus Ostasien mitgebracht, wo er seit dem 4. Jahrhundert n. Chr. in Gebrauch war.

In das *Strategikon* flossen auch Erfahrungen der Feldzüge gegen die Awaren und Slawen aus den 590er Jahren ein. So betont der Autor, dass die Slawen in ihren waldigen unzugänglichen Heimatgebieten schwer zu fassen seien. Deshalb sollen «Unternehmungen gegen sie eher im Winter stattfinden, wenn sie sich wegen der entlaubten Bäume nicht verstecken können». Dann zeigt «auch der Schnee die Spuren der Flüchtigen», und «die Flüsse sind durch das Eis leicht passierbar».[13] Allerdings trug diese auch für die eigenen Truppen aufreibende Taktik des Winterkrieges zum Ausbruch einer Rebellion der Donauarmee bei. Schon unter Justinian hatte man ungehorsamen Soldaten in Ägypten die Versetzung an diese Grenze angedroht. Gleichzeitig war die Aussicht auf Beute in diesen vielfach geplünderten Gebieten im Gegensatz zu den immer noch wohlhabenden Ostprovinzen recht gering. Kaiser Maurikios wiederum erwies sich als ungeschickt im Umgang mit den Soldaten, die bereits 589 an der Ostgrenze gegen seine Sparmaßnahmen rebelliert hatten.

602 brach eine Meuterei der Armee an der Donau aus, die schließlich den Feldzug abbrach und gegen Konstantinopel marschierte. Hinter dessen Mauern hätte sich der Kaiser wohl verteidigen können. Jedoch verlor er, nicht zuletzt aufgrund seiner geringen Popularität wegen eines vorangehenden Engpasses bei der Getreideversorgung, die Unterstützung innerhalb der Hauptstadt. Schließlich wurde Maurikios im November 602 gestürzt und mit seinen Söhnen grausam massakriert; die meuternde Armee rief einen der Wortführer, den etwa 45-jährigen Zenturio Phokas zum Kaiser aus. Dies war die erste Ermordung eines regierenden Kaisers seit Beginn des Kaisertums in Konstantinopel und der erste (erfolgreiche) Staatsstreich seit mehr als 125 Jahren. Umso mehr Umstürze sollten nun folgen. Doch nicht nur das über zwei Jahrhunderte die Stabilität kaiserlicher Herrschaft und insbesondere des Herrschaftswechsels einrahmende «Akzeptanzsystem» geriet mit dem Jahr 602 aus der Balance. Die mit dem «anderen Zeitalter» Justinians einsetzende Veränderung der geopolitischen und natürlichen Umweltbe-

dingungen verschärfte sich zu einer die Existenz des Reichs bedrohenden Krise.

Wunder gibt es immer wieder

Der neue Kaiser Phokas wird in der Geschichtsschreibung als unfähiger und blutrünstiger Tyrann dargestellt. Doch zumindest im «alten» Rom, in das die Kaiser seit der Eroberung unter Justinian 50 Jahre zuvor wenig investiert hatten, erfreute sich Phokas gewisser Popularität. Papst Bonifatius IV. erhielt vom ihm den Pantheon-Tempel zum Geschenk, der in eine Kirche der Muttergottes und aller Heiligen umgewandelt wurde. Phokas zu Ehren errichtete man auch eine Säule auf dem Forum Romanum, das letzte dort in der Antike erbaute Monument. Die Herrschaft des Phokas wurde aber nicht in allen Reichsteilen anerkannt; besonders unter den Truppen an der Ostgrenze erhob sich Unruhe. Dies nutzte der Sasanidenkönig Chosrau II., um immer mehr römische Festungen und Provinzen zu erobern. Dabei trat er als Rächer des Maurikios auf, der ihm nach einem Putsch im Perserreich zurück auf den Thron geholfen hatte. Deshalb führte Chosrau II. auch einen Römer mit sich, der als angeblich dem Massaker entkommener Sohn Theodoros des Maurikios präsentiert wurde. Während Phokas' Regierungszeit wurden allerdings die Kernprovinzen der Römer noch nicht von den Angriffen der Perser berührt. Auf dem Balkan erkaufte der Kaiser den Frieden durch neue Tributzahlungen an die Awaren, die sich damit von der Erschütterung ihres Reichs durch die Feldzüge unter Maurikios erholen konnten.

Ins Wanken geriet das Regime des Phokas jedoch ab 608, als sich Herakleios, der Statthalter von Karthago, erhob und seinen gleichnamigen Sohn sowie seinen Neffen Niketas in Marsch setzte. Letzterer besetzte Ägypten und unterbrach damit die Getreideversorgung Konstantinopels, während der jüngere Herakleios im Oktober 610 mit einer Flotte in die Gewässer um die Hauptstadt vorstieß. Noch vor seiner Landung wurde Phokas gestürzt und dann grausam hingerichtet, während sich Herakleios zum Kaiser ausrufen ließ.

Seine Herrschaft wurde aber ebenso wenig überall anerkannt. Widerstand leisteten etwa Anhänger des Phokas in Kleinasien. Gleichzeitig brach mit den Unruhen, die in den Jahren vor und nach 610 den Sturz des Phokas begleiteten, die römische Verteidigung im Osten endgültig zusammen. Die Armeen des Perserkönigs konnten weit nach Westen vorstoßen und Armenien, Syrien und Palästina besetzen. 614 eroberten sie sogar Jerusalem und verschleppten die Reliquie des Kreuzes Christi nach Osten, was die gesamte christliche Welt auch jenseits des Römerreichs in Unruhe versetzte. Ab 618 ging auch noch Ägypten verloren, die reichste Provinz des Imperiums, die Konstantinopel mit Getreide beliefert hatte, sodass die Versorgung mit kostenfreiem oder zumindest verbilligtem Brot in der Hauptstadt eingestellt werden musste. Allerdings gelang es der Regierung, für die nach der Pest gegenüber dem Höhepunkt der frühen Regierungszeit von Justinian geschrumpfte Bevölkerung Konstantinopels alternative Versorgungsnetzwerke zu etablieren, durch Lieferungen aus dem Ägäis-Raum, Sizilien und Nordafrika.

Persische Truppen durchzogen aber auch ganz Kleinasien und drangen bis an den Bosporus vor. Das Römische Reich schien kurz vor dem Untergang zu stehen, und damit mochte auch das Ende aller Tage gekommen sein. Kaiser Herakleios überlegte angeblich, Konstantinopel aufzugeben und seine Residenz nach Karthago zu verlegen, um vielleicht von dort aus Ägypten zurückzuerobern. Schließlich aber gelang es ihm, neue Truppen aufzustellen, auch mit Unterstützung des Patriarchen, der die eigentlich dem staatlichen Zugriff entzogenen Kirchenschätze für die Prägung von Münzen zur Verfügung stellte. Ab 622 stieß Herakleios in einer Reihe riskanter Feldzüge um die persischen Armeen herum weit nach Ostanatolien und in das Kaukasusgebiet vor. Dort gewann er neue Verbündete und trug den Krieg nahe an die persischen Kerngebiete heran.

Dies bedeutete aber, dass der Kaiser und das Gros der Armee weit weg von Konstantinopel gebunden waren. Umso wichtiger war es deshalb, die Awaren zum Stillhalten zu bewegen. Sie hatten die Notlage des Reiches in den Jahren seit 610 zu neuen Feldzügen, unter anderem gegen Thessalonike, die zweitgrößte Stadt des Reiches auf dem Balkan, genutzt. Thessalonike konnte sich zwar erfolgreich verteidigen, so wie viele Orte an der Küste, wo die römische Flotte die Kommunikation in gewissem Umfang aufrechterhielt. Die Kontrolle über weite Teile des Inneren Südosteuropas ging Konstantinopel aber verloren. Nach einer Erhöhung des jährlichen Tributs an die Awaren auf 180 000 Goldmünzen herrschte für wenige Jahre Frieden. Der Ehrgeiz des awarischen Khans war allerdings damit nicht gestillt. Die Macht über seine Gefolgsleute konnte er, ähnlich wie die Hunnenherrscher im 5. Jahrhundert, nur durch die ständige Verteilung von Beute und Tribut stabilisieren und erweitern. Im Juni 623 marschierten die Awaren unter dem Kommando des Khans bis in das Vorfeld Konstantinopels. Kaiser Herakleios, damals gerade in der Hauptstadt anwesend, gab dem Drängen des Khans nach persönlichen Verhandlungen nach. Nahe der Stadt Herakleia (heute Marmara Ereğlisi) legten die Awaren allerdings dem Kaiser und seinem Gefolge einen Hinterhalt, dem Herakleios nur mit knapper Not entkam. Danach plünderten die Awaren die Gebiete innerhalb der sogenannten Langen Mauern westlich von Konstantinopel zwischen Schwarzem Meer und Marmarameer. Schließlich einigte man sich auf eine Erhöhung des jährlichen Tributs auf 200 000 Solidi, also beinahe eine Tonne Gold.

Doch damit wollte oder konnte sich der Awarenkhan nicht begnügen. Der Khan plante für das Jahr 626 einen groß angelegten Angriff auf Konstantinopel und sammelte aus allen Teilen seines Reiches Truppen, angeblich nicht weniger als 80 000 Mann. Zudem durfte er auf persische Waffenhilfe hoffen. Großkönig Chosrau II., den die Feldzüge des Herakleios immer mehr in Bedrängnis brachten, hatte Kontakt mit den Awaren aufgenommen. Und tatsächlich marschierte im Frühjahr 626 eine persische Armee bis nach Chalkedon auf der asiatischen Seite des Bosporus, zerstörte diese Stadt und wartete auf die Awaren. Auch die Römer erfuhren von dieser gefährlichen Allianz. Kaiser Herakleios beschloss allerdings, mit seiner Armee im Osten zu bleiben, und entsandte nur einige Tausend Mann Verstärkung.

Am 29. Juli 626 traf dann der Khan mit der Hauptmacht am Bosporus ein. Um die Zuversicht der Verteidiger zu stärken, zog Pat-

Abb. 3: Istanbul, Landmauern, erbaut unter Kaiser Theodosios II. zwischen 404 und 413

riarch Sergios mit einem wundertätigen Bild Christi die Mauern entlang und ließ auf den Befestigungsanlagen Ikonen der Muttergottes aufstellen. Die mächtigen Landmauern Konstantinopels bildeten einen dreifachen Verteidigungsring, insgesamt fast sieben Kilometer lang (Abb. 3). Zusammen mit den Seemauern, die die Stadt zum Meer hin auf 15 Kilometer umgaben, war dies die mächtigste Befestigungsanlage der Mittelmeerwelt und mit antiken oder mittelalterlichen belagerungstechnischen Mitteln nur schwer einzunehmen. Dies galt umso mehr, solange die Römer die maritime Vorherrschaft behielten und die Stadt zur See versorgen konnten.

Im Sommer 626 verhinderte die römische Flotte zudem die Vereinigung der persischen und awarischen Armeen über den Bosporus und wehrte auch alle Angriffe ab, die die slawischen Truppen im Heer des Khans mit Hilfe ihrer Einbäume versuchten. Schließlich musste der Khan einsehen, dass sein Plan, Konstantinopel durch einen mit gewaltiger Truppenmasse geführten Schlag zu erobern, nach einer Woche blutiger Kämpfe gescheitert war. Deshalb befahl er am Abend des 6. August 626, das Lager und die Belagerungsmaschinen niederzubrennen und mit dem Abzug zu beginnen. Nach der gescheiterten Belagerung des Jahres 626 waren die Awaren nie wieder in der Lage, das römische Reich ernsthaft zu bedrohen. Verschiedene tributpflichtige Völker an den Rändern des awarischen Einflussbereiches nutzten die Schwächung des Khans, um sich aus seiner Oberhoheit zu lösen, darunter die Bulgaren, Kroaten und Serben. Auch für die Perser war es die letzte Gelegenheit, dem römischen Rivalen den Todesstoß zu versetzen. Die Bevölkerung Konstantinopels schrieb die wundersame Rettung der Fürsprache der Jungfrau Maria zu. Sie wurde nun umso mehr zur Schutzpatronin der Stadt.

Herakleios aber konnte seine Siegesserie im Osten fortsetzen und auch das unter Justin II. geschlossene Bündnis mit dem westtürkischen Reich erneuern. Im Sommer 627 kam es vor der ostgeorgischen Hauptstadt Tbilisi sogar zu einem persönlichen Treffen zwischen dem Kaiser und dem türkischen Khan Tong Yabgu-Ziebel, dem die Hand der Kaisertochter Eudokia versprochen wurde. Nachdem angeblich 40 000 türkische Reiter die Armee des Herakleios verstärkt und weitere Heere der Türken die persischen Grenzen in Aserbaidschan und in Zentralasien beunruhigt hatten, konnten die Römer in den nordwestlichen Iran und dann in die mesopotamische Kernprovinz der Sasaniden vorstoßen.

Angesichts dieser Bedrohung an mehreren Fronten erodierte die Unterstützung der kriegsmüden persischen Eliten für Großkönig Chosrau II. Im Februar 628 wurde er von Verschwörern aus dem Kreis um seinen Sohn Kavadh Siroe gestürzt und im Kerker ermordet. Der neue Herrscher schloss mit Herakleios einen Waffenstillstand, der die Wiederherstellung der früheren Grenzen, die Freilassung aller Kriegsgefangenen und die Rückgabe der aus Jerusalem verschleppten Kreuzes-Reliquie vorsah. Allerdings sollte die Umsetzung dieser Maßnahmen einige Zeit in Anspruch nehmen, da Kavadh II. Siroe bereits im September 628 verstarb und eine Pestepidemie im Perserreich ausbrach. Danach lösten sich mehrere Herrscherinnen und Herrscher auf dem Sasanidenthron ab, bis wieder ein stabiles Regime etabliert wurde. Aber auch bei den türkischen Alliierten der Römer kam es zu Turbulenzen, als der seit 626 in China regierende Kaiser Taizong aus der Tang-Dynastie 629 mit einer Offensive gegen das Osttürkische Khanat in der heutigen Mongolei begann und es völlig unterwarf. Deshalb brachen ebenso Unruhen im Westtürkenreich aus, das ab 657 auch von den Chinesen zerschlagen wurde. Dies war zum Nutzen der Sasaniden, da nach den römischen Armeen auch die Türken die persischen Provinzen räumten. Die Römer aber hatten Glück gehabt, dass die Machtstellung ihrer türkischen Verbündeten erst nach dem Sieg über die Perser zusammenbrach.

Der kurze Triumph des Herakleios

Kaiser Herakleios hatte entgegen allen Erwartungen den Krieg siegreich beendet, ein Erfolg, den man wie die Rettung Konstantinopels 626 nur dem Wirken des offenbar dem Imperium wieder gewogenen christlichen Gottes zuschreiben konnte. Die Römer waren für alle sichtbar das neue auserwählte Volk des Herrn. Im März 629 ließ sich Herakleios gemeinsam mit seinem gleichnamigen Sohn und Mitkaiser, der auch «neuer Konstantin» genannt wurde, in einem Gesetz erstmals als *basileus* (eigentlich «König») bezeichnen, nach dem Vorbild des griechischen Texts der Bibel, so wie David, Salomon und die anderen Könige Israels, aber auch so wie Jesus Christus. Dieser Begriff wurde nun zusätzlich zum traditionellen *Autokrator* (griechisch eigentlich «Selbstherrscher», in Wiedergabe des lateinischen *imperator*) zu einem der offiziellen Kaisertitel.

Der an der Hagia Sophia beschäftigte Kleriker Georgios Pisides rühmte die Siege des Kaisers in mehreren Gedichten im Stil antiker Epen. Er wies darin sogar Homer und Plutarch an, zu schweigen, da die Taten ihrer Helden im Vergleich mit jenen des Herakleios verblassen würden. Ähnliche Anklänge an antikes Heldentum finden wir in einem auf einem Papyrus in Ägypten erhaltenen Schulaufsatz, für den die Aufgabe lautete, den Halbgott Herakles mit dem im Namen ähnlichen Kaiser zu vergleichen. Aus Ägypten stammte auch der bereits erwähnte Beamte Theophylaktos Simokattes, der sich vornahm, die Geschichte von der Thronbesteigung des Maurikios 582 bis auf die Zeit des Herakleios zu schildern. Er starb aber offenbar vor der Vollendung seines Texts, der nur die Ereignisse bis 602 darstellt und für 150 Jahre das letzte derartige Geschichtswerk in griechischer Sprache bleiben sollte.

Kaiser Herakleios zog mit dem von den Persern wiedergewonnenen Heiligen Kreuz zuerst im Triumph nach Konstantinopel und brachte es danach nach Jerusalem zurück. Die jüdische Gemeinde aber, der man Kooperation mit den persischen Besatzern vorwarf, wurde im März 630 oder 631 der Stadt verwiesen. Angeblich verfügte Herakleios sogar die Zwangstaufe aller Juden im Römischen Reich, jedoch sind die Nachrichten zu diesem Befehl nicht eindeutig. Im Zeichen der christlichen Glaubenseinheit und unterstützt von Patriarch Sergios von Konstantinopel, begann der Kaiser neue Gespräche mit Vertretern der in Armenien, Syrien und Ägypten starken miaphysitischen Kirchen. Das Ansehen des Römerreichs war, trotz des jüngsten Triumphs, während der in manchen östlichen Provinzen fast 20-jährigen persischen Herrschaft erschüttert worden. Zudem waren die Strukturen der erneuerten Verwaltung nach den schweren Kriegsverlusten noch fragil. Umso wichtiger schien die Beseitigung der kirchlichen Spaltung, auch wenn nicht alle Angehörigen der Miaphysiten die Kompromissformel akzeptierten. Sie beruhte auf der Beibehaltung der in Chalkedon verkündeten Zweinaturenlehre, aber der Annahme eines Willens oder einer Energie in Jesus Christus. Aufgrund der griechischen Terminologie spricht man deshalb vom Monotheletismus oder Monenergetismus.

Die tatsächliche Schwäche des römischen Regimes im Osten sollte sich bald erweisen, als ein neuer unerwarteter Gegner auftrat. So wie an anderen Grenzen hatte das römische Reich auch gegenüber den Stämmen der arabischen Wüste, die den reichen Provinzen des Ostens benachbart lebten, eine aktive Vorfeldpolitik betrieben. Ähnlich wie bei den Germanen suchten die Römer die Verständigung mit einzelnen Anführern, die durch Geschenke und Ehrungen zu Verbündeten gemacht wurden und für Ruhe unter ihren Nachbarn sorgen sollten. Damit wurden aber komplexere Herrschaftsstrukturen unterstützt, die wiederum das Entstehen größerer Verbände begünstigten, die den römischen Interessen schließlich gefährlich werden konnten. Eine solche Gemeinschaft entstand ab den 620er Jahren im Hedschas im Westen der Arabischen Halbinsel unter dem Propheten Mohammed. Er profitierte von weiteren Importen aus der römischen Sphäre: den monotheistischen Dogmen und den Vorstellungen von einer sakralen Dimension des Politischen, die mit christlichen, aber auch jüdischen Gemeinschaften auf der Arabischen Halbinsel Verbreitung fanden. Auf dieser Grundlage entwarf er seine eigene prophetische Sendung und beanspruchte die Führerschaft in einer die Stämme Arabiens übergreifenden Gemeinschaft (arabisch *Umma*), die die Macht 622 zuerst in Medina und 630 in seiner Heimatstadt Mekka übernahm. Bald schlossen sich der *Umma* weitere Gruppen an, und erfolgreiche Kriegszüge sorgten ebenso für Zulauf.

Ein erster Vorstoß einer arabisch-islamischen Armee nach Palästina wurde hingegen im Jahr 629 noch abgewehrt, was die Römer zur Unterschätzung der Gefahr verleitet haben mag. Nach dem Tod des Propheten Mohammed im Juni 632 kam es zudem zu einem Aufstand einiger arabischer Stämme, der aber von seinem Nachfolger (auf Arabisch *ḫalīfa*, davon «Kalif») Abū Bakr bis zum Frühjahr 633 niedergeschlagen wurde. Zur Stärkung der neuen Gemeinschaft durch Beute lenkte man die Krieger nun gegen die angrenzenden römischen und persischen Provinzen. Diese Raubzüge gingen angesichts der Schwäche der beiden Imperien bald in Eroberungsfeldzüge über. Vier verschiedene arabische Armeen drangen ab April 634 weit nach Palästina und ins südliche Syrien vor. Einzelne römische Abteilungen wurden besiegt, bis zum Sommer 635 war die Verteidigung weitgehend zusammengebrochen.

Im September 635 kapitulierte bereits Damaskus, dessen Bewohner zuvor ein Abkommen geschlossen hatten, das gegen Abgaben die Ausübung des christlichen Glaubens garantierte. In ähnlicher Weise erodierte die römische Herrschaft an anderen Orten. Kaiser Herakleios mobilisierte noch einmal alle Kräfte des Imperiums und setzte im Jahr 636 eine große Armee in Marsch. Angeblich kam es aber noch vor der Konfrontation mit den Arabern zu Tumulten innerhalb des römischen Heers. Es wurde dann vom Gegner ausmanövriert und im August 636 am Jarmuk, einem östlichen Nebenfluss des Jordan, nahe dem See Genezareth, besiegt. Gerade einmal acht Jahre nach dem Sieg des Herakleios über die Perser standen damit die römische Herrschaft im Nahen Osten und die Gewissheit ihrer göttlichen Sendung wieder vor dem Zusammenbruch.

4. RÖMER, DIE SICH NEU ERFINDEN
VON DER ARABISCHEN EXPANSION BIS ZUR ERNEUERUNG DER GROSSMACHT (636–1025)

Der traumatisierte Kaiser und sein verwundetes Reich

Die Niederlage am Jarmuk im August 636 markierte den Zusammenbruch der zu diesem Zeitpunkt genau 700-jährigen römischen Herrschaft in Syrien und Palästina. Stadt um Stadt wurde von den Arabern erobert oder unterwarf sich gegen Schutzversprechen für den christlichen Glauben. Im April 637 schloss auch Patriarch Sophronios von Jerusalem ein solches Abkommen. Nur sieben Jahre nach dem triumphalen Einzug des Herakleios als Persersieger ging die Heilige Stadt dem Römischen Reich wieder und diesmal endgültig verloren. Kurz danach musste sich der Kaiser auch aus der Metropole Antiocheia zurückziehen, angeblich mit den Worten «Lebe wohl, Syrien!».[1]

Zurück am Bosporus, soll es der Kaiser nicht gewagt haben, nach Konstantinopel weiterzureisen, da er Angst davor hatte, das Meer zu überqueren. Erst als eine Schiffsbrücke errichtet und mit Zweigen und Laub bedeckt worden sei, damit der Kaiser beim Überqueren nicht die Fluten sah, kam Herakleios in die Hauptstadt.[2] Moderne Historiker wollten in dieser Episode Anzeichen eines psychischen Zusammenbruchs des Kaisers erkennen. Eher mag Herakleios den nach den Niederlagen gegen die Araber wohl wenig glanzvollen Empfang in der Hauptstadt hinausgezögert haben. Auf jeden Fall berichtet die Quelle, dass Herakleios rasch den Weg in die Hauptstadt fand, nachdem eine Verschwörung ans Licht gekommen war, deren Köpfe die Abwesenheit des Kaisers für einen Umsturz nützen wollten.

Dass Herakleios ebenso wenig den östlichen Provinzen des Reiches Lebewohl sagte, zeigt die Forcierung der mit den miaphysitischen Kirchen ausgehandelten Kompromissformel. Aber auch wenn der Monotheletismus bei einigen Kreisen der ägyptischen, syrischen und armenischen Kirchen Anerkennung fand, konnte er doch eine militärische Verteidigung nicht ersetzen. Nach der Eroberung Syriens und Palästinas stießen arabische Truppen 640 bereits nach Armenien und Ägypten vor. Gleichzeitig brachte das schließlich als Irrlehre verurteilte Dogma von dem einen Willen dem Kaiser in der späteren Geschichtsschreibung den Vorwurf der Ketzerei ein. Dazu kam seine schon bei den Zeitgenossen als anstößig empfundene zweite Eheschließung mit seiner Nichte Martina. Deshalb hätte der in seinen letzten Lebensmonaten an Wassersucht erkrankte Herakleios seine Notdurft nur mehr mit Hilfe eines Brettes verrichten können, um seinen Penis nach unten zu drücken. Ansonsten wandte sich dieses Organ, mit dem er gesündigt hatte, gegen ihn, und er urinierte sich ins eigene Gesicht.[3] So berichtet es zumindest im späten 8. Jahrhundert Nikephoros in seinem Geschichtswerk. Entgegen dem Klischee von den lobheischenden «Byzantinern» zeigt diese Episode, dass die römische griechischsprachige Geschichtsschreibung selbst mit ihren Heldenkaisern erbarmungslos ins Gericht ging.

Am 11. Februar 641 starb Herakleios nach mehr als 30-jähriger Herrschaft. Bald gab es Unstimmigkeiten unter seinen Nachfolgern. Der Wunsch seiner Gattin Martina, über die Ehrenstellung als Kaiserin(stief)mutter hinaus auch tatsächlich Regierungsgewalt auszuüben, wurde von den im Senat versammelten Amts- und Würdenträgern zurückgewiesen. Dagegen hoben sie den Vorrang des bereits als Kleinkind 613 zum Mitkaiser gekrönten Sohns aus der ersten Ehe des Herakleios, Herakleios Konstantin III., hervor – und zwar gegenüber dem 638 ebenfalls zum Mitkaiser erhobenen Sohn der Martina, Heraklonas. Allerdings verstarb der schwerkranke Herakleios Konstantin III. bereits im April/Mai 641. Zuvor hatte er jedoch Teile des Heeres auf die Nachfolge seines noch nicht 11-jährigen Sohnes Herakleios eingeschworen. Tatsächlich wurden Heraklonas und Martina im September 641 gestürzt, verstümmelt und nach Rhodos verbannt, während Herakleios nun unter dem Namen Konstantin bzw. Konstans II. den Thron bestieg. Die Regentschaft

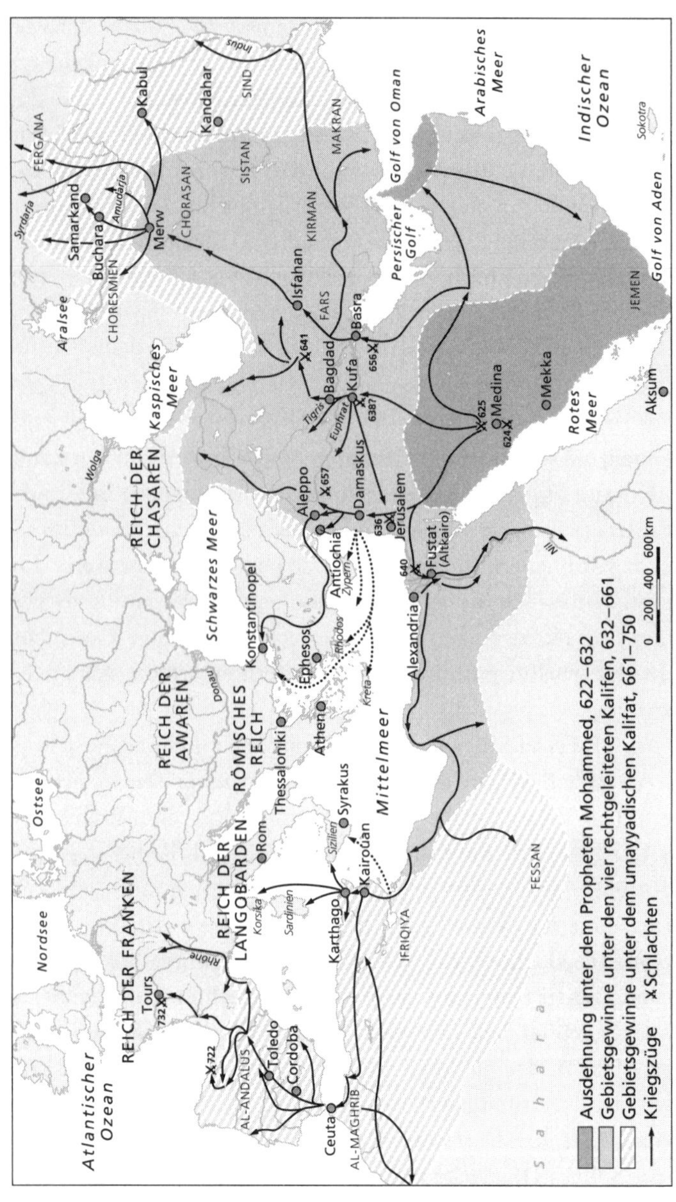

Karte 3: Das Römische Reich und die arabisch-islamische Expansion

führten vorerst die wichtigsten Amtsträger aus dem Senat. Der Kampf um die Nachfolge schwächte die Abwehr gegen die Araber, die nach Syrien und Palästina ab 640 die reichste Provinz des Römischen Reichs, Ägypten, eroberten. Nur zur See konnten die Römer vorerst ihre Überlegenheit behaupten und 642 nochmals Alexandreia in Ägypten besetzen, ohne aber die Stadt halten zu können. Nach mehr als 670 Jahren ging auch diese Provinz dem Imperium verloren.

Noch schlimmer traf es das vom langen Krieg mit Rom geschwächte persische Sasanidenreich. Nachdem die Araber ab 636/638 die reichsten Provinzen in Mesopotamien erobert hatten, begannen sie nach einem weiteren Sieg 642 auch mit der Einnahme des iranischen Hochlands. Großkönig Yazdgard III. zog sich immer weiter nach Osten zurück, bis er 651 vom Statthalter von Merw (im heutigen Turkmenistan) ermordet wurde. Die letzten Vertreter der Sasaniden flohen an den Hof der chinesischen Tang-Dynastie, mit der schon vorher diplomatischer Kontakt bestand. China expandierte damals rasant nach Norden und Westen. Um 630 wurde das osttürkische Khanat in der Mongolei besiegt, um 659 auch das westtürkische Reich in Zentralasien. Dort stießen nun die Interessensphären der neuen Supermächte des 7. Jahrhunderts, des Kalifats und des chinesischen Weltreichs, aufeinander.

Demgegenüber sank das römische Imperium territorial auf den Status einer Regionalmacht im Mittelmeer. Selbst der Weiterbestand des Reichs schien gefährdet, markierte doch der Verlust der reichsten Provinzen in Syrien und Ägypten mit wohl drei Vierteln der bisherigen Staatseinnahmen eine Krise, die nicht weniger dramatisch war als jene, der das Imperium im Westen im 5. Jahrhundert zum Opfer gefallen war. Tatsächlich konnte sich das römische Reich selbst nach dem Verlust des Westens im 5. Jahrhundert und insbesondere nach den Rückeroberungen unter Justinian als beherrschende Macht in der Mittelmeerwelt erachten. Dass diese Stellung gottgewollt war, wurde durch den Sieg des Herakleios über die Perser umso mehr bestätigt. Diese Gewissheit schien mit den Niederlagen gegen die Araber verloren. Jedoch mochten Zeitgenossen diese Verluste so wie jene gegen die Perser als nur zeitweilige Prüfung Gottes für sein auserwähltes Volk betrachten. Deshalb konnte man auch auf eine Wiederholung der wundersamen Siege des Herakleios gegen den neuen Feind hoffen, wenn es nur gelang, die Gunst Gottes wiederzuerlangen. Strittig blieb allerdings, auf welcher dogmatischen Grundlage der christliche Glaube bekräftigt oder angepasst werden müsste, um das Reich zu retten.

Aus der Sicht der modernen Forschung besteht hingegen die Schwierigkeit zu ermitteln, mit welchen Maßnahmen es dem Reich gelang, auch mit einem drastisch reduzierten Territorium seine Existenz zu sichern. Eine Herausforderung der Untersuchung dieser Epoche ist, dass nach der Herrschaft des Herakleios bis zum Ende des 8. Jahrhunderts keine zeitgenössischen römischen Geschichtswerke überliefert sind. Somit sind wir für diese 150 Jahre auf die Auswahl und Deutung zweier Schriften angewiesen, die die vorangehenden Krisenzeiten im Nachhinein im Kontext der Probleme ihrer eigenen Zeit beschreiben. Bewusst den Anschluss an Theophylaktos Simokattes, den letzten überlieferten Historiker aus der Zeit des Herakleios, suchte in den 790er Jahren der bereits erwähnte Nikephoros, nachmals zwischen 806 und 815 Patriarch von Konstantinopel. Deshalb beginnt er seine Darstellung mit dem Jahr 602, in dem jene des Simokattes endet, und führt sie bis zum Jahr 769 fort. Nikephoros verdanken wir auch die Schilderung der angeblichen Wasserphobie des Kaisers Herakleios und seiner Probleme bei der Verrichtung der Notdurft. Allerdings fehlen in seinem Werk Angaben gerade zu den entscheidenden ersten zwei Jahrzehnten nach den frühen arabischen Eroberungen zwischen 641 und 663 sowie für die Jahre zwischen 733 und 741.

Diese Zeitabschnitte finden sich hingegen in dem viel ambitionierteren Geschichtsprojekt des Georgios Synkellos und seines Fortsetzers Theophanes, der *Chronographia*. Sie entstand zwischen 808 und 815 und wurde später auch ins Lateinische übersetzt. Das Werk beginnt mit der auf das Jahr 5500 v. Chr. datierten Erschaffung der Welt und beabsichtigt nicht weniger als eine Deutung der gesamten Geschichte der Menschheit im Allgemeinen und des Römischen Reichs im Besonderen vor dem Hintergrund des Heilsplans Gottes. Dies schien dem Initiator, Georgios Synkellos, nicht nur aufgrund der Erschütterungen der römischen Weltordnung in den zwei Jahrhunderten vor seiner Zeit nötig, sondern auch aufgrund der zeitgenössischen Krisen des frühen 9. Jahrhunderts. Insbesondere die Herrschaft des Kaisers Nikephoros I. (802–811) zeichnet die *Chronographia* als einen Tiefpunkt der gesamten christlich-römischen Geschichte, und die ihm vorgeworfenen Missetaten, etwa die gegen den Kirchenbesitz gerichtete strenge Finanzpolitik, dienen auch als Richtschnur zur Beurteilung der vorangehenden Kaiser. Verdammt wurden jene Herrscher, die dem materiellen Wohl von Staat und Kirche nicht ausreichend Aufmerksamkeit schenkten und/oder aus der Sicht der Rechtgläubigkeit des 9. Jahrhunderts einen ketzerischen Irrweg in der Glaubenspolitik einschlugen.

Glaubensstreit und Wunderwaffen

Der Zorn der späteren Geschichtsschreibung traf auch Konstans II., den Enkel des Herakleios. Er unterstützte die von seinem Großvater geförderte monotheletische Kompromissformel weiter. Dagegen rief Papst Martin I. 649 in Rom im Lateran eine Kirchenversammlung zusammen, die unter dem Einfluss des hochgelehrten Theologen und Mönchs Maximos stand, der später als *Homologetes* («der Bekenner») heiliggesprochen wurde. Die Verurteilung der kaiserlich unterstützten Lehrmeinung erachtete Konstans II. als Affront und ließ – mit Verzögerung infolge eines Aufstands des Exarchen von Ravenna – im Juni 653 den Papst und Maximos in Italien verhaften und nach Konstantinopel bringen. Dort machte man ihnen den Prozess. Martin I. beschloss sein Leben 655 in der Verbannung in Cherson auf der Krim, Maximos nach dem Abschneiden einer Hand und der Zunge 662 im noch unter römischer Oberhoheit stehenden Westgeorgien. Mit der Verurteilung von Martin und Maximos verstummte aber der Widerspruch gegen den Monotheletismus keineswegs. Immerhin zeigt die Episode, dass die Reichszentrale noch Zugriff auf die verbliebenen römischen Territorien von Italien bis zum Schwarzmeerraum hatte. Ebenso wird deutlich, dass das allmähliche Schwinden der Nutzung des Lateinischen keineswegs mit einer Abkehr Konstantinopels vom Westen einherging. Vielmehr war das Papsttum nach wie vor in die Vorgänge der Reichskirche integriert, nicht zuletzt aufgrund der bis ins 9. Jahrhundert starken Präsenz griechischsprachiger Mönche und Kleriker in Rom, von denen einige auch den päpstlichen Thron bestiegen.

Gleichzeitig gewann das römische Reich unter Konstans II. eine Atempause von den arabischen Angriffen, da ab 656 die erste *fitna* (arabisch «Entzweiung») im Kalifat ausbrach. Dort stritten ʿAlī ibn Abī Ṭālib, Cousin und Schwiegersohn des Mohammed, und Muʿāwiya aus der Sippe der in entfernterer Verwandtschaft mit dem Propheten stehenden Umayyaden um die Nachfolge. Muʿāwiya fungierte seit 639 als Statthalter von Syrien und hatte dort auch eine erste arabische Flotte organisiert. Sie griff 649 Zypern an und bereitete 655 der bis dahin dominanten römischen Armada bei Phoinix vor der Küste Südwestkleinasiens eine schwere Niederlage, bei der Kaiser Konstans II. nur knapp entkommen konnte. Als nun jedoch die Araber ab 656 mit sich selbst beschäftigt waren, konnten die Römer noch einmal ihre Oberhoheit auf Armenien und sogar das Königreich von Kaukasisch-Albanien (im heutigen Aserbaidschan) ausdehnen.

Zudem nutzte Konstans II. 658 die Gelegenheit, um in den seit dem frühen 7. Jahrhundert vernachlässigten Gebieten in Südosteuropa aktiv zu werden. Er unternahm einen Feldzug gegen die von slawischen Gruppen besiedelten Gebiete. Die dort gemachten Gefangenen wurden nach Kleinasien umgesiedelt, um die Grenzen zu verstärken, liefen allerdings nach einigen Jahren zu den Arabern über. Denn 661 ging Mu'āwiya als Sieger aus dem arabischen Bürgerkrieg hervor und begründete die Kalifendynastie der Umayyaden, die bis 750 von Damaskus aus das islamische Weltreich regieren sollte. Mu'āwiya richtete seine Pläne erneut gegen die Römer, setzte die Flottenrüstungen fort und begann, entlang der Südküste Kleinasiens Stützpunkte einzurichten, um seine Schiffe immer näher an den Kernraum des Römischen Reiches heranführen zu können. Bald wurde deutlich: sein Ziel war Konstantinopel und somit die Vernichtung des Kaiserreiches selbst.

Die Lage im Römischen Reich schien für seine Pläne günstig: Kaiser Konstans II. zog 662 mit einer Armee nach Italien und verlegte 664 seine Residenz auf die reiche Insel Sizilien. Seine Absicht war vermutlich, die römische Macht in größerer Entfernung vom fast unbesiegbar scheinenden arabischen Gegner in Italien und Nordafrika, wo man damals noch über Karthago gebot, zu stärken. Ähnliche Pläne hatte schon sein Großvater Herakleios auf dem Höhepunkt der persischen Bedrohung gewälzt. Konstans II. stattete auch Rom einen Besuch ab, hatte aber nie den Plan, es als Hauptstadt wiederzubeleben. Im Gegenteil soll er den Bronzeschmuck verschiedener Kirchen und anderer Bauten geplündert haben, um seine Truppen zu besolden.

Nach den schweren Verlusten gegen die Araber waren ansonsten die Reste der Feldarmeen, auch aus dem Balkanraum, auf die Provinzen in Kleinasien verteilt worden, dem größten und wichtigsten dem Reich noch verbliebenen Territorium. Die Abwesenheit des Kaisers im Westen nutzte Saborios, der Befehlshaber des Armeekorps der *Armeniakoi* (im Osten und Nordosten Kleinasiens), um im Jahr 667 einen Aufstand zu beginnen. Er suchte dafür auch die Unterstützung des Kalifen Mu'āwiya, dem er angeblich die Unterwerfung der *Romania* versprach. Die Rebellion des Saborios konnte zwar von kaisertreuen Truppen niedergeschlagen werden, jedoch wurde die Schwächung des Reiches offenkundig. Im Jahr 668 wurde schließlich Kaiser Konstans II. in Syrakus auf Sizilien im Bad von seinen Truppen ermordet, die mit dem Armenier Mizizios einen der ihren zum Kaiser ausriefen. In Konstantinopel bestieg der erst 18-jährige Sohn des Konstans, Konstantin IV., den Thron und musste sich nun sowohl dem Usurpator im Westen als auch Mu'āwiya im Osten stellen. Seine Macht, ja das gesamte Reich der Römer schienen ernsthaft gefährdet.

Konstantin IV. aber ließ bald erkennen, dass er den Herausforderungen gewachsen war. Schon nach wenigen Monaten wurde die Macht des Gegenkaisers auf Sizilien gebrochen, Mizizios fand den Tod. Ebenso baute der Kaiser seine Flotte zur Verteidigung Konstantinopels aus. Diese wurde auch mit einer neuen geheimnisvollen Waffe ausgestattet, dem später sogenannten «Griechischen Feuer».

Über dessen Herkunft weiß die *Chronographia* im frühen 9. Jahrhundert zu berichten, dass der aus Heliupolis in Syrien geflohene Architekt Kallinikos für die Römer ein «Seefeuer» mischte, das auf dem Meer weiterbrannte und mit Wasser nicht zu löschen war.[4] Dabei handelte es sich vermutlich um ein Gemisch mit Erdöl, das die Römer aus Naturölquellen am Schwarzen Meer und im Kaukasus beziehen konnten. Diese Flüssigkeit wurde in einem Kessel erhitzt und unter Druck gesetzt, sodass sie dann durch Rohre hinausgepresst, in Brand gesetzt und auf den Gegner verschossen werden konnte. Die genaue Zusammensetzung des Seefeuers blieb stets Staatsgeheimnis, sodass moderne Nachbauversuche auf zahlreiche Vermutungen angewiesen sind. Dennoch zeigen sie, dass die Waffe nur unter hohem Explosionsrisiko und mit entsprechenden Spezialkenntnissen genutzt werden konnte. Auch mittelalterliche Quellen weisen darauf hin, dass das Griechische Feuer lediglich bei ruhigem Seegang und auf relativ geringe Distanz eingesetzt wurde und somit keine unfehlbare Wunderwaffe war.

Was in den nächsten Jahren folgte, war kein einziger arabischer Sturmangriff auf Konstantinopel, sondern ein fortgesetztes Ringen um die Kontrolle über das Umland und die Seeherrschaft in den Gewässern der Hauptstadt. Wie schon die Awaren mehr als 40 Jahre vor ihnen scheiterten die Araber an den gewaltigen Befestigungsanlagen Konstantinopels. Dazu kam das neuartige Seefeuer, mit dem die Römer «die Schiffe der Araber in Brand steckten und samt ihren Besatzungen verbrannten».[5] Auch die psychologische Wirkung dieser Waffe muss beachtlich gewesen sein. Die Verluste der Araber stiegen, der Erfolg blieb aber aus. Gleichzeitig gelang es Kaiser Konstantin IV., im Rücken der Feinde Unruhe zu stiften. Seine Geheimgesandten konnten Kontakt mit dem an der syrischen Küste lebenden christlichen Volk der Mardaïten aufnehmen, die nun eine Reihe von Raubzügen starteten und dem Kalifat auch in den folgenden Jahren noch Kopfzerbrechen bereiten sollten.

Schließlich musste Mu'āwiya die Angriffe auf Konstantinopel abbrechen und seine Flotte und Truppen zurückrufen. Die genaue Abfolge dieser Attacken bereitet aufgrund der für diese Jahre verwirrenden Schilderung in der *Chronographia* der Forschung bis heute Kopfzerbrechen. Abgekommen ist man mittlerweile von der immer noch in vielen Büchern verbreiteten Vorstellung einer durchgehenden Belagerung Konstantinopels in den Jahren 674 bis 678. Vielmehr scheinen die Chronisten mehrere Einzelaktionen der Araber, die in die späten 660er und frühen 670er Jahre zu datieren sind, zur Erzählung eines mehrjährigen Großangriffs verknüpft zu haben.

Die Schmach der Niederlage und der Verlust so vieler Ressourcen schwächten aber jedenfalls die Position des Kalifen Mu'āwiya, der auch nach seinem Sieg im Bürgerkrieg genügend Feinde in den Reihen der Muslime hatte. Zusätzlich bedrängten ihn die Mardaïten. Um deshalb römische Gegenstöße zu verhindern, sah sich der Kalif gezwungen, 678 erstmals mit dem Kaiser einen formellen Frieden zu schließen und sich sogar zu jährlichen Tributzahlungen bereitzuerklären. Das Prestige Konstantins IV. wurde durch diesen ersten Erfolg gegen die Araber gewaltig gesteigert. Nach Auskunft der *Chronographia* sandten sowohl der Khan der Awaren als auch andere Nachbarn wie die Langobarden Gesandte mit Geschenken nach Konstantinopel, um Freundschaft mit dem Kaiserreich herzustellen. Die Quelle spricht auf Griechisch von einem «herrschaftlichen Frieden», der danach in der Ökumene herrschte, ein Anklang an die Pax Romana, die so lange die Weltordnung bestimmt hatte.[6]

Allerdings war der «herrschaftliche Friede» Konstantins IV. nicht von langer Dauer. Schon kurze Zeit später sah sich Konstantinopel an der Donau herausgefordert, wo ein Teil der Bulgaren den Übertritt auf zumindest formell immer noch römischen Boden forderte. Die turksprachigen Bulgaren hatten sich nach 626 aus der Oberhoheit der Awaren gelöst und ein Reich nördlich des Schwarzen Meers gegründet. Ihr Herrscher Kuvrat trat ähnlich wie die Westtürken in Verhandlungen mit Herakleios und wurde als Bündnispartner mit dem Titel eines *patrikios* und mit Geschenken ausgezeichnet. Nach dem Tod des Kuvrat um 660 zerfiel das Reich allerdings unter seinen Söhnen, die zudem eine Niederlage gegen die Chasaren erlitten.

Letztere hatten vom Auseinanderbrechen des westtürkischen Khanats unter chinesischem Druck um 659 profitiert und erlangten nun die Vormacht in den Steppen nördlich des Kaspischen und Schwarzen Meers. Die Chasaren unternahmen von dort auch Raubzüge in die mittlerweile arabisch beherrschten Gebiete südlich des Kaukasus und wurden damit zu begehrten Bündnispartnern der Römer. Einzelne Gruppe der unterlegenen Bulgaren wanderten hingegen in verschiedene Richtungen aus, ein Teil nach Norden an die mittlere Wolga, andere nach Westen in Richtung Awarenreich und Mitteleuropa und ein größerer Verband unter der Führung des Asparuch an die untere Donau. Dort traten sie in Verhandlungen mit Konstantinopel über eine Ansiedlung auf Reichsboden, doch reagierte Kaiser Konstantin IV. abweisend und setzte die Armeen aus Kleinasien und die Flotte in Marsch. Die Bulgaren aber konnten diese Angriffe abwehren. Das Römerreich musste sich 680/681 nicht nur mit der Errichtung eines bulgarischen Khanats zwischen Donau und Balkangebirge abfinden, sondern, laut der *Chronographia* «als Folge der Sünden der Römer», sogar Tribut zahlen.[7]

Dabei hatte Kaiser Konstantin IV. um diese Zeit auf einem neuen Kirchenkonzil in Konstantinopel das Dogma von «einem Willen in Jesus Christus» endgültig verwerfen lassen und damit nach Ansicht des Papstes und der späteren Autoren die Rechtgläubigkeit des Reichs wiederhergestellt. Die Einigung mit der Kirche des alten Rom schien wichtiger als der Kompromiss mit den miaphysitischen Kirchen, deren Gemeinden mittlerweile großteils unter arabischer Herrschaft lebten. Doch gab es dort auch weiterhin Kirchenstrukturen rund um chalkedonensische Patriarchen in Alexandreia, Antiocheia und Jerusalem, die in kirchlicher Gemeinschaft mit Konstantinopel und dem Kaiser blieben. Wegen der Bezeichnung des Kaisers im Syrisch-Aramäischen als *malka* («König») nannte man diese Christen auch «Melkiten», wegen ihrer Loyalität zu Konstantinopel manchmal auch einfach «Römer».

Die Nase des Kaisers und der indische Koch

Vorerst hielt der Frieden mit den Arabern. Nach dem Tod des Mu'āwiya im Jahr 680 brach 683 erneut ein Bürgerkrieg im Kalifat aus, der zehn Jahre lange die Macht der Umayyaden bedrohte. 685 starb aber erst 35-jährig auch Kaiser Konstantin IV.; die Herrschaft übernahm sein 16-jähriger Sohn, der den ambitionierten Namen Justinian trug. Er profitierte von den Unruhen im Kalifat und konnte 686/687 ein noch günstigeres Abkommen schließen, wonach die Tributzahlungen erhöht und die Steuereinkünfte aus Zypern sowie Armenien, Georgien und Kaukasisch-Albanien (im heutigen Aserbaidschan) zwischen dem Römerreich und dem Kalifat geteilt wurden. Außerdem gewährte er den Mardaïten, die den Arabern so viele Probleme bereitet hatten, Aufnahme in das Römische Reich. Diese angeblich 12 000 Mann wurden in die Flotte des Reiches eingegliedert, damit aber gleichzeitig auch ein Trumpf gegen die Araber in ihrem eigenen Gebiet aus der Hand gegeben, wie die *Chronographia* kritisiert.

Den Frieden im Osten nutzte Justinian II. 688 zu einem Feldzug auf dem Balkan, der dort die Macht Konstantinopels demonstrieren sollte. Nach Siegen über Bulgaren und Slawen wurden Tausende Gefangene in den Nordwesten Kleinasiens umgesiedelt und gegen die Verpflichtung zur Heerfolge mit Land ausgestattet. Ebenso stieß der Kaiser bis Thessalonike vor und erließ ein inschriftlich erhaltenes Edikt für die Kirche des Stadtpatrons, des Heiligen Demetrios. Dessen Schutzkraft schrieb eine spätere Sammlung an Wundergeschichten die wiederholte Abwehr awarischer, slawischer und bulgarischer Angriffe zu. In seinem Edikt ließ sich Justinian II. selbstbewusst als «Herr der gesamten Ökumene, (...) von Gott gekrönter und friedensbringender Kaiser» titulieren.[8] Dazu passen auch seine Goldmünzen, auf deren Vorderseite er erstmals das Abbild Jesu Christi mit der Beischrift «König der Herrschenden» anbringen ließ, während die Rückseite den gekrönten Kaiser mit einem Kreuz und der Umschrift «(Unser) Herr Justinian, der Diener Christi» zeigte (Abb. 4). Damit demonstrierte der Kaiser trotz

Abb. 4: Goldsolidus (Nomisma) des Kaisers Justinian II. aus seiner ersten Regierungszeit (685–695), Münzstätte Konstantinopel. Berlin, Münzkabinett

der demütigen Bezeichnung als Diener seine Teilhabe an der Weltherrschaft Christi, auch in Konkurrenz mit den arabischen Kalifen, die sich gleichfalls als «Gottesknechte» titulieren ließen.

In seinem Selbstverständnis als Weltherrscher brach Justinian II. schließlich auch das Abkommen mit dem Kalifat, marschierte nach Armenien und Georgien und ließ die Bevölkerung von dort und aus Zypern ins Römerreich umsiedeln. Zwischenzeitlich aber hatte Kalif 'Abd al-Malik ibn Marwān (685–705) die Zentralmacht im arabischen Reich wiederhergestellt. Er sorgte dafür, dass allmählich Arabisch das Griechische als Verwaltungssprache in Syrien ablöste und man an Stelle von Imitaten der römischen Münzen solche mit arabischer Aufschrift prägte, nachdem sich die Herrschaft der Kalifen in ihren westlichen Provinzen so lange auf die Strukturen der römischen Verwaltung gestützt hatte. Als Justinian II. die Annahme von Tributzahlungen in diesen neuen Münzen verweigerte, brach er den Friedensvertrag nochmals. Erneut entbrannte Krieg zwischen dem Kaiser und dem Kalifen; und es zeigte sich, dass die Römer der vereinten Macht der Araber weiterhin wenig entgegenzusetzen hatten. Justinian II. erlitt 693 im östlichen Kleinasien eine schwere Niederlage, nachdem die zuvor umgesiedelten slawischen Hilfstruppen zu den Arabern übergelaufen waren. Die kurzzeitige römische Vormachtstellung in Armenien und Georgien brach zusammen. Nun waren die Araber wieder auf dem Vormarsch.

Diese Misserfolge schwächten die Stellung des zumindest nach Angaben der späteren Quellen aufgrund von Übergriffen gegen die

Bevölkerung und die Kirche ohnehin wenig beliebten Justinian II. Der General Leontios nutzte die Gunst der Stunde und stürzte 695 den Kaiser, um selbst den Thron zu besteigen. Justinian II. wurde die Nase abgeschlagen, um ihn dauerhaft für das Kaisertum untauglich zu machen, und wie zuvor Papst Martin I. in die Stadt Cherson auf der Krim verbannt. Damit kam der Ex-Kaiser noch glimpflich davon; zwei seiner engsten Mitarbeiter nahm eine Menge der Bewohner der Hauptstadt gefangen, zerrte sie durch die Straßen und verbrannte sie schließlich.

Doch auch die Herrschaft des Leontios war nicht von langer Dauer. Die Araber marschierten von Ägypten aus nach Westen und eroberten 695 bis 697 das römische Nordafrika mit Karthago, dessen Einnahme mehr als 840 Jahre zuvor den Aufstieg Roms zur Supermacht markiert hatte. Leontios entsandte eine Flotte, um die reiche Provinz zurückzugewinnen. Den römischen Truppen gelang es zwar, Karthago und einige umliegende Festungen noch einmal zu erobern, sie mussten sich aber vor einer neuen arabischen Streitmacht zurückziehen. Nordafrika war damit endgültig verloren. Die besiegte römische Armee machte 698 auf der Rückfahrt in Kreta Station. Dort entschlossen sich die Offiziere, die für ihr Versagen Strafe befürchteten, gegen Leontios zu rebellieren und einen der Kommandanten der Flotte namens Apsimaros zum Kaiser zu erheben. An der Spitze dieser Truppen gelang es Apsimaros, in Konstantinopel einzudringen, wo zudem gerade zuvor wieder die Pest gewütet hatte, und als Tiberios III. den Thron zu besteigen. Leontios wurde ebenfalls die Nase abgeschlagen und in ein Kloster gesteckt.

Wie sein Vorgänger sollte sich jedoch auch Tiberios III. der Kaiserwürde nicht lange erfreuen. Mittlerweile war Justinian II. von seinem Verbannungsort auf der Krim die Flucht ins benachbarte Reich der Chasaren gelungen. Dort erlangte er die Gunst des Khans und heiratete sogar dessen Tochter, die nach der Taufe – passend zu Justinian – den Namen Theodora erhielt. Als jedoch Gesandte des Kaisers Tiberios III. im Jahr 704 dem Chasarenherrscher reiche Geschenke versprachen, wenn er seinen Schwiegersohn auslieferte, ergriff Justinian II. erneut die Flucht und reiste an den Hof des bulgarischen Khans Tervel an der unteren Donau. Mit Hilfe bulgarischer Truppen konnte Justinian II. im Frühjahr 705 nach Konstantinopel vorstoßen und durch Unterstützung dort noch befindlicher Gefolgsleute über das von Kaiser Valens errichtete Aquädukt in die Stadt eindringen. Trotz fehlender Nase (die durch eine goldene Prothese ersetzt wurde) bestieg er erneut den Thron und nahm an Leontios, Apsimaros und anderen Gegnern grausame Rache. Seine Frau Theodora und ihren mittlerweile geborenen Sohn Tiberios, den er zum Mitkaiser krönte, ließ er nach Konstantinopel bringen. Den hilfreichen Khan der Bulgaren zeichnete er als ersten Nichtrömer mit dem hohen Rangtitel eines *kaisar* (von lateinisch *Caesar*, ursprünglich im Sinne eines Mitherrschers) und mit Geschenken aus.

Die abenteuerliche Rückkehr Justinians II. auf den Thron über die Höfe der Chasaren und Bulgaren erhellt auch die wachsende Bedeutung des Schwarzmeerraums für das im Mittelmeer auf dem Rückzug befindliche römische Reich. Von dort bezog man etwa das Erdöl für das Griechische Feuer. Doch auch in diese Region drangen arabische Truppen von Armenien her kommend vor und forderten die römische Oberhoheit über das Königreich von Lazika in Westgeorgien heraus. Deshalb entsandte Justinian II. während seiner zweiten Regierungszeit zwischen 705 und 711 den Offizier (und späteren Kaiser) Leon (III.) zum Volk der Alanen in den westlichen Kaukasus, um sie gegen die Abchasen im Nordwesten Georgiens, die mit den Arabern verbündet waren, zu mobilisieren. Bei diesen Feldzügen nutzte Leon auch den Warenverkehr zwischen Alanen und Abchasen als Tarnung. Tatsächlich führte eine wichtige Handelsroute vom Schwarzen Meer über den Kaukasus in die nördlich davon gelegenen Steppen und weiter über die Wolga nach Zentralasien. Sie war auch bereits im 6. Jahrhundert von jenen Gesandtschaften, die die Römer zum Khan der Westtürken geschickt hatten, genutzt worden, und diente dem Seidenhandel zwischen Zentralasien und Konstantinopel. Nach dem Verlust Ägyptens und des Zugangs zum Indischen Ozean an die Araber konnten die Römer auf diesem Weg zumindest in gewissem Umfang den Kontakt mit Innerasien aufrechterhalten.

Dies belegen auch die ins 8. bis 9. Jahrhundert datierten Funde von Moščevaja Balka im nordwestlichen Kaukasus. Die Bodenchemie an diesem Ort bewahrte Seidenstoffe, die aufgrund ihrer Webmuster chinesischen, zentralasiatischen, syrischen und römischen Werkstätten zugewiesen werden können, in erstaunlicher Qualität. Darunter war auch ein purpurgefärbter Seidenstreifen mit griechischer Aufschrift, der einem lokalen Anführer namens Ibane gewidmet war, der vom Kaiser mit dem römischen Rangtitel eines *protospatharios* («erster Schwertträger») ausgezeichnet wurde. Besonders spektakulär war aber der Fund mehrerer Papierstücke mit chinesischen Schriftzeichen. Neben zwei Listen mit Waren, die wohl auf einen diese Sprache nutzenden Händler verweisen, handelte es sich um einen Ausschnitt aus der chinesischen Übersetzung einer Anweisung für buddhistische Nonnen. Diese Übertragung aus dem Sanskrit hatte in der chinesischen Kaiserresidenz Luoyang um das Jahr 710 der Mönch Yi Jing, der zuvor mehr als 20 Jahre in der berühmten buddhistischen Schule von Nalanda in Nordostindien verbracht hatte, angefertigt. Andere Textzeugen stammen aus Fundorten entlang der Seidenstraße wie Dunhuang, Turfan und Chotan. Das Fragment von Moščevaja Balka ist der westlichste Beleg dieses weit gespannten Netzwerks buddhistischer Gelehrsamkeit, das somit bis an die römische Einflusssphäre heranreichte.

Das politische Agieren Justinians II. war jedoch auch in seiner zweiten Regierungszeit nicht glücklich. Er entzweite sich mit seinen bulgarischen Verbündeten, erlitt aber 708 bei Anchialos an der Schwarzmeerküste eine schwere Niederlage. Dem seit 705 herrschenden arabischen Kalifen al-Walīd gegenüber zeigte sich Justinian II. freundlich, indem er Arbeiter, Gold und Mosaiksteinchen für die Neugestaltung der Moschee in Medina übersandte. Doch dann brach auch an dieser Front wieder Krieg aus, und arabische Truppen verwüsteten 708 Teile Kleinasiens, von wo der Kaiser Soldaten für den Feldzug gegen die Bulgaren abgezogen hatte. Ein Prestigeerfolg war hingegen der Besuch des Papstes Konstantin I. in Konstantinopel im Sommer 711; es blieb allerdings die letzte Reise eines Papstes an den Bosporus bis 1967.

Im Jahr 711 entsandte Justinian II. auch eine Flotte gegen seinen vormaligen Verbannungsort Cherson auf der Krim, wohl, weil einige Kreise der Stadt eine Verständigung mit den benachbarten

Chasaren suchten. Die Truppen aus Konstantinopel verbündeten sich jedoch mit den Einwohnern der Stadt gegen den Kaiser. In seinem Zorn ließ Justinian II. die Kinder eines der aufständischen Generäle töten, die sich noch in der Hauptstadt befanden. Er zwang dessen Frau zur Demütigung dazu, ihren Koch zu heiraten, der nach Auskunft der Quellen ein «Inder» und «außerordentlich hässlich» war.[9] Woher dieser Mann genau stammte, ist schwer auszumachen, nicht zuletzt da er namenlos bleibt.

Mit «Indien» konnten verschiedene Regionen am westlichen Indischen Ozean gemeint sein, nicht nur der Indische Subkontinent, sondern auch Südarabien oder Ostafrika. Aus letzterer Region wurden ins Kalifat im Laufe des 8. und 9. Jahrhunderts immer mehr Sklaven verkauft, und einer davon mag seinen Weg auch nach Konstantinopel gefunden haben. Andererseits erfahren wir aus arabischen Quellen, dass ursprünglich aus Indien stammende, als Zuṭṭ bezeichnete Gruppen unter Kalif Mu'āwiya zwischen 661 und 680 in die Grenzgebiete zum Römischen Reich in Nordsyrien und Kilikien umgesiedelt wurden. Vielleicht stammte der Koch in Konstantinopel von dort. Die Nennung Indiens verweist einerseits auf seine Herkunft aus jenen Regionen, aus denen verschiedene für die verfeinerte Küche auch in Konstantinopel um 700 nachgefragte Gewürze wie Pfeffer stammten. Andererseits bestand die intendierte Demütigung der Frau aus der römischen Elite nicht nur im niedrigen Status des «barbarischen» Ehepartners, sondern wohl ebenso in der auch in sonstigen Quellen Menschen aus Indien zugeschriebenen dunkleren Hautfarbe, die vermutlich den Hintergrund der Beschreibung des Äußeren als «hässlich» bildete.

Trotz solcher Strafmaßnahmen konnte Justinian II. seine Stellung in Konstantinopel nicht behaupten. Aus Cherson segelten die Rebellen unter ihrem zum Kaiser ausgerufenen Anführer Bardanes-Philippikos, dessen Familie ursprünglich armenischer oder persischer Abkunft war, nach Konstantinopel und töteten im November 711 Justinian II. und später auch seinen sechsjährigen Sohn. Damit endete nach 101 Jahren die Herrschaft der von Justinians Urgroßvater Herakleios ebenfalls durch einen Putsch begründeten Dynastie.

Der Sturmangriff auf das Neue Rom

Um dieselbe Zeit stießen die Araber sowohl nach Sind (im heutigen Pakistan) und Transoxanien (in Zentralasien) im Osten als auch auf die Iberische Halbinsel im Westen vor und erreichten die größte Ausdehnung ihres Weltreiches. Ein Vertreter der Kalifenfamilie der Umayyaden ließ in einem der Wüstenschlösser in Jordanien in Qusair ʿAmra in der ersten Hälfte des 8. Jahrhunderts in einem Wandgemälde die Herrscher der Welt darstellen, die alle dem an einer anderen Wand thronenden Kalifen ihre Huldigung erwiesen. Darunter befanden sich der Großkönig der Perser, der König der Westgoten in Spanien, der Khan der Türken in Zentralasien und der Kaiser der Römer. Doch im Gegensatz zu den anderen Imperien war das «Land der Rum» (*bilād al-Rūm*), wie es die arabischen Texte bezeichneten, noch nicht dem Kalifat unterworfen. Um tatsächlich die Herrschaft über die gesamte bekannte Welt zu beanspruchen, musste dieses Konkurrenz-Imperium ausgeschaltet werden. Erneut rückte Konstantinopel in den Fokus des Kalifats.

Dort aber drehte sich das Rad der Kaisererhebungen aus dem Militär weiter. Nach nur zwei Jahren wurde auch Kaiser Bardanes-Philippikos im Juni 713 von rebellischen Truppen gestürzt. Unter dem Namen Anastasios II. bestieg der hohe Beamte Artemios den Thron. Ihm war die erneute Gefahr eines arabischen Angriffs auf Konstantinopel bewusst. Um den Umfang der Bedrohung abzuschätzen, griff er zur Spionage. Ein zum Schein als Gesandter nach Syrien entsandter Würdenträger berichtete nach seiner Rückkehr von den großen Rüstungen der arabischen Land- und Seestreitkräfte. Daraufhin, so berichtet die *Chronographia*, befahl der Kaiser, «dass jeder Mann Vorräte für sich selbst für die Dauer von drei Jahren anlegen sollte, und dass jeder, der nicht über die Mittel dazu verfügte», die Hauptstadt verlassen sollte.[10] Zusätzlich wurden große Mengen an Nahrungsmitteln in den Lagerhäusern gesammelt, die Stadtmauern verstärkt und weitere Schiffe gebaut, die man mit dem Seefeuer ausrüstete.

Tatsächlich müssen die Rüstungsanstrengungen der Araber gewaltig gewesen sein, denn der Bedarf an Holz für Schiffe und Kriegsmaschinen konnte nicht mehr nur aus den Ressourcen des Kalifats gedeckt werden. Im Frühjahr 715 wurde Anastasios II. davon informiert, dass eine arabische Flotte von Alexandreia aus an die kleinasiatische Küste nahe Rhodos gesegelt war, um dort Zypressenholz zu schlagen. Gegen sie entsandte der Kaiser eine Flotte, die mit Truppen des Armeekorps von Opsikion (im nordwestlichen Kleinasien) bemannt war. Doch wieder einmal kam es zu einer Rebellion. Anstatt die arabische Flotte zu stellen, segelten die Truppen nach Hause zurück, stachelten das gesamte Opsikion zum Aufstand auf und marschierten mit dem Steuereinnehmer Theodosios als Kaiserkandidat an der Spitze gegen Konstantinopel. Anastasios II. wurde gestürzt und in ein Kloster verbannt, Theodosios III. bestieg den Thron.

Zur gleichen Zeit aber begannen die Streitkräfte des Kalifen Sulaymān ibn ʿAbd a-Malik, auf Konstantinopel vorzurücken, zu Lande und zu Wasser. Diesmal entsandten die Araber auch eine große Armee nach Kleinasien, die die Vormarschroute nach Konstantinopel sichern sollte. Die Lage schien günstig für ein solches Unternehmen, denn die Herrschaft des neuen Kaisers Theodosios III. fand keine allgemeine Anerkennung unter den Truppen Kleinasiens. Leon, der Stratege der *Anatolikoi* (im zentralen und südwestlichen Kleinasien), hielt Anastasios II. die Treue und fand dabei beim Strategen der *Armeniakoi* namens Artabasdos Unterstützung, dem er seine Tochter zur Frau gab. Mit Leon trat auch ein Feldherr des Kalifen in Verbindung, und versuchte, ihn mit dem Versprechen der Kaiserkrone auf die arabische Seite zu ziehen. Die *Chronographia* schildert, wie Leon zum Schein auf dieses Angebot einging, tatsächlich aber die Zeit nutzte, um die wichtige Festung Amorion in Phrygien mit Truppen zu verstärken, damit sie nicht den Arabern in die Hände fiele. Leon setzte sich mit seinen Getreuen in Richtung Konstantinopel ab. Von Chrysopolis auf der asiatischen Seite des Bosporus trat er im Frühjahr 717 in Verhandlungen mit dem Kaiser ein. Theodosios III. sah seine Macht dahinschmelzen, und auf Vermittlung des Patriarchen Germanos I. verzichtete er auf die Krone und zog sich in den geistlichen Stand zurück.

Leon III. aber bestieg den Kaiserthron, den er nun wesentlich länger als seine Vorgänger bis zu seinem Tod 741 innehaben sollte. Seine Machtergreifung legitimierte er vor allem durch die erfolgreiche Abwehr des Angriffs der Araber, die ab August 717 Konstantinopel sowohl zu Wasser als auch zu Lande einzuschließen versuchten. Es spricht für die Organisation und Disziplin der arabischen Armee, dass sie im Gegensatz zu den Awaren, die 90 Jahre zuvor den Angriff nach einer Woche abbrechen mussten, die Belagerung über ein Jahr aufrechterhielt. Doch wurde auch für sie die Logistik zum Problem, als zur Versorgung ausgesandte Flotten mehrfach durch römische, mit dem flüssigen Feuer ausgerüstete Schiffe dezimiert wurden. Außerdem litten die Araber unter einem ungewöhnlich kalten Winter, der 717/718 das Gebiet um den Bosporus heimsuchte. Dies machte die Ernährung der großen Zahl an Soldaten immer schwieriger. Im Frühjahr 718 gelang es den Römern erneut, zwei Flotten, die Nachschub aus Ägypten bzw. Tunesien bringen sollten, mit Feuerschiffen abzufangen, offenbar auch dank der Informationen von christlichen Sympathisanten in den Reihen der Araber. Schließlich konnte Leon III. durch geschickte Verhandlungen sogar die Bulgaren, mit denen man 716 in Erwartung der arabischen Attacke einen Friedensvertrag geschlossen hatte, zu einem Angriff auf das arabische Heer bewegen. Damit war die arabische Offensive de facto gescheitert, der Kalif befahl im August 718 den Abzug. Einen vergleichbaren Versuch, das Neue Rom zu erobern, sollten die Araber nie mehr wagen.

Warum das Römerreich nicht unterging

Während das weströmische Reich im 5. Jahrhundert nach ähnlichen Verlusten an Territorium und Einkünften zerfiel und das Perserreich bis um 652 zur Gänze von den Arabern erobert wurde, überstand das Römerreich im Osten diese Krise und leistete dem Kalifat Widerstand. Tatsächlich gelang es, das geschrumpfte Reich mit seinem reduzierten militärischen und administrativen Apparat und auch die Versorgung Konstantinopels auf eine neue Grundlage zu

Karte 4: Das Römische Reich im frühen achten Jahrhundert

stellen. Dabei spielten das nach wie vor wohlhabende Sizilien, das bis um 800 auch von relativ günstigen Niederschlagsbedingungen profitierte, und vorerst ebenso Nordafrika, Getreidelieferant Roms seit dem 2. Jahrhundert v. Chr., eine wichtige Rolle. Kaiser Konstans II. verlegte von 662 bis 668 seine Residenz ja sogar nach Syrakus. 698, als Karthago an die Araber fiel, ging allerdings Nordafrika verloren.

Somit verblieben Konstantinopel neben den Restgebieten in Italien und an den Küsten des Balkans vor allem die Territorien in Kleinasien, wo nun ein Großteil der verbliebenen Armeen zur Abwehr der muslimischen Truppen stationiert wurde. Angepasst an die gebirgige Landschaft Anatoliens, suchte man dort nicht mehr die Entscheidung in großen Feldschlachten, sondern wartete auf günstige Gelegenheiten, einzelne arabische Einheiten aus dem Hinterhalt anzugreifen. Die Befehlshaber (griechisch *strategoi*) dieser Armeen hatten bis zu den ersten Teilungen ihrer Kommandobezirke im 8. Jahrhundert eine große Macht. Diese begünstigte zum einen eigenständiges Handeln im Angesicht des Feindes und die Ausbildung eines starken Korpsgeists unter den Truppen. Andererseits bestand aber auch die Versuchung für diese Generäle, selbst nach der Macht in Konstantinopel zu greifen. Geringe Chancen hatte jedoch im Gegensatz zu den Warlords im Westen des 5. Jahrhunderts die Option, sich von der Hauptstadt gänzlich unabhängig zu machen.

Denn die Verteilung von Geldmitteln, Ämtern und Ehrungen blieb stets in Konstantinopel konzentriert, dessen Bedeutung nach dem Verlust anderer urbaner Zentren sogar noch wuchs. Die ältere Forschung hatte angenommen, dass bereits im 7. Jahrhundert die allmähliche Ablösung der bisherigen Provinzverwaltung durch die Strategen dieser Armeekorps begann. Sie hätten auch die zivile Administration übernommen und so Provinzen zu neuen Militärverwaltungsbezirken, den Themen (von griechisch *thema* im Sinne von Stationierungsgebiet), verbunden. Allerdings taucht der Begriff des *thema* in dieser Bedeutung erst im frühen 9. Jahrhundert auf. Ebenso wenig lässt sich die später zu beobachtende Entstehung von grundbesitzenden Soldatenbauern bereits im 7. Jahrhundert und als Ergebnis staatlicher Maßnahmen beobachten.

Ganz im Gegenteil wurde die zivile Verwaltung, vor allem die Steuereinhebung von Konstantinopel aus, zwar vereinfacht, aber weitergeführt, und die Soldaten wurden regelmäßig bezahlt. Eine besondere Rolle spielten in der zweiten Hälfte des 7. Jahrhunderts die Kommerkiarier, deren Tätigkeit wir nur aufgrund ihrer erhaltenen Bleisiegel, mit denen Dokumente beglaubigt wurden, rekonstruieren können. Diese Amtsträger waren ursprünglich mit der Zolleinhebung befasst. Ihnen wurden nun eine oder mehrere Provinzen auf Zeit zugewiesen, um dort Ressourcen und Menschen zu mobilisieren, auch über weitere Distanzen zwischen den verbliebenen Territorien. Neben der Ausrüstung und Versorgung der Truppen war eine ihrer Aufgaben die Versorgung Konstantinopels mit Nahrungsmitteln, für die man nach dem endgültigen Verlust Ägyptens und der von dort kommenden Getreidelieferungen Ersatz in den fruchtbaren Küstenprovinzen Kleinasiens, Teilen Griechenlands und wie erwähnt auf Sizilien fand. Erleichtert wurde diese Neuorientierung durch den Bevölkerungsrückgang in der Hauptstadt von 500000 Einwohnern in der Regierungszeit Justinians I. auf wohl weniger als 80000 um das Jahr 700.

Zurückgegangen war aber nicht nur die Bevölkerung Konstantinopels, sondern auch die vieler anderer Städte, die zudem zeitweilige Plünderungen durch Perser und Araber oder Awaren und Slawen erdulden mussten. Zahlreiche antike Stadtgebiete wurden drastisch auf einen befestigen Kern reduziert, etwa auch Ephesos oder Milet. Weitgehend verschwanden aus dem archäologischen Befund dieser Städte die Münzen, sodass man in der älteren Forschung von einer Rückkehr zur Naturalwirtschaft und dem Zusammenbruch früherer Verteilungsnetzwerke ausging. Demgegenüber zeigen neuere Untersuchungen eine stärkere Kontinuität der Prägung und auch der Distribution von Münzen; im späten 8. Jahrhundert wurden vermutlich jedes Jahr immer noch 300000 Goldmünzen geprägt, um die bereits im Umlauf befindlichen Münzen zu ergänzen. Diese Münzen kamen aber nach dem Verlust der anderen Großstädte mit ihren Prägestätten wie Antiocheia oder Alexandreia nun fast ausschließlich aus Konstantinopel. In Gold prägte man neben der Hauptstadt noch in Ravenna sowie in Syrakus auf Sizilien. Insgesamt konnte das kaiserliche Regime in der Hauptstadt durch seine Verwaltungsinstrumente und die Verteilung von Abgaben und Ressourcen die Provinzen weiterhin an sich binden. Auf dieser Grundlage blieb die Integrität des verbliebenen Römerreichs erhalten.

Dass den Arabern jenseits des Taurusgebirges in Südostkleinasien trotz alljährlicher Plünderungszüge in Anatolien keine dauerhaften Eroberungen gelangen, hatte auch klimatische Gründe. Der arabische Gelehrte ʿAmr ibn Baḥr al-Ǧāḥiẓ etwa führte im 9. Jahrhundert in seinem «Buch der Tiere» zum wichtigsten Tragtier der arabischen Armeen, dem Dromedar, aus, dass sie «im Land von Rum» sterben.[11] Den Tieren machte, im Gegensatz zu den zentralasiatischen Kamelen, die die türkischen Eroberer des 11. Jahrhunderts mit sich führten, insbesondere die Winterkälte in Anatolien zu schaffen. Sie prägte sich während der Kalt-Anomalie der spätantiken Kleinen Eiszeit, aber auch in den Jahrzehnten danach noch stärker als üblich aus und schädigte auch die Araber während der Belagerung im Winter 717/718. Diese Bedingungen nutzten die Römer ebenso für Überraschungsangriffe auf arabische Truppen.

Solche Klimaparameter sorgten vom 6. bis ins frühe 8. Jahrhundert in Anatolien für eine größere Anzahl an strengen Wintern und ungewöhnlich heftigen Frösten und Schneefall, aber auch für relativ weniger mit Trockenheit verbundene Witterungsereignisse. Insgesamt schrumpfte dennoch die landwirtschaftliche Produktion in vielen Regionen, wobei der Rückgang bei weniger kälteresistenten Kulturen wie Oliven und Wein, deren Anbau gemeinsam mit Weizen die Agrarlandschaft der Antike geprägt hatte, am stärksten war. Hingegen stieg der relative Anteil des Getreides als Grundlage lokaler Selbstversorgung. Ebenso zeigen neue Pollendaten in verschiedenen Gebieten eine Ausweitung der Weideflächen und somit der Viehzucht an. Hintergrund dieser Entwicklung ist vermutlich die Kombination von klimatischem Wandel, Bevölkerungsrückgang durch Pest und Kriege während des 6. und 7. Jahrhunderts sowie der andauernden Bedrohung durch arabische Einfälle. An Pollenfundorten mit hoher zeitlicher Auflösung der Daten überschneidet sich das Ende der antiken Wirtschaftsweise um 670 genau mit der Intensivierung der Feldzüge der Araber. Tatsächlich entstand an der römisch-arabischen Grenze im 7. und 8. Jahrhundert ein Gürtel von verwüstetem und entvölkertem Niemandsland, der den Vormarsch größerer Truppenverbände seitens der Araber erschweren sollte.

In solchen exponierten Gebieten diente die Landwirtschaft vor allem der Selbstversorgung; ein teilweiser Umstieg auf Viehzucht erlaubte auch, bei entsprechender Vorwarnung den nun mobilen agrarischen Besitz vor Angreifern in Sicherheit zu bringen. Im besonders oft von arabischen Raubzügen heimgesuchten zentralanatolischen Kappadokien wurden bereits früher bestehende Höhlensiedlungen im weichen Tuffstein zu mehrstöckigen unterirdischen Anlagen erweitert, die mehreren Tausend Menschen samt ihren Vorräten und Vieh Zuflucht bieten konnten. Insgesamt bestand also für viele dem Römischen Reich verbliebene Regionen ein Antrieb, auf eine einfachere und sicherere Art der Landwirtschaft umzusteigen und somit die Widerstandskraft gegen Invasionen und Extremereignisse zu erhöhen. Gleichzeitig stieg, auch angesichts des Schrumpfens der Städte, die Bedeutung des ländlichen Raums, wo ohnehin immer 80 bis 90 Prozent der Bevölkerung gelebt hatten. Dieser Prozess lässt sich in manchen Regionen Kleinasiens schon vor dem 7. Jahrhundert archäologisch nachweisen.

Ein einzigartiges Licht auf das Leben in den Dörfern wirft ein als «Bauerngesetz» (griechisch *Nomos georgikos*) überlieferter Text. Seine Datierung ist bis heute umstritten, wobei einiges für einen Zusammenhang mit anderen Rechtstexten spricht, die um die Mitte des 8. Jahrhunderts von Kaiser Leon III. und seinem Sohn und Nachfolger Konstantin V. erlassen wurden. Am wichtigsten war das im Jahr 741 veröffentlichte Rechtsbuch der *Ekloga* (griechisch «Auswahl»), das den viel umfangreicheren Bestand der Gesetzgebung Justinians I. im Hinblick auf die im Alltag wichtigsten Punkte kurz und vor allem in griechischer Sprache zusammenfasste. Auffallend ist die hohe Zahl an Körperstrafen, aus heutiger Sicht grausame Verstümmelungen, die auch das politische Leben bestimmten, wie Nasenabschneiden oder Blendung. Man wollte deshalb früher eine «Verrohung» der römischen Rechtskultur unter «orientalischem» Einfluss erkennen. Tatsächlich aber deuteten die Gesetzgeber dies als mildere und «christlichere» Form der Sanktionen im Vergleich zu der vormals für viele dieser Verbrechen vorgesehenen Todesstrafe.

Ähnliche Strafen finden sich auch im *Nomos georgikos*; so wurde das Ausreißen eines fremden Weinstocks mit dem Abhacken der Hand, Brandstiftung mit dem Feuertod geahndet. Aus dieser Quelle ergibt sich das Bild von einer Gemeinde von freien Bauern, die ihre Angelegenheiten weitgehend selbst regelten. Dazu gehörten der Verkauf, der Tausch oder die Pacht von Feldern, die Festlegung der Grundgrenzen, aber auch die Urteilsfindung bei einer Schädigung der Feldfrucht des Nachbarn, einem Diebstahl von Werkzeug oder dem Vergiften eines fremden Hirtenhunds. Vieles wurde gemeinschaftlich von der Gemeinde organisiert, etwa die Bestellung eines Hirten für die Überwachung der Tiere des Dorfes auf dem gemeinsamen Weideland. Der Staat wird hingegen nur als Steuerbehörde sichtbar, wobei Eigentum an verlassenen Äckern dadurch erworben werden konnte, wenn man die entsprechenden Abgaben entrichtete.

Unerwähnt bleiben die bis ins 6. Jahrhundert so dominanten Großgrundbesitzer. Das heißt nicht, dass es keine sozialen Unterschiede im *Nomos georgikos* gibt. Wir lesen von Bauern, die Land verpachten, und ihren Pächtern, von mittellosen und abgewanderten Landwirten oder auch von Sklaven. Tatsächlich scheinen aber viele Familien der Aristokratie die innen- und außenpolitischen Umwälzungen des späten 6. und des 7. Jahrhunderts nicht überstanden und ihren Besitz und Status verloren zu haben. Dies gilt für jene, deren Güter nun jenseits der geschrumpften Grenzen des Reiches galten, aber auch für solche, deren Besitzungen den ständigen Kriegen innerhalb der verbliebenen Provinzen zum Opfer gefallen waren. Eine Rolle mag die geringere Zahl an Textquellen spielen. Bemerkenswert ist aber, dass auch die früher als Statussymbol so wichtigen Familiennamen nicht mehr in den Quellen aufscheinen. Erst ab dem 9. Jahrhundert werden in den Quellen neue Clans greifbar, deren Namen nun wieder Besitz und Prestige anzeigen. Sie rekrutierten sich aus Gruppen von Funktionsträgern in der militärischen und der zivilen Verwaltung, denen es allmählich gelang, diese Ämter für den Erwerb von Reichtum zu nutzen und diesen auch über mehrere Generationen weiterzugeben.

Zu einem der frühesten Beispiele für diese «neuen» Reichen gehört eine eigentlich halblegendäre Figur, der Großgrundbesitzer Philaretos. Er lebte in der zweiten Hälfte des 8. Jahrhunderts bei Amnia in Paphlagonien in Nordwestkleinasien und verfügte seiner späteren Vita zufolge über 600 Rinder, 100 Ochsengespanne, 12 000 Schafe, 48 Landgüter und zahlreiche Sklaven. Gleichzeitig war er aber sehr fromm und mildtätig gegenüber jedermann. Nach dem Vorbild der Geschichte von Hiob im Alten Testament kommt jedoch der Teufel mit Gott überein, die Glaubensstärke des Philaretos prüfen zu dürfen. Deshalb geht dessen Reichtum verloren, unter anderem durch einen Plünderungszug der Araber, sodass Philaretos und seiner Familie schließlich kaum genug zum Überleben bleibt.

Dennoch hört der fromme Mann nicht damit auf, auch seine letzten Besitztümer an noch Bedürftigere zu verteilen.

Zu guter Letzt wird seine Standhaftigkeit belohnt. Als Beamte aus Konstantinopel auf der Suche nach den schönsten Jungfrauen des Reichs, aus denen der Kaiser seine Braut wählen will, ins Dorf des Philaretos kommen, fällt ihnen seine Tochter Maria auf. Nach entsprechender Vermessung, unter anderem ihres Fußes mittels eines mitgebrachten Schuhs, wird Maria als ideale Kandidatin ausgewählt und samt ihrer Familie nach Konstantinopel gebracht, wo sie den Kaiser heiratet. Bei allen märchenhaften Motiven à la Aschenputtel handelte es sich bei Philaretos aus Amnia und seiner Tochter Maria um historische Persönlichkeiten. Im Jahr 788 heiratete sie Kaiser Konstantin VI., den Urenkel Leons III. Die Vita des auch nach seiner Übersiedlung in die Hauptstadt mildtätigen und deshalb als Heiliger verehrten Philaretos verfasste sein Enkel Niketas um das Jahr 822. Jenseits aller legendenhaften Elemente beobachten wir den Aufstieg einer neureichen Familie aus der Provinz ins Zentrum der Macht.

Siegreiche Kaiser und Bilderstürmer

Die Römer schrieben die Rettung Konstantinopels 718 vor den Arabern so wie schon jene vor den Awaren 626 der Fürsprache der Muttergottes und dem Wirken Gottes zu. Ebenso steigerte dieser Sieg das Prestige des römischen Kaisers gewaltig. In verschiedenen Texten insbesondere des christlichen Orients wurde Leon III. zum großen Verteidiger des Christentums stilisiert. In der armenischen Geschichte des Łewond aus dem späten 8. Jahrhundert trägt der Kaiser persönlich ein Kreuz in einer Prozession an den Bosporus und erweckt damit die Fluten, die die arabische Flotte zerstören, so wie Moses beim Durchgang durch das Rote Meer die Ägypter vernichtete. Wie ein neuer Moses hätte der Kaiser die Römer als das neue erwählte Volk Gottes und Konstantinopel als das Neue Jerusalem gerettet.

Doch da die Zahl der Angriffe der Araber in Kleinasien wenige

Jahre nach der Belagerung von 717/718 wieder zunahm und diese 726 sogar die wichtige Stadt Kaisareia in Kappadokien zerstörten und 727 Nikaia nahe der Hauptstadt belagerten, suchte Leon III., so wie zuvor Justinian II., eine enge Verbindung zu den Chasaren. Er verheiratete seinen Sohn und Mitkaiser Konstantin (V.) um 732/733 mit einer Tochter des Khans, nachdem sie unter dem Namen Eirene die Taufe erhalten hatte. Zusammen mit Konstantin führte der Kaiser auch das Kommando, als die römische Armee einem Teil der arabischen Truppen bei Akroinon 740 in Westanatolien eine empfindliche Niederlage zufügte. Dies steigerte den Ruhm Leons III. nochmals.

Weit weniger freundlich behandelt aber die spätere römische Überlieferung Leon III., gilt er doch als Urheber des gegen die Verehrung der heiligen Bilder gerichteten Ikonoklasmus («Bildersturm»), den die orthodoxe Kirche endgültig im 9. Jahrhundert als Irrlehre verurteilte. Diese feindseligen Texte führten verschiedene Spekulationen über den Hintergrund dieses Wechsels in der Religionspolitik an. Die Herkunft Leons aus dem Südosten des Reiches an der Grenze zu den Arabern habe ihn empfänglich gemacht für bilderfeindliche Ideen, die dort unter Juden, Muslimen und verschiedenen häretisch-christlichen Gruppen vorherrschten. Der Kaiser habe auch unter dem Eindruck eines großen Vulkanausbruches im Jahr 726 auf der Insel Thera (Santorini) in der Südägäis gehandelt, dessen Auswurf von Bimsstein bis zu den Dardanellen gelangte.

Tatsächlich mag Leon III. dieses Naturereignis als Zeichen göttlichen Unwillens gedeutet haben, wie auch die Eroberung Kaisareias im selben Jahr und die Serie an Niederlagen gegen die Araber in den letzten 100 Jahren, die schon zuvor Zweifel an der Gunst Gottes für das christliche Römerreich aufkommen ließ. Darüber hinaus beschäftigten Diskussionen über die Angemessenheit der Darstellung des Göttlichen und der Heiligen in Bildern und insbesondere deren Verehrung, die in den Krisenzeiten seit dem 6. Jahrhundert einen großen Aufschwung genommen hatte, schon länger Teile der römischen Kirche des Ostens. Sie spielten auch bei einem von Justinian II. 692 in Konstantinopel einberufenen Konzil eine

Rolle, das die symbolische Darstellung Christi als Lamm verbot. Und vor dem Beginn der bilderfeindlichen Politik Leons III. äußerten ebenso einzelne Bischöfe unter Verweis auf das Bilderverbot im Alten Testament eine generelle Ablehnung der Verehrung der Ikonen.

Die unmittelbaren Maßnahmen Leons III. blieben trotz der späteren Darstellung, die umfassende Bilderzerstörungen und Verfolgungen von Bilderverehrern unterstellen, überschaubar. Vermutlich wurde ein Bild Christi über dem Chalke-Tor des Kaiserpalasts abgehängt. Darüber hinaus trat im Januar 730 Patriarch Germanos I. aus Protest zurück. Als Alternative zum Bilderkult propagierte der Kaiser eine besondere Verehrung des Kreuzes, das auch als Symbol seines Sieges über die Araber diente. Es wurde anstelle der Gottesmutter nun auf die kaiserlichen Siegel sowie mit der Beischrift «Jesus Christus siegt» auf einem neuen Typ von Silbermünzen geprägt, dem Miliaresion. Diese Münze war als Gegenstück zum arabischen silbernen Dirham gedacht, der seit dem späten 7. Jahrhundert die früheren Nachahmungen römischer und persischer Münzen im Kalifat abgelöst hatte und ebenfalls keine bildlichen Darstellungen trug.

Eine gewisse, wenn auch noch nicht dominante Rolle dürfte der Streit um die Bilderverehrung beim Konflikt zwischen Kaiser Leon III. und den Päpsten Gregor II. (715–731) und Gregor III. (731–741) gespielt haben. Noch mehr erregte vorerst die stärkere Besteuerung der päpstlichen Besitzungen in den für Konstantinopel nach den Verlusten im Osten umso wichtigeren Provinzen in Süditalien und Sizilien den Unwillen der Päpste. Gleichzeitig konnte Konstantinopel kaum Truppen für die Verteidigung dieser Territorien und Roms gegen die Langobarden erübrigen, die nach einer längeren Zeit innerer Streitigkeiten nun wieder bedrohlicher auftraten. Deshalb begannen sich die Päpste nach einem effektiveren weltlichen Schutzherrn umzusehen.

Nach dem Tod Leons III. im Jahr 741 erwies sich trotz seiner relativ langen und erfolgreichen Regierungszeit die Stellung des Kaisers in Konstantinopel gegenüber den Kommandanten der Armeen Kleinasiens einmal mehr als verwundbar. Denn von dort forderte Artabasdos, Stratege des Opsikion und vormals Verbündeter Leons III., den Thronerben Konstantin V. heraus und konnte ihn sogar für mehr als zwei Jahre aus Konstantinopel vertreiben. Doch gelang es Konstantin, seine Kräfte auch außerhalb Konstantinopels zu bündeln und im November 743 die Hauptstadt zurückzugewinnen. Artabasdos und seine Söhne wurden geblendet und in ein Kloster verbannt. Spätere Berichte haben aus seiner Rebellion die Tat eines rechtgläubigen Verteidigers der Bilderverehrung gemacht, doch dürfte diese Debatte dabei kaum eine Rolle gespielt haben.

Nach der Absicherung seiner Macht organisierte Konstantin V. die seit dem 5. Jahrhundert bestehenden kaiserlichen Palastgarden neu in Form der sogenannten *tagmata*, gutbesoldeten Regimentern, die vor allem aus Reiterei bestanden, darunter schwergepanzerte Kataphrakten. Diese Einheiten dienten nun dem Kaiser sowohl als Kerntruppen im Felde als auch als Gegengewicht zu den Provinzarmeen, und wurden in den folgenden zwei Jahrhunderten immer wichtiger. Darüber hinaus verkleinerte Konstantin V. die Macht der Strategen in Kleinasien durch Teilung der Kommandobezirke. Im Osten profitierte das Römerreich von einem neuerlichen Bürgerkrieg im Kalifat. Ab 747 forderte die Familie der Abbasiden von Zentralasien und dem Ostiran her die Dynastie der Umayyaden heraus und konnte sie bis 750 besiegen. Aber auch danach dauerte es noch einige Jahre, bis die Abbasiden ihre Macht in allen Provinzen konsolidiert hatten. Deshalb konnten römische Armeen zwischen 747 und 755 erstmals wieder weiträumiger auf arabisches Gebiet vorstoßen und dort die Städte Melitene (heute Malatya) und Theodosiupolis (das heutige Erzurum) plündern. Aus deren Umland wurden Tausende syrische und armenische Familien auf Reichsgebiet deportiert und unter anderem im Hinterland von Konstantinopel angesiedelt.

Dies war Teil einer umfassenderen Siedlungspolitik, mit der Konstantin V. auf die Bevölkerungsverluste der letzten großen Pestwelle reagierte, die zwischen 747 und 748 Konstantinopel heimsuchte. Nach Auskunft der *Chronographia* brach die Seuche zuerst in Sizilien und Süditalien aus und gelangte dann auf dem nun für die Versorgung der Hauptstadt besonders wichtigen Seeweg über Griechenland an den Bosporus. Kaiser Konstantin V. zog es vor, sich aus der Hauptstadt nach Nikomedeia in Bithynien zurückzuziehen, wo er sich ständig über den Verlauf der Sterblichkeit in Konstantinopel informieren ließ. Erst als diese abgeklungen war, kehrte er zurück und setzte Maßnahmen ins Werk, um die Hauptstadt durch Umsiedlungen aus anderen Provinzen des Reiches neu zu besiedeln.

Diese Politik war offenbar so erfolgreich, dass anlässlich einer Dürre gut 20 Jahre nach der Pest im Jahr 766/767 der Wasserbedarf der gewachsenen Bevölkerung der Hauptstadt nur durch eine Reparatur des bei der awarischen Belagerung 626 beschädigten Aquädukt-Systems gedeckt werden konnte, dessen Ausfall offenbar in den 140 Jahren zuvor kein Problem dargestellt hatte. Zu diesem Zweck verlegte der Kaiser Arbeitskräfte aus allen Teilen seines Reiches in Kleinasien und dem Balkan in die Hauptstadt – laut der *Chronographia* «1000 Maurer und Verputzer aus Asia und Pontos, aus Griechenland und von den Inseln (der Ägäis) 500 Töpfer, und aus Thrakien 5000 Arbeiter und 200 Ziegelmacher».[12] Sie brachten innerhalb einiger Monate die Wiederherstellung der Aquädukte und Leitungen, die sich mit einer Gesamtlänge von mehr als 500 Kilometern über 120 Kilometer in den Nordwesten von Konstantinopel erstreckten, zu einem glücklichen Abschluss. Die Dimensionen dieses Bauprojekts belegen das immer noch hohe Ausmaß an staatlicher Organisation der Römer, das dem Vergleich mit jenem der anderen Imperien in Afro-Eurasien wie dem Kalifat oder China standhält.

Da sie Konstantin V. wegen seiner ikonenfeindlichen Politik kaum Positives zuschreiben wollen, deuten die *Chronographia* und Nikephoros auch die erfolgreichen Bemühungen des Kaisers, trotz Dürre und wachsender Bevölkerung die Nahrungsmittelpreise in der Hauptstadt niedrig zu halten, als Zeichen seiner Habgier. Sie müssen aber einräumen, dass diese Maßnahmen großen Anklang fanden. Insgesamt hat die Forschung die Regierungszeit Konstantins V. als Beginn einer demographischen und ökonomischen Erholung Konstantinopels gedeutet, die durch das Ende der Pestpandemie begünstigt oder überhaupt erst ermöglicht wurde. Anzeichen eines ähnlichen Aufschwungs beobachten wir im Kalifat, wo der

Abbasidenkalif al-Mansūr mit der Gründung von Bagdad im Jahr 762 nicht nur die Festigung der Stellung seine Dynastie deutlich machte. Durch mit jenen Konstantins V. vergleichbare wirtschaftspolitische Maßnahmen etablierte er einen neuen demographischen und ökonomischen Schwerpunkt für sein Reich. Vor der Grundsteinlegung Bagdads ließ der Kalif allerdings die verbliebenen Bewohner der alten persischen Hauptstadt Seleukeia-Ktesiphon nach Zentralasien ins Gebiet von Taschkent deportieren, darunter auch zahlreiche als «Römer» bezeichnete Christen des Dogmas von Chalkedon. Sie unterstanden dem melkitischen Patriarchen Theodoros I. von Antiocheia, der für die Betreuung dieser Gemeinden ein eigenes Bistum von Romagyris einrichtete, das sich bis in 14. Jahrhundert nachweisen lässt und den östlichsten Außenposten des römischen Christentums darstellte.

Der Seuchenausbruch von 747/748 mag Konstantin V. auch dazu bewogen haben, die von seinem Vater initiierten Maßnahmen gegen die Verehrung der Bilder zu verschärfen. Auf einer Kirchenversammlung im Kaiserpalast von Hiereia auf der asiatischen Seite des Bosporus ließ er im August 754 ein formelles Verbot der Bilderverehrung beschließen. Es wurde verfügt, dass jeder verdammt sei, der «es wagt, die Formen der Heiligen mit materiellen Farben in leblosen Bildern, die keinerlei Wert haben, darzustellen».[13] Nach der Pest könnten ein extremer Winter 763/764, während dessen der gesamte Bosporus zufror, und ein als «Sternenfall» für den März 764 verzeichneter Meteoritenschauer ebenso als Zeichen göttlichen Unwillens gedeutet worden sein wie eine Dürre im Sommer 767. Jedenfalls folgten ab 765 noch umfassendere Einschränkungen des Bilderkults in den Kirchen und Verfolgungen insbesondere von Mönchen und Nonnen, die dagegen das Wort erhoben. Einige wurden auch grausam verstümmelt oder hingerichtet. Allerdings mögen die späteren bilderfreundlichen Quellen einmal mehr so manche aus anderen Gründen gegen den Kaiser opponierenden Personen rückwirkend als Märtyrer für ihre Sache in Anspruch genommen haben.

Dem Zugriff des Kaisers entzogen war der wortmächtigste Vertreter der bilderfreundlichen Theologie, Johannes von Damaskus, der bis 750 in einem Kloster nahe Jerusalem im Kalifat lebte. Er verfasste einen umfassenden Katalog der Irrlehren, darunter der Islam, aber eben auch die Theologie der Bilderfeinde. Johannes stellte sogar die Befugnis der Kaiser, in die Lehre der Kirche einzugreifen, an sich in Frage. Die kaiserliche Macht beträfe nur «das äußere Leben» und die Leistung von «Steuern, Zöllen und Abgaben», in kirchlichen Angelegenheiten aber hätten die von Gott eingesetzten Hirten das Wort. Deshalb könne er einen «Kaiser, der das Priestertum an sich reißt», nicht anerkennen.[14] Umso mehr ließ Kaiser Konstantin V. die Schriften des Johannes in Hiereia 754 als ketzerisch verdammen.

Widerstand gegen die bilderfeindliche Politik kam auch von Papst Zacharias (741–752). Noch viel gefährlicher schien ihm allerdings der Vormarsch des Langobardenkönigs Aistulf, der 751 mit Ravenna den wichtigsten römischen Stützpunkt in Mittelitalien eroberte und danach Rom bedrohte. Da Konstantin V. keine ausreichenden Kräfte zur Abwehr der Langobarden entsenden konnte oder wollte, wandte sich der Papst, ursprünglich vielleicht sogar mit Zustimmung des Kaisers, an den Karolinger Pippin, den starken Mann im Frankenreich. Schon seit dem 6. Jahrhundert hatte Konstantinopel mehrfach versucht, die Franken im Rücken der Feinde in Italien wie der Goten und der Langobarden zu mobilisieren. Um solche Allianzen zu legitimieren, hatte man die besondere Rechtgläubigkeit der Franken herausgestrichen, deren König Chlodwig die Taufe um 497 nach römischem Ritus und nicht wie damals die meisten germanischen Völker des Westens noch nach jenem der Arianer empfangen hatte.

Auf dem fränkischen Thron saß, wenn auch ohne echte Regierungsgewalt, um 750 mit Childerich III. immer noch ein Nachkomme Chlodwigs aus der Dynastie der Merowinger. Um dessen Absetzung und seine Ausrufung zum König zu legitimieren, ließ sich Pippin nun vom nach Hilfe suchenden Papst bestätigen, dass der auch formal herrschen sollte, der tatsächlich die Macht hat. Doch noch griff Pippin nicht in Italien ein. Erst als der Nachfolger des Zacharias, Stephan II., 754 selbst ins Frankenreich reiste, um Waffenhilfe gegen die Langobarden zu erbitten, unternahmen die

Franken einen Feldzug, nachdem der Papst im Juli 754 Pippin mit seinen Söhnen Karl und Karlmann zu Königen gesalbt hatte. Dabei hatte der Papst dem König den römischen Rangtitel des *Patricius* (griechisch *patrikios*) verliehen, eine Ehre, die eigentlich nur der Kaiser in Konstantinopel vergeben durfte. Zuvor hatten die Herrscher Italiens Odoaker und Theoderich und die in Ravenna im Auftrag des Kaisers amtierenden Exarchen diesen Titel getragen. Danach gab Pippin die in zwei Feldzügen von den Langobarden 755/756 rückeroberten Gebiete um Ravenna nicht an die Vertreter des Neuen Rom zurück, sondern schenkte sie formell dem Papst. Dieser Akt bildete den Ausgangspunkt für die Entstehung des Kirchenstaates, dessen letzten Rest heute die Vatikanstadt darstellt.

Konstantin V. protestierte zwar gegen diesen Handel auf seine Kosten, war aber weiter nicht in der Lage, militärisch in Italien einzugreifen. Vielmehr bemühte er sich um eine Verständigung mit Pippin. Eine Gesandtschaft aus Konstantinopel überbrachte als Geschenk 757 unter anderen eine Orgel. Dieses Instrument wurde üblicherweise im Kaiserzeremoniell und im Hippodrom eingesetzt und stellte somit auch eine Art der Anerkennung der neuen königlichen Stellung des Frankenherrschers dar. Zwischen 764 und 767 verhandelte der Kaiser dann mit Pippin sogar um die Hand von dessen Tochter Gisela, die Leon, den Sohn Konstantins V. heiraten sollte. Ähnlich wie sein Vater Leon III. durch die Hochzeit Konstantins mit der Tochter des Khans der Chasaren wollte Konstantin V. einen weiteren potentiellen Verbündeten enger an das römische Reich binden. Allerdings scheiterten diese Pläne. Darüber hinaus verurteilte eine Kirchenversammlung in Gentilly im Frankenreich 767 die bilderfeindlichen Beschlüsse von Hiereia.

Der Sohn Pippins, Karl, später genannt «der Große», trat 768 die Nachfolge seines Vaters an. Er nahm die Feldzüge nach Italien wieder auf und eroberte 773/774 das gesamte Langobardenreich im Norden. Fortan König der Franken und Langobarden, stellte er eine umso größere Herausforderung der Machtstellung Konstantinopels im Westen dar. Auch wenn die Päpste formell noch bis zum Jahr 781 ihre Schreiben nach den Regierungsjahren der Kaiser des Ostens datierten, entzogen sie sich de facto ihrem Zugriff. Konstantin V. reagierte darauf, indem er die noch der päpstlichen Jurisdiktion unterstehenden Provinzen in Süditalien, Sizilien und auf der westlichen Balkanhalbinsel samt Griechenland nun dem Patriarchen in Konstantinopel zuwies. Dies wurde wiederum zum Ausgangspunkt andauernder Streitigkeiten zwischen Papst, Patriarch und Kaiser bis hin zur späteren Kirchenspaltung.

Trotz der symbolischen Bedeutung der Präsenz Konstantinopels im Alten Rom verortete Konstantin V. das Hauptinteresse des Neuen Rom in den für die Zeitgenossen maßgeblichen Kerngebieten in Kleinasien und rund um die Ägäis. Dementsprechend setzte der Kaiser die militärischen Ressourcen des Reiches neben der Abwehr der Araber im Kampf gegen den einzigen ernstzunehmenden Rivalen in Südosteuropa ein, das Reich der Bulgaren. Mit diesen hatte man seit deren Ansiedlung zwischen Donau und Balkangebirge um 680 zwar Verträge geschlossen, die ihnen unter anderem den Handel mit den römischen Provinzen gestatteten. Ebenso hatten die Bulgaren 718 auf Seiten Roms gegen die arabischen Belagerer eingegriffen. Doch erwiesen wiederholte Plünderungszüge bis in das Vorfeld Konstantinopels, dass die Präsenz einer solchen Macht im direkten Hinterland der Hauptstadt eine Bedrohung darstellte.

Deshalb unternahm Konstantin V. ab 759 mehrere großangelegte Angriffe auf das Bulgarenreich nicht nur zu Lande, sondern auch zu Wasser, indem er die römische Flotte im Donaudelta operieren ließ. Derart von zwei Seiten in die Zange genommen, erlitten die Bulgaren eine Reihe von Niederlagen, die wiederum die Macht der Khane schwächte und zu inneren Streitigkeiten führte. In den frühen 770er Jahren schien das Reich der Bulgaren kurz vor dem Zusammenbruch. Doch dann erkrankte Konstantin V. auf einem Feldzug im Sommer 775 schwer und musste zu Schiff die Heimreise antreten. Am 14. September 775 starb er. Trotz der schlechten Presse der römischen Nachwelt war er der bei der Stabilisierung des Reichs erfolgreichste Kaiser des 8. Jahrhunderts.

Die Kaiserin, der Bilderstreit und Karl der Große

Die Nachfolge Konstantins V. trat sein Sohn Leon IV. an, der aufgrund der ungewöhnlichen «barbarischen» Herkunft seiner Mutter später auch den Beinamen «der Chasare» erhielt. Nachdem sich die Pläne einer Ehe mit einer Tochter des Frankenkönigs Pippin zerschlagen hatten, heiratete Leon im Jahr 769 die aus Athen stammende Eirene. Die Feldzüge gegen die Bulgaren setzte Leon IV. nicht fort. Ein Prestigeerfolg war immerhin die Flucht des Bulgarenkhans Telerig aus seinem Reich, der danach in Konstantinopel mit dem Namen Theophylaktos die Taufe erhielt und eine Cousine der Kaiserin Eirene heiratete. Eine weiterreichende Christianisierung der Bulgaren war damit aber noch nicht verbunden. Unerwartet starb Leon IV. schon am 8. September 780 knapp 30-jährig.

Die Regentschaft für ihren gerade neunjährigen Sohn Konstantin VI. übernahm nun Eirene und erreichte damit jene Machtstellung, die knapp 130 Jahre zuvor der Kaiserin Martina nach dem Tod des Herakleios verwehrt geblieben war. Vor allem ihrer Initiative wird die Wiedereinführung der Bilderverehrung zugeschrieben. Die bilderfreundlichen Quellen deuten dies als Akt persönlicher Glaubensüberzeugung, doch wird wohl ebenso die Abgrenzung von der Politik Konstantins V. eine Rolle gespielt haben. Dessen jüngeren Söhne zettelten schon zu Lebzeiten Leons IV. 776 einen Aufstand an, als dieser Konstantin VI. zum Mitkaiser krönte und somit seine Halbbrüder Nikephoros und Christophoros von der Thronfolge ausschloss. Die Minderjährigkeit Konstantins VI. motivierte seine Onkel zu einem neuerlichen Anlauf, die Macht zu erringen. Deshalb suchte Eirene vermutlich Unterstützung jenseits der traditionellen Gefolgschaft der Dynastie ihres Mannes, die sie bei den Bilderfreunden finden konnte.

Mit dem vormaligen Beamten Tarasios ließ sie, eigentlich gegen geltendes Kirchenrecht, am 25. Dezember 784 einen bilderfreundlichen Patriarchen einsetzen und nahm Kontakt mit Papst Hadrian I. auf. Im August 786 unternahm Eirene einen ersten Versuch, in Konstantinopel eine Kirchenversammlung zur Wiederherstellung der Bilderverehrung einzuberufen. Dies scheiterte jedoch am Widerstand von bilderfeindlichen Truppen, die in der Tradition Konstantins V. standen und die Versammlung sprengten. Nachdem man diese Regimenter unter dem Vorwand eines Feldzugs gegen die Araber nach Kleinasien versetzt und danach entwaffnet und entlassen hatte, ließ die Kaiserin im September 787 die Bischöfe in Nikaia in Bithynien zusammenrufen. Dieser Ort lag nicht nur abseits der potentiell immer unruhigen Hauptstadt, sondern war auch schon Schauplatz des ersten ökumenischen Konzils unter Kaiser Konstantin I. im Jahr 325 gewesen. Dementsprechend pries man Konstantin VI. und Eirene, die der Versammlung vorsaßen, als «neuen Konstantin» und «neue Helena» (nach der Mutter Konstantins des Großen), nachdem mit der Bilderverehrung der rechte Glaube der Römer wiederhergestellt worden sei. Gegen die Feinde des Bilderkults machte man klar, dass sich die Verehrung nicht auf das Bild, sondern auf die darauf dargestellte göttliche oder heilige Person bezieht. Allerdings sollte die weitere Geschichte zeigen, dass die Verfechter der Ablehnung des Bilderkults keineswegs verschwunden waren. Vorerst aber konnte Eirene einen großen innen- und kirchenpolitischen Erfolg verbuchen.

Weniger glücklich agierte sie in den Außenbeziehungen des Reiches. Unter dem späteren Kalifen Hārūn ar-Raschīd unternahmen arabische Truppen weitreichende Einfälle nach Kleinasien und gelangten zwischen 780 und 782 sogar bis an den Bosporus, weshalb sich Eirene zu jährlichen Tributzahlungen verpflichten musste. Mit dem Frankenkönig versuchte sie ähnlich wie Konstantin V. eine Verständigung, indem sie ab 780/781 über die Eheschließung einer Tochter Karls des Großen namens Rotrud mit ihrem Sohn Konstantin VI. verhandelte. Man entbot sogar den Eunuchen Elissaios an den karolingischen Hof, um die künftige Braut «in der Sprache der Griechen und den Sitten der Römer» zu unterrichten.[15] Doch letztlich zerschlugen sich diese Pläne, da die Interessensphären der beiden Mächte in den noch eigenständigen langobardischen Fürstentümern in Süditalien kollidierten. Offenbar ging die Auflösung der Verlobung Rotruds mit Konstantin VI. 787 von Karl aus, ein enormer Affront für Konstantinopel. Um diesen Prestigeverlust auszugleichen, ließ Eirene ihren Sohn 788 mit Maria, der Tochter des bereits erwähnten Großgrundbesitzers Philaretos aus Paphlagonien, verheiraten. Ebenso unterstützte die Kaiserin 789 Adelgis, den Sohn des letzten von Karl besiegten Langobardenkönigs Desiderius, beim Versuch, die Macht in Italien zurückzugewinnen, doch scheiterte dieser Feldzug bald.

Obwohl Konstantin VI. nun volljährig und verheiratet war, wollte Eirene ihm noch nicht die Alleinregierung überlassen. Der Streit zwischen Mutter und Sohn eskalierte im Jahr 790, als auch das Armeekorps der *Armeniakoi* gegen die Regentschaft der Eirene und ihres Beraters Staurakios, eines Eunuchen, rebellierte. Schließlich ließ Konstantin VI. seine Mutter im Oktober 790 im Eleutherios-Palast in Konstantinopel unter Hausarrest stellen. Sie durfte den Kaisertitel behalten, hatte aber keinen Anteil an den Regierungsgeschäften mehr.

Allerdings agierte Konstantin VI. nicht allzu erfolgreich. In Südosteuropa hatte ein Feldzug auf die Peloponnes 783 zwar dortige slawische Gruppen wieder unter die Kontrolle Konstantinopels gebracht. Dafür stieg aber erneut die Bedrohung durch die Bulgaren, die sich allmählich von den Niederlagen unter Konstantin V. erholten. Darüber hinaus profitierten sie von den Feldzügen Karls des Großen, der zwischen 791 und 803 das Reich der Awaren zerschlug. Teile der Awaren flohen in das Reich der Bulgaren und verstärkten deren Armeen. Außerdem konnten die Khane ihre Einflusssphäre nun über die Donau bis in das Karpatenbecken erweitern. Als Khan Kardam ab 790 in römische Territorien einfiel, entschloss sich Konstantin VI. zu einem großangelegten Feldzug, der aber im Juli 792 mit einer Niederlage bei Markellai im heutigen Südostbulgarien endete. Der Kaiser musste Frieden schließen und sogar Tributzahlungen zustimmen. Diese Schlappe nutzten seine Onkel Nikephoros und Christophoros schon im August 792 zu einem weiteren Umsturzversuch, der aber vereitelt werden konnte. Auch die Truppen der *Armeniakoi* rebellierten erneut, wurden aber besiegt. Konstantin VI. ließ die Anführer der Soldaten hinrichten und seine Onkel blenden und verbannen. Dennoch stand seine Herrschaft auf wackeligen Beinen.

Weitere Sympathien verspielte der Kaiser, indem er im September 795 seine Frau Maria verstieß und seine Geliebte Theodote heiratete. Die Einsegnung dieser Ehe durch Vertreter des Patriarchats führte zum Protest mönchischer Kreise rund um den Abt Platon und seinen Neffen Theodoros Studites, die verbannt wurden und die Kirchengemeinschaft mit Patriarch Tarasios verweigerten. Dieser Konflikt erleichterte es Eirene auch, Verbündete für einen Umsturzplan gegen ihren Sohn zu gewinnen. Im August 797, so berichtet die *Chronographia* des Georgios Synkellos und Theophanes, wurde Kaiser Konstantin VI. auf Geheiß Eirenes inhaftiert und des Augenlichts beraubt.[16]

Die weit über das Neue Rom hinausreichenden Folgen dieser Tat verdeutlicht die *Chronographia*, indem sie direkt nach der Blendung Konstantins VI. von jener des Papstes Leo III. in Rom berichtet. Sie habe «im selben Jahr» stattgefunden und schließlich zur Kaiserkrönung des Frankenkönigs Karl geführt. Tatsächlich fand der Angriff auf den Papst durch Konkurrenten in Rom im April 799 mehr als eineinhalb Jahre nach dem Sturz Konstantins VI. statt. Doch unterwerfen Georgios Synkellos und Theophanes in dieser Passage wie auch an anderen Stellen ihres Texts die Chronologie den Zielen ihrer Geschichtsdeutung. Im direkten Vergleich der beiden Blendungen wird die Grausamkeit der Verstümmelung Konstantins VI. umso deutlicher, und die Herausforderung der derart verdunkelten Kaisermacht Konstantinopels durch jene Karls erscheint als gerechte Konsequenz.

Die *Chronographia* wirkt damit wie ein Echo jener Autoren aus dem Umfeld Karls, die den Sturz Konstantins VI. als beinahe zwingenden Anlass für seine Kaiserkrönung am 25. Dezember 800 interpretierten. In einem Brief aus dem Jahr 799 schreibt der Gelehrte Alkuin an Karl, dass nach der Blendung des Papstes und des Kaisers in Konstantinopel in «Dir allein das bedrohte Heil der Kirchen Christi» liegt.[17] Die Lorscher Annalen behaupten in einer oft zitierten Stelle, dass «damals auf Seiten der Griechen die Kaiserwürde aufgehört» hätte, da sie nun einer «weiblichen Herrschaft» unterstanden.[18] In diesem Text verweigerte man dem Regime in Konstantinopel auch die Bezeichnung als Römer. Die Benennung als

«Griechen» evozierte hingegen zum Teil schon aus der Antike stammende Klischees, darunter Unehrlichkeit und «weibische» Feigheit. Sie sollte nun zum Standard in der Diktion westlicher Autoren werden.

Die besondere Machtstellung der Eirene wurde bereits in der karolingischen Polemik gegen das von ihr organisierte Zweite Konzil von Nikaia 787 in den im Auftrag Karls des Großen verfassten *Libri Carolini* problematisiert. Dort zitierte der Kleriker Theodulf von Orléans einschlägige Stellen aus dem 1. Korintherbrief, in denen das Schweigen von Frauen in der Kirche verfügt wird. Die Beschlüsse von Nikaia wurden 794 auf Veranlassung Karls auch offiziell in einer Kirchenversammlung in Frankfurt verurteilt. Jede Delegitimierung des Kaisertums in Konstantinopel diente seinem eigenen Aufstieg zur römischen Kaiserwürde. In Rom wiederum stellten geschickte Urkundenfälscher des Papstes der «Pippinschen Schenkung» von Karls Vater im Lauf des 9. Jahrhunderts eine «Konstantinische Schenkung» zur Seite. Demnach habe Kaiser Konstantin der Große bei seiner Übersiedlung in den Osten dem damaligen Papst Silvester I. und seinen Nachfolgern die Verwaltung des gesamten Westens samt den kaiserlichen Insignien eingeräumt. Somit könnten die Päpste auch über die Kaiserwürde des Westens nach Gutdünken verfügen – umso mehr, wenn in Konstantinopel «nur» eine Frau regierte.

Dass das Geschlecht Irenes nach ihrer Machtübernahme als Alleinherrscherin auch in Konstantinopel eine Herausforderung darstellte, belegen die Varianten ihrer offiziellen Titulatur. Während sie sich auf ihren Münzen als *basilissa* (Kaiserin) präsentiert, tritt sie in den von ihr erlassenen Gesetzesnovellen als *basileus* (Kaiser) auf. Selbst die ihr gewogene bilderfreundliche Geschichtsschreibung schildert darüber hinaus eine Schwächung der Regierung durch ständige Intrigen zwischen Eirenes bisherigem Berater Staurakios und ihrem neuen Günstling Aetios, ebenfalls ein Eunuch. Gleichzeitig plagte die Kaiserin eine schwere Erkrankung. Dazu kamen außenpolitische Herausforderungen: Der nunmehrige Kalif Hārūn ar-Raschīd besiegte die römischen Armeen mehrfach in Kleinasien, weshalb Eirene höheren Tributzahlungen zustimmen musste. Und nach der Kaiserkrönung Karls zur Weihnacht 800 mochte man in Konstantinopel befürchten, dass er nach dem Muster früherer Usurpatoren einen Angriff auf römische Territorien wie Sizilien oder sogar die Hauptstadt wagen würde.

Dann aber, so berichtet die *Chronographia*, wären Gesandte Karls am Bosporus eingetroffen, die eine Eheschließung zwischen dem Franken und Kaiserin Eirene vorgeschlagen hätten. Letztere hätte sogar erwogen, dem zuzustimmen, wenn sie nicht Aetios umgestimmt hätte, da er den Kaiserthron seinem Bruder zuschanzen wollte. Dieser Eheplan wird bis heute in weiten Teilen der Forschung als Erfindung gedeutet, etwa aus Gründen der Propaganda gegen Eirene. Unsere Quelle, die zeitnah um 810 verfasste *Chronographia*, ist allerdings der Kaiserin durchaus gewogen. Ihre Darstellung der römischen Geschichte idealisiert sogar mehrere männlich-weibliche Kaiserpaarungen, so Konstantin den Großen und seine Mutter Helena, Theodosios II. und seine Schwester Pulcheria oder Letztere und ihren Mann Kaiser Markian. In dieser Logik hätte die Ehe mit dem Kaiseranwärter Karl der Kaiserin Eirene den durch die Blendung ihres Sohns verlorenen männlichen Gegenpart zurückgegeben.

Dass auch Karls Ambitionen weit über den Westen und Rom hinausreichten, erweisen seine diplomatischen Kontakte zum Abbasidenkalifen Hārūn ar-Raschīd zwischen 797 und 806 sowie zu den christlichen Gemeinden Jerusalems. Der Kalif sandte Karl nicht nur wertvolle Geschenke, darunter einen Elefanten, sondern habe ihm sogar die Verfügungsgewalt über die heiligen Stätten in Jerusalem übertragen. Damit mochte sich Karl in Ablöse des nach Ansicht einiger seiner Zeitgenossen mit Eirenes Herrschaft ja vakanten Kaisertums in Konstantinopel als neuer oberster Schutzherr der Christenheit verstehen. Der Austausch mit dem Kalifen diente aber wohl auch dem Bestreben, auf gleicher Augenhöhe mit den Weltherrschern Eurasiens zu agieren. Allzu nachhaltigen Eindruck hinterließ die Initiative Karls des Großen allerdings nicht. Wenn in der Folgezeit in arabischen und persischen Texten von einer Aufteilung der Welt zwischen fünf Imperien die Rede ist, dann nennen sie neben dem Kalifen an der Spitze den Kaiser von China, den Khan der Türken in Zentralasien, den König von Indien sowie den «König von Rum», also den römischen Kaiser in Konstantinopel. Die westeuropäische Peripherie hinter dem Neuen Rom blieb noch unter dem Radar.

Ob die imperialen Träume Karls des Großen tatsächlich auch einen Heiratsplan mit Eirene inkludiert hätten, bleibt letztlich unklar. Auf jeden Fall zerschlugen sich derartige Überlegungen spätestens mit dem Sturz der Kaiserin durch Nikephoros, den bisherigen Vorsteher der Finanzbehörde, im Oktober 802. Eirene wurde auf die Insel Lesbos verbannt, wo sie am 9. August 803 verstarb. Bald nach ihrem Tod verehrte man sie als Heilige.

Der ungeliebte Reformer und die Bulgaren

Der um 760 geborene Nikephoros entstammte der Zivilverwaltung und sah sich bald einem Umsturzversuch aus den Reihen des Heeres gegenüber. Als in Vorbereitung der Abwehr eines arabischen Angriffs die Truppen der kleinasiatischen Armeekorps im Juli 803 bei Amorion gesammelt wurden, riefen diese den General Bardanes Turkos zum Kaiser aus. Allerdings liehen ihm nicht alle Regimenter ihre Unterstützung. Dennoch marschierte Bardanes in Richtung Konstantinopel, scheiterte aber an der Einnahme von Chrysopolis am asiatischen Ufer des Bosporus. Nach Verhandlungen und der Zusage der Begnadigung für seine Anhänger verzichtete er auf die Kaiserwürde und ging als Mönch in Verbannung. Aus dem Gefolge des Bardanes Turkos sollten allerdings später drei weitere Kaiser bzw. Kaiserkandidaten hervorgehen.

Den der Rebellion vorangehenden Angriff der Araber hatte Nikephoros I. selbst provoziert, da er die Fortsetzung der unter Eirene vereinbarten Tributzahlungen verweigerte. Der innerrömische Thronstreit erleichterte es dem Kalifen Hārūn ar-Raschīd, zwischen 803 und 805 weitreichende Feldzüge in Kleinasien zu unternehmen. Der Kaiser sah sich schließlich gezwungen, ab 806 die jährlichen Tribute an das Kalifat wiederaufzunehmen. Das Abkommen schloss auch die ersten von mehreren für das 9. und 10. Jahrhundert dokumentierten Gefangenenaustausche ein, die nun meist am Grenzfluss Lamos in Kilikien zwischen Römern und Arabern vollzogen wurden und oft Tausende Menschen umfassten.

Mit Karl dem Großen setzte Nikephoros I. den von Eirene begonnenen diplomatischen Verkehr schon kurz nach seiner Thronbesteigung fort, verweigerte allerdings die vom Franken erhoffte Anerkennung seines Kaisertitels. Karls Sohn Pippin, der von ihm als König Italiens eingesetzt worden war, versuchte wiederum, die noch unter der Oberhoheit Konstantinopels stehenden Territorien im Norden der Adria zu erobern, darunter Venedig. Die wachsende Stadt wählte zwar ihre Dogen (von lateinisch *dux*) seit 727 eigenständig, erkannte aber nominell immer noch den Kaiser im Osten als Oberherrn an. Zu Lande hatten die Römer den Franken wenig entgegenzusetzen, aber die von Nikephoros I. entsandte Flotte erwies sich als überlegen. 807 wurde ein Waffenstillstand geschlossen, der aber nicht lange hielt.

In die militärische Konfrontation mischten sich erneut theologische Debatten. Für Jerusalem fühlten sich beide Kaiser als Schutzherrn der heiligen Stätten zuständig. Um 808 brach dort ein Streit zwischen griechischsprachigen und lateinischen Mönchen über einen von Letzteren benutzten Zusatz zum Glaubensbekenntnis aus. Der lateinischen Version zufolge ging der Heilige Geist nicht nur aus dem Vater, sondern auch aus dem Sohn (*filioque*) hervor. Es handelte sich um eine Detailfrage der Dynamik innerhalb der Dreifaltigkeit, jedoch wurde die Debatte nach Rom und ins Frankenreich übermittelt. Dort empfand man sie noch nicht als entscheidend, sie sollte aber als ein Streitpunkt in der Zukunft Sprengkraft im Verhältnis zwischen westlicher und östlicher Kirche entwickeln. 810 begann wiederum Pippin mit einer regelrechten Belagerung Venedigs, die aber scheiterte. Als Pippin im Juli 810 starb, tauschten Karl der Große und Nikephoros I. 810/811 weitere Gesandtschaften aus, um über einen Ausgleich zu verhandeln. Dies führte jedoch immer noch nicht zu einer dauerhaften Lösung, weil Nikephoros kurz danach ein dramatisches Ende nahm.

Im Februar 808 sah sich Nikephoros I. durch einen weiteren Usurpationsversuch bedroht. Die Rebellen wollten den für die Rechtsprechung zuständigen *kaistor* (von lateinisch *quaestor*) Arsaber auf den Thron bringen und wurden von mehreren Vertretern der staatlichen und kirchlichen Verwaltung unterstützt. Darunter war vermutlich auch Georgios, der als *Synkellos* (vom Kaiser eingesetzter Berater) des Patriarchen amtierte. Arsaber wurde in ein Kloster verbannt, ebenso die anderen Mitverschwörer, die ihre Ämter verloren. Einen Anlass für diesen Umsturzplan boten die zahlreichen administrativen Maßnahmen des Kaisers, die die Interessen verschiedener Vertreter der Eliten und der Kirche berührten. Diese Politik kritisierte Georgios Synkellos in der nach seiner Absetzung zusammen mit Theophanes verfassten *Chronographia* als «die zehn Übeltaten» des Nikephoros scharf. Tatsächlich hatte Nikephoros aufgrund seiner früheren Verwaltungstätigkeit vermutlich mehr Einsicht in die Finanzen des römischen Staates als viele Kaiser vor ihm. Er wusste, wo er die Steuerschraube am effektivsten anziehen konnte. Die neuen Regelungen trafen sowohl weltliche Landbesitzer und Kaufleute als auch kirchliche Grundherren, die zuvor von Vergünstigungen der Kaiserin Eirene profitiert hatten, die nun widerrufen wurden.

Besondere Bestürzung rief nach Auskunft der *Chronographia* die Zwangsumsiedlung von Soldaten und ihren Familien aus den kleinasiatischen Provinzen in die Grenzgebiete zu den Slawen und Bulgaren in Südosteuropa hervor. Die Betroffenen mussten ihren bisherigen Grundbesitz verkaufen und bekamen neue Güter an den Zielorten zugewiesen. Darüber hinaus unterwarf man alle Einwohner des Reichs einer neuen Steuerschätzung. Auf dieser Grundlage hatten die Bewohner eines Dorfes gemeinsam für die Ausrüstung eines zusätzlichen Soldaten zu sorgen oder eine hohe Summe abzuführen. Die beschriebenen Maßnahmen des Nikephoros sind der erste umfangreichere Hinweis auf die Etablierung des «Themensystems» mit einer Verbindung von Zivil- und Militärverwaltung und von Grundbesitz und Militärdienst, die in den folgenden zwei Jahrhunderten die Grundlage der Verteidigung und schließlich auch der erneuten Expansion des Römischen Reichs werden sollte. Deshalb schätzt die moderne Forschung Nikephoros I. entgegen der Verdammung durch die zeitgenössische Chronistik als einen der wichtigsten Reformer dieser Epoche ein.

Eines der Zielgebiete der Umsiedlungen aus Kleinasien war die Peloponnes, wo die Stadt Patras im Jahr 805 einen Angriff slawischer Gruppen abwehrte, die man dann der römischen Verwaltung unterstellte. Die viel gefährlicheren Gegner waren aber die Bulgaren, die seit 803 unter der Herrschaft des Khans Krum standen. Im Jahr 808 fügte er einer römischen Armee eine Niederlage zu und eroberte 809 Serdika (Sofia), das davor noch Konstantinopel unterstanden hatte. Auch gestützt auf die aus Kleinasien umgesiedelten Truppen, unternahm Kaiser Nikephoros I. im Sommer 811 einen Gegenangriff, der ihn über das Balkangebirge weit in bulgarisches Gebiet führte. Die Gelegenheit schien günstig, da im selben Jahr im Kalifat ein Bruderkrieg um die Nachfolge zwischen den Söhnen des 809 verstorbenen Hārūn ar-Raschīd ausgebrochen war, der bis 813 anhielt und auch danach noch für eine erhebliche Schwächung der Zentralmacht im arabischen Weltreich sorgte. Angeblich nahm Nikephoros I. im Sommer 811 sogar die Residenz des Krum ein. Ob es sich dabei bereits um die später dokumentierte Hauptstadt Pliska handelte, ist unklar.

Jedoch geriet die römische Armee auf dem Rückmarsch am 26. Juli 811 am Warbiza-Pass im Balkangebirge in einen bulgarischen Hinterhalt und wurde völlig aufgerieben. Auch Nikephoros I. war unter den Gefallenen. Angeblich ließ Krum nach einer für frühere «Barbarenherrscher» beschriebenen Weise aus dem Schädel des Kaisers ein Trinkgefäß anfertigen. Auch wenn dies vielleicht eine Falschmeldung der Nikephoros feindlichen Geschichtsschreibung war, um seine Niederlage noch demütigender darzustellen, der Schock saß sicher tief in Konstantinopel. Dies war der erste Tod eines römischen Kaisers auf dem Schlachtfeld durch die Hand eines auswärtigen Gegners seit der Schlacht von Adrianopel gegen die Goten im Jahr 378. Aufgrund dieser und folgender Niederlagen gegen die Bulgaren gewannen auch pro-ikonoklastische Kreise der Armee, die an die militärischen Erfolge der bilderfeindlichen Kaiser erinnerten, wieder an Einfluss.

Bei der Schlacht am Warbiza-Pass wurde auch Nikephoros' Sohn und Thronfolger Staurakios schwer verwundet. Er konnte zwar nach Konstantinopel entkommen, erholte sich aber nicht mehr von seinen Verletzungen. Anfang Oktober 811 wurde er durch Michael I. Rangabes ersetzt, den Ehemann seiner Schwester Prokopia, die angeblich im Hintergrund die Fäden zog. Aufgrund des Drucks der Bulgaren setzte der neue Kaiser den von Nikephoros I. begonnenen Versuch eines Interessenausgleichs mit Karl dem Großen fort. Vielleicht erhoffte man sich auch eine Entlastung durch einen fränkischen Aufmarsch im Karpatenbecken, wo karolingische und bulgarische Einflussgebiete aneinandergrenzten. Eine Gesandtschaft aus Konstantinopel empfing Karl in seiner Lieblingsresidenz Aachen bereits im Januar 812, sie muss also kurz nach der Machtübernahme Michaels I. aufgebrochen sein. Karl erkannte die Oberhoheit Konstantinopels über Venedig, Istrien und Dalmatien an; im Gegenzug huldigten ihm die Gesandten Michaels in griechischer Sprache als *basileus*, also Kaiser. Dieser Kaisertitel blieb im Verständnis Konstantinopels allerdings auf Karls persönliche Machtstellung als «Überkönig» der verschiedenen von ihm beherrschten Völker beschränkt. Bewusst wurden der Zusatz «der Römer» und der damit verbundene Weltherrschaftsanspruch dem Karolinger nicht zugebilligt und blieben den Kaisern im Osten vorbehalten.

Friedensverhandlungen mit den Bulgaren scheiterten hingegen. Als Michael I. dem Khan Krum direkt militärisch gegenübertrat, wurde auch seine Armee im Juni 813 bei Versinikia nördlich von Adrianopel geschlagen. Nach dieser Niederlage rebellierte ein Teil des Heers unter der Führung des Feldherrn Leon, der schon 803 am Umsturzversuch des Bardanes Turkos gegen Nikephoros I. beteiligt gewesen war, aber danach seine militärische Karriere fortsetzen konnte. Auch kam es zu einer Demonstration von Bilderfeinden in Konstantinopel, die sich am Sarkophag von Konstantin V. versammelten und ihn anflehten, aus dem Grab zu steigen und den Staat vor den Bulgaren zu retten. Michael I. dankte schließlich ab und zog sich als Mönch zurück, Leon V. bestieg den Thron. Auch er versuchte, die jüngste Einigung mit Karl dem Großen zu einem Bündnis gegen die Bulgaren auszubauen, jedoch zerschlugen sich diese Pläne mit dem Tod des Frankenherrschers im Januar 814.

Khan Krum lagerte nun mit seiner Armee direkt vor den Mauern Konstantinopels. An eine tatsächliche Eroberung der Stadt, wie sie die Awaren 626 versucht hatten, dachte er wohl nicht, wollte aber seinen Machtanspruch demonstrieren und weitere Zugeständnisse der Römer abpressen. Zum Glück für Leon V. verstarb Krum aber am 13. April 814, und seine Armee zog ab. Die römische Propaganda ließ es den Kaiser selbst sein, der den Khan mit einem Bogenschuss getötet hätte. Mit Krums Nachfolger Omurtag wurde 816 ein 30-jähriger Frieden geschlossen, der die Grenze zwischen den Reichen, aber auch die Orte des Handels genau festlegte.

Geschichtsschreibung mit doppeltem Boden

Das unerwartete Ende der bulgarischen Bedrohung schien die Herrschaft Leons gegenüber seinen unglücklichen Vorgängern besonders zu legitimieren. Auf dieser Grundlage wagte Leon V. die Rückkehr zur in manchen Kreisen immer noch populären bilderfeindlichen Politik. Patriarch Nikephoros I. wurde im März 815 zum Rücktritt gezwungen und so wie andere Bilderfreunde, darunter der einflussreiche Abt des Studiu-Klosters in Konstantinopel Theodoros, in die Verbannung geschickt. Wie seinen Vorbildern im 8. Jahrhundert bescherte dieser religionspolitische Schwenk Leon V. eine schlechte Presse in der späteren bilderfreundlichen Geschichtsschreibung. So wie bei Leon III. wurde seine «barbarische» Herkunft mit dieser Abirrung verknüpft und er mit Beinamen wie «der Armenier» oder «der Amalekiter» (nach einem feindlichen Nachbarvolk der Israeliten im Alten Testament) bedacht.

Mit dem Jahr 813 endet die *Chronographia* des Georgios Synkellos und Theophanes, deren Geschichtsdeutung bis heute so sehr die Darstellung der 180 Jahre zuvor prägt. Wir sind für den Rest des 9. Jahrhunderts auf ein anderes historiographisches Projekt angewiesen, das zum Teil mehr als hundert Jahre nach den Ereignissen begonnen wurde und unter dem Namen *Theophanes Continuatus* zirkuliert. Tatsächlich handelte es sich dabei nicht um *einen* Verfasser, sondern eine Gruppe von Autoren, die im Auftrag des Kaisers Konstantin VII. (913–959) in bewusstem Anschluss an die mittlerweile als maßgeblich erachtete *Chronographia* die Geschichte ab 813 erzählen sollte. Es ging vor allem darum, die mit Konstantins Großvater Basileios I. im Jahr 867 beginnende «makedonische» Dynastie möglichst glanzvoll und die davor ab 820 herrschende «amorische» Dynastie in dunklen Farben zu schildern. Damit sollte auch der Herrschaftsantritt des Basileios durch die Ermordung seines Vorgängers verschleiert und zugleich legitimiert werden. Dennoch gelang es diesen Fortsetzern des Theophanes, ähnlich wie ihrem Vorbild im Hinblick auf die ikonoklastischen Kaiser des 8. Jahrhunderts, nicht, gänzlich alle positiven Aspekte dieser Regierungszeiten zu tilgen. Zudem verfügen wir neben dem *Theophanes Continuatus* über andere zwar um dieselbe Zeit entstandene, aber weniger der Deutungshoheit Konstantins VII. unterworfene Werke.

Auf ursprünglich der amorischen Dynastie freundlicher Berichterstattung basiert etwa die Schilderung der Thronbesteigung ihres Gründers, Michaels II. Er war ein alter Kampfgefährte des neuen Kaisers Leon V. und hatte zusammen mit ihm sowohl den Umsturzversuch des Bardanes Turkos im Jahr 803 als auch den Staatsstreich gegen Michael I. 813 unterstützt. Allerdings kam es im Lauf der Zeit zu einer Entfremdung zwischen Leon V. und Michael. Im Dezember 820 wurde Letzterer einer Verschwörung verdächtigt, eingekerkert und zum Tod verurteilt. Gleichzeitig sei Leon V. durch Prophezeiungen in einem in der Palastbibliothek aufgefundenen Buch beunruhigt worden, dass ein Kaiser namens Leon am Weihnachtstag einen gewaltsamen Tod finden würde. Als das immer größere Misstrauen Leons in den Augen des Palastes seine Regierungsfähigkeit beeinträchtigte, sei Michael schließlich kurz vor seiner Hinrichtung aus dem Kerker befreit worden. Danach bereiteten die Verschwörer Leon V. am 25. Dezember 820 ebenjenes blutige Ende, das er sich bemüht hatte abzuwenden.

Diese wundersame Geschichte ließ den dramatischen Aufstieg Michaels II. von der Todeszelle zum Thron als gleichsam gottgewollt erscheinen, und mag auch deshalb in Umlauf gebracht worden sein, da sein Kaisertum schon bald gewaltig ins Schwanken geriet. Denn seine Ermordung Leons provozierte einen weiteren Kameraden der beiden namens Thomas zum Aufstand. Er hatte ebenfalls den Putsch von 803 sowie den Umsturz Leons 813 unterstützt und war danach zum Turmarch (Befehlshaber) der *Phoideratoi*, einer ursprünglich zum Teil aus auswärtigen Söldnern bestehenden Truppe, aufgestiegen. Über die Herkunft und Karriere des Thomas gibt es in den oben genannten mehr als 100 Jahre später niedergeschriebenen Quellen widersprüchliche Angaben. So wird er, auch mit dem Ziel der Diffamierung als «Barbar», einmal als slawischer, einmal als armenischer Herkunft bezeichnet. Diese Widersprüche haben Teile der jüngeren Forschung sogar dazu bewogen, die Existenz zweier, zeitweilig nebeneinander agierender «Thomase» anzunehmen. Auf jeden Fall gelang es dem Rebellen, nicht nur die Unterstützung eines Großteils der römischen Truppen in Kleinasien zu gewinnen, sondern auch des Kalifen al-Ma'mūn. Dieser war immer noch mit der Wiederherstellung der Zentralmacht im arabischen Weltreich beschäftigt und förderte deshalb gern einen Bürgerkrieg im Römerreich, das ansonsten womöglich die Notlage des Kalifats hätte ausnutzen können. Auf Befehl des Kalifen krönte der Patriarch von Antiocheia Thomas zum Kaiser, um seine Legitimation zu steigern.

Das Ausmaß der Unterstützung für Thomas spiegelt auch die Dauer dieses Bürgerkriegs wider. Trotz einiger Niederlagen in Kleinasien gelang es ihm, Michael II. in zwei aufeinanderfolgenden Jahren in Konstantinopel zu belagern. Erst als seine Flotte, auch unter Einsatz des Griechischen Feuers, von kaisertreuen Verbänden zerschlagen wurde und ihm die von Michael durch Zahlungen mobilisierten Bulgaren, ähnlich wie den Arabern bei der Belagerung 717/718, in den Rücken fielen, brach der Aufstand des Thomas 823 zusammen. Von kaiserlichen Truppen in Arkadiupolis in Thrakien belagert, lieferten ihn schließlich seine Gefolgsleute an Michael II. aus, der ihn zu Tode martern ließ. Einzelne Anhänger des Thomas leisteten aber noch bis März 824 Widerstand. Der lange Bürgerkrieg hatte nicht nur die Macht Michaels II., sondern auch das Ansehen des Römischen Reichs erschüttert. In Schreiben an den Papst und an Karls Nachfolger Ludwig den Frommen übermittelte Michael II. im April 824 seine propagandistisch ausgeschmückte Darstellung der Rebellion des Thomas und ihrer Niederschlagung. Er rechtfertigte aber auch die Weiterführung der von Leon V. begonnenen Politik gegen die Bilderverehrung, die in der Westkirche einmal mehr auf Ablehnung stieß.

Seitens des Kalifats konnte aufgrund der inneren Unruhen die Schwächung der Römer nicht in vollem Umfang ausgenutzt werden. Jedoch agierten verschiedene arabische Gruppen auf eigene Faust. Dazu gehörten auch Emigranten aus dem arabisch beherrschten Spanien, wo nach der Machtübernahme der Abbasiden im Kalifat 750 ein Mitglied der gestürzten Umayyadendynastie ein eigenständiges Emirat mit Sitz in Córdoba errichtet hatte. Als es dort 818 zu einem Umsturzversuch kam, flohen Tausende unterlegene Rebellen zuerst nach Nordafrika und von dort nach Ägypten, das sich damals im Aufstand gegen das Kalifat in Bagdad befand. Die Flüchtlinge aus Andalusien siedelten sich in Alexandreia an und unternahmen von dort Raubzüge zur See auch gegen römisch beherrschte Gebiete. Als Kalif al-Ma'mūn jedoch ab 824 Truppen entsandte, um das Land am Nil wieder unter Kontrolle zu bringen, nutzten die andalusischen Seefahrer die Schwächung der Römer durch den Bürgerkrieg und setzten sich auf Kreta fest, das sie in den folgenden Jahren eroberten. Von dort machten sie die Seewege im maritimen Zentralraum des Römerreichs in der Ägäis unsicher. Versuche der römischen Flotte, die Araber wieder von Kreta zu vertreiben, scheiterten unter großen Verlusten.

Dazu trug auch die Bedrohung einer weiteren Insel unter römischer Herrschaft durch eine andere arabische Invasion bei: Im heutigen Tunesien herrschten seit 800 nominell unter Oberhoheit des Abbasidenkalifen, aber de facto weitgehend eigenständig die Emire der Aghlabidendynastie. Sie nutzten 826 die Gelegenheit, als der römische General Euphemios nach einem missglückten Aufstand auf Sizilien nach Nordafrika floh und um Waffenhilfe ersuchte. Im Folgejahr landete eine Flotte mit arabischen und berberischen Kriegern an der Westküste Siziliens. Euphemios fiel zwar bei den Kämpfen, jedoch gelang es den Angreifern, sich dauerhaft auf der Insel festzusetzen und bis 831 sogar Palermo einzunehmen. Die weitere Eroberung verlief schleppend und konnte erst 70 Jahre später zum Abschluss gebracht werden. Aber damit verlor Konstantinopel die Kontrolle über die reiche Insel, die eine wichtige Basis der römischen Herrschaft im zentralen Mittelmeer darstellte. In einer Langzeitperspektive war Sizilien nach dem Sieg Roms über Karthago ab 227 v. Chr. die erste Provinz des Imperiums gewesen; nun ging sie nach mehr als 1000 Jahren dem Römerreich verloren.

Da die Invasion Siziliens auch die Sicherheit Italiens gefährdete, entsandte Michael II. eine weitere Gesandtschaft an Kaiser Ludwig den Frommen. Zudem kam es ab 822 auch zu Konflikten zwischen den Karolingern und dem Bulgarenreich an ihren Grenzen im vormaligen awarischen Machtgebiet im Karpatenbecken. Die Allianzpläne zwischen Franken und Konstantinopel hatten allerdings noch zu keinen Ergebnissen geführt, als Michael II. im Oktober 829 starb.

Die Nachfolge trat, diesmal recht unangefochten, sein Sohn Theophilos an. Seine Darstellung in der römischen Geschichtsschreibung zeigt erneut die Widersprüche zwischen dem dynastischen Interesse der Makedonenkaiser und der davon immer noch spürbar unabhängigen Überlieferung auf. Letztere beschrieb Theophilos als außergewöhnlich gerechten Kaiser, der etwa Übergriffe seiner Amtsträger gegen das einfache Volk schwer ahndete. So ging er auch in die spätere Erinnerung der Römer ein. Andererseits galt er als besonders fanatischer Bilderfeind, der die frommen Verehrer der Ikonen verfolgen und blutig martern ließ. Sein prominentestes Opfer war Euthymios, vormals Bischof von Sardeis in Westkleinasien, der an den Folgen der ihm zugefügten Folter 831 verstarb. Er hatte nicht nur gegen die bilderfeindlichen Maßnahmen des Theophilos opponiert, sondern auch Flugblätter mit Prophezeiungen über einen baldigen Tod des Kaisers in Umlauf gebracht. Derartige Vorhersagen im Hinblick auf die kaiserliche Person waren schon seit jeher bei Todesstrafe verboten. In einer Staatsordnung, die weder das Recht auf Meinungsfreiheit noch auf körperliche Unversehrtheit kannte, setzte Theophilos wie die Kaiser vor und nach ihm die üblichen blutigen Mittel zur Bekämpfung seiner Gegner ein. In den Augen vieler Zeitgenossen galt er trotz oder vielleicht sogar wegen dieser Brutalität als fähiger Verwalter und Verteidiger des Imperiums, auch wenn militärische Misserfolge die Bilanz gegen Ende seiner Regierung trübten.

Im Osten sah sich Theophilos einem Kalifat gegenüber, in dem sich nach langen Kämpfen die Zentralmacht zumindest zeitweilig wieder durchsetzte. 832 unternahm Kalif al-Ma'mūn einen Feldzug gegen römisches Gebiet und eroberte die Festung Lulon an einem der wichtigsten Passübergänge im südostanatolischen Taurusgebirge. Theophilos aber konnte die Reihen seiner Truppen durch Flüchtlinge aus dem Kalifat vergrößern. Nach einer Niederlage gegen ein Heer al-Ma'mūns ersuchten 834 mehr als 7000 Angehörige der Sekte der Khurramiten Zuflucht auf römischen Boden. Sie verknüpften altpersisches Glaubensgut mit Widerstand gegen die arabische Herrschaft und hatten ab 816 bis zur ihrer Niederlage weite Teile des heutigen Aserbaidschans und des nordwestlichen Iran beherrscht. Theophilos nahm sie in seine Armee auf und verheiratete ihren Anführer, der unter dem Namen Theophobos die Taufe annahm, sogar mit einer seiner Töchter. Auch die anderen Neuankömmlinge wurden in die Armee aufgenommen, erhielten Land in verschiedenen Provinzen und heirateten nach ihrem Übertritt zum Christentum einheimische Frauen. Auf diese neuen Gefolgsleute sollte wohl auch der Palast Eindruck machen, den Theophilos in Bryas auf der asiatischen Seite des Bosporus im arabischen Stil errichten ließ, nachdem ihm seine Gesandten vom Glanz der Residenz des Kalifen in Bagdad berichtet hatten.

Allerdings äußerten manche Zeitgenossen auch Kritik an dieser Politik. Eine Heiligenvita der Zeit bezeichnet Theophilos als «Barbarenfreund», der eine große Schar an Männern «fremder Zunge» unter Zwang mit den «Töchtern der Bürger und sogar der Einwohner der Hauptstadt» verheiratet habe. Damit gefährde er das «günstige Geschick» der Römer und den christlichen Glauben.[19] Ablehnung erfuhren aber nicht nur die Neuankömmlinge anderer Religion, sondern auch die christlichen Armenier, die schon länger eine wichtige Rolle insbesondere in der römischen Armee spielten, aber am Hof des Theophilos besonders prominent vertreten waren, unter anderem als Verwandte der Frau des Kaisers. In einem der Kasia, einer der wenigen literarisch tätigen Frauen dieser Zeit, zugeschriebenen Gedicht schimpft die Autorin über das «schreckliche Volk der Armenier». Sie seien trügerisch und hinterlistig, am widerwärtigsten aber, wenn sie «stinkreich und hochgeehrt» geworden sind.[20] Neid auf Migranten, die den Aufstieg in die Elite geschafft hatten, vermengt sich mit älteren Vorurteilen gegen die Armenier, deren Mehrzahl sich im 6. Jahrhundert dem Miaphysitismus zugewandt hatte und deshalb als Ketzer galt.

Gleichzeitig vermehrte nicht nur der römische Kaiser um diese Zeit sein ohnehin stets multiethnisches Gefolge um neue Kräfte. Auch Kalif al-Ma'mūn und sein Bruder und Nachfolger al-Mu'taṣim hatten für den Kampf gegen die verschiedenen Aufstände im arabischen Reich neue Gefolgsleute insbesondere im östlichen Iran und in Zentralasien angeworben. Darunter waren sogdisch-iranische Fürsten und Kriegersklaven (Mamluken), die vor allem unter verschiedenen türkischen Gruppen rekrutiert wurden. Als es zwischen diesen Neuankömmlingen und den Einwohnern Bagdads zu Auseinandersetzungen kam, ließ al-Mu'taṣim 836 nördlich bei Samarra eine neue gewaltige Residenzstadt über mehr als 15 Kilometer Länge entlang des Tigris anlegen.

Um diese Zeit nutzte Theophilos die Verstärkung seiner Armeen zu mehreren erfolgreichen Feldzügen auf arabisches Gebiet. Der größte Erfolg war 837 die Eroberung und Plünderung der Städte Samosata und Sozopetra. Allerdings mobilisierte al-Mu'taṣim nun seinerseits sein Gefolge und marschierte 838 in Kleinasien ein. Als entscheidend erwiesen sich die schnellen berittenen türkischen Bogenschützen, die bei diesem Feldzug erstmals in größerer Zahl auf dem Gebiet der späteren Türkei zum Einsatz kamen. Die römische Armee wurde bei Anzes im Nordosten Kleinasiens besiegt, und Theophilos entkam nur mit knapper Not der Gefangennahme. Danach rückten die Truppen des Kalifen gegen Amorion vor, das nicht nur der strategisch wichtige Hauptort des Themas Anatolikon, sondern auch die Herkunftsstadt der kaiserlichen Dynastie war. Nach kurzer Belagerung wurde Amorion gestürmt und zerstört. Die Bevölkerung wurde versklavt oder getötet, wie auch jüngere archäologische Befunde auf grausige Weise dokumentieren.

Diese Niederlage war ein schwerer Schlag nicht nur für das Prestige des Theophilos, sondern ebenso für die von ihm forcierte bilderfeindliche Kirchenpolitik, die sich ja auch durch militärische

Erfolge legitimiert hatte, die das Reich unter diesem Dogma feiern konnte. Der Kaiser versuchte diese Scharte auszuwetzen, indem er neue Verbündete suchte. Zwischen 838 und 842 wandte er sich sowohl an den Umayyadenemir ʿAbd ar-Raḥman II. von Córdoba, der den Abbasiden traditionell feindselig gegenüberstand, als auch an die als Flottenmacht immer wichtigeren Venezianer sowie einmal mehr an Kaiser Ludwig den Frommen. Die Gesandtschaft nach Venedig und danach an den damaligen Hof Ludwigs in Ingelheim am Rhein führte 839 aber auch Gäste mit, die aus einer ganz anderen Richtung nach Konstantinopel gelangt waren: skandinavische Kaufleute und Krieger. Sie tauchen seit dem frühen 9. Jahrhundert als *Rus* in den Quellen auf, oder auch als «Waräger» (griechisch *Varangoi*). Vor allem vom heutigen Schweden und der Insel Gotland aus suchten sie über die Ostsee und die Flüsse Osteuropas Anschluss an die Handelsrouten, die von dort in Richtung Schwarzes Meer, Kaspisches Meer und Zentralasien führten. Über sie wurden vor allem Pelze und Sklaven mit dem Kalifat und dem Römischen Reich gehandelt. Von den großen Profiten künden die Zehntausenden arabischen Silbermünzen, die in wachsender Zahl nach Ost- und Nordeuropa gelangten und bis heute als Hortfunde wieder aus dem Boden auftauchen. Der Anteil der Römer (und ihrer Münzen) an diesem Handel war geringer, jedoch stellte auch Konstantinopel ein begehrtes Ziel der Waräger dar, die sich dort nicht nur als Kaufleute, sondern auch als Söldner verdingten.

Die von Theophilos seiner Gesandtschaft an Ludwig den Frommen mitgegebenen Skandinavier konnten aber nicht mehr über Osteuropa nach Norden zurückkehren, da die üblichen Routen durch kriegerische Auseinandersetzungen zu gefährlich geworden waren. Diese Konflikte bildeten auch den Hintergrund einer weiteren diplomatischen Aktion des Kaisers. Aus dem Reich der Chasaren, das seit dem 7. Jahrhundert immer wieder ein wertvoller Verbündeter der Römer gegen die Araber gewesen war, erbaten Gesandte römische Unterstützung beim Bau einer Festung am Don. Sie sollte die dort bedrohten Routen zwischen dem Zentrum der Chasaren im Wolgadelta und dem Schwarzen Meer sichern. Theophilos schickte eine Flotte, die zuerst in Cherson auf der Krim Station machte und dann den Don aufwärts segelte, wo die Römer und Chasaren eine Festung namens Sarkel («weißes Haus») errichteten.

Die Überreste dieser Siedlung wurden in den 1930er Jahren von sowjetischen Archäologen entdeckt, versanken aber später in einem Stausee. Aus ideologischen Gründen war die sowjetische, wie auch die spätere nationalrussische Geschichtsforschung, an einer allzu prominenten Rolle des turksprachigen Steppenvolks der Chasaren in der Frühgeschichte Osteuropas nicht interessiert. Dabei spielte auch der jüdische Glauben, zu dem sich die Eliten der Chasaren bekehrten, eine Rolle. Dieser Glaubenswechsel, der sich mit Münzfunden auf Gotland – wobei chasarische Münzen mit einer Anrufung des Moses ans Licht kamen – ins frühe 9. Jahrhundert datieren lässt, stieß auch in Konstantinopel auf wenig Begeisterung. Man hatte gehofft, die Chasaren zum Christentum bekehren zu können. Diese aber hatten sich, in Nachbarschaft sowohl des christlichen Römerreichs als auch des islamischen Kalifats, für einen dritten Weg entschieden. Dazu dürften auch in diesem Raum aktive jüdische Fernhändler beigetragen haben. Dennoch entsprach Theophilos der Bitte nach Unterstützung beim Bau von Sarkel, da beide Mächte ein Interesse an der Absicherung des Steppengürtels hatten.

Der Konkurrenzkampf mit dem Kalifat fand aber nicht nur auf dem Schlachtfeld und mit Hilfe der Diplomatie statt. Gelehrte und Künstler wurden damals wie heute in der Heimat oft erst geschätzt, wenn das Ausland auf sie aufmerksam wird. Diese Erfahrung machte auch der Konstantinopler Mathematiker und Philosoph Leon (ca. 790–870), als man am Hof des Kalifen al-Mu'taṣim von seinen Kenntnissen erfuhr. Dort stand das Studium der antiken Schriften und deren Übersetzung ins Arabische in hoher Blüte. al-Mu'taṣim schrieb nun angeblich Leon einen Brief, in dem er ihm Ehrungen und Reichtümer versprach, wenn er ins Kalifat käme. Doch erfuhr auch Kaiser Theophilos von diesem Angebot und «berief sofort eilends Leon vor sich, machte ihn reich und beauftragte ihn mit öffentlicher Lehre». Trotz dieser «Berufungsabwehr» gab der Kalif nicht auf und schrieb an den Kaiser mit der Bitte, ihm Leon zumindest leihweise zu überlassen. Theophilos aber «kam zur Auffassung, es sei ungeschickt, wollte er das Wissen um die höchsten Dinge, das das Ansehen der Römer ausmacht, den Heiden zur Kenntnis gelangen lassen».[21]

Das Werben um Leon fällt in eine Periode intensiverer Auseinandersetzung mit dem aus der Antike überlieferten Wissen. Ganz war die gelehrte Tradition im Römerreich trotz aller Krisen nie abgerissen. Aber die Erkenntnis, dass nun auch in Bagdad die Texte der alten Griechen übersetzt und kommentiert wurden, motivierte Kaiser und Eliten in Konstantinopel und andernorts, Philosophen und Literaten zu fördern und neue Stätten der Wissensvermittlung zu gründen. In dieser Zeit wurde auch die bisherige Buchschrift in Großbuchstaben (Majuskeln) durch eine rascher zu schreibende Kleinbuchstabenschrift (Minuskel) abgelöst; viele ältere Handschriften wurden in das neue Format kopiert und blieben so für die Nachwelt erhalten. Dabei wurden die damaligen Entscheidungen, welche Texte abgeschrieben werden sollten und welche nicht, ausschlaggebend für den uns heute noch vorliegenden Bestand an älterer griechischer Literatur. Auch mit dem Beginn dieser Entwicklungen ist der Name des Kaisers Theophilos zu verknüpfen, der im Januar 842 überraschend starb.

Mission, das alte Rom und eine neue Dynastie

Da der Thronfolger Michael III. erst zwei Jahre alt war, übernahm seine Mutter Theodora die Regentschaft. Ihre spätere Heiligenvita behauptet, sie habe entgegen ihrer Überzeugung keinen Widerspruch gegen die ikonoklastische Politik ihres Mannes geäußert, da sie dem Ideal der gehorsamen christlichen Gattin entsprach. Demgegenüber liefern andere Texte die Nachricht, dass Theodora ohne Wissen ihres Mannes ein Handelsschiff finanzierte. Als Theophilos davon erfuhr, ließ er das Schiff verbrennen, da solche Geschäfte mit der Würde einer Kaiserin unvereinbar seien. Die Episode weist aber ebenso auf die im römischen Recht mögliche eigenständige wirtschaftliche Tätigkeit von hochgestellten Frauen hin, die sich etwa auch in frommen Stiftungen niederschlug. Aufwiegen können solche einzelnen Schlaglichter aber nicht die dramatische Unterrepräsentation der Frauen in den Quellen; in einer systematischen Erfassung aller zwischen 641 und 867 in Texten des Römerreichs nachweisbaren Personen machen sie nur fünf Prozent aus.

Wichtige Berater Theodoras waren ihr Onkel Manuel «der Armenier», ihr Bruder Bardas und der schon unter Theophilos einflussreiche Eunuch Theoktistos. Auf Entscheidungen innerhalb dieser Runde ging wohl auch die diesmal endgültige Rückkehr zur Verehrung der Bilder zurück. Während die bilderfreundliche Deutung wie im Fall der Eirene die persönliche Frömmigkeit der Kaiserin ins Treffen führte, dürfte einmal mehr wie bei Konstantin VI. die Stabilisierung eines Regimes um einen minderjährigen Kaiser durch kirchenpolitische Erweiterung des Unterstützerkreises eine Rolle gespielt haben. Gleichzeitig hatten die Niederlagen in den letzten Regierungsjahren des Theophilos das bilderfeindliche Dogma delegitimiert. Am 4. März 843 wurde mit Methodios I. ein Bilderfreund auf den Patriarchenthron gesetzt, am 11. März in einem feierlichen Gottesdienst der Ikonenkult in der Hagia Sophia erneuert – ein Ereignis, dem die Ostkirche seit damals am «Sonntag der Orthodoxie» gedenkt. Gegner der Bilder unter den Bischöfen und Klerikern wurden abgesetzt. Ihre Ämter gingen insbesondere an Mönche aus jenen Kreisen, die zwischen 815 und 843 Widerstand gegen die kaiserliche Religionspolitik geleistet hatten.

Im Zeichen der Rechtgläubigkeit wandte sich die Regentschaft für Michael III. auch gegen die Anhänger der in Teilen Kleinasiens verbreiteten Paulikianer. Diese Sekte, die eine strenge Trennung zwischen Gut und Böse predigte, war seit dem 7. Jahrhundert im Grenzgebiet zwischen Römerreich und Armenien nachweisbar und lehnte das Dogma der Reichskirche und ihre Institutionen ab. Im Lauf der Zeit hatte sie auch in anderen Teilen Kleinasiens Anhänger gefunden. Um nun der Verfolgung zu entgehen, flüchteten die Paulikianer nach Osten in das Grenzgebiet zu den Arabern. Dort militarisierte sich die Bewegung und baute ab 856 um die Festung Tephrike am Euphrat ein eigenes Machtgebiet auf, von dem aus sie in der Folge weitreichende Raubzüge ins römische Kleinasien unternahmen. Unterstützung fanden sie dabei bei den Emiren von

Melitene und von Tarsus in Kilikien, die zwar nach wie vor der Oberhoheit des Kalifats unterstanden, aber mittlerweile eigenständig agierten. Die Kalifen sahen sich nach dem Tod des al-Muʿtaṣim 842 in ihrer neuen Residenz Samarra dem immer stärkeren Einfluss der türkischen Garderegimenter unterworfen, die schließlich nach der Ermordung des al-Mutawakkil 861 nach Belieben Kalifen ein- und absetzten. Dies leitete den dauerhaften Zerfall des Abbasidenkalifats ein, von dem das römische Reich auf längere Sicht profitieren sollte. Vorerst erwiesen sich jedoch auch die neuen regionalen islamischen Machthaber an seinen Grenzen als ernsthafte Gegner.

Inzwischen entbrannte ein Konkurrenzkampf um die Macht innerhalb der Regentschaft für den Kaiser. Zuerst konnte sich, mit Unterstützung der Kaiserinmutter Theodora, Theoktistos durchsetzen, der dafür sorgte, dass die Brüder der Kaiserin vom Hof verbannt wurden. Als Michael III. aber 855 allmählich das Erwachsenenalter erreichte, gelang es seinem Onkel Bardas, die Unterstützung für einen Staatsstreich gegen Theoktistos zu gewinnen, der zum Entsetzen der Kaiserin ermordet wurde. Nun wurde Bardas zum beherrschenden Mann am Hof und mit dem Titel eines *kaisar* als Mitherrscher ausgezeichnet. Nach Auskunft der späteren feindseligen Geschichtsschreibung geschah dies auch deshalb, da Michael III. wenig Interesse an den Regierungsgeschäften hatte und sich lieber Vergnügungen wie Wagenrennen, an denen er selbst als Lenker teilnahm, hingab.

Bardas erwies sich als großer Förderer der Gelehrsamkeit und unterstützte den weiteren Ausbau des Schulwesens in Konstantinopel. Dass er eine «Universität» eingerichtet habe, wie manchmal zu lesen ist, stimmt aber ebenso wenig wie für andere mit dieser Bezeichnung bedachte vergleichbare Einrichtungen in Konstantinopel in den Jahrhunderten zuvor oder danach. Es handelte sich dabei um Stiftungen des Kaisers oder hochgestellter Persönlichkeiten wie eben Bardas, aber nicht um eigenverantwortlich verwaltete Gemeinschaften von Lehrenden und Studierenden wie die ab dem 11. Jahrhundert entstehenden Universitäten in Italien und anderen Teilen Westeuropas. Aber wie das Lateinische im Westen galt an den Schulen in Konstantinopel das Griechische der Antike als bindendes Vorbild gebildeter Textgestaltung und nicht die zeitgenössische gesprochene Sprache. Bardas' Gunst erhielten sowohl der bereits berühmte Mathematiker Leon als auch Photios, der wohl führende Intellektuelle seiner Zeit. Er hinterließ unter anderem eine Sammlung von 280 Inhaltsangaben und Beurteilungen von Büchern aus allen Wissensgebieten, die er in Konstantinopel vorfand, darunter viele Werke der antiken griechischen Geschichtsschreibung und Literatur, die ohne seine Angaben in Vergessenheit geraten wären.

Da der seit 847 amtierende Patriarch Ignatios Widerspruch gegen die Ermordung des Theoktistos und die Entmachtung der Theodora erhob, ließ ihn Bardas 858 absetzen. An seiner Stelle wurde Photios zum Patriarchen gewählt, eigentlich ein Laie, der in Verletzung des Kirchenrechts innerhalb weniger Tage alle notwendigen Weihen erhielt. Dagegen protestierten die Anhänger des Ignatios und wandten sich an Papst Nikolaus I., da der Pontifex in Rom einen Ehrenvorrang gegenüber den anderen Patriarchen beanspruchte. Der Papst reagierte zuerst zurückhaltend, erklärte aber schließlich 863 Photios für abgesetzt – eine Entscheidung, die Bardas und Michael III. zurückwiesen. Hintergrund für diesen Schritt des Papstes waren zwei weitere Konflikte mit Konstantinopel. Dogmatisch stritt man wie schon einmal zuvor in Jerusalem um das Jahr 800 um den Zusatz der Westkirche zum Glaubensbekenntnis, wonach der Heilige Geist auch aus dem Sohn (*filioque*) hervorginge. Und gleichzeitig versuchte Konstantinopel, seinen kirchenpolitischen Einfluss in ein vom Papsttum beanspruchtes Gebiet relativ weit im Westen auszudehnen.

Denn 863 bat Rastislav, der Fürst der Mährer, die seit vor 830 an der Ostgrenze des Frankenreichs in der heutigen Slowakei, Tschechischen Republik und Ungarn ein eigenständiges Machtgebilde aufgebaut hatten, in Konstantinopel um die Entsendung von Missionaren, die das Christentum in slawischer Sprache predigen könnten. Im Reich der Mährer waren zwar schon länger Kleriker aus dem Frankenreich aktiv, aber diese boten den Gottesdienst nur in lateinischer Sprache an und wurden zudem als Instrumente des fränkischen Einflusses wahrgenommen. Bardas und Michael III.

nahmen diese Einladung gern an und entsandten die Brüder Konstantin-Kyrill und Methodios, die dank der im Umland ihrer Heimatstadt Thessalonike lebenden Slawen deren Sprache erlernt hatten. Sie reisten ins Mährerreich und verkündeten das Evangelium in einem den Einheimischen verständlichen Idiom. Für dessen Verschriftlichung zum Zweck der Bibelübersetzung entwickelten sie auch ein eigenes Alphabet, die sogenannte Glagolitische Schrift. Dagegen protestierte der fränkische Klerus in Rom, wo der Papst die Tätigkeit des Konstantin-Kyrill und des Methodios als Eindringen in seinen Jurisdiktionsbereich wertete.

Umso bereitwilliger antwortete der Papst auf ein ähnliches Ersuchen um Christianisierung aus der nächsten Nachbarschaft Konstantinopels. In Bulgarien hatte das Christentum schon länger in Kreisen der Elite und Bevölkerung Einzug gehalten, aber erst der ab 852 herrschende Khan Boris entschloss sich zur offiziellen Bekehrung, auch zur Stabilisierung seiner nach mehreren Niederlagen und einer Dürre ins Wanken geratenen Herrschaft. In ähnlicher Weise wie Rastislav von Mähren versuchte er aber, den Einfluss der benachbarten Großmacht zu beschränken, indem er sich zuerst 862 nicht an Konstantinopel, sondern an das Frankenreich und dann an Rom wandte. Nachdem aber seinen Wünschen nach einer eigenständigen Kirchenorganisation für Bulgarien nicht entsprochen wurde und zudem das römische Reich seinen Druck erhöhte, empfing Boris zusammen 865 schließlich die Taufe durch einen aus Konstantinopel entsandten Bischof und erhielt den Namen seines Paten, des Kaisers Michael III. Jedoch wollte Konstantinopel ebenso wenig der Errichtung eines eigenständigen Patriarchats für Bulgarien zustimmen, weshalb Boris-Michael 865 erneut Papst Nikolaus I. kontaktierte, während er einen Aufstand heidnischer Eliten blutig niederschlug.

Der Streit um die kirchliche Zuständigkeit für das Mährerreich und Bulgarien vermengte sich nun mit dem Konflikt um die Rechtmäßigkeit der Patriarchenwürde des Photios und führte zu einer kirchlichen Entzweiung zwischen Rom und Konstantinopel. Bewegung kam in die Auseinandersetzung mit einem Regimewechsel im

Neuen Rom. Im April 866 ließ Kaiser Michael III. seinen Onkel Bardas im Feldlager in Vorbereitung eines Angriffs auf das arabisch beherrschte Kreta ermorden. Treibende Kraft dahinter war, trotz der Entlastungsversuche der im Auftrag seines Enkels Konstantin VII. schreibenden Historiker, der neue Günstling Michaels, Basileios. Dieser hatte aus einfachen Verhältnissen den Aufstieg in das Gefolge einflussreicher Männer in der Hauptstadt geschafft und erregte dort auch die Aufmerksamkeit des Kaisers, unter anderem durch seine beeindruckende physische Erscheinung und seine Fertigkeiten in dem Michael so begeisternden Pferdesport. Basileios wurde zum engsten Vertrauten des Kaisers und heiratete sogar dessen Mätresse Eudokia, Tochter des Ingar, eines nach Konstantinopel eingewanderten Warägers.

Nach der Ermordung des Bardas stieg Basileios nun seinerseits zum *kaisar* und Mitherrscher Michaels auf. Angeblich um einem Angriff des immer unberechenbareren und alkoholabhängigen Kaisers zuvorzukommen, töteten er und seine Mitverschwörer im September 867 schließlich auch Michael III., und Basileios I. konnte sich als neuer Kaiser durchsetzen. Er trat sein Amt mit einem Gebet an Christus an, durch dessen Entscheidung er die Kaiserwürde empfangen habe und dem er sein Kaisertum und sich selbst weihte. Somit wurde aus dem blutigen Staatsstreich eine gottgewollte Tat. Zu seinen ersten Handlungen noch im selben Monat gehörte die Absetzung des von Bardas begünstigten Photios. Ignatios kehrte auf den Patriarchenthron zurück – ein Vorgang, der 869/870 auch durch eine offizielle Kirchenversammlung unter Teilnahme von Vertretern der östlichen Patriarchate Alexandreia, Antiocheia und Jerusalem legitimiert wurde. Dabei wurde auch die Zugehörigkeit Bulgariens zum Kirchensprengel Konstantinopels festgelegt und vom Patriarchen ein erster Erzbischof für die Bulgaren nach Pliska entsandt. Der Streit um die kirchliche Oberhoheit im Mährerreich ging hingegen weiter, obwohl Konstantin-Kyrill 869 in Rom gestorben war. Gegen seinen Bruder Methodios und dessen Schüler Kliment, Naum und andere gingen die lateinischen Kleriker sogar mit Gewalt vor. Nach dem Tod des Methodios 885 wurden alle aus dem Mährerreich vertrieben, fanden aber im Bulgarenreich Zuflucht, wo nun umso mehr Bedarf an slawischsprachigen Kirchengelehrten bestand.

Um 878 verlangten auch die Fürsten der Serben nach der Taufe aus Konstantinopel, dessen kirchlicher Einflussbereich sich erneut erweiterte. Fortschritte erzielte Basileios I. ebenso bei der Eingliederung kleinerer slawischer Machtgebilde unmittelbar an den römischen Grenzen, deren Anführer gegen die Anerkennung der Herrschaft Konstantinopels ihre Stellung behalten durften, während die Bevölkerung allmählich sowohl mit dem Christentum als auch der «römischen» Sprache (gemeint ist das Griechische) vertraut gemacht wurde. In diesem Zusammenhang wird auch eine Gruppe von «Hellenen» erwähnt, die auf der Halbinsel Mani im Süden der Peloponnes lebten. Diese Bezeichnung, so die Quelle, kam ihnen zu, weil sie zwar «von den älteren Römern» abstammten, aber so wie die «alten Hellenen» immer noch einem Vielgötterglauben anhingen, bis Kaiser Basileios I. sie christianisierte. Von einer ethnischen griechischen Identität ist hingegen keine Rede.[22]

Wie bereits erwähnt, wurde die Geschichtsschreibung dieser Jahrzehnte stark von der Autorengruppe um den Enkel Basileios' I., Konstantin VII., geprägt. Die Darstellung der Regierungszeit seines Großvaters verfasste er nach eigenen Angaben selbst; er wird zumindest besonders starken Einfluss auf den Text genommen haben. Aus dem aus einfachen Verhältnissen stammenden Basileios, dessen Aufstieg aus moderner Sicht als Beleg für die soziale Durchlässigkeit der römischen Gesellschaft des Mittelalters gedeutet werden könnte, wird darin ein von Geburt an durch Gott zum Kaisertum bestimmter Held. Er habe sich mütterlicherseits auf eine Abstammung von Konstantin dem Großen und Alexander dem Großen, väterlicherseits auf jene von der antiken persisch-armenischen Königsdynastie der Arsakiden berufen können.

Neben der griechischen und römischen Tradition galt auch Persien als mehr oder weniger gleichrangige Großmacht und Zivilisation und seit langer Zeit als ein Vorbild kaiserlicher Herrschaft, wenn auch durch das Prisma griechischsprachiger Texte. Zu diesen gehörte die im Mittelalter viel gelesene «Erziehung des Kyros», in der Xenophon im 4. Jahrhundert v. Chr. einen König Persiens als

Idealbild eines guten Herrschers darstellte. Solche und andere Texte fanden das besondere Interesse des Photios, der auch an den ersten Ansätzen zur Konstruktion der Genealogie Basileios' I. beteiligt gewesen sein mag, nachdem er die Gunst des Kaisers wiedererlangt hatte. Photios selbst deutet in einigen Briefen etwa an den König Armeniens eigene familiäre Verbindungen zu den Dynastien des Ostens an. Auch im Kreis der Verschwörer um Basileios I. gegen Michael III. fanden sich «Perser», vielleicht Nachkommen der Khurramiten, die unter Theophilos ins Römerreich eingewandert waren. Daneben wird mit dieser Genealogie ein über Konstantinopel hinausweisender imperialer Anspruch auf das Erbe der Weltreiche des Westens und des Ostens deutlich. Diesen heftete sich die als Erneuerer Roms verstehende «makedonische» Dynastie an die Fahnen und konnte ihn zumindest im Ansatz verwirklichen, da das Imperium von der Schwächung des Kalifats und anderer Nachbarn in einer seit dem 7. Jahrhundert nicht mehr möglichen Weise profitierte. Gegen Ende seiner Regierungszeit konnte Basileios I. 885/886 etwa eine Oberhoheit über das unter Ashot I. Bagratuni wiedererrichtete armenische Königtum beanspruchen, das bis zum 5. Jahrhundert die dem Kaiser zugeschriebenen Vorfahren aus der Arsakidendynastie innegehabt hatten. Als Zeichen seiner Gunst schickte Basileios I. dem frischgebackenen König eine Krone und bezeichnete ihn in seinem Brief sogar als geliebten «Sohn», im Sinne einer «Familie der Könige», als deren Oberhaupt natürlich der römische Kaiser als Vater fungierte.[23]

Zu Beginn der Regierung Basileios' I. war aber von einer Entspannung an der Ostgrenze noch nichts bemerkbar. Im Jahr 867 gelang den Paulikianern ein Vorstoß weit in den Westen Kleinasiens bis in die Gegend von Ephesos. Basileios I. konnte jedoch in den folgenden Jahren in mehreren Feldzügen die Feinde zurückdrängen, und 872 wurde nach einem Sieg über den Anführer der Paulikianer Chrysocheir («Goldhand») schließlich auch ihre Hauptfestung Tephrike erobert. Weniger glücklich verlief der Kampf gegen die Araber im Westen, wo sie von Sizilien aus auch nach Süditalien übergegriffen und 847 sogar ein Emirat in Bari begründet hatten. Gegen diesen für beide Reiche gefährlichen Stützpunkt ging Basileios I. 869 ein Bündnis mit dem Karolinger Ludwig II. ein, der seit 839/840 als König in Italien herrschte und seit 855 auch den Kaisertitel führte. Diese Allianz litt aber von Anbeginn an Streitigkeiten um ebendiesen Anspruch. Basileios I. war als Emporkömmling umso weniger bereit, einen Kaiser neben sich anzuerkennen, und warf Ludwig II. vor, im Gegensatz zu seinem Urgroßvater Karl dem Großen nicht einmal das gesamte Frankenreich zu beherrschen. Ludwig erwiderte, dass die Herrscher in Konstantinopel ja sowohl Rom als auch die lateinische Sprache aufgegeben hätten und somit nicht mehr als echte römische Kaiser, sondern nur als «Griechen» gelten könnten.[24] Dennoch wurde eine Flotte aus Konstantinopel in den Westen entsandt, deren Befehlshaber aber ebenfalls mit Ludwig II. in Streit geriet. Die Eroberung Baris gelang dann 871 wohl weitgehend ohne Anteil Konstantinopels, das aber dennoch Anspruch auf die Stadt erhob. Basileios I. verstärkte auch die römische Position in Süditalien durch Neuansiedlungen, darunter Familien aus Griechenland und Armenien.

Zu spät kam die römische Flotte jedenfalls, um die Eroberung von Syrakus, der Hauptstadt Siziliens, durch die Araber im Jahr 878 zu verhindern. Bestraft wurden die angeblich fahrlässig handelnden Kommandanten; jedoch mag eine Fehleinschätzung des Kaisers Grund für die Niederlage gewesen sein, da er die Mannschaften unter anderem für den Bau der prächtigen «Neuen Kirche» (griechisch *Nea Ekklesia*) auf dem Gelände des Kaiserpalasts in Konstantinopel einsetzte. Sie wurde zu einem Vorbild des seit dem späten 8. Jahrhundert aufkommenden Bautyps der Kreuzkuppelkirche, der danach in der gesamten Ostkirche besonders populär wurde. Neben der Neuen Kirche ließ der Kaiser auch ein großes Polospielfeld anlegen, was darauf hinweist, dass er wie sein ermordeter Vorgänger Zeit für derartige Vergnügungen fand. Anlass für die Bautätigkeit des Kaisers war ebenso ein Erdbeben, das am 9. Januar 869 großen Schaden in Konstantinopel angerichtet hatte.

Ein gespanntes Verhältnis hatte Basileios I. zu seinem Sohn Leon, der zum Thronfolger aufstieg, nachdem Konstantin, der Sohn aus des Kaisers erster Ehe, 879 starb. Ob dabei auch die bis heute geäußerte Vermutung eine Rolle spielte, dass Leon der biologische Sohn

Michaels III. gewesen sei, dessen Mätresse Eudokia Basileios geheiratet hatte, bleibt unklar. Im Gegensatz zu Basileios, dessen Mangel an Bildung in der Lebensbeschreibung seines Enkels zur Tugend umgedeutet wird, erhielt Leon eine umfangreiche Erziehung, unter anderem durch Photios, den der Kaiser 877 nach dem Tod des Ignatios auch wieder als Patriarch eingesetzt hatte. Umso mehr war Photios nun bemüht, die Stellung des Patriarchen im Gefüge der römisch-christlichen Weltordnung herauszustreichen. In dem von ihm maßgeblich beeinflussten Rechtsbuch der *Eisagoge* (griechisch «Einführung») heißt es sogar, dass «der Patriarch das lebende und beseelte Abbild Christi» ist, dem allein das Lehramt und die Auslegung der Heiligen Schriften zukommen. Dem Kaiser, der sowohl dem göttlichen als auch dem menschlichen Gesetz folgen muss, obliege es hingegen nur, die vom Patriarchen und den heiligen Konzilien festgelegte christliche Lehre zu verteidigen, aber nicht selbst in sie einzugreifen.[25] Deutlich wird in diesem Text ein neues Selbstbewusstsein der gegenüber der kaiserlichen Religionspolitik im Bilderstreit siegreichen Kirche. Ebenso straft er immer noch verbreitete Klischees von einem «byzantinischen Cäsaropapismus», wonach die Kirche in Konstantinopel vollständig dem Kaiser unterworfen gewesen wäre, Lügen.

Die *Eisagoge* wurde im 15. Mai 886 als gemeinsames Gesetz Basileios' I. und seiner Söhne Leon und Alexander erlassen. Davor aber hatte Leon seit 883 nach einer Beteiligung an einer Verschwörung gegen den Kaiser unter Hausarrest gestanden. Nach Auskunft der von seinem Sohn Konstantin VII. beauftragten Geschichtsschreibung beruhte dieses Zerwürfnis auf einem durch intrigante Hofkreise inszenierten Missverständnis, das den Kaiser Glauben machte, sein Sohn plane seine Ermordung. Nachdem Basileios I. selbst durch mehrere Mordtaten auf den Thron gelangt war, mag ihm dieser Verdacht aber ohnehin nie allzu fern gelegen sein. Erst kurz vor dem Tod Basileios' I. nach Komplikationen infolge eines Jagdunfalls im August 886 wurde Leon rehabilitiert und trat, nominell zusammen mit seinem auch in der *Eisagoge* erwähnten Bruder Alexander, die Nachfolge als Kaiser an.

Der Wohlgeruch der kaiserlichen Vorhöfe

Kaiser Leon VI. ging vor allem als Gelehrter in die Geschichte ein, daher sein Beiname «der Weise», der ihn in Beziehung mit König Salomon setzte. Er förderte die unter seinen Vorgängern verstärkte Beschäftigung mit überliefertem griechischen Wissensgut. Daneben betätigte er sich als Gesetzgeber. Die unter seinem Vater begonnene Übertragung des noch großteils lateinischen Gesetzeskorpus Justinians I. in griechische Sprache in Form der 60 Bücher der «Basiliken» brachte er zum Abschluss und erweiterte es um eine Reihe eigener Novellen. Trotz der Übertragung ins Griechische beschwor der Text einmal mehr die römische Identität des Reichs und wiederholte die unter Caracalla im Jahr 212 verfügte Verleihung des römischen Bürgerrechts an alle Bewohner des Imperiums.

Eine besonders interessante Sammlung von Verfügungen enthält das um 911/912 an den Stadtgouverneur von Konstantinopel gerichtete «Buch des Eparchen». Sie regeln die Mitgliedschaft und das Wirtschaftstreiben der für die Versorgung der Stadt besonders wichtigen Gewerbe, darunter der Bäcker, Metzger, Viehhändler, Fischer und Gemischtwarenhändler. Die Nahrungsmittelversorgung Konstantinopels wurde zwar nicht mehr vom Staat organisiert, aber von ihm streng reglementiert. Hauptziel dieser Maßnahmen war es, für die Bevölkerung den Zugang zu Lebensmitteln in ausreichendem Umfang und guter Qualität zu gewährleisten, auch zur Bewahrung des sozialen Friedens in der Hauptstadt, die damals wohl wieder deutlich über 100 000 Einwohner hatte und im Wachsen begriffen war. Konstantinopel war ein privilegierter Markt in einer Sonderzollzone, zu der der Zugang an den Meerengen des Bosporus im Norden und der Dardanellen im Süden und zu Lande an den Langen Mauern im thrakischen Hinterland im Westen und am Fluss Sangarios in Bithynien im Osten kontrolliert wurde. Den Zutritt zu diesem großen und besonders attraktiven Markt erstrebten auch auswärtige Kaufleute, darunter solche aus dem arabischen Raum, deren Aufenthaltsdauer und räumliche Mobilität innerhalb Konstantinopels streng beschränkt und überwacht wurde. Immerhin gab es für ihre religiösen Bedürfnisse dort sogar eine Moschee, die auf einen ursprünglich für Kriegsgefangene eingerichteten Gebetsraum zurückgehen dürfte.

In wachsender Zahl waren auch Händler aus den den Römern zumindest noch auf dem Papier unterstehenden Städten in Italien wie Amalfi und Venedig am Bosporus präsent. Andere Gruppen erzwangen die Teilhabe am Handel sogar mit Gewalt, wie die Rus, die 860 einen für die Römer völlig überraschenden Angriff vom Schwarzen Meer her unternahmen und nach Plünderungen eine vertragliche Zusicherung des Zugangs zu Konstantinopel erhielten. Angeblich sollen die Rus danach auch die Taufe erbeten haben, doch hat diese Christianisierung, wenn sie überhaupt stattfand, noch keine dauerhaften Spuren hinterlassen. Unter Leon VI. wurde der Handelsvertrag 911/912 mit den mittlerweile in Kiew am Dnjepr residierenden Fürsten der Rus nach einem weiteren Raubzug gegen Konstantinopel erneuert. Die Rus durften sich nicht dauerhaft in der Hauptstadt aufhalten, sondern mussten in Hagios Mamas, nördlich am europäischen Bosporusufer gelegen, Quartier nehmen und konnten von dort aus immer nur in kleinen Gruppen und für einige Stunden die Märkte im Stadtzentrum aufsuchen.

Diese Kaufleute aus aller Herren Länder brachten auch Waren nach Konstantinopel, die Jahrhunderte zuvor in der «Antike» noch relativ rar im Mittelmeerraum gewesen waren. Dazu gehörten Baumwollstoffe, Zuckerrohr, das wegen seines Preises aber meist nur als Arzneimittel zum Einsatz kam, oder Reis aus den Provinzen des Kalifats. Die Drogisten, die mit Gewürzen und Aromastoffen handelten, wurden angewiesen, ihre Verkaufsstände direkt bei der Hagia Sophia und dem Kaiserpalast zu errichten, um zum «Wohlgeruch, der dem (dort aufgestellten) Heiligen Bild Christi ziemt, und zur Ergötzung der kaiserlichen Vorhöfe» beizutragen.[26] Unter ihren Waren fanden sich laut dem Eparchenbuch Weihrauch, Myrrhe und Balsam, die aus Südarabien importiert wurden, weiters Pfeffer, Narde, Indigo, Gummilack und Ingwer, die aus Indien stammten. Ebenso verkauften die Händler Ambra, das als Verdauungsprodukt von Pottwalen am Indischen Ozean extrahiert wurde, Moschus, dessen beste Qualität man in Tibet gewann, Zimt aus Sri

Lanka, Aloe und Kampfer aus Südostasien sowie Gelbholz aus China. Diese Produkte gelangten über das Rote Meer und Ägypten oder den Persischen Golf und Syrien in den Mittelmeerraum. Eine andere Route führte von Zentralasien über Persien, den Kaukasus oder die Wolgaroute ans Schwarze Meer, wo das römische Trapezunt einen wichtigen Umschlagsplatz darstellte, von dem Waren weiter nach Konstantinopel transportiert wurden. Dort kauften wiederum die Kaufleute aus Italien diese Exotika und erzielten damit im Weiterverkauf in Westeuropa enorme Gewinne. Obwohl das Römerreich mehr als 250 Jahre zuvor Ägypten und damit den direkten Zugang zum Indischen Ozean verloren hatte, war es immer noch in ein dichtes Netzwerk an Fernhandelsrouten eingebunden, das im 9. und 10. Jahrhundert verstärkt auch Osteuropa integrierte.

Doch musste sich das Imperium nicht nur mit den ökonomischen Vorteilen, sondern auch den geopolitischen Herausforderungen dieser Stellung zwischen den Kontinenten auseinandersetzen. Selbst weit entfernt von Konstantinopel ausbrechende Konflikte konnten sich letztlich an den römischen Grenzen bemerkbar machen. Ein eindrückliches Beispiel einer Ereigniskette von Zentralasien bis zur Donau aus der Zeit Leons VI. überliefert 50 Jahre nach den Geschehnissen Kaiser Konstantin VII. in seiner Lehrschrift über die Regierung des Imperiums seinem Sohn Romanos II.: Um das Jahr 890 wohnte das Steppenvolk der «Petschenegen ursprünglich am Fluss Atil (Wolga) und ebenso auch am Fluss Geïch (Ural), wobei sie die Chasaren und die sogenannten Uzen als Grenznachbarn hatten». Als sich aber «die Uzen mit den Chasaren zusammentaten und gegen die Petschenegen Krieg führten, blieben sie Sieger und vertrieben jene aus ihrem Land». Die Petschenegen «wanderten auf der Flucht umher und suchten ein Land, um sich niederzulassen». Als sie in «das noch heute in ihrem Besitz befindliche Land kamen und die Türken» (gemeint sind die Magyaren) darin «wohnen fanden, besiegten sie sie in einer Schlacht, vertrieben sie und verjagten sie».[27] Die türkischen Uzen oder Oghusen waren ihrerseits zwischen 893 und 895 durch Feldzüge des Emirs Ismail I. aus der Familie der Samaniden, die de facto unabhängig von Bagdad die reichen Städte und Silberminen Zentralasiens und Afghanistans beherrschten, nach Westen abgedrängt worden. Die am anderen Ende des Steppengürtels von den Petschenegen besiegten Magyaren gerieten nun in den diplomatischen Gesichtskreis Konstantinopels und wurden 895 von Leon VI. gegen die Bulgaren mobilisiert. Ein Großteil der Magyaren siedelte sich aber in der Folge so wie davor schon die Hunnen und die Awaren im Karpatenbecken an, wo sie sowohl das Mährische Reich als auch die Herzöge Bayerns besiegten. Auch das Römerreich wurde in den nächsten Jahrzehnten mehrfach Ziel ihrer weitreichenden Raubzüge.

Der Krieg mit den Bulgaren brach 894 aus, nachdem die Römer deren Kaufleute von den Märkten der Hauptstadt ausgeschlossen hatten und ihren Handel nach Thessalonike verlegten. Der Bulgarenherrscher Simeon, ein Sohn des ersten christlichen Khans Boris-Michael, hatte vor seiner Thronbesteigung 893 eine Ausbildung in Konstantinopel genossen und dort Griechisch gelernt sowie den Glanz des römischen Kaisertums erfahren. Er förderte in seiner neuen Hauptstadt Preslav und in seinem Reich die Tätigkeit der nach Bulgarien gewanderten Schüler Kyrills und Methods, darunter der als Bischof von Ochrid amtierende Kliment. Ihm wird in legendenhafter Überlieferung die Entwicklung der nach seinem Lehrer benannten Kyrillischen Schrift zugeschrieben, die um diese Zeit entstand. Der Krieg zwischen Bulgarien und dem Römerreich, für den Leon VI. eben auch die Magyaren mobilisiert hatte, wurde 897 vorerst beendet. In einer seiner Schriften, den sogenannten *Taktika*, beschwor der Kaiser den «Frieden Christi», der mit den Bulgaren herrschen sollte, da sie seit ihrer Taufe denselben Glauben mit den Römern teilten. Dieses Ideal des Friedens unter Christen erstreckte sich laut Leon auch auf die Franken und Langobarden. Es konnte aber ebenso wie Waffengewalt als Instrument der gottgewollten Weltherrschaft des Römer gedeutet werden, wie das wohl Leon VI. zuzuschreibende Mosaik über dem Kaiserportal in der Hagia Sophia andeutet (Abb. 5).

Das Mosaik zeigt den Kaiser auf den Knien in tiefer Proskynese vor dem als *Pantokrator* («All-Herrscher») thronenden Christus, der ein geöffnetes Buch mit den Worten des Evangeliums «Friede sei mit Euch» in Händen hält. Aufgabe des Kaisers als erstem Die-

Abb. 5: Kaiser Leon VI. kniet vor dem thronenden Jesus Christus. Mosaik in der Lünette über dem Kaiserportal im Esonarthex der Hagia Sophia, Istanbul.

ner Christi war es, diesen Frieden als Herrscher über die Welt zu verwirklichen. Mit diesem Bildwerk bediente der Kaiser die offizielle Rom-Ideologie der Eliten in Konstantinopel. In den *Taktika* Leons VI. finden sich aber auch Beispiele für Ansprachen an «einfache» Soldaten in Kleinasien. An erster Stelle werden dort spirituelle Belohnungen und materielle Wohltaten des Kaisers in Aussicht gestellt. Diese sollen die Soldaten motivieren, für die christlichen Glaubensgeschwister, vor allem aber für ihre Frauen, Kinder und ihr Heimatland im Sinne ihrer Wohnsitze in den Krieg zu ziehen. Ein übergeordnetes Römertum wird hingegen als Identifikationsangebot nicht erwähnt. Wie der Historiker Yannis Stouraitis ausführt, war sich die herrschende Elite bewusst, dass sich der Begriff des Vaterlands für «gewöhnliche» Untertanen vor allem auf ihre regionale Heimat bezog und weniger auf eine territorial abstraktere Einheit wie das Reich, die *Romania* oder eine Gemeinschaft aller christlichen Römer.[28]

Diese regionale Verbundenheit verstärkte sich auch durch die Verknüpfung des Kriegsdiensts mit Landgütern in den Stationierungsgebieten. Solche Besitzungen hatten die Soldaten auf eigene Initiative schon immer im Umkreis ihrer Garnisonen erworben, durch Kauf oder auch Einheirat in ansässige Familien. Mit dem 9. und 10. Jahrhundert, und nicht wie in der früheren Forschung angenommen schon ab dem 7. Jahrhundert, wurde dieser Konnex aber auch von Staats wegen institutionalisiert. Die Krieger erhielten zwar weiterhin Sold, aber auch das Besitzrecht an Soldatengütern (griechisch *stratiotika ktemata*). Diese mussten einen bestimmten Umfang haben, um die Ausrüstung zu finanzieren, je nachdem, ob der Soldat in der Flotte, in der Infanterie oder zu Pferd kämpfte. Diese Dienstpflicht war erblich mit dem Landgut verknüpft, das auch nicht ohne Weiteres veräußert werden durfte, außer der neue Besitzer übernahm den Wehrdienst. Als zusätzlicher Anreiz diente die Befreiung dieser Landgüter von bestimmten, aber nicht allen Steuern. Dementsprechend ermahnt ein Traktat des späten 10. Jahrhunderts die Regierung, dass die Steuereintreiber die Soldaten an den Grenzen nicht zu sehr belästigen sollten, damit diese weiter bereit blieben, ihr Leben für «den heiligen Kaiser und ihr Heimatland» zu wagen.[29] Es war wohl dieses sehr konkrete steuerbegünstigte Heimatland samt Haus und Familie, für das die Soldaten zu den Waffen griffen, und weniger ein tiefsitzender römischer Patriotismus.

Nach dem Frieden mit Bulgarien musste sich Kaiser Leon VI. mit den Angriffen verschiedener Gruppen aus dem arabischen Raum auseinandersetzen, die nunmehr eigenständig ohne Kontrolle Bagdads agierten. Im Jahr 902 ging mit Taormina der letzte größere römische Stützpunkt auf Sizilien verloren. Eine neue Bedrohung entstand 909 mit der Ablösung der Aghlabiden in Tunesien durch die Dynastie der Fatimiden, die dort ein gegen die sunnitischen Abbasiden gerichtetes Gegenkalifat der ismaelitisch-schiitischen Ausrichtung des Islam errichteten. Noch gefährlicher für das Imperium waren die Raubzüge der Araber aus Kreta und anderer Piraten aus der Levante, darunter der aus dem Römerreich stammende und zum Islam konvertierte Leon, der von Tripolis im Libanon aus operierte. Im Jahr 904 schien er sogar Konstantinopel selbst anzusteuern, wandte sich dann aber nach der Einnahme von Abydos an den Dardanellen gegen Thessalonike. Die zweitgrößte Stadt des Römerreichs in Europa wurde geplündert, ein Großteil der Bevölkerung in die Sklaverei verkauft. Ein neuer Versuch der Römer, Kreta zurückzuerobern, scheiterte hingegen 911 bei Gesamtkosten von mehr als 120000 Goldmünzen trotz der Mobilisierung von mehr als 130 Schiffen und 47000 Seeleuten und Soldaten. Darunter waren 700 Waräger und 2000 armenische Söldner.

Die Niederlage auf Kreta kratzte ebenso am Image von Kaiser Leon VI. wie sein Streit mit der Kirche. Der Kaiser war trotz dreier Ehen ohne legitimen Thronfolger geblieben. 905 nahm er deshalb die Mutter seines außerehelich gezeugten Sohnes Konstantin, Zoë, in einer eigentlich verbotenen vierten Ehe zur Frau. Als Patriarch Nikolaos I. Mystikos die Anerkennung der Zoë als Kaiserin und des Konstantin als Thronerben ablehnte, wandte sich Leon VI. an die Patriarchen des Ostens sowie an Papst Sergius III., der ihm den erhofften Dispens gewährte. Der Konflikt brodelte jedoch immer noch weiter, als der Kaiser im Mai 912 starb.

Der Purpurgeborene und seine Konkurrenz

Aufgrund der Minderjährigkeit Konstantins und seiner in den Augen einiger Zeitgenossen fragwürdigen Legitimation bestieg Alexander, der schon vorher als Mitkaiser amtierende Bruder Leons, den Thron. Er starb jedoch 43-jährig nach wenigen Monaten im Jahr 913, sodass nun die Nachfolge erst recht an den achtjährigen Konstantin VII. ging. Sein Beiname *Porphyrogennetos* (der «Purpurgeborene») strich heraus, dass er, obgleich unehelich, während der Regierungszeit seines Vaters im kaiserlichen Prinzen und Prinzessinnen vorbehaltenen, mit Porphyr ausgekleideten Geburtsgemach im Palast zur Welt gekommen war. Die Regentschaft übernahm zuerst Patriarch Nikolaos I., der die Legitimität Konstantins nun anerkannte. Er musste sich vor allem mit den Angriffen der Bulgaren auseinandersetzen, mit denen noch Alexander unklugerweise den Frieden gebrochen hatte. Deren Herrscher Simeon, der aufgrund seiner Ausbildung in Konstantinopel über die dortigen Verhältnisse gut im Bilde war, verstand die Minderjährigkeit Konstantins VII.

als Gelegenheit, selbst einen Anteil an der Kaisermacht zu erlangen. Als Simeon die Hauptstadt 913 direkt bedrohte, appellierte der Patriarch an sein Gewissen als Christ, der nicht das Blut von Glaubensgeschwistern vergießen sollte. Zu einer Einigung kam es aber erst, als Nikolaos I. im August 913 Simeon eine persönliche Begegnung gewährte, ihn als *basileus* (Kaiser) der Bulgaren anerkannte und die Verheiratung einer seiner Töchter mit Konstantin VII. versprach. Auf diesem Weg konnte Simeon hoffen, als Mitherrscher des unmündigen Kaisers der Römer agieren zu dürfen.

Dieses Abkommen wurde jedoch von der Kaiserinmutter Zoë und ihren Anhängern abgelehnt; sie verdrängten den Patriarchen von der Regentschaft. Simeon erneuerte daraufhin seine Angriffe gegen das Römerreich. Wie schon zuvor unter Leon VI. mobilisierten Gesandte Konstantinopels im Rücken der Bulgaren mit Geschenken die Magyaren nördlich der Donau und die Petschenegen nördlich des Schwarzen Meers, deren Einfälle Simeon jedoch abwehren konnte. Dafür fügte er den Römern im August 917 bei Anchialos am Schwarzen Meer eine schwere Niederlage zu. Mit Mühe gelang dem römischen Befehlshaber Leon aus der einflussreichen Familie Phokas die Flucht. Simeon ließ sich danach zum Kaiser der Bulgaren und Römer ausrufen und erklärte die Unabhängigkeit der bulgarischen Kirche unter einem eigenen Patriarchen in Preslav.

Leon Phokas hoffte, die angespannte militärische Lage nutzen zu können, um als Mitkaiser für den immer noch minderjährigen Konstantin VII. an die Macht zu gelangen. Zoë suchte jedoch die Unterstützung des Oberkommandierenden der Flotte, Romanos Lakapenos, der 919 sowohl zum Schwiegervater als auch Mitregenten des Kaisers wurde. Als Leon Phokas einen Putsch gegen diese neue Regentschaft versuchte, konnte Romanos dies verhindern, nutzte aber die Gelegenheit, sich im Dezember 920 offiziell zum Mitkaiser ausrufen zu lassen. Schon wenige Monate später verdrängte er Konstantin VII. im Mai 921 als Hauptkaiser und ließ zudem seine Söhne Christophoros und später Stephanos und Konstantin zu Mitkaisern krönen, um seiner Familie die Nachfolge zu sichern. Konstantin VII. hielt man hingegen von den Regierungsgeschäften fern, was ihm zwar viel Zeit für seine literarischen Interessen ließ, aber die Weiterexistenz der makedonischen Dynastie in Frage stellte.

Auch der nunmehrige Kaiser (oder slawisch Zar) Simeon der Bulgaren nahm an dieser Regelung Anstoß, hatte er doch selbst auf einen Anteil an der Macht im Römerreich gehofft. Deshalb plante er die Eroberung Konstantinopels und nahm dafür sogar diplomatische Kontakte mit den Fatimiden in Nordafrika auf, deren Flotte ihn beim Angriff unterstützen sollte. Allerdings wurden die Gesandten der Fatimiden auf dem Weg nach Bulgarien in Süditalien von römischen Truppen aufgegriffen, jedoch auf Befehl des Kaisers mit reichen Geschenken nach Nordafrika zurückgeschickt, um den fatimidischen Kalifen von einer Allianz mit Simeon abzuhalten. Im November 924 kam es zu einem Treffen zwischen Simeon und Kaiser Romanos I. Lakapenos vor den Toren Konstantinopels, das aber den Krieg nicht beendete. Die Serben, welche die Römer im Rücken des Gegners mobilisiert hatten, konnte Simeon im selben Jahr besiegen. Seine Macht reichte nun vom Schwarzen Meer bis zur Adria und von der Donau bis an die Ägäis, wobei sich die Hauptzentren wie Thessalonike und eben Konstantinopel weiter seinem Zugriff entzogen. Da ihm das Neue Rom die Anerkennung verweigerte, wandte sich Simeon wie schon zuvor sein Vater Boris-Michael an den Papst, der die Eigenständigkeit der bulgarischen Kirche und den Kaisertitel Simeons zu bestätigen versprach. Als die Gesandten des Pontifex in Bulgarien eintrafen, war Simeon jedoch zuvor am 27. Mai 927 überraschend verstorben.

Nachdem beide Seiten von den langen Kämpfen erschöpft waren, schlossen Romanos I. Lakapenos und Simeons Nachfolger Peter in einem persönlichen Treffen vor der Hauptstadt im Oktober 927 Frieden. Der Bulgarenherrscher wurde, ähnlich wie zuvor Karl der Große, als *basileus* (Kaiser) anerkannt, aber eben nur der Bulgaren und nicht der Römer. Auch die Erhebung des bulgarischen Erzbischofs zum eigenständigen Patriarchen wurde akzeptiert. Zudem erhielt Zar Peter mit Maria eine Enkelin Romanos' I. Lakapenos zur Frau. Später kritisierte Konstantin VII. diese Eheschließung als ungehörige Verbindung des römischen Kaiserhauses mit einem fremden, barbarischen Volk, als das er die Bulgaren trotz ihrer

Christianisierung immer noch erachtete. Dennoch sollte dieser Frieden immerhin mehr als 40 Jahre halten, obwohl damit Konstantinopels Stellung in Südosteuropa stark eingeschränkt blieb.

In die Offensive ging das römische Reich hingegen an der Ostgrenze. Dort war der Einfluss des Kalifen jenseits von Bagdad immer schwächer geworden; zudem wurde sein Alleinanspruch auf die Führung der islamischen Welt ab 909 nicht nur durch die schiitisch-ismaelitischen Fatimidenkalifen in Nordafrika, sondern ab 929 auch durch den Umayyadenemir im spanischen Córdoba herausgefordert, der nun ebenfalls den Kalifentitel führte. Konstantinopel suchte die diplomatische Verständigung mit allen drei Nachfolgern des Propheten, profitierte aber auch in wachsendem Maße von der politischen Fragmentierung an seiner Grenze.

934 wurde Melitene (heute Malatya), das für fast 300 Jahre einer der wichtigsten Ausgangspunkte für arabische Einfälle gewesen war, von römischen Truppen eingenommen. Zwischen 936 und 941 suchten nach Konflikten mit ihrem Oberherrn aus der Dynastie der Hamdaniden 10 000 Reiter der arabischen Banu Habib aus der Gegend von Nisibis in Nordmesopotamien mit ihren Familien und Herden auf römischem Boden Zuflucht. Sie erhielten fruchtbares Land, wertvolle Geschenke, konvertierten zum Christentum und verstärkten, ähnlich wie 100 Jahre zuvor die Khurramiten unter Theophilos, die römischen Truppen. Jenseits des Euphrat zwang eine römische Armee 944 den Emir von Edessa als Gegenleistung für den Abzug der Römer, das seit dem 6. Jahrhundert dort belegte, angeblich von Jesus selbst dem früheren König der Stadt übermittelte wundertätige Bild Christi, das *Mandylion*, herauszugeben. Das Bild wurde nach Konstantinopel gebracht und in einer triumphalen Prozession durch die Hauptstadt getragen.

Die neugewonnenen Gebiete organisierte man in relativ kleinräumigen Militärbezirken (Griechisch *mikra themata*), die den teils regional angeworbenen Anführern, oft Armeniern oder Syrern, und ihrem Gefolge zur Verteidigung und Neubesiedlung übergeben wurden. Größere Besitzkomplexe gerieten aber auch unter die direkte Verwaltung des Staates oder in den Besitz von Angehörigen jener immer prominenteren Familien wie der Phokas, die ihre Stellung im Militär und in der Verwaltung dazu nutzten, ihren Grundbesitz zu erweitern. Demgegenüber ging die Zahl der freien Bauern zurück. Immer mehr begaben sich freiwillig oder unfreiwillig in die Abhängigkeit mächtiger Landbesitzer und bewirtschafteten als *paroikoi* eigenes und von Großgrundbesitzern gepachtetes Land.

Eine entscheidende Rolle wird rückblickend in der kaiserlichen Gesetzgebung dem Extremwinter 927/928 zugeschrieben. Der Historiker Johannes Skylitzes schreibt, dass es «in diesem Jahr einen unerträglichen Winter gab mit dem Ergebnis, dass der Boden 120 Tage lang gefroren war». Eine große Hungersnot, «die jene der Vergangenheit übertraf», folgte auf diesen Winter. Der Verlust an Leben war so groß, dass die Lebenden die Toten nicht begraben konnten. Dies geschah, obwohl der Kaiser (Romanos I. Lakapenos) sein Bestes tat, um die Situation nach den Verwüstungen des Winters und der Hungersnot «mit guten Werken und anderen Hilfsmitteln aller Art zu lindern».[30]

Was Kaiser Romanos I. Lakapenos ebenfalls nicht verhindern konnte, war die Ausnutzung der Notlage, die der Extremwinter heraufbeschworen hatte, durch die «Mächtigen» (griechisch *dynatoi*), die nun für wenig Geld die Äcker der hungernden kleineren und mittleren Bauern aufkauften. Darunter waren auch Besitzer von Soldatengütern, deren Dienstpflicht mit der Aneignung durch die Mächtigen dem Staat verlorenzugehen drohte. Allerdings versuchte der Kaiser, diese Entwicklung rückgängig zu machen, als man in Konstantinopel davon Kenntnis erlangte. In einem Gesetz des Jahres 934 verfügte er, dass reiche und mächtige Personen, die seit dem Ausbruch der Hungersnot die Kontrolle über Dörfer erlangt und dort Besitzungen erworben hatten, ausgewiesen wurden. Dabei sollten sie den Kaufpreis entweder von den ursprünglichen Besitzern oder deren Erben und Verwandten oder von der Dorfgemeinschaft zurückerhalten.

Die Novelle Romanos' I. Lakapenos war die erste in einer Reihe von Gesetzen, mit denen die Kaiser bis ins frühe 11. Jahrhundert versuchten, der Verschiebung ökonomischer und gesellschaftlicher Macht hin zu den aristokratischen Großgrundbesitzern Einhalt zu gebieten. Auf lange Sicht neigten sich die Gewichte jedoch zugunsten der Mächtigen auf dem Land, da die Dynamik nicht nur von oben nach unten, sondern auch von unten nach oben wirkte. Bauern entschieden sich oft, ihr Land zu verkaufen und Pächter zu werden, da die Großgrundbesitzer sie besser vor den Risiken schlechter Ernten oder Hungersnöten und den Forderungen der Steuereintreiber schützen konnten. Allerdings waren viele der höheren Amtsträger der staatlichen Verwaltung ebenso Vertreter von mächtigen Familien, die diese Position umso mehr nutzen konnten, um Druck auf ihre weniger begüterten Nachbarn auszuüben. Unter den Großgrundbesitzern waren neben den Laien auch kirchliche Einrichtungen wie die seit dem späten 10. Jahrhundert an Zahl wachsenden Klöster des Bergs Athos in Nordgriechenland zu finden. Sie verbanden institutionelle Langlebigkeit mit Privilegien in Form von Steuerbefreiungen aufgrund ihres Status als Vermittler des Seelenheils.

Im Vergleich zu den Klöstern blieb der Status der weltlichen Eliten trotz des relativen Machtzuwachses im 10. Jahrhundert aber fragil. Anders als in den Königreichen Westeuropas wurden der adelige Stand und der Zugang zu Ämtern im mittelalterlichen Römerreich nie offiziell verrechtlicht und erblich. Jene Familien, die Reichtum und Macht über Generationen weitergeben konnten, blieben die Ausnahme. Eine statistische Analyse der ‹Karrieren› von 282 Familien der römischen Elite vom 10. bis zum 12. Jahrhundert ergab, dass es nur vier von ihnen gelang, ihren Status über die gesamten 200 Jahre zu bewahren, und nur 15 Prozent für mehr als 100 Jahre. Die überwiegende Mehrheit verschwand nach drei, zwei oder sogar nur einer Generation wieder aus der Elite. Dazu gehörten auch Familien, deren Ahnherren von jenseits der Grenzen in den Dienst des Kaisers getreten waren, vor allem im militärischen Bereich. Von 85 Familien, deren Mitglieder im 10. und 11. Jahrhundert führende Kommandos im römischen Heer innehatten, stammten 25 ursprünglich aus Armenien oder Georgien, zwölf aus südosteuropäischen Regionen, neun aus arabischen oder türkischen Gruppen, acht aus dem lateinischen Westen und vier aus den Gebieten der Steppen oder der Rus. Allerdings hatten sich viele von ihnen innerhalb weniger Generationen weitgehend integriert, waren römische Christen und sprachen Griechisch.

Die Fragilität des Status der Eliten reduzierte in einem gewissen Umfang aber auch die politische Stabilität. Konstantinopel und der kaiserliche Apparat waren seit dem territorialen Schrumpfen des Römischen Reiches im 7. Jahrhundert noch mehr als zuvor zur Quelle von Reichtum und Prestige geworden. Somit mussten aufstrebende Mitglieder der Eliten und ihre Nachkommen ihren Zugang zur kaiserlichen Gunst oder gar zum kaiserlichen Amt dauerhaft garantieren, was die Konkurrenz um Teilhabe an der Macht verschärfte. Als die verbesserte Sicherheitslage und die territoriale Expansion des Reiches ab dem späten 9. und frühen 10. Jahrhundert es den Mächtigen ermöglichten, ihre Einkünfte und ihr Prestige aus dem Staatsdienst mit der Ausweitung ihres Grundbesitzes zu verknüpfen, gab es sogar noch mehr zu verlieren, wenn eine Familie den Zugang zum imperialen System verlor.

Gleichzeitig war das Kaisertum in Konstantinopel gemäß römischer Tradition nicht erblich, sondern formell von der nie in ein bestimmtes Verfahren gegossenen Wahl durch Senat, Heer und Volk abhängig. Die Nachkommen regierender Kaiser waren zwar bei der Nachfolge meist im Vorteil, und der makedonischen Dynastie gelang es ab 867 für fast 200 Jahre, sich den Thron zu sichern. Dies war jedoch schon seit dem Tod Leons VI. bzw. Alexanders und der Nachfolge Konstantins VII. nur durch die Einbindung anderer führender Mitglieder der Elite wie Romanos I. als Mitherrscher möglich. Wann immer der jeweilige ‹makedonische› Thronfolger minderjährig war, wurde fortan die Kontinuität der Dynastie durch die Einbeziehung mächtiger Vertreter der Armee oder der Verwaltung aufrechterhalten, mittels Heirat und Teilhabe am kaiserlichen Amt. Damit stieg aber auch die Zahl jener Familien, die vom Kaisertum gekostet hatten und deren Vertreter sich dementsprechend der Krone würdig erachteten.

Die Fragilität dieser Teilhabe erfuhr auch die Lakapenos-Familie. Nachdem sein ältester Sohn Christophoros 931 verstorben war, hatte Romanos I. seine jüngeren Söhne Stephanos und Konstantin unter neuerlicher Zurückstufung Konstantins VII. als Mitkaiser eingesetzt. Dennoch waren sich die Lakapenos-Söhne ihrer Stellung nie ganz sicher und fürchteten, dass ihr Vater letztlich doch den älteren Rechten Konstantins, der auch sein Schwiegersohn war, den Vorzug geben würde. Zudem wurde Konstantin VII. und Helene Lakapene 938 ein Sohn geboren, den sie nach dem Großvater den Namen Romanos gaben. Für ihn handelte Romanos I. schon 941 eine Verlobung mit Bertha aus, einer Tochter Hugos, des Königs der Provence und Italiens. Nach ihrer Ankunft in Konstantinopel 944 erhielt sie den griechischen Namen Eudokia und bildete mit ihrem Gatten bereits die übernächste Generation in der Kaiserfolge. Die Söhne Romanos' I. wagten deshalb im Dezember 944 einen Umsturz, setzten ihren Vater ab und verbannten ihn als Mönch auf die Insel Prote im Marmarameer. Doch überschätzten sie ihre Macht, denn nun gelang es Konstantin VII., seine Schwäger vom Thron zu vertreiben und 945 als mittlerweile 40-Jähriger tatsächlich die Kaisermacht zu übernehmen. Unterstützung fand Konstantin VII. dabei auch bei einem unehelichen Sohn Romanos' I., Basileios Lakapenos, der schon kurz nach seiner Geburt kastriert worden war, um ihn von der Thronfolge auszuschließen. Er wurde von Konstantin VII. mit dem meist von Eunuchen wahrgenommenen Amt des *parakoimomenos* (wörtlich «der, der im Zimmer neben dem Kaiser schläft», und auch den Zugang zu ihm regelt) betraut, das ein besonderes Vertrauensverhältnis voraussetzte.

Wissen ist Macht

Basileios Lakapenos hatte auch Anteil an der von Konstantin VII. initiierten Sammel- und Schreibtätigkeit, und zwar über den Tod des Kaisers hinaus. Sie umfasste nicht nur die bereits erwähnte Neuschreibung der Geschichte der Kaiserherrschaften nach dem Ende der *Chronographia* des Synkellos und Theophanes, sondern auch die Erfassung von Texten aus allen Wissensgebieten auf Grundlage der in Konstantinopel und seiner Umgebung zugänglichen Handschriften. Diese Informationen aus der römischen und vorrömischen Vergangenheit sollten als konkretes Herrschaftswissen dem Kaiser und seinen Nachfolgern in systematischer Weise zugänglich gemacht werden.

Diesem Zweck dienten etwa die 53 Bücher der «Exzerpte», für die Ausschnitte aus mehr als 25 historiographischen und anderen Texten thematisch neu angeordnet wurden. Ein Projekt dieses Umfangs, das die Sammlung von Dutzenden Manuskripten sowie deren Sichtung, Neuanordnung und Überführung in neue teure Handschriften durch mehrere Schreiber erforderte, konnte wohl nur durch den Kaiser selbst finanziert werden. Eine neueste Schätzung geht von mehr als 10000 Schafen aus, deren Häute für das als Schriftträger notwendige Pergament verarbeitet wurden. Erhalten sind zur Gänze nur die Bücher über Gesandtschaften und über militärische Hinterhalte, in Teilen jene über Tugenden und Laster sowie über Sinnsprüche. Zu rekonstruieren sind die Titel weiterer Bücher über die Thronfolge, kaiserliche Hochzeiten, aber auch Verschwörungen, Vorzeichen und Naturphänomene.

Aufzeichnungen über Feste, Empfänge und Rituale am Kaiserhof in früherer und neuerer Vergangenheit wurden im sogenannten «Zeremonienbuch» gesammelt. Sie gaben auch Aufschluss über die vormalige Nutzung der mittlerweile zum Teil verfallenen Gebäude aus dem 4., 5. und 6. Jahrhundert im nördlichen Teil des Palastareals, von denen Konstantin VII. wieder einige instand setzen ließ. Insgesamt lassen die Angaben im Zeremonienbuch und die baulichen Veränderungen an den Kaiserpalästen kein erstarrtes System an Ritualen erkennen, sondern vielmehr die ständigen Anpassungen in der Selbstdarstellung des Kaisertums. Das Zeremonienbuch bietet ebenso Informationen zu diplomatischen Kontakten in Ost und West wie über die Organisation von Feldzügen, obgleich Konstantin VII. im Gegensatz zu seinem Großvater Basileios I. niemals selbst an Kriegen teilnahm. Demnach sollte der kaiserliche Tross auch Bücher mit sich führen, neben heiligen Schriften Handbücher zur Kriegskunst, aber auch Werke von Historikern sowie Anleitungen zur Deutung von Träumen und anderen Vorzeichen wie Wetterphänomenen und Erdbeben. Mit diesem Arsenal an Wissen sollte ebenso die zivilisatorische Überlegenheit des Römerreichs deutlich gemacht werden.

Die verschiedenen Sammelwerke, die unter Konstantin VII. erstellt wurden, dienten im späten 10. Jahrhundert auch als Grundlage der *Suda*, des mit 31 000 Einträgen umfangreichsten Lexikons der mittelalterlichen griechischsprachigen Welt. Interessant ist darin der Abschnitt zum Kaiserreich (griechisch *basileia*): Dieses «gehört zu den gemeinschaftlichen Gütern», und die öffentlichen Mittel des Fiskus sind deshalb «nicht Eigentum des Kaisers». Die übermäßige «gewaltsame Einhebung von Steuern» ist als tyrannisch und unmoralisch abzulehnen, und nur begründete und maßvolle Steuerforderungen können Akzeptanz finden.[31] Solche in den älteren Traditionen römisch-christlichen Staatsdenkens verankerten Passagen dienen als Gegengewicht zu anderen Texten etwa im Zeremonienbuch, in denen der Kaiser als von Gott eingesetzter *autokrator* (Selbstherrscher) gepriesen wird. Auch in einem anderen unter Konstantin VII. erstellten Text über die Provinzen und ihre Namen (*De thematibus*) wird die gute alte Zeit beschworen, «als die Kaiser die Armee in den Krieg führten und das Joch der römischen Herrschaft auf die Rebellen legten und fast die gesamte Welt eroberten, die ohne Ordnung und im Aufruhr war». Mittlerweile aber sei das Römerreich geschrumpft und «verstümmelt». Dieser Verfall habe mit der Herrschaft des Herakleios im 7. Jahrhundert begonnen, da die Kaiser nicht mehr in der Lage waren, ihre Besitzungen zusammenzuhalten. Zudem, so wird interessanterweise ergänzt, nutzten sie nun meist das Griechische und gaben Latein, «die Sprache ihrer Väter», auf.[32]

Um einen weiteren Niedergang römischer Macht zu verhindern, verfasste Konstantin VII. auch eine Lehrschrift für seinen Sohn Romanos II. über den Umgang mit den Nachbarn des Reichs (*De administrando imperio*) und instruierte ihn, «welches Volk worin den Römern nützen oder schaden kann, und wie und durch welches Volk jedes dieser Völker bekämpft und unterworfen werden kann». Insbesondere das «gierige und unersättliche Wesen» der Barbaren konnte der kluge Herrscher nutzen, um sie durch Geschenke und Ehrungen zur Anerkennung seiner Oberhoheit oder zum Angriff auf andere, unbotmäßige Nachbarn zu überreden.[33] Das Buch vermittelt den Eindruck, dass der Kaiser alle Fäden in der Hand hielt, um die auch durch verschiedene Verwandtschaftsprädikate als «Söhne», jüngere «Brüder» oder «Freunde» ausgezeichneten Herrscher der näheren oder entfernteren Nachbarschaft in eine vom Übervater in Konstantinopel gelenkte «Familie» einzugliedern. Tatsächlich aber zeigt ein Blick in die außerrömische Überlieferung, wie diese Nachbarn die vom Kaiser kommenden Gaben und Rangtitel kreativ nutzten, um ihren Status und ihre Macht gegenüber inneren Konkurrenten und äußeren Gegnern zu steigern. Die Eliten der Armenier, Georgier, Serben, Kroaten oder der Rus spielten nicht weniger virtuos auf der Klaviatur der Diplomatie wie die Römer. Letztere sahen sich zudem weitaus öfter aus realpolitischen Gründen zu großen Zugeständnissen gezwungen, als es die ideologisch gefärbten Texte aus dem Schreibprojekt Konstantins VII. glauben machen wollen.

Der erneuten Erweiterung der römischen Einflusssphäre diente auch das Bemühen um die Ausdehnung des Christentums. Im Jahr 941 hatte der Fürst der Rus Igor von Kiew einen Angriff zur See auf Konstantinopel unternommen, und 944 wurde ein neuer Handelsvertrag geschlossen. 946 oder 957 kam dann Igors Witwe Olga in die Hauptstadt und empfing mit dem Namen Helene nach ihrer Patin, der Kaiserin Helena Lakapene, die Taufe. Mit der Taufe der Fürstin war aber noch keine umfassende Christianisierung der Rus verbunden. Zudem wandte sich Olga 959 an den deutschen König Otto I., um den Einfluss Konstantinopels durch Beziehungen mit der Westkirche auszugleichen. Auch der Anführer der Magyaren, Bulcsú, reiste 948 nach Konstantinopel und wurde dort getauft. In der Folge wurde ein Bistum *Turkia* (nach der damals in römischen Quellen üblichen Bezeichnung für die Magyaren) eingerichtet, das unter der Jurisdiktion Konstantinopels im südlichen Karpatenbecken bis ins 11. Jahrhundert Bestand hatte. Die hauptsächliche Christianisierung Ungarns erfolgte jedoch vom Westen her, nachdem Otto I. den Magyaren 955 auf dem Lechfeld bei Augsburg eine schwere Niederlage bereitet hatte.

König Otto I. wiederum, der schon ab 945 Gesandte mit Konstantinopel ausgetauscht hatte, strebte nach diesem Sieg und mehreren Feldzügen in Italien eine Erneuerung des Kaisertums Karls des Großen an – ein Ziel, das er mit seiner Krönung in Rom 962 erreichte. Einmal mehr wurde der römisch-universelle Alleinvertretungsanspruch Konstantinopels in Frage gestellt. Auch militärisch war die Zeit der Alleinregierung Konstantins VII. von einigen Rückschlägen geprägt. Ein neuerlicher, enorm teurer Feldzug zur Eroberung Kretas scheiterte 949. Ab 945 konnte der Emir von Aleppo, Saif-ad-Daula, aus der Familie der Hamdaniden mehrfach römische Truppen im Osten besiegen. Und auch in Sizilien waren die Muslime weiter auf dem Vormarsch.

Der bleiche Tod der Sarazenen

Das Blatt wendete sich allerdings zugunsten der Römer, als nach dem Tod Konstantins VII. im November 959 unter seinem Sohn Romanos II. der General Nikephoros Phokas das Oberkommando über die Armee übernahm. Ihm gelang 960/961 die Eroberung Kretas, wodurch die Ägäis wieder zum sicheren maritimen Scharnier zwischen dem Osten und Westen des Reiches wurde. Während die muslimische Bevölkerung von der Insel floh, ließ Nikephoros seine Soldaten und ihre Familien ansiedeln, darunter auch Armenier.

Durch diesen Triumph wurde Nikephoros Phokas zum aussichtsreichsten Anwärter auf die Macht, als Kaiser Romanos II. im März 963 überraschend starb. Die Krone fiel an seine beiden minderjährigen Söhne Basileios II. und Konstantin VIII., die ihm seine zweite Gattin Theophanu geboren hatte. Nikephoros ließ sich im Feldlager zum Kaiser ausrufen, erklärte sich aber nach Verhandlungen mit Theophanu, die er zur Frau nahm, im Juli 963 bereit, die Rechte ihrer Kinder auf die Thronfolge anzuerkennen. Um mit der illustren Ahnenreihe der Makedonendynastie mithalten zu können, ließ Nikephoros II. den Stammbaum der Phokas-Familie auf Kaiser Konstantin den Großen und auf die zur Zeit der römischen Republik besonders berühmte Familie der Fabier zurückführen. Gleichzeitig schrieb der Dichter Theodosios Diakonos, dass Nikephoros Phokas mit seinen Siegen die antiken römischen Feldherrn Scipio, Sulla, Julius Caesar und Pompeius übertroffen habe.

Nikephoros II. Phokas setzte auch als Kaiser seine Feldzüge fort, eroberte 965 Kilikien in Südostkleinasien und besiegte 966 den

Emir Saif-ad-Daula von Aleppo in Syrien, der sogar die römische Oberhoheit anerkennen musste. 968 wurde auch das christliche armenische Fürstentum Taron westlich des Vansees als Provinz in das Imperium eingegliedert, nachdem sich dessen Herrscher dem Kaiser unterworfen und Güter im Inneren des Reichs erhalten hatten. Angesichts dieser Erfolge soll Nikephoros II., den die Römer nach Auskunft des ottonischen Gesandten Liutprand von Cremona als «bleichen Tod der Sarazenen» priesen, einen Brief an den Abbasidenkalifen gerichtet haben.[34] Darin drohte er damit, alle Gebiete der Araber bis Zentralasien samt Bagdad zu erobern und sogar Mekka und die heiligen Stätten des Islam zu verwüsten.[35]

Ob dieses nur auf Arabisch erhaltene Schreiben authentisch ist, bleibt unklar. Es finden sich darin auf jeden Fall Anklänge von früheren, ab dem späten 7. Jahrhundert in verschiedenen ostchristlichen Sprachen verbreiteten apokalyptischen Texten, die den Sieg eines römischen Kaisers über die Muslime prophezeiten. Bis nach Bagdad gelangte Nikephoros II. nicht, aber 968/969 eroberten die Römer auch Nordsyrien mit der wichtigen Stadt Antiocheia, aus der sich 330 Jahre zuvor Kaiser Herakleios zurückgezogen hatte. Damit gelangte auch der weit nach Osten reichende Kirchensprengel des melkitischen Patriarchen von Antiocheia unter den Einfluss Konstantinopels.

Dass Nikephoros II. seine Feldzüge stärker als zuvor in ein religiöses Gewand kleiden wollte, zeigt sein Ersuchen an den Patriarchen von Konstantinopel und die Bischöfe, den im Kampf für das Kaiserreich gefallenen Soldaten den Status von Märtyrern zuzubilligen – ähnlich, wie es für Glaubenskämpfer im Islam der Fall war. Doch auch wenn die Armeen der Römer mit Ikonen und unter Anrufung Gottes in den Kampf zogen, lehnten die Kleriker eine solche Heiligsprechung des Kriegshandwerks unter Verweis auf ältere Bestimmungen ab. So hatte der als Autorität geltende Basileios von Kaisareia im 4. Jahrhundert das Töten im Krieg für das Reich als notwendige, aber letztlich doch sündhafte Tat gewertet. Dass sich Nikephoros II. in diesem Fall nicht gegen die Kirche durchsetzen konnte, zeigt ihr nach dem Ikonoklasmus gegenüber der Kaisermacht gestiegenes Gewicht.

Nikephoros II. erwies sich wiederum als Förderer des Mönchtums, insbesondere des Athanasios, der sich um 958 auf dem Athos, dem östlichsten Finger der Chalkidike-Halbinsel in Nordgriechenland, niedergelassen hatte, wo schon vorher klösterliche Gemeinschaften bestanden hatten. Mit Unterstützung des Kaisers, der einen jährlichen Zuschuss von 244 Goldstücken gewährte, gründete Athanasios 963 dort die Megiste Laura, das älteste der Großklöster des Athos, der danach zu einem immer wichtigeren Zentrum des Mönchtums wurde. Um das Jahr 1000 lebten allein in der Megiste Laura bereits über 700 Mönche. Auch Nikephoros II. selbst führte ein fast mönchisch-asketisches Leben, sowohl im Felde als auch im Kaiserpalast. Doch machten ihn seine Konzentration auf die Armee und die damit verbundene Steuerpolitik sowie auch sein ansonsten offenbar schroffes Wesen unter der Zivilbevölkerung, insbesondere in der Hauptstadt, nicht allzu beliebt.

In sehr schlechtes Licht rückt den Kaiser der italienische Bischof Liutprand von Cremona, der 968 im Auftrag Ottos I. nach Konstantinopel kam. Er sollte eine Anerkennung des neuen Kaisers im Westen und damit verbunden die Vermählung einer Prinzessin aus Konstantinopel mit dem Thronerben Otto II. erreichen. Liutprand musste aber nicht nur mitansehen, wie ihm an der kaiserlichen Tafel die Gesandten der «barbarischen» Bulgaren, deren Herrscher mit Zustimmung Konstantinopels den imperialen Zarentitel führte, vorgezogen wurden. Er erfuhr auch eine barsche Ablehnung der Ansprüche seines Herrn durch Nikephoros. Und zu allem Überdruss wurde er bei der Abreise beim Schmuggeln purpurgefärbter Seidenkleider erwischt, deren Export verboten war, und musste die teuer erworbenen Textilien zurücklassen. Entsprechend negativ kommen im Bericht des Liutprand nicht nur der Kaiser, sondern das Neue Rom in seiner Gesamtheit weg. Die Rezeption des Textes in Westeuropa beflügelte danach so manches Vorurteil über die «verräterischen Griechen».

Feinde machte sich Nikephoros II. Phokas auch am eigenen Kaiserhof, darunter seine eigene Gattin Theophanu. Ob sie tatsächlich das Eheleben mit dem strengen Kaiser als unerträglich empfand oder um die Thronrechte ihrer Kinder fürchtete, auf jeden Fall verschwor sie sich mit einem Verwandten des Nikephoros, dem ebenfalls erfolgreichen General Johannes Tzimiskes. Er drang am 11. Dezember 969 mit mehreren Helfern in den Palast ein und ermordete den Kaiser. Die geplante Heirat mit Theophanu verbot allerdings Patriarch Polyeuktos. Die Kaiserin musste ins Kloster gehen, und Johannes I. nahm eine Schwester des verstorbenen Romanos II. zur Frau, eine Tante der nach wie vor nominellen Mitkaiser Basileios II. und Konstantin VIII. aus der makedonischen Dynastie.

Gegen den Staatsstreich Johannes' I. erhoben sich Bardas, ein Neffe des ermordeten Nikephoros II., und andere Angehörige der Phokas-Familie, wurden aber nach längeren Kämpfen 971 besiegt. Dabei konnte der Kaiser auf die Unterstützung der mit ihm verwandten, einflussreichen Familie Skleros zurückgreifen, die mit wichtigen Posten belohnt wurde. Auch andere Würdenträger sowie die von Nikephoros I. geförderten Klöster des Athos wurden mit einer Erhöhung der jährlichen Zahlungen freundlich gestimmt. Bedroht sah sich der Kaiser durch ein anderes Erbe der Regierungszeit seines Vorgängers: Als 967 Nikephoros II. den Gesandten der Bulgaren den üblichen Tribut verweigerte, brach nach 40 Jahren des Friedens wieder Krieg zwischen den beiden Reichen aus.

Da sich Nikephoros II. auf den Kampf gegen die Araber im Osten konzentrieren wollte, sandte er nach bewährtem Muster Gesandte mit einem Geschenk von 1500 Pfund Gold an Fürst Swjatoslaw I. von Kiew, um die Rus zu einem Angriff auf die Bulgaren zu mobilisieren. Swjatoslaw hatte zuvor zwischen 963 und 965 die Hauptorte der Chasaren an Don und Wolga erobert und somit die Macht dieses Steppenreichs nach 300 Jahren zerschlagen. Schon davor führte das Ausbleiben des Silbers aus dem zentralasiatischen Samanidenreich in Osteuropa zu Unruhen. Ab den 950er Jahren ging der seit dem späten 9. Jahrhundert zuvor stets wachsende Geldfluss über die Handelsrouten dramatisch zurück. Die Ursachen waren eine Erschöpfung der Silbervorkommen in Afghanistan und eine Reihe von Aufständen, die die Samaniden einiger ihrer reichsten Provinzen beraubten. Wohl um den noch vorhandenen Handel an der Wolga unter Kontrolle zu bringen, unternahm Swjatoslaw die Angriffe auf das Chasarenreich. Den Rus gelang es jedoch nicht, dauerhaft ihre Macht auf die untere Wolga auszudehnen. Auf der Suche nach anderen Quellen des Reichtums folgte Swjatoslaw 968 der Einladung des Nikephoros und fiel von Norden her in Bulgarien ein. Binnen Kurzem hatte er die Kerngebiete des Landes an der unteren Donau erobert, machte aber nun keine Anstalten, wieder nach Kiew zurückzukehren, sondern plante, das Zentrum seiner Macht nach Bulgarien zu verlegen.

Die Etablierung eines solch gefährlichen Nachbarn lag, auch in Erinnerung an die früheren Angriffe der Rus auf Konstantinopel, nicht im Interesse der Römer. Johannes I. Tzimiskes mobilisierte große Teile der Armee und der Flotte und nahm Swjatoslaw zu Lande von Süden und zu Wasser von der Donaumündung her in die Zange. Nach mehreren verlustreichen Schlachten musste Swjatoslaw im Juli 971 schließlich kapitulieren und abziehen. Auf dem Rückweg nach Kiew fiel er einem Hinterhalt der Petschenegen zum Opfer. Der gefangen genommene Zar der Bulgaren Boris II. wurde von Johannes I. mit verschiedenen Schätzen im Triumphzug nach Konstantinopel gebracht und dort vor den Augen der Bevölkerung seiner herrschaftlichen Insignien entkleidet – ähnlich, wie es Justinian I. mit den Herrschern der Vandalen und Ostgoten getan hatte. Damit wurde das Bulgarenreich symbolisch als Staat aufgelöst.

Während dieser Kämpfe erklärte sich Johannes I. Tzimiskes aber auch zu dem von Nikephoros II. verweigerten Ausgleich mit Kaiser Otto I. in Süditalien bereit und entsandte eine Prinzessin als Frau für den Thronerben Otto II. Es handelte sich mit Theophanu zwar nicht um die gewünschte «purpurgeborene» Prinzessin, sondern um eine Nichte des Kaisers, wie auch zeitgenössischen Autoren im Westreich bewusst war. Dennoch wurde sie 972 schließlich mit Otto II. vermählt. Nach dem frühen Tod ihres Mannes 983 nahm Theophanu eine bedeutende Stellung im westlichen Reich ein und fungierte, ähnlich wie Kaisermütter in Konstantinopel vor ihr, sogar als Regentin für ihren unmündigen Sohn Otto III. Davon nahm man aber in Konstantinopel nach ihrer Abreise in den Westen kaum

Notiz; in den oströmischen Quellen dieser Zeit wird die in Deutschland wohl berühmteste «Byzantinerin» gar nicht erwähnt.

Wichtiger als die Geschehnisse im relativ fernen Westen waren die Kämpfe an der Ostgrenze, die Johannes I. Tzimiskes nach dem Sieg über die Rus wiederaufnahm. Zuvor hatten arabische Truppen versucht, den Krieg in Bulgarien zur Rückeroberung Antiocheias zu nutzen, was allerdings misslang. Johannes I. verstärkte nun seine Armee durch armenische Kontingente, marschierte 974/975 bis in den Norden des Heiligen Landes und konnte kurzzeitig Akkon und Nazareth einnehmen. Sogar der Emir von Damaskus unterwarf sich im Juni 975 dem Kaiser. In einem Brief an die Fürsten der Armenier schlug Johannes I. 975 ähnliche religiöse Töne an wie zuvor Nikephoros II. Er nannte die Eroberung Jerusalems als Ziel und prahlte damit, sogar schon Ägypten im Visier zu haben. Tatsächlich waren diese weiten Vorstöße nur möglich, da das bestehende Regime in Ägypten 969 durch die aus Nordafrika kommenden Fatimiden gestürzt worden war. Letztere hatten ihre Kontrolle in Palästina und im Süden Syriens noch nicht gefestigt. Nachdem die Fatimiden aber ihre Herrschaft gesichert und mit Kairo 972 eine neue Residenz am Nil errichtet hatten, mussten sich die Römer mit der Vormacht im Norden Syriens um Antiocheia zufriedengeben. Immerhin gelang ein Interessenausgleich mit den Fatimiden, die als Oberhaupt der schiitischen Ismaeliten ihren Hauptgegner im sunnitischen Kalifat der Abbasiden in Bagdad sahen und nicht im christlichen Kaiserreich der Römer.

6000 Krieger aus dem Land der Rus

Im Jänner 976 verstarb überraschend Johannes I. Tzimiskes in Konstantinopel. Man munkelte, der Eunuch Basileios Lakapenos, der seit Konstantin VII. eine wichtige Stellung am Hof einnahm, habe ihn vergiftet. Vermutlich aber erlag der Kaiser einer Infektionskrankheit, die er sich auf den Feldzügen in Syrien zugezogen hatte. Mittlerweile hatte Basileios II., der älteste der zwei Kaiser der makedonischen Dynastie, das 18. Lebensjahr erreicht und konnte allein ohne Mitherrscher aus den Reihen des Militärs regieren. Dennoch übte Basileios Lakapenos, der ja auch ein Großonkel des Kaisers war, vorerst beherrschenden Einfluss auf die Regierung aus. Anstoß an dieser Neuregelung der Herrschaft nahmen jene Clans, die vorher über Mitkaiser aus ihren Reihen einen festen Anteil an der Zentralmacht und der damit einhergehenden Verteilung von Ämtern, Ehren und Zahlungen besessen hatten – die Phokas-Familie unter Nikephoros II., die Familie Skleros unter Johannes I. Tzimiskes.

Diese Spannungen entluden sich in mehreren Umsturzversuchen und blutigen Bürgerkriegen, die die erste Phase der Regierungszeit Basileios' II. bestimmten. Diese Konflikte trugen zu einer düsteren Deutung dieser Jahrzehnte durch den Zeitgenossen Leon Diakonos bei, der sie zusammen mit verschiedenen Naturkatastrophen wie einem Erdbeben in Konstantinopel 989, das auch die Hagia Sophia beschädigte, als Anzeichen der nahenden Apokalypse interpretierte. Diese wurde, wie auch bei manchen Beobachtern in Westeuropa, mit dem bevorstehenden ersten Jahrtausendwechsel seit der Geburt Christi verknüpft. Einige Forscher nehmen an, dass Kaiser Basileios II. diese Erwartungen teilte und sich als Kaiser der Endzeit etwa dazu entschloss, auf Ehe und Nachkommenschaft zu verzichten. In anderen Quellen der Zeit werden diese Besonderheiten der Regierungsführung des Kaisers allerdings eher mit der frühen Erfahrung der Gefährdung seiner Herrschaft verbunden.

Als Erster wagte Bardas Skleros, der Bruder der ersten Ehefrau Johannes' I. Tzimiskes, kurz nach dem Tod seines Schwagers im Mai 976 einen Umsturzversuch. Er konnte dabei auf Unterstützung nicht nur in den Reihen der römischen Armee, sondern auch verschiedener Emire und Fürsten von jenseits der Ostgrenze zurückgreifen. Als Bardas Skleros immer näher auf Konstantinopel vorrückte, sahen Basileios II. und Basileios Lakapenos im Frühjahr 978 keinen anderen Ausweg mehr, als Bardas Phokas, den Neffen Nikephoros' II., der nach dessen Ermordung am Putschversuch gegen Johannes I. Tzimiskes beteiligt gewesen war, aus der Verbannung zurückzurufen. Bardas Phokas gelang es tatsächlich, seinen Namensvetter auszumanövrieren, unter anderem mit Waffenhilfe des armenisch-georgischen Fürsten Dawit III. von Tao (im Nordosten der heutigen Türkei). Im März 979 wurde Bardas Skleros besiegt und floh an den Kalifenhof in Bagdad, wo ihm Aufnahme gewährt wurde; Auslieferungsersuchen aus Konstantinopel lehnte man ab. Bardas Phokas aber wurde mit dem Oberkommando über die Truppen in Kleinasien belohnt.

Den römischen Bürgerkrieg hatten auf dem Gebiet um Ochrid im heutigen Nordmakedonien jedoch mehrere Brüder, die ursprünglich aus Armenien stammten und im Dienst Konstantinopels gestanden waren, dazu genutzt, einen Aufstand zur Wiederrichtung des bulgarischen Reichs zu beginnen: die Kometopulen, an ihrer Spitze Samuil. Bald erschütterten ihre Feldzüge die Herrschaft Roms in Südosteuropa, sogar wichtige Städte wie Larissa in Thessalien wurden nach längeren Plünderungen ihres Umlands erobert. Im Kampf gegen die Kometopulen wollte sich Basileios II. nun endgültig als eigenständiger Herrscher profilieren. 985 ließ er Basileios Lakapenos aus dem Palast entfernen und sein Vermögen beschlagnahmen. Ebenso wurde Bardas Phokas im Frühjahr 986 als Befehlshaber der kleinasiatischen Truppen abgesetzt und zum Statthalter von Antiocheia degradiert. Der folgende Feldzug Basileios' II. gegen die bulgarischen Aufständischen endete aber im August 986 in einer Niederlage südöstlich von Sofia.

Dieser Schlag gegen das Prestige des Kaisers rief umso mehr seine Rivalen auf den Plan. Im Frühjahr 987 kehrte Bardas Skleros aus dem Exil in Bagdad zurück, nachdem er dem Regime in Bagdad verschiedene Zugeständnisse an der römisch-arabischen Grenze versprochen hatte, sobald er Kaiser wäre. Ebenso plante Bardas Phokas den Aufstand. Die beiden früheren Kontrahenten kamen sogar zu einer Übereinkunft, dass sie die Kaiserwürde teilen würden und Bardas Skleros ein eigenständiges Herrschaftsgebiet im Osten des Reiches erhalten sollte. Schließlich aber ließ ihn Bardas Phokas inhaftieren und sich im August 987 im Feldlager in Kleinasien zum alleinigen Kaiser ausrufen. Erneut gewann er die Unterstützung weiter Teile der Armee und jene des armenisch-georgischen Fürsten Dawit III. von Tao.

Basileios II. aber suchte verzweifelt nach militärischer Hilfe –

und fand sie schließlich im Frühjahr 988 bei Fürst Wolodymyr von Kiew, dem Sohn Swjatoslaws. Dieser überließ ihm 6000 Krieger aus den Reihen der Rus, die den Kern der künftigen Warägergarde der römischen Kaiser bildeten. Im Gegenzug erhielt Wolodymyr die Hand der purpurgeborenen Schwester des Kaisers, Anna – also genau jene prestigereiche Ehe mit dem Kaiserhaus, die man den Ottonen nicht gewährt hatte. Zuvor aber ließ sich Wolodymyr, angeblich in Cherson auf der Krim, durch Geistliche aus Konstantinopel taufen, was den Beginn der Christianisierung der Rus und die Übernahme der christlichen griechischen und kirchenslawischen Kultur markierte. Gleichzeitig erweiterte sich damit der Jurisdiktionsbereich des Patriarchats von Konstantinopel, das bis ins 15. Jahrhundert die Metropoliten für Kiew und die Kirche der Rus entsandte, weit über die politischen Grenzen des Römerreichs hinaus nach Osteuropa.

Mit der Verstärkung der Rus konnte Basileios II. nun Bardas Phokas direkt herausfordern. Am 13. April 989 standen sich beide Armeen bei Abydos an den Dardanellen gegenüber – jedoch starb Bardas überraschend vor der Entscheidungsschlacht. Das Heer des Usurpators zerfiel, und Basileios II. konnte die Kontrolle über Kleinasien zurückgewinnen. Im Oktober 989 unterwarf sich auch Bardas Skleros und verzichtete auf die Kaiserwürde. Laut dem Geschichtswerk des Michael Psellos aus dem 11. Jahrhundert soll Bardas Skleros bei dieser Gelegenheit dem Kaiser geraten haben, die mit zu viel Macht ausgestatteten Ämter zu stutzen und nicht zuzulassen, dass einer, der einen Feldzug führt, großen Reichtum besitzt. Ebenso wenig solle er eine Frau in den Kaiserpalast einführen, niemandem gefällig sein und nicht viele Mitwisser seiner geheimen Pläne haben. Nach Auskunft des Psellos nahm sich Basileios II. diese Ratschläge zu Herzen und «gab seiner Herrschaft nicht so sehr durch Gunsterweise als vielmehr durch Einschüchterungen ein wahrlich strenges Gepräge».[36]

Mit dieser Schilderung verknüpfte man auch Basileios' Erneuerung der unter Romanos I. Lakapenos begonnenen und unter nachfolgenden Kaisern fortgesetzten Gesetzgebung gegen die Expansion des weltlichen und kirchlichen Großgrundbesitzes auf Kosten der kleinen und mittleren Bauerngüter. Im Jahr 996 erließ Kaiser Basileios II. ein Gesetz, das er auf Grundlage seiner Erkenntnisse über die Verhältnisse in den kleinasiatischen Provinzen nach einer Reise dorthin gestaltet hatte. Der Kaiser beschrieb darin den Fall eines Mannes namens Philokales, der ursprünglich ein «armer Dorfbewohner» war. Die Beförderung in der Staatsverwaltung verschaffte Philokales jedoch Mittel und Einfluss, um seinen Grundbesitz zu erweitern und das Kräfteverhältnis in seinem Heimatdorf umzukehren, sodass dieses «zu seinem Landgut» wurde.[37] Diesem ‹Neureichen› entzog der Kaiser den gewonnenen Status wieder und stutzte ihn auf seinen früheren Stand als Bauern ‹zurecht›.

Dies gelang aber kaum mehr bei den, wenn auch wenigen, Familien, die eine solche Kombination aus öffentlichem Amt und privater Bereicherung bereits über Generationen aufrechterhalten und weitergegeben hatten, wie etwa bei der Familie der Phokas. Wie die jüngere Forschung gezeigt hat, zielten die Maßnahmen Basileios' II. nicht auf eine Zerschlagung dieser Familien, deren Vertreter wir später wieder in hohen Positionen finden. Die Gesetzgebung sollte vielmehr den Zugriff des Staats auf die Früchte des Wirtschaftswachstums auf dem Land, das sich auch anhand neuer umwelthistorischer Daten für das 10. und 11. Jahrhundert feststellen lässt, verstärken. Die Ansprüche des römischen Fiskus, so machte Basileios II. in seinem Gesetz 996 deutlich, verjährten nie und konnten bis auf die Zeit des Augustus 1000 Jahre zuvor zurückgeführt werden. Der Stärkung des staatlichen Zugriffs dienten ebenso Beschlagnahmungen von Besitztümern, auch unter dem Vorwand der Ausführung dieser neuen Gesetze, sowie die Rückforderung verlassener Ländereien, die den benachbarten Bauern früher kostenlos zugänglich gemacht worden waren, und die Schaffung kaiserlicher Domänen. Gleichzeitig blieben auch die mächtigsten Großgrundbesitzer für die Bewahrung ihres Status und Reichtums auf den Zugang zu den Ämtern und Würden des Staates angewiesen.

Der strenge Wächter für die Kinder des Neuen Rom

Basileios II. schränkte die Möglichkeit zur Profilierung für die Vertreter anderer Familien ein, die vormals als Generäle oder sogar Mitkaiser die Armeen kommandiert hatten, indem er nun ständig selbst ins Feld zog. Dabei konzentrierte er sich auf die neue bulgarische Reichsbildung der Kometopulen in Südosteuropa. Er wurde zwar auch an der Ostgrenze aktiv, etwa 995 zur Abwehr eines Angriffs auf das der römischen Oberhoheit unterstehende Aleppo, suchte aber ansonsten den Ausgleich mit den Fatimiden in Ägypten. Es wurde sogar festgelegt, dass man beim Freitagsgebet in der Moschee in Konstantinopel nicht mehr den Namen des sunnitischen Abbasidenkalifen, sondern jenen des schiitisch-ismaelitischen Kalifen aus der Fatimidendynastie nannte. Im Gegenzug konnten Christen, wie auch die große jüdische Gemeinde, in Ägypten und anderen Gebieten unter fatimidischer Herrschaft ihren Glauben relativ ungestört ausüben und sogar höchste Ämter am Kalifenhof übernehmen. Nur in der Regierungszeit des Kalifen al-Hākim kam es ab 1008 zu starken Beschränkungen gegenüber Juden und Christen. Im Jahr 1009 ließ er mehrere Kirchen, darunter die Grabeskirche in Jerusalem, zerstören. Doch selbst darauf reagierte Basileios II. nicht militärisch, verhängte aber 1016 immerhin ein Handelsembargo. Wie intensiv ansonsten der Handel zwischen dem Römerreich und den Fatimiden war, belegt das bei Serçe Limani in der Südwesttürkei gefundene Schiffswrack aus dem frühen 11. Jahrhundert, das auf dem Weg von Ägypten nach Konstantinopel sank. Die Fracht bestand neben Glas aus Bergkristall, den die Fatimiden aus Lagerstätten bezogen, die von den Küsten Ostafrikas bis hin ins heutige Mosambik reichten. Über den ägyptischen Handelspartner war somit auch das Römerreich an diese weiten Handelsnetzwerke im Indischen Ozean angeschlossen.

Weitgehend friedlich verliefen auch anfangs die Beziehungen zum westlichen Kaiserreich der Ottonen. Kurz nach einer schweren Niederlage gegen die Araber in Süditalien starb Otto II. 983 im Alter von nur 27 Jahren in Rom. Für seinen damals dreijährigen

Sohn Otto III. übernahm unter anderem dessen aus Konstantinopel stammende Mutter Theophanu die Regentschaft. Auch als Erwachsener blieb die ungebrochene römische Tradition des östlichen Kaisertums ein Vorbild für Otto III., der versuchte, in Rom einen ähnlich wie in Konstantinopel organisierten Kaiserhof einzurichten. Er verhandelte ab 996 auch über eine Eheschließung mit einer purpurgeborenen Prinzessin, einer Tochter von Basileios' Bruder und Mitkaiser Konstantin VIII. Jedoch verstarb Otto III. 1002 gerade mal 22-jährig vor der Ankunft seiner Braut in Italien. Im März 992 gewährte Basileios II. auch den Venezianern eine Privileg-Urkunde, die ihnen steuerbegünstigten Zugang zu den Märkten Konstantinopels zusprach.

Solche Privilegien verlieh der Kaiser Venedig auch deshalb, da dessen Flotten ihn in der Adria in seinen Kriegen auf dem Balkan gegen Bulgarien unterstützten. Dort erneuerte der Anführer des Aufstands Samuil 990 nicht nur das bulgarische Patriarchat durch Verlegung in seine Residenz Ochrid, sondern ließ sich 997 gar zum Kaiser der Bulgaren ausrufen. Seine Macht reichte mittlerweile weit in die ehemaligen bulgarischen Kerngebiete an der unteren Donau hinein und bedrohte auch die römischen Provinzen bis nach Mittelgriechenland. Entsprechend langwierig war der Kampf Basileios' II. gegen dieses erneuerte bulgarische Reich, der mehr als 20 Jahre dauerte und die Kräfte der Römer enorm in Anspruch nahm. Erst im Juli 1014 konnte die römische Armee die bulgarischen Truppen bei Kleidion, ganz im Südwesten des heutigen Bulgarien, besiegen. Angeblich soll Basileios II. danach die Blendung der 14000 Gefangenen befohlen haben. Nur jedem Hundertsten sei ein Auge belassen worden, um 99 weitere in die Heimat zu führen. Diese Bluttat trug dem Kaiser in der späteren römischen Tradition den Beinamen *Bulgaroktonos* (griechisch «Bulgarentöter») ein. Zar Samuil aber sei beim Anblick seiner verstümmelten Truppen zusammengebrochen und kurz danach verstorben.

Tatsächlich verschied Samuil erst im Oktober 1014, aber mit seinem Tod zerfiel auch allmählich das Netzwerk an Gefolgschaft, das seinen Machtbereich zusammengehalten hatte. In den folgenden vier Jahren liefen mehr und mehr seiner Befehlshaber zu den

Römern über, die sie zum Teil in ihren Positionen beließen, bis 1018 schließlich auch Ochrid eingenommen wurde. Damit stand der Großteil der Balkanhalbinsel wieder unter der Kontrolle Konstantinopels. Das eigenständige bulgarische Patriarchat wurde zwar abgeschafft, doch fasste Basileios II. große Teile des bulgarischen Gebiets in einem neueingerichteten Erzbistum von Ochrid zusammen, dessen Hirte direkt vom Kaiser und nicht vom Patriarchen von Konstantinopel ernannt wurde. Die bulgarische Zarenfamilie wurde nach Konstantinopel gebracht und ihre Mitglieder wurden in der Folge mit Vertretern der römischen Elite verheiratet. Im Jahr 1019/1020 erkannten auch die Fürsten der Kroaten die römische Oberhoheit an.

Neben den Eroberungen in Südosteuropa erweiterte Basileios II. das Reich auch im Osten in Armenien. Im Jahr 990 musste Fürst Dawit III. von Tao, der zuvor die Rebellion des Bardas Phokas unterstützt hatte, seine Territorien dem Kaiser testamentarisch vermachen. Dabei folgte er einer alten römischen Tradition der Expansion, hatte doch schon König Attalos III. von Pergamon 133 v. Chr. auf diesem Weg sein Reich in Westkleinasien den Römern übertragen. Als Dawit im Jahr 1000 verstarb, machte jedoch sein Verwandter König Bagrat III. von Georgien Ansprüche geltend. Mit ihm und seinem Nachfolger Giorgi I. musste Basileios II. mehrere Kriege austragen. Erst 1022 war der Großteil der strittigen Gebiete für das römische Reich gesichert. Südlich davon übertrug um diese Zeit der armenische König von Vaspurakan östlich des Vansees sein durch erste Einfälle von Turkmenen bedrohtes Reich ebenfalls dem Kaiser, der ihm dafür große Besitztümer im zentralen Kleinasien verlieh.

Diese Vorstöße türkischer Krieger nach Vaspurakan waren Randerscheinungen neuerlicher geopolitischer Umwälzungen weit im Osten der islamischen Welt. Dort brach um 1005 das bereits länger bröckelnde Reich der Samaniden vollständig zusammen. An seine Stelle traten die türkischstämmigen Dynastien der Ghaznawiden im östlichen Iran und der Karachaniden, die 992 Buchara einnahmen, östlich des Flusses Oxus (Amudarja) in Zentralasien. Beide Reiche mobilisierten verschiedene türkische Verbände, die aber auch zum

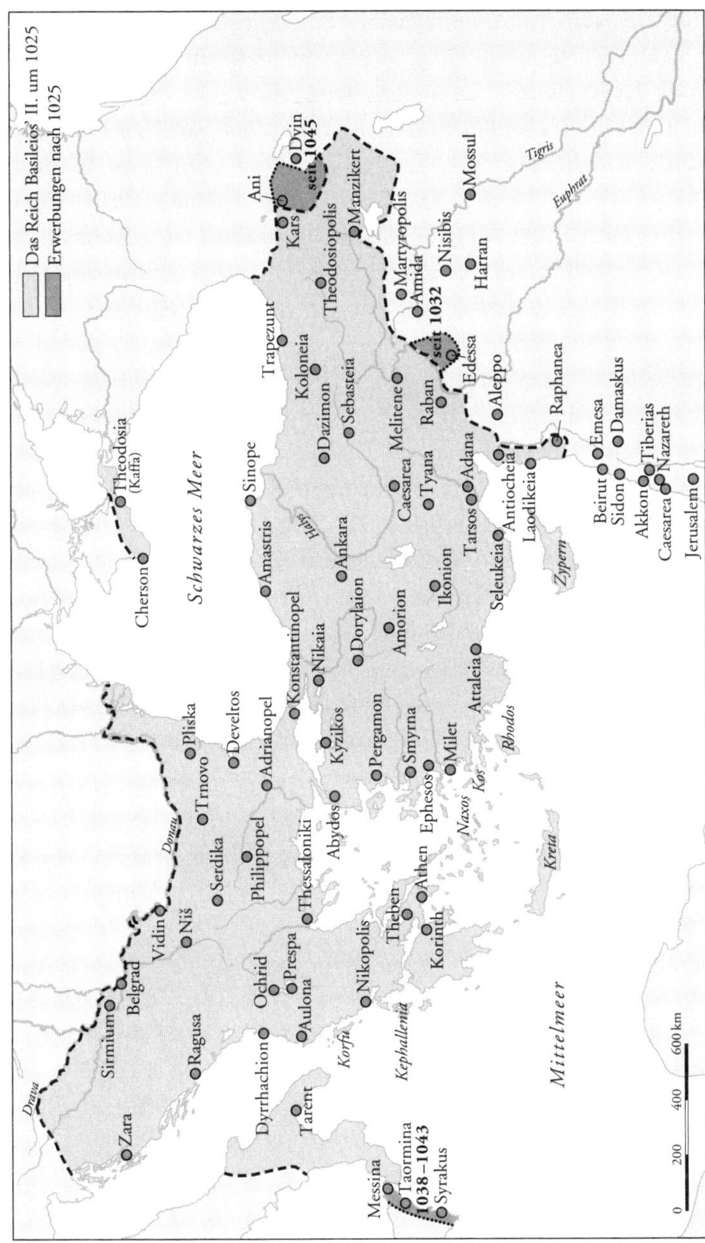

Karte 5: Das Römerreich im früheren 11. Jahrhundert

Teil auf eigene Faust weitreichende Raubzüge über den Osten Irans hinaus nach Westen unternahmen, so auch jene Turkmenen, die um 1017 das Königreich Vaspurakan plünderten.

Eine immer prominentere Rolle unter diesen türkischen Gruppen in Zentralasien nahm der Clan des kurz zuvor zum Islam übergetretenen Anführers Seldschuk und seiner Söhne Mikail, Musa und Arslan ein, die eine wachsende Gefolgschaft um sich scharten, aber den Kräften der Karachaniden und Ghazhnawiden noch unterlegen waren. Nach einer Niederlage gegen Letztere 1027 floh ein Teil der seldschukischen Verbände nach Westen und tauchte um 1029 erstmals nahe der römischen Grenzen im heutigen Aserbaidschan auf. Auch spätere römische Geschichtsschreiber des 11. Jahrhunderts berichten von diesen Ereignissen im inneren Asien, die zur Wanderung der Türken in Richtung Westen führten. Allerdings wurden diese Vorkommnisse zu Lebzeiten Basileios' II. noch nicht als große Bedrohung wahrgenommen.

Gegen Ende von Basileios' Herrschaft erreichte das Römische Reich seine größte Ausdehnung seit dem frühen 7. Jahrhundert – von Süditalien bis an die heutigen Grenzen zwischen der Türkei und dem Iran, von der Donau und der Krim bis nach Nordsyrien. Es war die bedeutendste Großmacht der Christenheit und wieder eine der Supermächte Afro-Eurasiens, auf gleicher Augenhöhe mit den Kalifen in Córdoba, Kairo und Bagdad und den zwei Anwärtern auf den Titel eines Kaisers von China am Hof der Song in Kaifeng und am Hof der Kitan-Liao im Nordosten Chinas. Dieses größere Imperium umfasste viele Ethnien: griechischsprachige Römer, Bulgaren und andere slawischsprachige Gruppen, zudem vermehrt ab dieser Zeit in den Quellen für Südosteuropa aufscheinende romanischsprachige Gruppen wie die Vlachen, darüber hinaus Albaner, Ungarn, Armenier, Georgier, Syrer und Araber. Sie gehörten verschiedenen christlichen Kirchen an, aber auch dem Judentum, dem Islam oder religiösen Sondergruppen wie den Paulikianern. Von Letzteren wurden nach ihrer Niederlage im östlichen Kleinasien viele nach Südosteuropa ins heutige Bulgarien etwa um Philippupolis (Plovdiv) umgesiedelt.

Das Entstehen einer übergreifenden römischen Identität, wie sie in den ersten nachchristlichen Jahrhunderten im griechischsprachigen Osten zu beobachten war, können wir allerdings nur schwer ausmachen. Mittlerweile hatten sich die Grundlagen des «Römertums» aber auch dramatisch gewandelt. Während der «heidnische» Kaiser Caracalla 212 das römische Bürgertum allen freigeborenen Untertanen ohne Ansehen ihrer Religion gewährte, musste ein «echter» Römer im 10. Jahrhundert nicht nur Christ sein, sondern auch das orthodoxe Dogma von Chalkedon anerkennen. Deshalb kam es schon in der Regierungszeit Basileios' II. zu Spannungen zwischen Klerikern aus Konstantinopel und den in den östlichen Provinzen zahlreichen miaphysitischen Gemeinden der Syrer und Armenier. Basileios II. griff im Interesse der Stabilität römischer Herrschaft mehrfach beruhigend ein und garantierte etwa im Jahr 1000 die Ausübung der Tätigkeit armenischer Priester in der Stadt Sebasteia (heute Siwas) in Kappadokien.

Doch auch Gläubige von Kirchen, die in dogmatischer Glaubensgemeinschaft mit Konstantinopel standen, wurden scheel angesehen, wenn sie sich einer anderen Sprache als der «römischen» (d. h. griechischen) bedienten. So hören wir von Streitigkeiten zwischen griechisch- und georgischsprachigen Mönchen, die im 980 auf dem Heiligen Berg Athos begründeten Kloster Iviron (griechisch «der Georgier») eigentlich friedlich zusammenleben sollten. Und auch 70 Jahre nach den Eroberungen Basileios' II. unterschied der aus Konstantinopel entsandte Erzbischof Theophylaktos von Ochrid immer noch zwischen den Ländern der «Griechen» und jenen der Bulgaren und erachtete Letztere trotz ihres orthodoxen Glaubens als Fremde. Das aber heißt keineswegs, dass wir nicht auch Beispiele friedlichen Zusammenlebens finden, etwa in Urkunden der Zeit um 990 aus der Stadt Bari in Süditalien, wo griechisch-, lateinisch- und armenischsprachige Bürger untereinander Geschäfte machten und heirateten. Doch die in den Quellen oft angesprochenen religiösen und ethnischen Konfliktlinien sollten im 11. und 12. Jahrhundert von weltlichen und kirchlichen Gegnern der jeweiligen Regime in Konstantinopel instrumentalisiert werden, um auch damit die Reichszentrale in Zeiten der Schwäche herauszufordern.

Im Jahr 1025 bereitete der rastlose Basileios II. einen Feldzug zur

Rückeroberung Siziliens vor. Dort wollte er auch deshalb Flagge zeigen, da Vorstöße des westlichen Kaisers Heinrich II. 1021/1022 die Machtstellung Konstantinopels in Süditalien herausgefordert hatten. Im Rahmen dieser Kämpfe wurden auch vermehrt von allen Parteien Söldner aus der nordfranzösischen Normandie angeheuert, die zuerst als Pilger auf dem Weg ins Heilige Land in die Region kamen. In den folgenden Jahrzehnten gelang es aber einigen Anführer der Normannen, eigenständige Fürstentümer zu etablieren, bis schließlich ganz Süditalien unter ihre Kontrolle geriet. Von dieser Basis aus sollten sie sich auch als gefährliche Gegner des Römerreichs jenseits der Adria erweisen.

Diese Entwicklungen waren aber zu Lebzeiten Basileios' II. noch nicht abzusehen. Er verstarb am 15. Dezember 1025 etwa im Alter von 70 Jahren in Konstantinopel, bevor er seinen Feldzug nach Sizilien antreten konnte. Auf seinem Grabmal stand, dass niemand je seinen «Speer ruhen sah»; denn «wachsam» behütete der Kaiser während seines ganzen Lebens «die Kinder des Neuen Rom».[38] Michael Psellos, der vom formellen Antritt der Alleinherrschaft ausgehend rechnet, bezeichnet Basileios II. als den bis zu dieser Zeit am längsten regierenden römischen Kaiser. Tatsächlich überflügelte er mit 49 Jahren Herrschaft (von 976 bis 1025) selbst die bisherigen «Spitzenreiter» Theodosios II. (mit 42 Jahren, 408–450) und Augustus (mit 41 Jahren als Princeps, 27 v. Chr.–14 n. Chr.). Bezieht man die Jahre von Basileios' Mitkaisertum ab 963 in die Rechnung ein, waren es sogar 62 Jahre. Gerade aber die Regierungszeit Basileios' II. zeigt, dass zwischen der formellen Kaiserwürde und tatsächlicher Machtausübung oft große Widerstände überwunden werden mussten. Andererseits hatte sich die makedonische Dynastie im 10. Jahrhundert nur durch die Teilung der Macht überhaupt so lange auf dem Thron halten können – ein Arrangement, das sich noch bis zur Mitte des 11. Jahrhunderts bewähren sollte.

5. KEIN PLATZ MEHR FÜR DAS NEUE ROM? DIE FRAGMENTIERUNG DER ÖSTLICHEN MITTELMEERWELT (1025–1261)

Zwei Schwestern und vier Kaiser

Die Herrschaft Basileios' II. zwischen 976 und 1025 markierte nach Ansicht der meisten früheren wie heutigen Historiker den Höhepunkt römischer Macht im Mittelalter. Allerdings sahen schon die Zeitgenossen Basileios' Regierung als Abirrung von der Tradition der Kaiserherrschaft, die auf dem Ausgleich mit den verschiedenen Interessengruppen beruhte. Denn Kaiser Basileios II. «sah auf alle herab, wünschte nicht, dass die Untertanen ihm wohlgesinnt seien, sondern ihn fürchteten, und wollte Heer und Volk nicht nach der herrschenden Sitte lenken, der die Gesetzgeber Gesetzeskraft verliehen hatten, sondern nach seinem eigenen Urteil und Willen».[1] Als weitere Abweichung galt die Entscheidung des Kaisers, nie zu heiraten und für eigene Nachkommenschaft zu sorgen. Somit ging der Thron nach seinem Tod 1025 an seinen jüngeren, aber gleichwohl bereits 65-jährigen Bruder Konstantin VIII. über, der vormals wenig Anteil an den Regierungsgeschäften hatte.

Manche wollen darin den Keim der nachfolgenden Krise des Römerreichs sehen, aber auch ein Sohn Basileios' II. hätte Schwierigkeiten gehabt, solch ein Vermächtnis zu bewältigen. Einige Historiker sind der Ansicht, dass Basileios II. seinen Nachfolgern ein vergiftetes Erbe hinterlassen habe. Sein Triumph über die Bulgaren habe einen falschen Eindruck von der Stärke des Imperiums vermittelt. Basileios II. hätte die Grenzen des Reiches und Ressourcen überdehnt. Tatsächlich jedoch agierte Basileios II. an der Grenze in Syrien viel zurückhaltender als seine Vorgänger Nikephoros II. und Johannes I., nachdem sich dort mit dem Fatimidenkalifat in Ägypten eine Gegenmacht etabliert hatte. Das Reich expandierte hingegen weiterhin in Richtung Osten nach Armenien, wo die untereinander konkurrierenden König- und Fürstentümer keinen gemeinsamen Widerstand aufboten. Und auch den Eroberungskrieg in Südosteuropa hatte Basileios II. gewissermaßen von seinen Vorgängern geerbt, auch wenn er mit dem Aufstand der Kometopulen eine neue Dimension erreichte. So gesehen war die gesamte Expansionspolitik seit den 960ern nur in einem geopolitischen Fenster solch günstiger Rahmenbedingungen möglich, dessen Schließung sich beim Tod Basileios' II. erst abzuzeichnen begann.

Sicher zu erwarten war aber jedenfalls, dass mangels einer jüngeren Generation aus der Makedonendynastie früher oder später wieder die Vertreter anderer Familien auf den Thron gelangen würden. Jeder Kaiserwechsel in Konstantinopel bot konkurrierenden Netzwerken am Hof, in der Verwaltung, in der Armee oder in den Provinzen Gelegenheit, die Gewichte der Macht neu zu verteilen oder diese sogar herauszufordern. Das galt umso mehr, da das Kaisertum keine rechtlich gestützte Erbfolge kannte, sondern der Tradition nach eine Wahlmonarchie mit den drei Akzeptanzgruppen Heer, Senat und Volk der Hauptstadt geblieben war. Jedoch stellte die verwandtschaftliche Bindung an den vorangehenden Kaiser einen Trumpf im Wettstreit um den Thron dar und wurde auch nachträglich, etwa durch Heirat, hergestellt. Als mit dem Tod der letzten Vertreterin der Makedonendynastie 1056 diese Möglichkeit zur zusätzlichen Absicherung der Herrschaft schwand, sollte sich das Rad der Kaiserwechsel umso schneller drehen. Vorerst aber war 1025 die Machtübernahme Konstantins VIII. unangefochten. Er hatte den Kaisertitel mit Basileios II. geteilt, und viele am Hof hatten ein Interesse am Fortbestand des bisherigen Regimes und unterstützten die Weitergabe des Throns innerhalb der «makedonischen» Dynastie.

Dies war immer noch der Fall, als Konstantin VIII. nach dreijähriger Herrschaft im November 1028 starb. Er hinterließ drei unverheiratete Töchter, von denen zwei, die 50-jährige Zoë und die 43-jährige Theodora, als Trägerinnen der dynastischen Legitimation in Frage kamen. Es war zwar damit zu rechnen, dass sie keine Nachkommen hervorbringen würden. Dennoch wurde die ältere Zoë mit dem 60-jährigen Romanos Argyros, damals Stadtgouverneur von Konstantinopel, verheiratet. Der neue Kaiser versuchte, außenpolitisch den Soldatenkaisern des 10. Jahrhunderts nachzueifern, und führte einen großangelegten Vormarsch gegen die Fatimidendynastie in Syrien an, der aber scheiterte. Er bewährte sich jedoch aufgrund seiner Kenntnisse als früherer Finanz- und Rechtsbeamter im Inneren. Während am Beginn der Herrschaft des Romanos die Ernten noch reichlich ausfielen, suchten in den folgenden Jahren mehrere Witterungsextreme das Reich heim. Sie hingen mit klimatischen Schwankungen in ganz Afro-Eurasien zusammen, unter anderem ausgelöst durch eine Verringerung der Sonnenaktivität – das sogenannte «Oort-Minimum» zwischen ca. 1010 und 1080. Von Oktober 1029 bis März 1030 führten schwere Regenfälle zu Überschwemmungen und der Zerstörung der Getreidevorräte in Teilen des Römerreichs. Im Jahr 1032 wurden kleinasiatische Gebiete von Hungersnot und Seuche heimgesucht, und viele Menschen wandten sich zur Flucht. Romanos III., der sich damals gerade in der Region aufhielt, versorgte die Bevölkerung mit Geld und lebensnotwendigen Gütern, sodass sie in ihre Heimat zurückkehren konnten. Dies tat er ebenso, als 1034 die westkleinasiatischen Provinzen von Heuschreckenschwärmen verheert wurden und die Bewohner deshalb in Richtung Thrakien flohen.

Allerdings kam es am Hof zu einer Entfremdung zwischen Romanos III. und Zoë. Sie ließ ihre Gunst Michael zukommen, dem Bruder des aus einfachen Verhältnissen stammenden, aber einflussreichen Eunuchen Johannes. Dieser übte das Amt des *orphanotrophos* aus und war für die Waisenhäuser der Hauptstadt zuständig. Als Romanos im April 1034 starb, wurde vermutet, Zoë hätte seine Ermordung veranlasst, um Michael heiraten zu können. Tatsächlich bestieg Michael als Ehemann der Kaiserin den Thron, angeblich, während Romanos noch tot im Palast lag. Die Regierung wurde nun stark von Michaels Bruder Johannes mitbestimmt.

Nicht zuletzt aufgrund der vermuteten Ermordung Romanos' III. war die Geschichtsschreibung des 11. Jahrhunderts gegenüber dem Regime rund um Michael IV. sehr feindselig eingestellt. Johannes Skylitzes schildert es als von Gott verflucht und deutet die

Serie von Naturkatastrophen, die sich unter der neuen Regierung fortsetzte, als Zeichen himmlischen Unwillens. Jedoch muss auch er zwischen den Zeilen zugeben, dass sich Michael IV. und Johannes als nicht ungeschickte Krisenmanager erwiesen. Als etwa 1037 Dürre und Missernten die Hauptstadt quälten, kaufte Johannes hunderttausend Scheffel Getreide auf der Peloponnes und in Mittelgriechenland.

Wie unter Romanos III. versuchte sich das Römerreich an weiteren Eroberungen. Unter dem Kommando des Georgios Maniakes schien eine Rückgewinnung Siziliens möglich. Sie scheiterte jedoch, als man dem siegreichen Feldherrn Ambitionen auf die Kaiserkrone nachsagte und ihn 1041 von seinem Kommando abberief. Eine unglückliche Hand bewies die Regierung Michaels IV. auch gegenüber den 20 Jahre zuvor von Basileios II. unterworfenen bulgarischen Gebieten. Als man die bislang in Naturalien geleisteten Abgaben in Geld einforderte, brach 1040 ein Aufstand aus. Die Rebellen riefen Angehörige des früheren Zarenhauses der Kometopulen, das immer noch über loyale Anhänger verfügte, als Herrscher aus, um die römische Kontrolle abzuschütteln. Michael IV. schlug jedoch 1041 die Rebellion nieder, nachdem sich die beiden Thronanwärter entzweit hatten. Allerdings kehrte er von diesem Feldzug krank zurück und starb im Dezember 1041.

Vor seinem Ableben gelang es Johannes Orphanotrophos, seinen und des Kaisers Neffen Michael, genannt *Kalaphates*, durch Zoë adoptieren zu lassen. Den Beinamen erhielt er aufgrund der früheren Tätigkeit seines Vaters, der seinen Lebensunterhalt mit dem Abdichten von Schiffen (Kalfatern) verdient hatte. Dieser Name sollte mithin seine «niedrige» Herkunft verdeutlichen. Als Michael V. bestieg er den Thron, entledigte sich bald seines Onkels Johannes und schickte ihn ins Kloster. Als er unter dem Vorwand, sie hätte sich gegen ihn verschworen, ebenso mit seiner Adoptivmutter Zoë verfuhr, erregte dies jedoch den Widerstand der Bevölkerung Konstantinopels, die immer noch an den letzten Vertreterinnen der makedonischen Dynastie hing. Den Aufstand, der nun ausbrach, beschrieb als Augenzeuge der Gelehrte Michael Psellos. Seine Darstellung macht deutlich, wie mulmig dem elitären Autor beim Anblick der Volksmassen wurde: «Als ob sie nämlich allesamt von einer übermenschlichen Kraft beseelt seien, waren sie offenbar, was ihre Seelenverfassung angeht, nicht mehr dieselben wie vorher. Vielmehr rannten sie eher wie Besessene, ihre Arme waren jetzt viel stärker, ihre Augen blickten feurig und leidenschaftlich.»[2] Im April 1042 erzwang das Volk durch einen Sturm auf den Palast die Rückführung Zoës und die Absetzung Michaels V., der eigenhändig mit Pfeil und Bogen versucht hatte, die Massen abzuwehren. Auf Sympathie beim Volk konnte der «Aufsteiger» Michael, der geblendet wurde, nicht hoffen.

Es folgte eine kurze gemeinsame Herrschaft der Schwestern Zoë und Theodora bis zum Juni 1042. Den misogynen Traditionen der römischen Historikerzunft folgend, charakterisiert Michael Psellos ihre Herrschaft als Regime «aus dem Frauengemach». Keine der Schwestern, so Psellos, besaß «genügend Geistesschärfe, um zu regieren».[3] Ähnlich wie im Fall der Eirene 245 Jahre zuvor konnten die römischen Zeitgenossen eine weibliche Alleinherrschaft offenbar nur als historischen Unfall deuten.

Ein Landschaftsgärtner in einer unruhigen Welt

Dieser für Psellos beunruhigende Zustand wurde bald beendet, als Zoë durch eine nochmalige Ehe dem 42-jährigen Konstantin (IX.) Monomachos im Juni 1042 den Weg zum Thron ebnete. Dargestellt ist das Kaiserpaar in Anbetung Christi in einem berühmten Mosaik in der Hagia Sophia, auf dem allerdings der Kopf und die Beischrift des ersten Mannes der Zoë, Romanos III., durch jene Konstantins ersetzt wurden (Abb. 6). Konstantin hatte unter Romanos III., mit dessen Nichte er verheiratet gewesen war, eine prominente Stellung innegehabt. Unter Michael IV. musste er hingegen im Exil leben und empfahl sich somit umso mehr als Thronkandidat nach dem Ende des Regimes der Familie dieses Kaisers. Daneben unterhielt er verwandtschaftliche Bande zur mächtigen Familie Skleros.

Früh kritisierte man die aufwändige Baupolitik Konstantins IX.,

Abb. 6: Mosaik an der Ostwand der Südempore der Hagia Sophia in Istanbul, Christus mit Kaiser Konstantin IX. Monomachos (1042–1055) und Kaiserin Zoë (1028–1050)

etwa für das von Zoë und ihm 1042 gestiftete Kloster Nea Mone auf Chios, das bis heute durch seinen Mosaikschmuck beeindruckt. Große Geldmittel verschlang auch der Bau neuer Palastanlagen im Konstantinopler Manganenviertel, wobei des Kaisers besondere Leidenschaft der Gartengestaltung galt. Dabei änderte er oft seine Pläne und ließ unter enormem Aufwand große Mengen an Erde bewegen und ausgewachsene Bäume versetzen. Dies kann aber nicht nur als Marotte des Kaisers gelten; solche Maßnahmen zeigten ihn auch als Herrn über die Natur. Besucher wollten ihren Augen nicht trauen, so schreibt Psellos, wenn sie heute ein blühendes Feld erblickten «wo sie gestern eine flache Ebene und vor zwei Tagen einen Hügel gesehen hatten».[4]

Die ersten Jahre von Konstantins Herrschaft gestalteten sich turbulent. Der in Sizilien so erfolgreiche General Georgios Maniakes strebte nun tatsächlich den Kaiserthron an und marschierte 1043 von Italien in Richtung Konstantinopel. Er fiel jedoch auf dem Schlachtfeld, bevor er sein Ziel erreichen konnte. Im selben Jahr unternahm Fürst Jaroslaw I. von Kiew einen überraschenden Angriff zur See auf Konstantinopel, der aber abgewehrt wurde. Nach dieser Bedrohung und inneren Unruhen verbreitete sich eine ausländerfeindliche Stimmung in der Hauptstadt, die im Frühjahr 1044 in eine Verfügung zur Ausweisung aller zugewanderten Personen mündete, die nicht schon 30 Jahre in Konstantinopel ansässig waren. Sie richtete sich vor allem gegen Armenier, Juden und Muslime.

Allerdings blieb die Hauptstadt auch danach ein Anziehungspunkt für die Angehörigen vieler Ethnien und Religionen sowohl von innerhalb als auch von außerhalb der römischen Grenzen, darunter eine wachsende Zahl an Kaufleuten aus den italienischen Seestädten Amalfi, Venedig, Pisa oder Genua. Sie hatten auch ihre eigenen Kirchen, in denen der Gottesdienst nach der westlichen Liturgie und auf Latein gefeiert wurde, weshalb die Oströmer diese Gruppen auch «Lateiner» nannten. Damit wurde aber den Klerikern in Konstantinopel umso mehr deutlich, wie weit sich mittlerweile die Glaubenspraktiken zwischen West und Ost auseinanderentwickelt hatten, obgleich noch kirchliche Gemeinschaft bestand.

Nördlich des Schwarzen Meers gerieten um diese Zeit die dort seit dem späten 9. Jahrhundert in den Steppen dominierenden Petschenegen unter Druck, die oft von den Römern als Verbündete mobilisiert worden waren – und zwar durch Angriffe der Rus sowie nomadische Verbände aus dem Osten, darunter die Oghusen und Kumanen. Außerdem schädigten auch jene klimatischen Extreme, die das Römerreich heimsuchten, die Herden der Steppennomaden. Dies führte zu inneren Machtkämpfen, sodass unterlegene Teile der Petschenegen in den 1030er Jahren und verstärkt ab 1045 über die Donau auf römisches Gebiet vordrangen und plünderten. Nach einigen Kämpfen gelangte Konstantin IX. 1047 zu einem Abkommen mit dem petschenegischen Anführer Kegen, der später sogar die Taufe annahm. Der Vertrag erlaubte den Petschenegen die Ansiedlung auf Reichsboden mit weitgehender Autonomie nördlich des Balkangebirges; später erhielten sie sogar jährliche Zahlungen.

Mit dieser Appeasement-Politik, die im Gegensatz zur Strategie der Militärkaiser des 10. Jahrhunderts stand, erregte der Kaiser aber den Widerstand der in Thrakien stationierten römischen Truppen.

Sie scharten sich um den mit Konstantin IX. verwandten General Leon Tornikios, riefen ihn zum Kaiser aus und marschierten im September 1047 gegen die Hauptstadt. Da die Bevölkerung Konstantinopels Konstantin IX. gegenüber loyal blieb, mussten die Rebellen die Belagerung nach vier Tagen abbrechen. Nach einer weiteren Niederlage wurde Leon Tornikios gefangen genommen und geblendet.

Die Macht der lokalen Befehlshaber in den Militärprovinzen (*themata*) wurde zugunsten von Zivilbeamten, die man aus Konstantinopel entsandte, beschränkt. Insgesamt war die Bedeutung dieser Truppenteile gegenüber den Regimentern der Zentralarmee, den *tagmata*, die mittlerweile auch in den Provinzen stationiert waren, sowie im Verhältnis zu den ausländischen Söldnern geschrumpft. Vor diesem Hintergrund ist auch die von Konstantin IX. verfügte Auflösung der regionalen Milizen an der anatolischen Nordostgrenze zu verstehen; anstatt Militärdienst zu leisten, mussten diese Familien nun Steuern zahlen. Dem Kaiser und seinen Beratern erschien diese Maßnahme sowohl aus militärischer als auch fiskalischer Sicht sinnvoll. Gleichzeitig blieb das Reich mit der Annexion des armenischen Königreichs von Ani im Jahr 1045 im Osten nach wie vor auf Expansionskurs.

Spätere Historiker des 11. Jahrhunderts deuteten aber diese Politik als eine der Ursachen des Verlusts Kleinasiens an die Seldschuken. Diese hatten 1040 unter Tughrul Beg ihre früheren Oberherren aus der Dynastie der Ghaznawiden besiegt und damit die Vorherrschaft im Osten des Iran errungen. Von dort drangen einzelne türkische Verbände immer weiter nach Westen vor. Schon 1038 unternahm ein Trupp vom Urmia-See aus, im heutigen nordwestlichen Iran gelegen, einen ersten Raubzug auf römisches Gebiet. Nach 1040 folgten 1045 und 1047 weitere Angriffe auf die armenischen Provinzen des Römerreichs. Im September 1048 plünderten die Seldschuken die reiche Handelsstadt Arzen nahe dem heutigen Erzurum in der Nordosttürkei. Auch angesichts dieser Misserfolge der regionalen Truppen gegen die Eindringlinge beschloss Konstantin IX., die Milizen aufzulösen.

Gleichzeitig erhöhten sich aber die Spannungen zwischen römisch-orthodoxen und miaphysitischen Gemeinden in Kleinasien. Nach der Annexion Anis 1045 hatte dessen König Gagik II. wie andere armenische Fürsten vor ihm als Kompensation umfangreichen Grundbesitz in Kappadokien im Inneren Anatoliens erhalten, wohin er mit seinem Gefolge auswanderte. Dort aber stießen die Armenier auf die Ablehnung des orthodoxen Metropoliten Markos von Kaisareia, der sie als Ketzer verdammte und als besondere Beleidigung sogar seinen Hund «Armenier» nannte. Der darüber erzürnte König Gagik ließ daraufhin den Metropoliten samt seinem Hund in einen Sack stecken und das Tier so lange schlagen, bis es seinen Besitzer zerfleischt hatte.[5] Wie weit diese grausige Geschichte authentisch ist, lässt sich schwer einschätzen. Sie mag aber zumindest das Ausmaß der Spannungen erahnen lassen, die zu gewissen Zeiten an bestimmten Orten im Vorfeld der seldschukischen Eroberung zwischen den ethnisch-religiösen Gruppen im römischen Kleinasien herrschten.

Die Zivilverwaltung stärkte der Kaiser 1045 mit der Gründung neuer juristischer Lehrstühle in Konstantinopel. An der Spitze dieser Einrichtung stand der Richter Johannes Xiphilinos als *nomophylax* (wörtlich «Hüter des Gesetzes»); er wurde 1064 sogar Patriarch von Konstantinopel. Gefördert wurde damit ein größerer Zirkel von durch Bildung und Talent und weniger durch Abkunft ausgezeichneter Funktionsträger um Xiphilinos. Dazu gehörte auch Johannes Mauropus, der die Tradition der Verknüpfung christlichen Glaubens mit klassischer Gelehrsamkeit aufgriff und in einem Gedicht etwa Jesus Christus um Gnade für die «Heiden» Platon und Plutarch bat. Er unterrichtete ebenfalls in Konstantinopel; zu seinen Schülern gehörte der wohl prominenteste Intellektuelle des 11. Jahrhunderts, Konstantin (später Michael) Psellos. Auch er versuchte eine Synthese von griechischer Bildung und Christentum – seine persönlichen Glaubensüberzeugungen werden freilich bis heute diskutiert. Unter Konstantin IX. stieg der in allen Wissensgebieten bewanderte Psellos sogar zum *hypatos* (griechisch für «Konsul») der Philosophen und führenden Lehrer der vom Kaiser geförderten Schule in der Hauptstadt auf. Gegen Ende der Regierungszeit Konstantins IX. fiel er jedoch 1054 in Ungnade und zog sich in ein Kloster zurück, wo er den Mönchsnamen Michael annahm.

Nach dem Tod des Kaisers konnte Psellos an den Hof zurückkehren – und die Wechselfälle seiner eigenen Karriere beeinflussten auch sein Urteil über die verschiedenen Kaiser und Kaiserinnen ab Basileios II., die er in seinem Geschichtswerk, der *Chronographia*, beschrieb. Zentral sind darin die Ereignisse in Konstantinopel und am Hof und die Charaktere und Eigenheiten der verschiedenen Herrscherinnen und Herrscher, was das Werk zu einer auch heute noch unterhaltsamen Lektüre macht. Da der Text wie alle uns erhaltenen Geschichtswerke des 11. Jahrhunderts nach der Niederlage gegen die Seldschuken bei Manzikert 1071 und die darauf folgende schwere Krise des Reiches entstand, ging es, wenig überraschend, dem Autor rückblickend um Ursachenforschung für den Verfall römischer Macht nach dem Höhepunkt unter Basileios II. Dabei gilt die Herrschaft Konstantins IX. bei Psellos als Wendepunkt zum Schlechteren. In einer Lobrede pries Psellos den Kaiser für die Vergabe von Ämtern und Ehrungen auf der Grundlage von Verdiensten. Früher seien hingegen Wohlstand und Status der Kinder nur vom Reichtum und Stand der Eltern abhängig gewesen. Von dieser Änderung hatte auch Psellos profitiert. In seinem Geschichtswerk kritisierte Psellos hingegen die Vergabe von Ehrenstellungen auch an Menschen aus dem «Pöbel», und selbst den Senat hätte der Kaiser für Männer geöffnet, die auf den Märkten ihr Geld als Händler und Gaukler verdienten.[6] Einmal selbst Mitglied der Elite, sah Psellos den Aufstieg anderer mit Misstrauen, insbesondere jener, die über weniger Bildung als er selbst verfügten.

Tatsächlich war es im Lauf des 11. Jahrhunderts zu einem gesellschaftlichen und ökonomischen Wandel gekommen. Sowohl das Wachstum von Handel und Gewerbe als auch die Schwächung der vormals strikten staatlichen Regelung, wie sie sich noch im Eparchenbuch aus der Zeit um 900 niederschlägt, eröffneten jenen, die in diesen Sparten tätig waren, neue unternehmerische Freiräume und ließen ihnen eine gewichtigere Rolle zukommen. Ausgehebelt wurde mit der Öffnung des Senats und der Hofwürden für Kaufleute und Geldwechsler unter Konstantin IX. die ältere Gesetzgebung, derzufolge diesen Berufsgruppen der Zugang zu den höchsten Ehrenstellungen untersagt war. Allerdings hatten diese Gesetze auch Mitgliedern des Senats und hohen Würdenträgern die Beteiligung an Geld- und Handelsgeschäften verboten, was jedoch ebenfalls immer wieder unterlaufen worden war.

Eine Fortsetzung fand ebenso das auch an archäologischen und umwelthistorischen Befunden ablesbare Wachstum von Bevölkerung und landwirtschaftlicher Produktion in den südosteuropäischen und kleinasiatischen Provinzen, allerdings immer mehr zum Nutzen der Großgrundbesitzer aus den Kreisen der weltlichen Elite und der Klöster. Zwar hatte die von den Kaisern seit Romanos I. mehrfach verfügte Beschränkung des Übergriffs der Mächtigen (griechisch *dynatoi*) auf die Besitzungen der kleineren und mittleren Bauern weiterhin Gültigkeit und wurde auch in der Rechtsprechung berücksichtigt. Jedoch trieben sowohl Naturkatastrophen, wie sie sich während der 1030er Jahre ereignet hatten, als auch die Raubzüge von Petschenegen oder Türken, zusätzlich zum wachsenden Steuerdruck, immer mehr Bauern dazu, ihre Äcker an mächtige Großgrundbesitzer zu veräußern und dann als deren Pächter zu bewirtschaften.

Strittig sind in der Forschung die Folgen dieser Entwicklungen. Während manche annehmen, dass das Wachstum des 10. und 11. Jahrhunderts vor allem auf der Tätigkeit der Bauern gründete, deren Eigenständigkeit die Mächtigen nun beschränkten, erachtet der Wirtschaftshistoriker Alan Harvey gerade den Aufstieg der Großgrundbesitzer als essenziell für den ökonomischen und demographischen Aufschwung. Nur diese Eliten hätten die Investitionen für die Erschließung von Neuland oder den Bau von Mühlen aufbringen können. Sogar die Münzentwertungen, die die Kaiser des 11. Jahrhunderts immer öfters durchführten, seien laut Harvey ein Zeichen dafür, dass der Staat mit der boomenden Wirtschaft nicht mehr Schritt halten konnte. Sie hätten nämlich aus der Notwendigkeit resultiert, aus einem beschränkten Bestand an Edelmetall eine größere Anzahl von Münzen zu prägen, um genügend Bargeld für die gestiegene Anzahl an finanziellen Transaktionen zur Verfügung zu haben.[7]

Allerdings scheint zweifelhaft, ob die römischen Kaiser über ein Verständnis der Bedeutung der Geldmenge verfügten, um bewusst einen solchen Effekt zu erzielen. Andere Forscher interpretieren den Schwund des Edelmetallgehalts der Goldmünzen schlicht als Folge der die Staatsfinanzen überfordernden steigenden Ausgaben. Sie resultierten aus den Aufwendungen für die aufgrund der territorialen Expansion vergrößerte Armee und eine auch mit dem wirtschaftlichen Wachstum einhergehende Vermehrung des Verwaltungsapparats. Zusammen mit dem steigenden Einfluss etablierter und dem Aufkommen neuer urbaner Eliten mit ihren jeweiligen Eigeninteressen machten sie das Management des Römerreichs zu einer immer komplexeren Angelegenheit.

In diesem Zusammenhang wurde auch der Vorwurf erhoben, dass sich Konstantin IX. und andere Kaiser vor und nach ihm im Gegensatz zu Basileios II. nur in der Hauptstadt aufhielten und sich nicht um die Provinzen und die dort stationierten Truppen kümmerten. Der General und Großgrundbesitzer Kekaumenos forderte in seinem in den 1070er Jahren verfassten *Strategikon* die Kaiser auf, in die Provinzen hinauszugehen und mit eigenen Augen zu sehen, «welche Ungerechtigkeiten die Armen erleiden». Sie sollten sich selbst vom Zustand der Truppen und Festungen ein Bild machen, auch gegen den Einspruch von Ratgebern, die warnten, die Abwesenheit des Kaisers würde andere zu Umsturzversuchen verlocken.[8] Doch muss Kekaumenos an anderer Stelle selbst festhalten, dass der Kaiser, dem es gelingt, Konstantinopel unter Kontrolle zu halten, bei einem Usurpationsversuch immer im Vorteil sei – so wie es sich auch während der Regierungszeit Konstantins IX. mehrfach zeigte. Diese widersprüchlichen Ratschläge des Kekaumenos erweisen einmal mehr, dass es im Lauf des 11. Jahrhunderts immer schwieriger wurde, die Bälle in Konstantinopel und in den Provinzen gleichzeitig zu jonglieren.

Fatal erwies sich die Kombination der Schwächung des sozialen Zusammenhalts des römischen Staates mit einer dramatischen Veränderung der außenpolitischen Umwelt des Reiches. Sie betraf zu einem den Steppengürtel Eurasiens, in dem politische und auch klimatische Umwälzungen die Mobilität nomadischer Verbände wie der Seldschuken und der Petschenegen in Richtung des Römerreichs lenkten. Für eine nachhaltige Verschiebung der geopolitischen Gewichte sorgte zum anderen der Aufstieg der Staatenwelt des lateinischen Westeuropa, wo ökonomisches und demographisches Wachstum im 11. und 12. Jahrhundert noch stärker ausfielen als im Römerreich. Robert Bartlett hat eindrucksvoll die Expansion des «Abendlandes» in seine Randgebiete beschrieben, die beginnend mit den Normannen in Unteritalien und der Reconquista auf der Iberischen Halbinsel auch den Machtbereich der bisherigen Vormächte im Mittelmeerraum, also das Römerreich und die arabisch-islamische Welt, erfasste.[9] Diese Expansionsbestrebungen sollten in den Kreuzzügen gipfeln.

Die Herrschaft Konstantins IX. war nach den unruhigen Anfangsjahren aber so weit gefestigt, dass sie den Tod der Zoë im Juni 1050 überstand. Die früheren Ereignisse hatten gezeigt, dass die dynastische Legitimation der Makedonen-Prinzessinnen zwar den entscheidenden Ausschlag bei der Kür eines neuen Kaisers geben, seine unangefochtene Herrschaft aber keineswegs garantieren konnte. Dazu musste der Herrscher ein eigenes Netzwerk an Unterstützern aufbauen, wie es Konstantin IX. bei führenden Kreisen der Hauptstadt gelang. Gerade dort sah er sich aber in den letzten Jahren seiner Regierung einem neuen Machtzentrum in Gestalt des seit 1043 amtierenden selbstbewussten Patriarchen Michael Kerularios gegenüber. Angesichts der steigenden Bedrohung der römischen Provinzen in Süditalien durch die Normannen, vor allem unter ihrem Anführer Robert Guiskard, wollte der Kaiser die Verständigung mit Papst Leo IX. suchen, der ebenfalls mit den Normannen in Konflikt stand. Trotz verschiedener Kontroversen zu Fragen der Theologie, der kirchlichen Praxis, etwa des Gebrauchs von ungesäuertem Brot in der Liturgie durch die Lateiner, und auch der Abgrenzung der Amtsbereiche der beiden Patriarchate Rom und Konstantinopel, wurden Gesandtschaften ausgetauscht.

Als die von Papst Leo IX. entsandte Delegation im Juli 1054 unter Kardinal Humbert von Silva Candida in Konstantinopel eintraf, war Patriarch Michael Kerularios an einer Verständigung mit den Lateinern aber gar nicht interessiert. Vielmehr eskalierte die

Debatte im gegenseitigen Ausschluss aus der kirchlichen Gemeinschaft. Die Zeitgenossen schrieben diesem oft als «Morgenländisches Schisma» von 1054 bezeichneten Ereignis nicht jene nachhaltige Wirkung zu wie die spätere Forschung. Aber der Eklat machte doch den relativen Machtverlust des Kaisertums in einer so wichtigen kirchen- und außenpolitischen Frage deutlich. Außerdem kam es 1059 zu einem Abkommen zwischen dem Papst und Robert Guiskard, das es Letzterem ermöglichte, allmählich die Truppen Konstantinopels ganz aus Süditalien zu vertreiben.

Gescheiterte Helden mit gezogenem Schwert

Nach dem Tod Konstantins IX. im Jänner 1055 setzte sich nochmals die letzte überlebende Makedonen-Prinzessin Theodora gegen andere Kandidaten durch und bestieg 70-jährig den Thron, den sie bis zu ihrem Ableben am 31. August 1056 innehatte. In ihrer Regierungszeit durfte Michael Psellos an den Hof zurückkehren. Deshalb fällt sein Urteil über die Alleinherrschaft der Theodora positiver aus als über die kurze gemeinsame Regierungszeit von Theodora und Zoë im Jahr 1042. So war «die Ausübung der Herrschaft» durch Theodora «geradlinig und majestätisch, und es war niemand da, der gegen die Herrschaft intrigiert (…) hätte». Ja sogar die Natur schien die Kaiserin zu begünstigen, denn «auch mit den Jahreszeiten traf es sich in allem günstig, und die Ernten der Früchte des Feldes waren reich». Zudem «verheerte kein einziger Volksstamm» das Reich. Kein Teil der Gesellschaft «fühlte sich provoziert, da Gerechtigkeit in allem gewahrt wurde».[10] Diese idealisierende Schilderung beschwor nochmals das Charisma der makedonischen Dynastie, die über so lange Zeit zwar nicht unangefochten, aber doch erfolgreich regierte hatte und mit Theodora ausstarb. Nach ihr, so bemerkten Psellos und andere rückblickend, verschlechterte sich die Lage des Imperiums dramatisch.

Theodora bestimmte im August 1056 noch auf Veranlassung des einflussreichen Ministers Leon Paraspondylos den bereits älteren Michael (VI.) aus der Beamtenfamilie Bringas als Nachfolger. Er besaß aber weder eine Legitimation durch eine Bindung an die nun entschwundene makedonische Dynastie noch die Unterstützung durch eine der anderen mächtigen Familien und sah sich bald deren Widerstand gegenüber. Einen Usurpationsversuch des Theodosios Monomachos, eines Verwandten des verstorbenen Konstantin IX., konnte Michael VI. noch abwehren. Dann aber lehnten Michael VI. und Leon Paraspondylos die durch die Generäle Isaak Komnenos und Kekaumenos Katakalon vorgebrachten Forderungen der Truppen Kleinasiens nach erhöhten Zahlungen ab. Deshalb riefen die Soldaten im Juni 1057 Isaak Komnenos zum Kaiser aus. Nach einer Niederlage der ihm noch treuen Truppen bei Nikomedeia trat Michael VI. in Verhandlungen mit den Rebellen und dankte – auch aufgrund der Bemühungen des Patriarchen Michael Kerularios – ab.

Der am 1. September 1057 gekrönte Isaak I. Komnenos inszenierte sich von Beginn an als Soldatenkaiser. Dies belegen seine Münzen, die ihn mit gezogenem Schwert zeigen, als ob er verdeutlichten wollte, dass er der Waffe «und nicht Gott» das Kaisertum verdankte, wie der Historiker Zonaras bemerkte.[11] Isaak versuchte, durch drastische Beschränkung von staatlichen Zahlungen und die Rückforderung früherer kaiserlicher Schenkungen sowohl an Laien als auch an die Kirche die Finanzkraft des Reiches zu stärken, um die Armee zu vergrößern. Mit diesem wohl an Basileios II. angelehnten Vorgehen schuf er sich viele Gegner unter den vormals Begünstigten. Dazu gehörten auch die Klöster und der Klerus, auch wenn manche Beobachter später bemerkten, dass diese Maßnahme der Verbesserung der Moral unter den Mönchen und Nonnen diente, von denen einige im übermäßigen Wohlstand geschwelgt hätten. Jedoch protestierte Patriarch Michael Kerularios gegen die finanzpolitischen Maßnahmen des Kaisers; Isaak ließ ihn deshalb vor Gericht stellen und im November 1058 verbannen. Als der beim Volk der Hauptstadt beliebte Kerularios kurz darauf im Exil verstarb, hatte der Kaiser seine letzten Sympathien in Konstantinopel verspielt. Zudem erkrankte Isaak schwer und ließ sich angesichts der wachsenden Ablehnung im November 1059 zur Abdankung überreden.

Als Nachfolger nominierte man den um 1006 geborenen Konstantin X. aus der mächtigen Dukas-Familie, der den Putsch Isaaks unterstützt hatte, aber zudem mit einer Nichte des Michael Kerularios, Eudokia Makrembolitissa, verheiratet war. Maßgeblich beraten wurde er in der Regierung durch seinen zum *kaisar* ernannten Bruder Johannes Dukas. Zur weiteren Absicherung der neuen Dynastie krönte Konstantin X. seine Söhne zu Mitkaisern. In Konstantinopel versuchte der neue Kaiser, durch Erneuerung früherer Privilegien die unter Isaak Komnenos gewachsene Opposition zu besänftigen. Steuererhöhungen in den Provinzen erregten aber den Widerstand lokaler Machthaber und führten zu Aufständen.

Konstantin X. wurde später vorgeworfen, er habe die Besoldung der Truppen vernachlässigt und es vorgezogen, die «fremden Völker» durch Geschenke friedlich zu stimmen. Dies gelang aber nicht, sodass «die Barbaren dreist wurden» und die römische Herrschaft sich verkleinerte, insbesondere im Osten.[12] Tatsächlich versagte die Dukas-Regierung bei der Abwehr der Seldschuken. Diese errangen 1055 die Kontrolle über Bagdad, wo der Abbasidenkalif al-Qāʾim den seldschukischen Anführer Tughrul Beg mit dem Titel eines Sultans und als Machthaber über die Stadt auszeichnete. Schon zuvor hatte Tughrul Beg 1054 persönlich einen weitreichenden Raubzug entlang der ganzen Nordostgrenze des Römerreichs kommandiert. Nicht zuletzt deshalb erklärte sich die Regierung um Kaiserin Theodora 1055 damit einverstanden, dass in der Moschee in Konstantinopel anstelle des Namens des Fatimidenkalifen nun jener des Tughrul Beg im Freitagsgebet genannt werden sollte. Damit erkannte Konstantinopel den neuen mächtigen Mann als Führer der islamischen Welt an.

Das Abkommen mit Tughrul Beg hinderte aber andere Anführer der Seldschuken und weiterer türkischer Gruppen, die unter nur loser Kontrolle des Sultans standen, nicht daran, auf eigene Faust in römische Gebiete vorzudringen. So wurde im Winter 1057/1058 Melitene geplündert und im August 1059 Sebasteia in Kappadokien. Nach Tughrul Begs Tod 1063 nahm auch sein Neffe und Nachfolger Alp Arslan wieder eine aggressivere Politik gegenüber dem Römerreich auf. Im August 1064 eroberte er Ani, die erst 1045 von den Römern annektierte Hauptstadt Armeniens. Gleichzeitig führten Versuche des Kaisers, die Vertreter der miaphysitischen Kirchen zur Anerkennung des Dogmas von Chalkedon zu zwingen, zu neuen Spannungen mit der zahlreichen syrischen Bevölkerung an der Südostgrenze des Reiches. Wie im Vorfeld der arabischen Eroberungen im 7. Jahrhundert wurde die Kontrolle Konstantinopels über seine östlichen Provinzen brüchig, auch wenn der armenische König von Kars 1064 sein Reich angesichts des wachsenden Drucks der Seldschuken an den römischen Kaiser übertrug und somit das Imperium sogar noch einmal expandierte.

Auch ein besonders spektakuläres Erscheinen des Halley'schen Kometen im Mai 1066 deutete man als schlechtes Omen. Er wurde ebenso im Vorfeld des Feldzugs Wilhelm des Eroberers von der Normandie nach England beobachtet. Nach der Niederlage bei Hastings im Oktober 1066 flüchteten angelsächsische Adelige auch ins Römerreich und verstärkten die Reihen der Warägergarde, die sich davor hauptsächlich aus Skandinaviern rekrutiert hatte. Dies demonstriert die nach wie vor bestehende Anziehungskraft des militärischen Arbeitsmarkts des Römerreichs in ganz Europa.

Kaiser Konstantin X. starb im Mai 1067 ein Jahr nach der Kometensichtung. Für ihre noch minderjährigen Söhne übernahm die Kaiserin Eudokia Makrembolitissa die Regentschaft. Sie musste zur Wahrung der Thronrechte ihrer Kinder schwören, nicht erneut zu heiraten. Angesichts der bedrohlichen Lage in Kleinasien geriet die Kaiserin jedoch in Sorge. Mit Zustimmung des Senats und des Patriarchen Johannes VIII. Xiphilinos heiratete Eudokia den vormals gegen die Petschenegen erfolgreichen General Romanos (IV.) Diogenes. Nachdem sie ihm zwei Söhne geboren hatte, wurde sie aber genauso wie ihre formell mitregierenden Söhne aus erster Ehe in den Hintergrund gedrängt. Im Clan der Dukas regte sich deshalb Widerstand.

Gut angeschrieben war bei Romanos IV. hingegen die Familie des vormaligen Kaisers Isaak I. Komnenos, dessen Neffe Manuel 1070 als Befehlshaber in Anatolien fungierte. Dort konzentrierte der Kaiser auch seine militärischen Bemühungen, der steigenden Bedrohung durch Einfälle der Seldschuken Herr zu werden, allerdings ohne dauerhaften Erfolg. Besonderes Entsetzen erregte 1070 die türkische Plünderung der Stadt Chonai in Kleinasien und des dortigen Pilgerheiligtums des Erzengels Michael. Dieses Ereignis veranlasste einen zeitgenössischen Autor zur Bemerkung, dass vorher die Einfälle der Türken nur die östlichsten Provinzen berührt hätten, die vor allem von «ketzerischen» Syrern und Armeniern bevölkert waren. Als nun aber die Katastrophe auch «die Rechtgläubigen» traf, waren die, «die den Glauben der Römer praktizieren» fassungslos, weil Gott die Sünder und die Gerechten in gleicher Weise strafte.[13]

Da derartige Überlegungen Zweifel an der göttlichen Legitimation des Kaisers aufkommen ließen, musste Romanos IV. die Lage rasch militärisch bereinigen. Im Sommer 1071 versammelte er ein großes Heer aus einheimischen Truppen und zahlreichen Söldnern, um den Einfallskorridor der türkischen Verbände nördlich des Vansees (heute in der Südosttürkei) unter Kontrolle zu bringen. Dass diese vermutlich zwischen 40 000 und 60 000 Mann starke Armee auf ihrem Marsch über 1500 Kilometer von Konstantinopel bis an die Ostgrenze versorgt werden konnte, spricht für den damaligen Stand der römischen Logistik in Kleinasien. Allerdings stellte dieser Feldzug schon vor jeglichen Kampfhandlungen eine schwere Belastung für die Provinzen entlang der Marschroute dar, die Verpflegung, Lasttiere und auch Arbeitsdienste, etwa zur Reparatur von Brücken, beitragen mussten. Allein für den Transport der Bauteile der schweren Belagerungsmaschinen, die man mit sich führte, waren mehr als 1000 Ochsenkarren notwendig. Dennoch endete dieser Feldzug am 26. August 1071 in einer Niederlage bei Manzikert (heute Malazgirt in der Südosttürkei) gegen das Hauptheer der Seldschuken, die unter Sultan Alp Arslan überraschend in der Region aufgetaucht waren. Eine Rolle spielte dabei auch der Verrat des Andronikos Dukas, eines Sohnes des *kaisar* Johannes Dukas, der das Kommando über die römische Nachhut geführt hatte.

Romanos IV. geriet sogar in Gefangenschaft der Seldschuken, deren Sultan ihn aber ehrenvoll behandelte. Tatsächlich konnte Romanos IV. mit Alp Arslan einen 20jährigen Frieden aushandeln, der die Zahlung eines Lösegelds und weiterer Tribute sowie die Abtretung der Städte Manzikert, Edessa, Manbiğ und Antiocheia vorsah. Diese Verluste wären schmerzhaft gewesen, hätten aber die Kernprovinzen des Römischen Reiches unangetastet belassen. Alp Arslan war an einer Eroberung größerer römischer Territorien (noch) nicht interessiert, sondern wollte vor allem in Richtung Ägypten gegen das Reich der Fatimiden vorstoßen, die als ismaelitisch-schiitische Gegenkalifen die Macht des sunnitischen Kalifen in Bagdad nicht anerkannten und deshalb als «Ketzer» galten.

Das Imperium an der Kippe

Der Vertrag zwischen Romanos IV. und den Seldschuken wurde jedoch Makulatur, als die Dukas-Familie in Konstantinopel den gefangen genommenen Kaiser durch den 1059 als Sohn Konstantins X. geborenen Michael VII. ersetzte. Er herrschte nominell mit seinen Brüdern Andronikos und Konstantinos als Mitregenten. Ihrem Onkel, dem *kaisar* Johannes Dukas, kam neuerlich entscheidender Einfluss zu. Als Romanos IV. im September 1071 von den Seldschuken freigelassen wurde, nahm er von Amaseia in Nordostkleinasien den Kampf gegen die Dukas-Regierung auf. Nach einer ersten Niederlage zog er sich mit Unterstützung armenischer Truppen nach Kilikien zurück. Dort unterlag er aber einer weiteren Armee aus Konstantinopel und fiel in die Hände der Dukas. Diese zwangen Romanos zur Abdankung und zum Eintritt ins Kloster. Später ließen sie ihn trotz vorheriger Zusicherungen blenden; an den Folgen dieser Marter verstarb Romanos im August 1072.

Die Kontrolle über die kleinasiatischen Provinzen hatte das neue Regime damit aber nicht gewonnen. Nach der Aufhebung des mit Romanos IV. geschlossenen Vertrags und dem Tod des Alp Arslan im Dezember 1072 unternahmen verschiedene seldschukische und andere türkische Gruppen auf eigene Faust weitreichende Einfälle. 1073 entsandte deshalb die Regierung eine Armee unter dem Kommando von Isaak Komnenos, einem Neffen des gleichnamigen Kaisers, nach Kleinasien. Ihr gehörte auch ein Kontingent «fränkischer» (westeuropäischer) Söldner unter dem Kommando des Normannen Roussel de Bailleul an, der an der Schlacht von Manzikert teilgenommen hatte. Roussel de Bailleul aber verriet Isaak, der in türkische Hände fiel, und richtete einen Stützpunkt in Amaseia, der vormaligen Basis Romanos' IV., ein. Von dort erlangte er die Kontrolle über die umliegende Militärprovinz des Armeniakon. Ähnlich wie seine normannischen Landsleute zuvor in England oder in Süditalien wollte sich de Bailleul in Kleinasien ein eigenes Fürstentum einrichten.

Auch eine gegen ihn aus Konstantinopel unter dem Kommando des Johannes Dukas in Marsch gesetzte Armee besiegte de Bailleul nach dem Verrat der lateinischen Soldtruppen der Gegenseite. Johannes Dukas wurde sein Gefangener. Roussel zog in Richtung Konstantinopel, um die Anerkennung seiner Eroberungen durch den Kaiser zu fordern, was die Regierung für Michael VII. ablehnte. Der Normanne ließ daraufhin Johannes Dukas zum Kaiser ausrufen, um weiteren Druck auf Konstantinopel auszuüben. Die kaiserliche Regierung warb nun türkische Truppen an, die de Bailleul besiegten und ihn gemeinsam mit Johannes Dukas gefangen nahmen. Allerdings konnte de Bailleuls Frau ihn von den Türken freikaufen. Der Normanne kehrte nach Amaseia zurück und verteidigte sein Gebiet weiter erfolgreich. Erst Alexios Komnenos, der Bruder des von de Bailleul verratenen Isaak, vermochte ihn 1076 schließlich mit neuerlicher türkischer Waffenhilfe zu besiegen und gefangen zu nehmen.

Die Karriere des Roussel de Bailleul wirft ein grelles Licht auf die Fragmentierung römischer Macht und die auch auf Einladung der römischen Zentralregierung wachsende Rolle türkischer Verbände in den innerrömischen Bürgerkriegen in Kleinasien nach 1071. Unter solchen Bedingungen gingen die früheren anatolischen Kernprovinzen des Reiches auch ohne großangelegte Invasion an verschiedene regionale römische, armenische und türkische Machthaber verloren. Dazu gehörte etwa Theodoros Gabras, der 1075 die Türken aus dem Gebiet von Trapezunt am Schwarzen Meer vertrieb, das er und seine Nachkommen in der Folge quasi selbstständig beherrschten. Ein weiterer erfolgreicher Warlord war der armenischstämmige Feldherr Philaretos Brachamios, der in Kilikien,

Nordwestmesopotamien und Nordsyrien ein nur mehr nominell dem Kaiser unterstehendes Fürstentum aufbaute. 1078 nahm er auch die wichtige Metropole Antiocheia in Nordsyrien ein. Zwar war das Reich des 1092 verstorbenen Philaretos Brachamios nicht von Dauer, legte aber die Grundlagen für die Entstehung eines eigenständigen armenischen Fürstentums in Kilikien.

Die Regierung für Michael VII. sah sich aber auch im europäischen Reichsteil Widerstand gegenüber: 1072 rebellierten Gruppen der Serben und Bulgaren um Sofia und Niš; diesen Aufstand konnte eine aus Konstantinopel entsandte Armee niederschlagen, aber die Lage auf dem Balkan blieb unruhig. Um zumindest die angrenzenden Ungarn als Verbündete zu gewinnen, sandte der Kaiser um 1075 eine Gesandtschaft an König Géza I., die eine wertvolle Krone überbrachte, die später zu einem Bestandteil der Stephanskrone wurde. Auf einer Emailplatte an der Stirn thront Christus als All-Herrscher, ihm genau gegenüber auf der Rückseite Kaiser Michael VII., flankiert von seinem Bruder und Mitkaiser Konstantin und dem ungarischen König, der dementsprechend als nachrangiger Herrscher unter römischer Oberhoheit positioniert wurde. Jenseits von Ungarn wandte sich das Regime um Michael VII. mit Hilfsersuchen an Kaiser Heinrich IV. und Papst Gregor VII., wobei Letzterer 1073 sogar einen Feldzug nach Osten erwog. Jedoch verstrickten sich die beiden Führungsmächte der lateinischen Christenheit ab 1075 im sogenannten Investiturstreit um das Einsetzungsrecht für die Bischöfe, der im Jänner 1077 im berühmten Gang nach Canossa seinen ersten Höhepunkt fand. Der folgende Krieg mit den Fürsten im deutschen Königreich markierte eine schwere Krise des westlichen Kaisertums, die gleichzeitig mit der Erschütterung des Römerreichs im Osten stattfand.

Tatsächlich wurde die Situation Michaels VII. immer prekärer. 1076 verbündeten sich römische Rebellen mit den nördlich des Balkangebirges weitgehend eigenständig siedelnden Petschenegen und marschierten gegen die Hauptstadt. Da die Aufständischen jedoch eine Belagerung Konstantinopels nicht ernsthaft ins Auge fassten, mussten sie wieder abziehen. Mittlerweile hatte der Eunuch Nikephoritzes entscheidenden Einfluss auf die Regierungsgeschäfte gewonnen. Insbesondere bei der Suche nach neuen Einnahmen für die leere Staatskasse – die geprägten Münzen hatten mittlerweile einen Goldgehalt von weniger als 60 Prozent – erwies er sich als besonders erfinderisch. So verstaatlichte er die Privatleuten und kirchlichen Einrichtungen gehörenden Anlegestellen an den Küsten in und um Konstantinopel, deren steigende Zahl auch das wirtschaftliche Wachstum der vorangegangenen Jahrzehnte dokumentierte, und belegte sie mit Abgaben. Daneben richtete er ein staatliches Monopol für den vorher freien Getreidehandel in dem für die Versorgung der Hauptstadt wichtigen Markt von Rhaidestos in Thrakien ein. Als daraufhin verschiedene Produzenten und Kaufleute ihr Korn zurückhielten, stiegen die Brotpreise in Konstantinopel enorm, was zu wirtschaftlichen Turbulenzen und Teuerungen bei vielen Waren und Dienstleistungen führte. Damit zog sich Nikephoritzes den Hass weiter Teile der Bevölkerung zu, und der Widerstand gegen das Regime für Michael VII. Dukas wuchs.

Gleichzeitig strömten immer mehr Flüchtlinge aus den geplünderten Gebieten in Kleinasien nach Konstantinopel, konnten dort aber nicht ausreichend versorgt werden. Im Sommer 1077 erhob sich unter Nikephoros Botaneiates in Phrygien eine Rebellion. Der Anführer des Aufstands rühmte sich der Abkunft von der Phokas-Familie, die im 10. Jahrhundert mit Nikephoros II. einen der erfolgreichsten Militärkaiser und mehrere Generäle gestellt hatte. Damit nährte sich die Hoffnung, dass ihr Nachfahre das Reich wieder zur Stärke führen könnte. Jedoch suchte Nikephoros Botaneiates auch die Unterstützung des seldschukischen Anführers Suleiman ibn Qutlumuš, dessen Truppen auf dem Vormarsch Richtung Konstantinopel zahlreiche römische Städte besetzten.

Kurze Zeit später brach in Adrianopel unter Führung des Generals Nikephoros Bryennios ein weiterer Aufstand aus. Bryennios marschierte im Herbst 1077 gegen Konstantinopel, doch konnte das Regime um Michael VII. die Kontrolle über die Hauptstadt behalten. Nikephoros Botaneiates hingegen wurde im Jänner 1078 von einer Versammlung der Gegner des Dukas-Regimes in der Hagia Sophia zum Kaiser ausgerufen. Während Nikephoritzes gegen diese Opposition mit Gewalt vorgehen wollte, beugte sich Michael VII.

schließlich dem Druck. Er dankte, auch auf Anraten seines Onkels Johannes, am 31. März 1078 ab und ging ins Kloster. Nikephoros (III.) Botaneiates zog in Konstantinopel ein und bestieg den Thron. Nikephoritzes wurde zur Beruhigung der Volksseele gar zu Tode gemartert. Dessen finanzpolitische Maßnahmen machte der neue Kaiser rückgängig. Noch wichtiger war allerdings, dass sich der bereits fast 70-jährige Nikephoros III. Botaneiates mit den Unterstützern der Dukas-Partei arrangierte und Maria von Alania, die Frau von Michael VII., heiratete.

Nikephoros III. betraute auch die Angehörigen der Komnenen-Familie mit hohen Kommandoposten. Alexios Komnenos erwies sich als fähiger General, der in Südosteuropa die Rebellion des 1077 vor Konstantinopel gescheiterten Nikephoros Bryennios unterdrückte. Er heiratete 1078 Eirene Dukaina, die Enkelin des so einflussreichen *kaisar* Johannes Dukas, der auch den Machtübergang zu Botaneiates mitorganisiert hatte. Dieses Bündnis der beiden mächtigen früheren Kaiserfamilien schwächte aber die Position des schon betagten Botaneiates. Gleichzeitig gingen auch die letzten Stützpunkte römischer Macht in Kleinasien verloren: Der vormals mit Botaneiates verbündete Suleiman ibn Qutlumuš besetzte Nikaia (heute Iznik), das die Straßenverbindungen zwischen Konstantinopel und dem Inneren Kleinasiens kontrollierte. Angesichts der großen Gebietsverluste und der ständigen Kriege und Aufstände wurde der Goldgehalt der kaiserlichen Münze neuerlich vermindert und betrug nur mehr 35 Prozent. Der Staat war beinahe bankrott.

In dieser existenzbedrohenden Krise wuchsen im Kreis der Dukas und Komnenen die Bemühungen, Nikephoros III. Botaneiates durch einen der ihren zu ersetzen. Diese Pläne konzentrierten sich auf Alexios Komnenos. Als der Kaiser davon erfuhr, musste Alexios im Februar 1081 Konstantinopel verlassen, konnte aber schon am 1. April dieses Jahres als Sieger in die Hauptstadt einziehen, nachdem erneut Johannes Dukas den Machtwechsel vorbereitet hatte. Nikephoros III. dankte ab und ging ins Kloster; Alexios I. Komnenos bestieg den Thron.

Die Rettung im Familienunternehmen

Mit der Thronbesteigung Alexios' I. 1081 befand sich die Kaisermacht in der Hand einer Allianz aristokratischer Clans, verbunden durch Ehebündnisse. Dazu gehörten neben den Komnenen und den Dukas auch relative Aufsteiger wie die Palaiologen (die ab 1258 die Kaiser stellen sollten). Allerdings wurden von Beginn an Bruchstellen in diesem Netzwerk sichtbar. Alexios etwa versuchte unmittelbar nach seiner Machtergreifung, die durchaus noch eigene Ambitionen auf den Thron hegenden Dukas in den Hintergrund zu drängen. Erst auf Druck des Patriarchen Kosmas I. wurde Alexios' Gattin Eirene Dukaina mit zur Kaiserin gekrönt. Ebenso musste der neue Kaiser den Sohn Michaels VII., Konstantin Dukas, formell als Mitkaiser anerkennen und verlobte ihn mit seiner Tochter Anna.

Auch andere potentielle Mitbewerber um den Thron integrierte man in das neue System. Besonders neuralgische Kommandoposten besetzte der Kaiser jedoch mit seinen engen Verwandten, die auch mit großzügigen Schenkungen bedacht wurden. Seine wichtigste Stütze blieb seine Mutter Anna Dalassene, die bis zu ihrem Tod 1102 oft die Regierungsgeschäfte in Konstantinopel in Abwesenheit ihres Sohnes führte. Anna, so lesen wir, «war eine so überaus geschickte Politikerin und in so hohem Maß befähigt, einen Staat einzurichten und zu verwalten, dass sie nicht nur in der Lage gewesen wäre, das Reich der Römer zu regieren, sondern auch jedes andere Reich wo auch immer unter der Sonne».[14] Diese für die römische Geschichtsschreibung ungewöhnlich positive Sicht auf weiblichen Anteil an der Herrschaft kommt von einer Frau, Annas gleichnamiger Enkelin Anna Komnene, die wiederum das einzige aus den Händen einer Römerin des Mittelalters überlieferte Geschichtswerk verfasste.

Bereits Zeitgenossen wie der unter Alexios I. am Hof tätige, aber später in Ungnade gefallene Jurist und Geschichtsschreiber Johannes Zonaras übten allerdings an der Herrschaft der Komnenen und ihrer Verbündeten schwere Kritik. Schon die Machtübernahme in Konstantinopel sei nicht mit Zustimmung von Volk und Senat, sondern durch die Gewalt der Truppen des Alexios erfolgt, die zudem die Hauptstadt drei Tage plünderten. Alexios behandelte danach den römischen «Staat nicht als gemeinsamen oder öffentlichen Besitz» und erachtete sich nicht als «dessen Verwalter, sondern Besitzer» und den Kaiserpalast als sein Privathaus. Während die Vorrechte des Senats vernachlässigt würden, verschenkte der Kaiser «öffentliche Gelder in Wagenladungen an seine Verwandten und einige seiner Diener und wies ihnen üppige Einkünfte zu».[15]

Andererseits stellt sich die Frage, wie es Alexios I. ansonsten gelungen wäre, zumindest einen Kern von konkurrierenden Eliten in Konstantinopel zusammenzuhalten, um das Römerreich nach außen zu stabilisieren. Zudem hatten die Gebietsverluste in Kleinasien vielen Familien der Elite ihren Großgrundbesitz entzogen, sodass sie umso mehr auf die Zuweisung von Ämtern und Einkünften durch den Kaiser angewiesen war. Die Gelegenheit zur Neuverteilung von Besitz in den verbliebenen Provinzen des Reichs boten unter anderem die diversen Aufstandsversuche, nach denen die Landgüter unterlegener Rebellen konfisziert und an Getreue übertragen wurden. Vor diesem Hintergrund gelang es Alexios I., sowohl die administrativen Instrumente des Kaisertums nochmals zu stärken als auch größere Teile der Eliten vorerst an sich zu binden. Von einer in der früheren Forschung manchmal konstatierten «Feudalisierung» des Reichs kann aber keine Rede sein, noch blieb das Neue Rom weitaus stärker zentral verwaltet als die Königreiche im Westen Europas. Allerdings sollten zentrifugale Kräfte vor allem gegen Ende des 12. Jahrhunderts auch im Römerreich vermehrt spürbar werden.

Die ersten 20 Jahre seiner Herrschaft sah sich Alexios I. einer ganzen Reihe das Reich ernsthaft bedrohender Angriffe gegenüber, die seinen Einsatz im Feld außerhalb der Hauptstadt erforderlich machten. Dabei erachtete er die Invasion durch die Normannen unter ihrem Fürsten Robert Guiskard, der 1071 mit Bari auch den letzten römischen Stützpunkt in Italien eingenommen hatte, am gefährlichsten. Guiskard behauptete nämlich, die Ansprüche Michaels VII. Dukas, dessen Sohn mit seiner Tochter verlobt worden war, gegen die Usurpation der Komnenen zu verteidigen. Er führte einen Thronkandidaten in seinem Heer mit, der sich als Michael VII. ausgab. Somit stellte er das Kaisertum des Alexios als solches in Frage. Gleichzeitig war Guiskard nach der Eroberung von Stützpunkten in Albanien in der Lage, Makedonien und die griechischen Provinzen, die einen wesentlichen Teil der dem Reich verbliebenen Ressourcen lieferten, zu bedrohen.

Die ersten Versuche, sich den Normannen direkt zu stellen, endeten aber in katastrophalen Niederlagen des Kaisers. Erst die Umstellung der Römer auf eine Guerilla-Taktik zwang 1083 die Normannen zum Rückzug aus Thessalien und erlaubte die Rückgewinnung der wichtigen Stadt Kastoria an der west-östlichen Hauptroute durch den südlichen Balkan. 1084 aber setzte sich Robert Guiskard an die Spitze einer neuen Invasionsarmee. Sie erzwang gegen den Widerstand der Venezianer, mit denen sich Alexios 1082 verbündet hatte, die Überquerung der Adria und besetzte die Insel Kephallenia im Ionischen Meer. Dort verstarb Guiskard jedoch überraschend im Juli 1085. Die folgenden Thronstreitigkeiten erzwangen den Rückzug der Normannen und ermöglichten auch die Rückeroberung ihrer vormaligen Hauptbasis in Dyrrhachion (Durrës) in Albanien durch die Römer.

Dieser Erfolg steigerte die Legitimation der Herrschaft des Alexios, jedoch war seine Stellung noch keineswegs gesichert. Die teure Söldnerarmee, insbesondere Lateiner und Türken, die er ins Feld führte, konnte er, so wie Herakleios im 7. Jahrhundert, 1081 und 1087 nur durch den Zugriff auf Kirchenschätze finanzieren. Dies rief die Opposition kirchlicher Kreise um den charismatischen Metropoliten Leon von Chalkedon hervor, der sich durch das Einschmelzen von Bildwerken aus Edelmetall an die Zeiten des Bildersturms des 8. und 9. Jahrhunderts erinnert fühlte. Leon hatte auch in der Dukas-Familie prominente Unterstützer, 1086 wurde er dennoch abgesetzt.

Um sich im Gegenzug als besonders treuer Sohn der Kirche zu zeigen und um in gewohnter Manier Sündenböcke auszumachen, die durch ihr Wirken den Zorn Gottes über das Römerreich erregt hätten, betrieb Alexios I. die Wiederaufnahme des Häresie-Prozesses gegen den Gelehrten Johannes Italos. Dieser stammte aus dem griechischsprachigen Süditalien, war Schüler des Michael Psellos und vormaliger Günstling des Dukas-Regimes. Italos versuchte, seine aus den klassischen griechischen Texten gewonnene philosophische Methode auf die Grundsätze des christlichen Glaubens auszudehnen. Deshalb wurde er aber in der aufgeheizten Krisenstimmung nun der Ketzerei und des Heidentums angeklagt, musste im März 1082 seinen Lehren abschwören und wurde in ein Kloster verbannt. Noch drastischer ging der Kaiser gegen Anhänger der Lehre der Bogomilen vor, die, vielleicht auch auf Anregung von dorthin umgesiedelten Paulikianern, ursprünglich im 10. Jahrhundert in Bulgarien entstanden war und von einem strikten Dualismus zwischen Gut und Böse ausging. Nun verbreitete sich ihr Glaube bis nach Konstantinopel und fand, wohl auch angesichts der Krisenhaftigkeit der Zeit, sogar in aristokratischen Kreisen Sympathisanten. Der Kern dieser Gruppe wurde eingekerkert, ihr Anführer Basileios entgegen früheren Traditionen des Umgangs mit Ketzern im Hippodrom sogar öffentlich verbrannt.

Mit den Normannen war jedoch nur eine der Mächte, die das Reich Alexios' I. bedrohten, zeitweilig neutralisiert. Die Petschenegen verwüsteten nach wie vor weite Teile der Balkanprovinzen. Ein 1087 gegen sie gerichteter Feldzug zu Lande und zu Wasser (mit Schiffen ins Donaudelta) endete mit einer römischen Niederlage. 1090 griffen die Petschenegen erneut die Gebiete des Reiches an. Daneben bedrohte der türkische Emir Çaka mit einer Flotte von seiner Basis in Smyrna (heute Izmir) aus die Seeverbindungen und die Versorgung Konstantinopels, die im Winter 1090/1091 auch durch extreme Witterungsverhältnisse erschwert wurde. Einmal mehr schien der Bestand des Imperiums und der Herrschaft Alexios' I. in Frage gestellt, und einmal mehr musste der Kaiser auf den Besitz der Kirche zurückgreifen, um seine Armeen zu bezahlen. Als einer der schärfsten Kritiker erwies sich nun der in Konstantinopel residierende Patriarch Johannes VII. Oxeites von Antiocheia. Die Aneignung von Reichtümern durch den Kaiser würde viele Menschen in den Hunger und andere sogar zur Flucht zu den «Barbaren» treiben, da unter ihnen das Leben erträglicher sei als unter römischer Herrschaft.[16] Und so wie andere Zeitgenossen prangerte er die Begünstigung der Familie des Kaisers an. Damit rüttelte Johannes Oxeites aber an der Grundlage des Regimes des Alexios, dem Netzwerk der Komnenen und der mit ihnen verschwägerten aristokratischen Clans. Dieses ermöglichte ihm auch in den Jahren der Krise den Erhalt der Herrschaft, obwohl es sowohl von außerhalb als auch innerhalb dieses Netzwerks mehrfach zu Versuchen kam, den Kaiser zu stürzen.

Tatsächlich konnte der Kaiser die Gefahr von außen und somit auch die innere Krise bannen, indem er in bewährter römischer Tradition das Reitervolk der Kumanen, die die Vormacht in den Steppen von der Donau bis nach Zentralasien erlangt hatten, durch Geschenke als Verbündete gewann. Gemeinsam mit ihnen brachte er den Petschenegen bei Levunion in Thrakien am 29. April 1091 eine vernichtende Niederlage bei. Überlebende der Schlacht wurden für die römische Armee rekrutiert. Die volle Kontrolle über den nordöstlichen Balkan gewann Alexios I. aber erst wieder, als er 1094 auch eine Armee der Kumanen besiegte. Um Çaka in der Ägäis herauszufordern, bedurfte es einer größeren Flotte, die man unter hohen Kosten ausbaute. Çaka selbst wurde 1093 durch seinen Schwiegersohn, den Seldschuken-Sultan Qiliğ Ārslān I., in Absprache mit Konstantinopel ermordet.

Kreuzfahrer mit Kind und Kegel

Die Lage im europäischen Reichsteil war um 1095 einigermaßen stabilisiert. Das frühere Kernland Kleinasien aber war nach wie vor fast vollständig verloren. Mit dem 1086 verstorbenen Sultan Suleiman ibn Qutlumuš gelangte Alexios I. zwar mehrfach zu einer Übereinkunft; Suleiman sandte sogar 7000 Mann als Soldtruppen gegen die Normannen. Die Grenze zwischen dem Römerreich und dem seldschukischen Machtbereich war aber 1081 mit dem Fluss Drakon im unmittelbaren Vorfeld Konstantinopels festgelegt worden, und der Sultan residierte in Nikaia, das alle weiteren Routen ins Innere Kleinasiens blockierte. 1084 fiel mit Antiocheia auch der wichtigste Stützpunkt im Südosten der früheren römischen Ostgrenze an die Seldschuken. Trapezunt am Schwarzen Meer konnte sich zwar erfolgreich verteidigen, blieb unter der Herrschaft der Gabras-Familie aber noch längere Zeit de facto unabhängig von Konstantinopel, auch wenn es dessen Oberhoheit ab 1091 formell anerkannte.

Somit war die Kontrolle Konstantinopels in Kleinasien tatsächlich auf die nahe der asiatischen Seite des Bosporus gelegenen Landstriche beschränkt. Dort ließ Alexios I. die Stadt Nikomedeia (heute Izmit) und andere Festungen als Basis für eventuelle weitere Vorstöße ausbauen. Solche Feldzüge schienen nach der Verbesserung der Lage auf dem Balkan ab 1095 denkbar. Gleichzeitig zerfiel nach der Ermordung des Sultans Malik-Šāh 1092 die Zentralmacht im Großreich der Seldschuken, das auch die Oberhoheit über die verschiedenen Fürstentümer in Kleinasien beansprucht hatte. Der Tod des Malik-Šāh bedeutete jedoch ebenso, dass Konstantinopel nicht mehr an eine übergeordnete Autorität in den Beziehungen mit den einzelnen türkischen Machthabern appellieren konnte. Kaiser Alexios I. mangelte es zudem an Truppen, mit denen er den Krieg gegen die türkischen Reiter mit Erfolg zu führen hoffen konnte. Vielversprechend schien der Einsatz gepanzerter Ritter aus Westeuropa, die schon unter Roussel de Bailleul in den 1070ern ihren Wert im Kampf gegen die Türken bewiesen hatten, auch wenn sich der Normanne gegen Konstantinopel gewandt hatte.

Um eine größere Anzahl von solchen Kämpfern im lateinischen Westen zu rekrutieren, schien es ratsam, das seit 1054 ramponierte Verhältnis zum Papsttum zu verbessern. Der seit 1088 amtierende, aber angesichts des immer noch andauernden Investiturstreits mit Kaiser Heinrich IV. nicht unangefochtene Pontifex Urban II. hatte wiederum Interesse daran, seine Autorität über die gesamte Christenheit durch solche Kontakte herauszustreichen. So kam es bereits 1088/1089 zu Verhandlungen zwischen Alexios I. und Urban II. über die Wiederaufnahme des Gebets für den Papst in den Gottesdiensten der Ostkirche und die Frage des Gebrauchs des ungesäuerten Brotes (der Azymen) durch die Lateiner. 1091 wandte sich der Kaiser erneut an den Papst. Und auch 1095 entbot Alexios eine Gesandtschaft an Urban II. mit der Bitte um Hilfe gegen die Türken. Der Kaiser machte sich dabei zwar Hoffnung auf den Zustrom von durch den Papst vermittelten Kämpfern, dachte aber wohl nicht an ein Großunternehmen vom Ausmaß des Ersten Kreuzzugs. Zudem war die Idee eines «Heiligen Krieges», der den darin Kämpfenden Pluspunkte im Jenseits einbrachte, der ostkirchlichen Tradition fremd. Unter Nikephoros II. Phokas hatte die Synode von Konstantinopel in den 960ern ein solches an islamischen Vorbildern angelehntes Konzept abgelehnt.

Umso mehr wurde Alexios I. vom tatsächlichen Umfang der durch den Kreuzzugsaufruf des Papstes von November 1095 in Clermont in Frankreich ausgelösten Bewegung überrascht. Insbesondere der auch ohne Weisung des Pontifex durch charismatische Prediger wie Peter den Eremiten im Rheinland mobilisierte «Armenkreuzzug», der sich nach schweren Übergriffen auf die dortigen jüdischen Gemeinden noch vor den Armeen des Hochadels auf den Weg machte, traf Konstantinopel völlig unvorbereitet. «Der gesamte Westen nämlich und alle Barbarenvölker, die das Land jenseits der Adria bis hin zu den Säulen des Herakles (der Straße von Gibraltar) bewohnten, sie alle hatten sich zusammen mit Kind und Kegel aufgemacht und marschierten nun durch das übrige Europa hin nach Asien», so heißt es später bei Anna Komnene, der Tochter des Alexios I.[17] Als diese Scharen im Sommer 1096 bei Belgrad römisches Gebiet betraten, musste für ihre Versorgung und schnellen Weitermarsch gesorgt werden, um eine Beunruhigung der gerade erst gesicherten kaiserlichen Herrschaft in diesen Gebieten zu vermeiden. Nach entsprechenden Abkommen wurden sie im August rasch über den Bosporus nach Kleinasien transportiert, wo ihr Heer bald zerfiel und einzelne Gruppen von den Seldschuken vernichtet wurden.

Für die Ankunft der verschiedenen Heere des Hochadels aus dem Land der «Franken», wie man diese Krieger nun sowohl in griechischen als auch arabischen Quellen nannte, wurden besondere Vorbereitungen getroffen. Die Fürsten wurden ehrenvoll empfangen, für die Versorgung ihrer Truppen so weit als möglich Sorge getragen und ihr Geleit nach Konstantinopel garantiert. Dennoch kam es schon mit Gottfried von Bouillon, Herzog von Niederlothringen, der mit seinem Kontingent im Dezember 1196 als Erster vor Konstantinopel eintraf, zu Konflikten. Nach längeren Verhandlungen schloss Alexios I. mit ihm im Januar 1097 ein Abkommen, in dem der Kaiser den Transport der Kreuzfahrer nach Kleinasien und ihre Versorgung mit Lebensmitteln garantierte. Im Gegenzug leistete Gottfried nach westlichem Muster einen Treueeid und verpflichtete sich, alle künftigen Eroberungen, die vormals in römischem Besitz waren, an die Amtsträger des Kaisers zu übergeben. Nach diesem Vorbild wurden ähnliche Abkommen mit den später ankommenden Kreuzfahrern geschlossen. Auch die Normannen aus Süditalien beteiligten sich unter dem Kommando des Bohemund von Tarent, des Sohnes von Robert Guiskard, am Kreuzzug. Ihr Vormarsch erregte in Erinnerung an die Angriffe der 1080er Jahre besonderes Misstrauen in Konstantinopel, aber auch Bohemund leistete den geforderten Eid.

Im Frühjahr 1097 marschierte das vereinigte Kreuzfahrerheer mit einem römischen Kontingent unter dem Kommando des dem Kaiser besonders loyalen arabischstämmigen Generals Tatikios auf die strategisch zentrale Stadt Nikaia zu. In Abwesenheit des sonst dort residierenden Sultans der Seldschuken brachte der Ansturm die türkische Garnison in Bedrängnis. Nach Geheimverhandlungen mit Boten Alexios' I. entschied die Stadt im Juni, sich lieber der Gnade des Kaisers als der «Franken» auszuliefern. Nach diesem ersten großen Erfolg marschierte das Kreuzfahrerheer weiter quer durch Kleinasien und wehrte Angriffe der Hauptarmee der Seldschuken erfolgreich ab. Währenddessen brachten zwei andere römische Heere im Windschatten des Kreuzzugs die wichtigsten Städte und Gebiete Westkleinasiens wie Ephesos und das Mäandertal unter Kontrolle Konstantinopels. Im Herbst 1097 erreichte der Kreuzzug Kilikien und Nordsyrien, wo weitere Städte erobert und den Römern übergeben wurden.

Im Oktober 1097 begannen die Kreuzfahrer mit der Belagerung Antiocheias, das den weiteren Vormarschweg nach Syrien kontrollierte. Trotz der Bemühungen des römischen Statthalters von Zypern verschlechterte sich die Versorgungslage der Belagerer zusehends, während ein Angriff muslimischer Entsatzheere drohte. Als in dieser Situation der römische General Tatikios im Februar 1098 beschloss, die Armee zu verlassen, um Verstärkung und Proviant zu organisieren, nutzte der Normanne Bohemund die Abwesenheit des Vertreters des Kaisers für seine eigenen Pläne. Er überredete die anderen Anführer des Kreuzzugs zu einem Bruch der Abkommen mit Alexios und einer Verweigerung der Auslieferung Antiocheias an die Römer. Als die Stadt fiel, konnte Bohemund seinen eigenen Anspruch durchsetzen und gründete ein normannisches Fürstentum in Nordsyrien. Der weitere Kreuzzug, der Anfang 1099 von Antiocheia aufbrach, verlief ohne Bohemund, aber auch ohne römische Beteiligung. Im Juli 1099 wurde dennoch Jerusalem erobert, was mit einem grauenvollen Gemetzel an den Bewohnern einherging, und ein fränkisches Königreich im Heiligen Land begründet.

Bohemund verweigerte den Römern die Herausgabe Antiocheias auch danach. Der andauernde Konflikt beschädigte das Ansehen des Kaisers im Westen, der als Verräter des Kampfes um das Heilige Land wahrgenommen wurde. Schon 1102 schickte Alexios I. Boten zum Papst, um sein Wohlwollen gegenüber den Kreuzfahrern zu beteuern. 1105 wurde auch eine Eheschließung des ältesten Sohnes des Kaisers, Johannes (II.), mit der Tochter Piroska des Königs Koloman I. von Ungarn vereinbart, womit eine neue intensivierte diplomatische Heiratspolitik begann. Vormals waren die römischen Kaiser bei dynastischen Verbindungen zu «Barbarenfürsten» sehr zurückhaltend gewesen; jetzt wurden sie angesichts der Veränderungen der geopolitischen Realitäten zur vielgeübten Praxis.

Doch hielt Konstantinopel auch die traditionell guten Beziehungen zu den Fatimidenkalifen in Ägypten aufrecht, was das Missfallen der Kreuzfahrer erregte, selbst wenn die römische Diplomatie zu ihrem Nutzen in Kairo aktiv wurde. Sogar mit den Seldschuken gelangte man zu einem Abkommen, das die Grenzen zwischen den rückeroberten römischen Provinzen im Westen und an der Küste und dem sich im Inneren Kleinasiens um die Stadt Ikonion (Konya) neu errichtenden Sultanat festlegte, das wegen seiner Entstehung auf vormals römischem Boden auch als Reich der «Rum»-Seldschuken bezeichnet wurde.

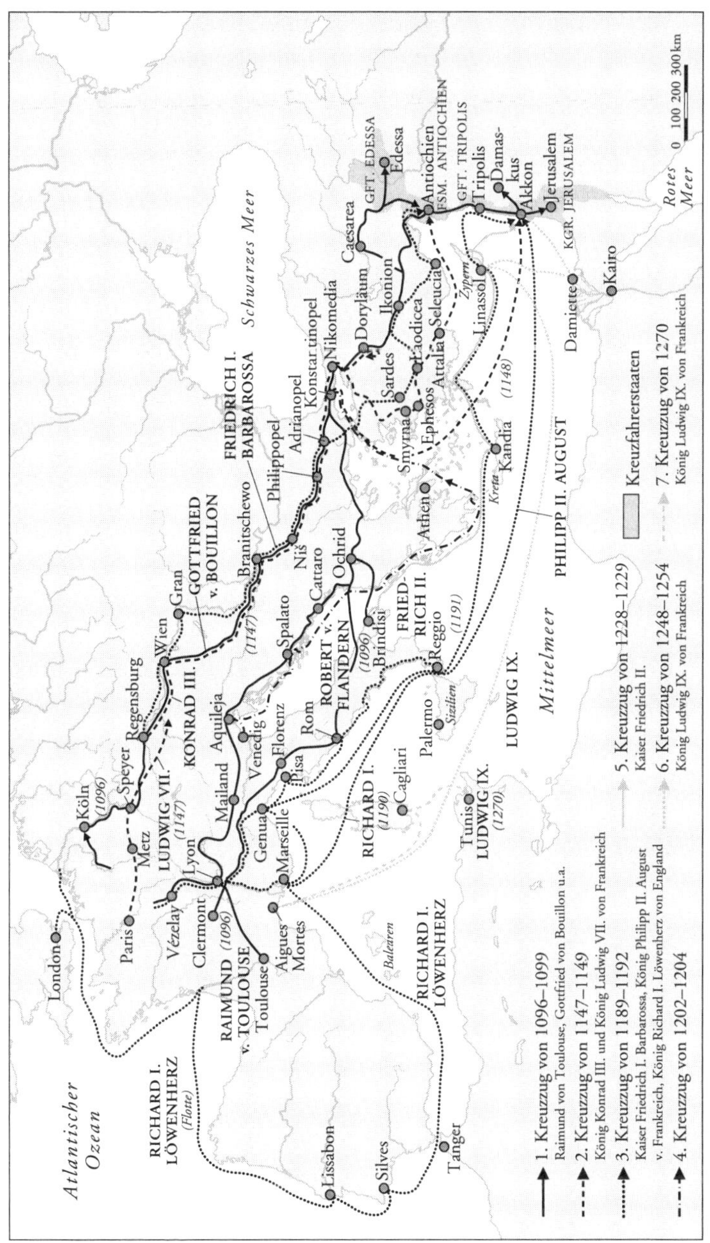

Karte 6: Das Römerreich und die Kreuzzüge im 11.–13. Jahrhundert

Vom seldschukischen Sultan Qiliğ Ārslān I. erbat der Kaiser auch Truppen, als Bohemund 1107 von Süditalien aus den normannischen Angriff auf das Römerreich wiederholte und Albanien besetzte. Diesmal aber gelang Alexios I. ein entscheidender Sieg. Bohemund musste 1108 bei einem persönlichen Treffen in Devol in Albanien formell die Oberhoheit des Kaisers über Antiocheia anerkennen. Diesen Anspruch konnten die Römer allerdings nicht durchsetzen, weil sich in Antiocheia der Neffe Bohemunds, Tankred, dem Abkommen verweigerte. Das Ergebnis des Ersten Kreuzzugs war für Konstantinopel zwiespältig: Wesentliche Ziele wie die Rückkehr römischer Macht nach Kleinasien und der zumindest formelle Anspruch auf die Kontrolle Antiocheias wurden erreicht. Auch die dauerhafte Präsenz fränkischer Macht in Syrien konnte dem Römerreich zum Vorteil gereichen, barg aber eben auch Konfliktpotentiale. Diese konnten sich aufgrund der Verflechtungen zwischen den Kreuzfahrerstaaten und dem Abendland negativ auf die Beziehungen zu den Mächten Westeuropas und dem Papsttum auswirken.

Zudem hatte sich die Stellung des Reiches durch die Etablierung türkischer Fürstentümer im Inneren Kleinasiens und das Erstarken lateinischer Mächte sowohl an der West- als auch Ostflanke des Imperiums nicht nur außenpolitisch gewandelt. Für seine Kriege musste Alexios auf türkische und fränkische Kämpfer zurückgreifen – und Familien aus beiden Kulturkreisen machten unter ihm und seinen Nachfolgern Karriere. Damit gesellten sie sich zu bereits länger eingesessenen Eliten «außerrömischer» Herkunft. Die mit den Kreuzzügen einhergehende höhere Frequenz der Besuche westlicher Fürsten konnte auch innenpolitisch für die Inszenierung der Oberhoheit des Kaisers selbst über weit entfernte Regionen genutzt werden, etwa beim Empfang der Könige Erik I. von Dänemark 1103 und Sigurd von Norwegen 1111 bei ihren Pilgerfahrten ins Heilige Land. Beide Herrscher ermahnten ihre in den Warägergarden dienenden skandinavischen Landsleute, dem Kaiser stets treu zu bleiben – und sich des übermäßigen Alkoholgenusses zu enthalten.

Hingegen wuchs der Einfluss italienischer Händler im Wirtschaftsleben der *Romania*. Der Preis für die Unterstützung gegen die Normannen war 1082 eine Privileg-Urkunde für die Venezianer, die sie weitgehend von Abgaben befreite und somit auch gegenüber einheimischen Kaufleuten bevorzugte. Dadurch wurde ihnen das Recht zum Handel in vielen Häfen des Reiches und solchen, die man in Kleinasien zurückzuerobern hoffte, eingeräumt, inklusive der Hauptstadt Konstantinopel, wo sie ein dauerhaftes Quartier erhielten. Um die Ansprüche der Venezianer zu befriedigen, konfiszierte Alexios I. mehrere Häuser und Anlegestellen am Goldenen Horn und verwies die erzürnten Vorbesitzer auf das übergeordnete Interesse des Staates. Für die aus der großgrundbesitzenden Elite stammenden Komnenen wog ihr Machterhalt auf jeden Fall schwerer als die Wünsche der Kaufleute und Gewerbetreibenden Konstantinopels, deren Stimme unter den vorangegangenen Kaisern im 11. Jahrhundert nur kurz mehr Gehör gefunden hatte. Dementsprechend entzog Alexios I. auch jenen Mitgliedern des Senats, die seit Konstantin IX. aus den Kreisen der reichen Kaufleute in diesen Zirkel aufgestiegen waren, wieder die mit diesem Status einhergehenden Privilegien.

Das große Interesse der Italiener an Handelsrechten nicht nur in der Hauptstadt, sondern auch in den Provinzen kann mit dem trotz der politischen Krise zumindest in den europäischen Provinzen fortgesetzten wirtschaftlichen und demographischen Wachstum verknüpft werden. Verschiedene Befunde wie Steuerlisten, vermehrte Bautätigkeit auch in ländlichen Gegenden sowie naturwissenschaftliche Daten bestätigen dieses Bild. Auf dieser Grundlage war auch eine Erholung der Staatsfinanzen und die Wiederherstellung sowohl einer geordneten Finanzverwaltung als auch einer vollwertigen Goldwährung möglich. Während der Goldgehalt der Münzen in den ersten Jahren der Regierung des Alexios nur mehr knapp über 10 Prozent betragen hatte, wurde mit dem *Hyperpyron* ab 1092 wieder eine hochwertige Münze geprägt.

Ein ähnliches Abkommen wie die Venezianer konnte 1111 die Stadt Pisa aushandeln. Darin verpflichteten sich die Pisaner, Angriffe auf das römische Reich weder innerhalb seiner aktuellen noch seiner künftigen Grenzen zu unterstützen. Zu den Gebieten, auf die man in Konstantinopel in diesem Vertrag potentiell Anspruch erhob, gehörte nicht nur ganz Südosteuropa, beginnend bei Kroatien und Dalmatien, sondern auch Kleinasien, Syrien, Palästina und sogar Ägypten mit Alexandreia – also die gesamte ehemalige Osthälfte des spätantiken Imperium Romanum. Noch hatte man den Traum von der Weltherrschaft, zumindest im Mittelmeerraum, nicht aufgegeben. Auch die Tochter Alexios' I., Anna Komnene, behauptete in ihrem Geschichtswerk, ihr Vater habe das Reich der Römer von der Donau bis zum Euphrat, also in der Erstreckung wie unter Basileios II., wiederhergestellt. Und er hätte sogar das Imperium in seiner weltumspannenden Ausdehnung von den Säulen des Herakles (der Straße von Gibraltar) bis Indien und von Skandinavien bis Ostafrika neu errichtet, hätten ihn nicht die Widrigkeiten der Zeit daran gehindert. Denn, so Anna – auch 1000 Jahre später immer noch ganz im Geiste altrömischer Ideologie, wie sie Vergil in der «Aeneis» formuliert hatte –, «das Reich der Römer ist von Natur aus dazu bestimmt, über die anderen Völker zu herrschen».[18]

Anna verfasste in den 1140er Jahren über ihren Vater Alexios im Gegensatz zu den kritischen Stimmen anderer Zeitgenossen ein in Anlehnung an die *Ilias* als Heldenepos intendiertes Geschichtswerk, die *Alexias*. Damit verstieß sie gegen verschiedene Gewohnheiten der römischen Elite. Nicht nur war die literarische Tätigkeit von Frauen eine Seltenheit – für die Erstellung eines Geschichtswerks, das das Verständnis für und womöglich eigene Erfahrung mit politischen und militärischen Aktivitäten voraussetzte, galten sie als gänzlich unqualifiziert. Gerade eine Frau vom hohen Stand sollte sich aus dem öffentlichen Leben fernhalten und auch nicht allzu viel von der potentiell gefährlichen vorchristlichen griechischen Bildung erhalten. Doch wie Anna in der Einleitung zur *Alexias* betonte, war sie «nicht nur nicht ungebildet», sondern verfügte vielmehr «über umfassende Kenntnisse im richtigen Gebrauch des Griechischen», nachdem sie «Rhetorik-Studien betrieben» und die «Traktate des Aristoteles und die Dialoge Platons sorgfältig gelesen» hatte.[19] Informationen über die militärischen und politischen Vorgänge erhielt sie von ihrem Ehemann Nikephoros Bryennios, einem Enkel des von Alexios I. 1077 besiegten gleichnamigen Anwärters auf die Kaiserkrone. Annas Gatte verfasste seinerseits ein Geschichtswerk mit seinem Großvater als Helden. Darin zieht er Parallelen zwischen den Bürgerkriegen des 11. Jahrhunderts und jenen der späten römischen Republik, wodurch Rebellen wie sein Großvater auf einmal auf gleicher Augenhöhe mit Größen der Geschichte Roms wie Julius Caesar, Pompeius oder Mark Anton erscheinen. Dass Nikephoros Bryennios aber auch der eigentliche Autor der *Alexias* gewesen sei, vermuteten einige Gelehrte des 19. und 20. Jahrhunderts nur deshalb, weil sie ein Werk von solchem Format einer Frau genauso wenig zutrauen wollten wie die Römer des Mittelalters.

Der Stern des Neuen Rom und das Schlagloch

Ein weiteres Klischee, das die frühere Forschung propagierte, war die Idee, dass Anna die *Alexias* aus Frustration darüber verfasste, dass es ihr nicht gelungen war, zusammen mit ihrem Mann den Thron zu besteigen – und sie mit ihrem Werk ihrem erfolgreicheren Bruder Johannes II. Komnenos eins auswischen wollte. Tatsächlich finden sich in späteren Quellen des 12. Jahrhunderts Hinweise darauf, dass Anna gemeinsam mit ihrer Mutter Eirene Dukaina versuchte, den alternden Alexios I. zu überreden, Nikephoros Bryennios zum Thronfolger zu ernennen. Es ist unklar, inwieweit diese Nachrichten ernst zu nehmen sind. Auf jeden Fall gelang es dem ältesten Sohn des Kaisers Johannes schon vor dem Tod des Alexios am 15. August 1118, die Kontrolle über die Hauptstadt und den Staatsapparat zu erringen.

Eine innerfamiliäre Front wurde aber sicher durch Johannes' Bruder Isaak eröffnet, der den Kaiser anfänglich unterstützte. Er beteiligte sich dann jedoch an Umsturzplänen und floh 1130 aus Konstantinopel an verschiedene ausländische Höfe, um dort Unterstützung für seinen Griff nach der Krone zu erhalten. Um diese innerhalb seiner Linie zu sichern, ernannte Johannes II. um 1122 seinen erstgeborenen Sohn Alexios zum Mitregenten. Als Familienstiftung der Komnenen gründete der Kaiser 1136 das Pantokrator-

Kloster in Konstantinopel, das über ein Hospital mit 50 Betten in fünf Abteilungen, unter anderem für Gynäkologie, sowie ein Altenheim für 24 Personen verfügte. Damit war zwar sicher der Bedarf an solchen Einrichtungen in der damals wohl wieder von 200 000 Menschen bewohnten größten Metropole Europas bei Weitem nicht gedeckt, aber dennoch die Wohltätigkeit des Kaiserhauses eindrucksvoll dokumentiert.

Zu den engsten Vertrauten Johannes' II. gehörte der als Kind 1097 bei der Eroberung Nikaias durch die Kreuzfahrer gefangen genommene, türkischstämmige Johannes Axuchos. Er war auf Veranlassung Alexios' I. gemeinsam mit Johannes II. aufgewachsen, und ihn machte der neue Kaiser zu seinem obersten General. Die Herkunft des Axuchos erinnert an den Helden des berühmtesten römischen Epos des Mittelalters, Digenis Akritas. Geboren als Sohn eines arabischen Emirs, der aus Liebe zu einer römischen Frau Christ wird, kämpft Digenis als Superheld nicht nur gegen muslimische Krieger, sondern auch gegen wilde Tiere und Amazonen. Der Text basiert zwar auf Motiven der Kämpfe an der römisch-arabischen Grenze im 10. Jahrhundert, aber wurde erstmals im 12. Jahrhundert verschriftlicht.

Dass der intellektuelle Austausch zwischen Konstantinopel und der islamischen Welt trotz der schweren Konflikte des 11. Jahrhunderts weiterging, dokumentiert ebenso das Wirken des Symeon Seth. Geboren vermutlich im nordsyrischen Antiocheia, trat er 1060 in den Dienst des Hofes von Konstantinopel und übersetzte mehrere Schriften aus dem Arabischen ins Griechische. Darunter war neben naturwissenschaftlichen und medizinischen Texten auch eine Sammlung von belehrenden Fabeln mit dem Titel «Kalila und Dimna». Der Urtext stammte aus Indien, wurde im 6. Jahrhundert ins Persische übertragen und später ins Arabische und erfreute sich großer Beliebtheit in der gesamten mittelalterlichen Welt. Dies galt ebenso für den Roman «Barlaam und Josaphat», eine Variante der Legenden rund um den indischen Prinzen Siddhartha Gautama, der Macht und Reichtum abschwor und zum erleuchteten Buddha wurde. Der Text wurde ins Arabische und später ins Griechische und Georgische übersetzt, wobei man die Geschichte nun in ein christliches Gewand kleidete. Auch dieser Roman wurde in ganz Westeuropa rezipiert. Fresken mit Szenen vermutlich daraus entstanden im 13. Jahrhundert in der Gozzoburg in Krems in Österreich, wo damals nach zwei Heiraten von Babenbergerherzögen mit oströmischen Prinzessinnen engere Beziehungen zu Konstantinopel bestanden. Gerade in dem Milieu zwischen dem römischen, lateinischen und islamischen Kulturkreis am Komnenenhof nahm man Interesse an diesen Texten.

Von seinem Vater erbte Johannes II. die verschiedenen außenpolitischen Herausforderungen. Dazu gehörte vor allem die Sicherung der südosteuropäischen Provinzen, die trotz der Rückgewinnung kleinasiatischer Gebiete nach dem Ersten Kreuzzug nunmehr den wirtschaftlichen Kern des Reiches bildeten. Dort wurden noch einmal Verbände der Petschenegen, die nördlich der Donau lebten, zur Bedrohung, nachdem sie sich mit dem Fürsten Wolodymyr II. Monomach von Kiew verbündet hatten. Während Letzterer diplomatisch durch eine Vermählung seiner Enkelin mit dem Thronerben Alexios besänftigt wurde, fügte der Kaiser 1122 den petschenegischen Reitern eine vernichtende Niederlage zu, die sie dauerhaft als Gefahr für das Reich ausschaltete.

Dafür wurde Ungarn zum immer stärkeren Konkurrenten im Ringen um die Kontrolle über den nordwestlichen Balkan, obwohl Johannes II. durch seine 1134 verstorbene Frau Piroska-Eirene mit dem Königshaus der Árpáden verschwägert war. Ansatzpunkte für ungarische Interventionen südlich der Donau boten immer wieder die Fürsten der Serben, die nach Loslösung aus der römischen Oberhoheit strebten. Nur mit Waffengewalt konnte die Autorität Konstantinopels aufrechterhalten werden. Im Oktober 1129 trafen Kaiser Johannes II. und der ungarische König Stephan II. auf einer Donauinsel bei Braničevo in Serbien zusammen und schlossen vorerst Frieden.

Als ständige Bedrohung römischer Macht auf dem Balkan wurden die Normannen Süditaliens wahrgenommen, deren verschiedene Fürstentümer Roger II. ab 1130 zu einem machtvollen Königreich vereinte. Selbstbewusst ließ sich Roger II. auf einem berühmten Mosaik in der Kirche Santa Maria dell'Ammiraglio in Palermo nach

Konstantinopler Vorbild als von Christus gekrönter Herrscher darstellen, auf gleicher Augenhöhe mit den Kaisern seiner Zeit. Herausgefordert fühlte sich dadurch auch das Heilige Römische Reich des Westens. Deshalb kam es 1135 und 1137 zu Verhandlungen zwischen Johannes II. und Kaiser Lothar III. über ein Bündnis der beiden Imperien gegen die Normannen. Sie wurden 1139 mit Lothars Nachfolger Konrad III. aus dem Haus der Hohenstaufen fortgesetzt, wobei man auch eine Eheverbindung zwischen einer deutschen Prinzessin und dem jüngsten Sohn des Kaisers, Manuel, vereinbarte. Die vorgesehene Braut Bertha von Sulzbach, eine Schwägerin des Staufers, traf 1142 in Konstantinopel ein.

Spannungsreich erwies sich indes die Beziehung zu Venedig. 1124 unternahm die venezianische Flotte unter dem Kommando des Dogen Domenico Michiel einen Kreuzzug und beteiligte sich an der Eroberung der Küstenstadt Tyros im heutigen Libanon. Auf der Rückreise eröffneten die Venezianer einen Krieg gegen die römischen Besitzungen. Damit zwangen sie Johannes II. Komnenos zur Erneuerung der 1082 von seinem Vater Alexios I. gewährten Privilegien in Konstantinopel und zur Ausweitung ihrer Gültigkeit auf die Inseln Zypern und Kreta. Weitgehend verschlossen blieb den Venezianern und anderen italienischen Kaufleuten nur mehr das Schwarze Meer, wo Konstantinopel sowohl die Küsten Südosteuropas und Kleinasiens als auch mehrere Städte auf der Krim beherrschte. Von dort trat man in Kontakt mit den Konstantinopel kirchlich unterstehenden Rus sowie verschiedenen Gruppen in den Steppen, die wie die Kumanen als Verbündete mobilisiert werden konnten. Ebenso führten Handelsrouten weiterhin vom Schwarzen Meer nach Osten in Richtung Zentralasien. Über sie gelangten aber auch Delikatessen wie die Eier des Störs (Kaviar) aus dem Kaspischen Meer zu den Feinschmeckern Konstantinopels.

In Kleinasien erwiesen sich in der Regierungszeit Johannes' II. die mit den Rum-Seldschuken konkurrierenden Danišmendiden als die gefährlicheren Gegner; sie herrschten in Sebasteia (Siwas) und seit 1124 auch in Melitene (Malatya). Mit der Eroberung der Festung Kastamonu in Nordwestkleinasien erzielte Johannes II. 1132 aber einen prestigeträchtigen Sieg. Als er im Triumph nach Konstantinopel zurückkehrte und sich den Massen im Hippodrom zeigte, pries ihn der Dichter Theodoros Prodromos mit Worten, die an die antike Gleichsetzung des Kaisers mit dem Sonnengott erinnern, so wie ihn noch Konstantin I. verehrt hatte: «Geh auf, hellster Selbstherrscher der Römer, geh auf deinen Dienern, leuchte deinen Untertanen, erhelle den Schauplatz mit deinem Lichtstrom, Purpurschimmernder, Unbesiegbarer, Herrscher, Sieger, Heilige Sonne Roms, Morgenstern, der die Welt erleuchtet, Fackelträger für die Welt unter dem Himmel, Licht für die sublunare Zone. Purpurstrahlende Sonne, Stern des Neuen Rom!» Die Triumphe mussten nun zwar immer näher an der Hauptstadt errungen werden, aber die Selbstdarstellung als strahlender Weltherrscher funktionierte nach wie vor.[20]

Theodoros Prodromos gehört zu den bedeutendsten Dichtern des an Literaten reichen 12. Jahrhunderts. Andere Autoren so wie Johannes Tzetzes, Konstantin Manasses oder der aufgrund der Bezeichnung in einer Handschrift so benannte Manganeios Prodromos wurden von Eirene unterstützt, der literaturbegeisterten Frau von Andronikos Komnenos, einem Sohn des Kaisers Johannes II. Insgesamt mussten sich die Autoren dieser Zeit immer wieder um die Förderung der Mächtigen bemühen, was zur Entstehung eines eigenen Typs von «Betteldichtung» führte. Zu den originellsten Texten gehören die manchmal Theodoros Prodromos zugeschriebenen Gedichte des «armen» Prodromos (*Ptochoprodromika*), in denen der Autor in Gestalt verschiedener literarischer Persönlichkeiten um finanzielle Unterstützung bittet. Einmal klagt er als brotloser Gelehrter, der hungrig die Fülle an Speisen auf dem Tisch seines Nachbarn, eines ungebildeten Handwerksmeisters, bewundert. Ein anderes Mal prangert er als darbender Mönch in einem Kloster der Hauptstadt das Luxusleben des Abts und seines Freundeskreises an, die sogar Kaviar vom Kaspischen Meer genießen. Diese Texte bieten eine üppige Fülle an Informationen über das Alltagsleben im Konstantinopel des 12. Jahrhunderts.[21]

Wohl auch literarische Übung ist ein anonym überlieferter Beschwerdebrief an Johannes II., in dem sich der Autor darüber beklagt, dass die *Mese*, die Hauptstraße in Konstantinopel, in einem so schlechten Zustand sei, dass Lasttiere und Menschen bei Regenwetter in den wassergefüllten Schlaglöchern ertrinken würden. Der Kaiser aber müsse ihm sein Ohr schenken und diesen Missstand abstellen – denn dafür sei er schließlich auch Kaiser![22] Obgleich in unterhaltsamer Form, aber doch deutlich wird einmal mehr die Sorge des Herrschers für das öffentliche Wohl eingefordert.

Nachhaltige Siege gegen die Türken, die eine Rückeroberung des Inneren Kleinasiens ermöglicht hätten, gelangen Johannes II. Komnenos nicht. Die begrenzten Erfolge der kaiserlichen Feldzüge hatten auch damit zu tun, dass sich nach mehr als 50 Jahren seldschukischer Kontrolle viele Bewohner Kleinasiens mit der neuen Macht arrangiert hatten. Als die Truppen Johannes' II. in das Gebiet des Beyşehir-Sees im Süden Anatoliens vorstießen, weigerten sich die dort lebenden Christen, die Autorität des Kaisers anzuerkennen. Diese früheren Römer zogen es vor, unter seldschukischer Herrschaft zu leben. Die Grenzen konnten immerhin durch neue Befestigungen besser gesichert werden.

An der Südostflanke des Reiches in Kleinasien galt es hingegen, der 1108 im Vertrag von Devol mit Bohemund festgeschriebenen römischen Oberhoheit über Kilikien und Antiocheia Geltung zu verschaffen. 1137/1138 unternahm Johannes II. einen Feldzug in diese Gebiete, 1142 erneut. Er beschloss, mit seinem Heer in Kilikien zu überwintern; dort verletzte er sich aber im Frühjahr 1143 bei einem Jagdunfall. Die Verwundung erwies sich als tödlich. Auf dem Totenbett kürte Johannes seinen anwesenden jüngsten Sohn Manuel zum Mitkaiser und Nachfolger, während der eigentlich ältere Isaak in Konstantinopel weilte. Der einst bereits zum Mitkaiser gekrönte älteste Sohn Alexios war schon 1142 verstorben. Durch diese Konstellation schien die Nachfolge innerhalb der Komnenen-Familie strittig. Anhänger Manuels sorgten aber im April 1143 für die Sicherung des Palasts und der Hauptstadt und stellten seinen Bruder Isaak im Pantokrator-Kloster unter Hausarrest. Gleichzeitig schickte der 25-jährige Kaiser den Vertrauten seines Vaters Johannes Axuchos mit einer Vorausabteilung aus Kilikien nach Konstantinopel.

Das Kaiserreich in der Sitzordnung der Welt

Schließlich traf Manuel selbst mit der Hauptmacht des Heeres ein. Er wurde Ende Juni 1143 in Konstantinopel zum Kaiser ausgerufen und danach durch den Patriarchen gekrönt. Die Unterstützung der Kirche sicherte sich Manuel I. durch Geldzahlungen an den Klerus der Hagia Sophia und Privilegien für Klöster. Mit seinem Bruder Isaak gelang eine zumindest oberflächliche Versöhnung. Dieser hatte in seinem Anspruch auf den Thron auch Unterstützung durch seinen Onkel Isaak erhalten, der schon unter Johannes II. für Unruhe gesorgt, zuletzt aber vom früheren Kaiser wieder in Gnaden aufgenommen worden war. Er setzte jedoch seine Bemühungen, nach der Kaisermacht zu greifen, fort, bis Manuel I. ihn 1150 zum Rückzug in ein Kloster zwang. Die Fackel der inner-komnenischen Opposition reichte Isaak aber an seinen um 1122 geborenen Sohn Andronikos Komnenos weiter. Er bereitete seinem Cousin Manuel I. noch mehr Kopfzerbrechen und machte wie sein Vater an ausländischen Höfen Stimmung gegen den Kaiser.

Nach der Sicherung des Throns versuchte Manuel I. zuerst, die außenpolitische Konzeption seines Vaters aufzugreifen. Er plante einen Feldzug gegen die Seldschuken und trat 1144 auch wieder in Kontakt mit dem deutschen König Konrad III. So wollte er die Bedingungen der Eheschließung mit Bertha von Sulzbach neu verhandeln, sollte sie doch jetzt nicht einfach einen Prinzen, sondern den Kaiser selbst heiraten. Man gelangte zu einer Einigung, die auch die Entsendung eines Hilfskorps von 500 deutschen Rittern nach Konstantinopel umfasste. 1146 wurde Bertha unter dem griechischen Namen Eirene mit Manuel vermählt. Zu ihren Ehren ließ Manuel den Palast im Blachernenviertel im Nordwesten der Stadt erweitern. Dieser Palast wurde neben dem alten, seit dem 4. Jahrhundert genutzten Palastareal an der östlichen Spitze der Halbinsel Konstantinopels unter den Komnenen immer wichtiger. Ebenso verfasste der Gelehrte Johannes Tzetzes Lehrgedichte für Bertha-Eirene, um sie mit den Grundtexten der griechischen Bildung vertraut zu machen, der *Ilias* und der *Odyssee*.

Sehr bald aber sollte die neue deutsche Verwandtschaft dem Kaiser viel näher rücken, als er es beabsichtigt hatte. Im Dezember 1144 hatte der Emir von Mossul and Aleppo, ʿImād ad-Dīn Zangī, den Kreuzfahrerstaat Edessa erobert. Als Reaktion darauf rief Papst Eugen III. einen neuen Kreuzzug aus, dem sich im Frühjahr 1146 der deutsche König Konrad III. und der französische König Ludwig VII. anschlossen. Als Manuel I. davon erfuhr, stellte er mit dem Papst und den westlichen Herrschern Kontakt her, um über die Bedingungen für den Marsch der Kreuzfahrer durch römisches Gebiet zu verhandeln. Besorgt war man in Konstantinopel über eine mögliche Kooperation der französischen Armee mit dem Normannenkönig Roger II.

Trotz aller diplomatischen und logistischen Vorbereitungen kam es beim Durchzug der deutschen Armee im Sommer 1147 zu Spannungen, nicht zuletzt aufgrund von Rangstreitigkeiten. Mit Konrad III. besuchte zum ersten Mal ein zwar nicht zum Kaiser gekrönter, aber die Würde beanspruchender Vertreter des mit Karl dem Großen erneuerten westlichen Kaisertums das Ostreich. Entsprechend delikat waren die Verhandlungen, die dem persönlichen Aufeinandertreffen Manuels I. und Konrads III. vor den Mauern Konstantinopels vorangingen. Schließlich begegneten sich beide Herrscher hoch zu Ross und gaben einander auf Augenhöhe aus dem Sattel den Begrüßungskuss. Eine solche Ehrung wurde dem einige Wochen später eintreffenden König Ludwig VII. von Frankreich nicht zuteil. Ihn empfing der Kaiser sitzend auf seinem Thron, und nach der Umarmung zur Begrüßung musste der König auf einem niedrigeren Stuhl neben Manuel I. Platz nehmen.

Der Kreuzzug stand unter keinem guten Stern. Im September 1147 verwüstete bei Choirobakchoi westlich von Konstantinopel eine plötzlich auftretende Überschwemmung das deutsche Lager, zahlreiche Krieger ertranken. Auch der Feldzug durch Kleinasien scheiterte; östlich der Stadt Dorylaion (heute Eskişehir) geriet das Gros der Armee der Deutschen am 25. Oktober in einen Hinterhalt der Seldschuken. Der Rest des Heeres unter König Konrad III. versuchte, so wie auch das nachfolgende Heer der Franzosen unter König Ludwig VII., im Winter durch Westkleinasien den Weg zur

Südküste zurückzulegen. Nun setzten ihnen Regen und Kälte ebenso wie weitere türkische Überfälle zu. Konrad III. wurde krank und musste den Marsch in Ephesos abbrechen, von wo er nach Konstantinopel reiste, wo ihn Manuel I. diesmal herzlich empfing und persönlich pflegte. Später begab sich der deutsche König mit seinem Gefolge zu Schiff ins Heilige Land. Auch die führenden Adeligen des französischen Heeres verließen nach der Ankunft in Attaleia (Antalya) an der Küste im Südwesten Kleinasiens den Rest des Fußvolkes und setzten zur See nach Syrien über. In einem völligen Fiasko endete der Kreuzzug im Juli 1148, als man einen missglückten Angriff auf Damaskus unternahm. Im Lager der Franzosen gab man Kaiser Manuel I. die Schuld am Scheitern, da er den Kreuzzug nicht nur nicht unterstützt, sondern sogar mit den Türken in Kleinasien paktiert hätte. Bereits nach dem Ersten Kreuzzug entstandene Vorurteile gegen die «Griechen» wurden verstärkt.

Für die Herrschaft Manuels I. haben wir vor allem zwei Gewährsmänner: den um 1185 verstorbenen Johannes Kinnamos, der im Dienst des Kaisers stand und ihn außerordentlich positiv beurteilt – und den 1217 verstorbenen Niketas Choniates, der auch als Beamter arbeitete, aber unter dem Eindruck der Eroberung Konstantinopels 1204 schrieb und die Ursachen für die spätere Katastrophe bereits in der langen Regierungszeit Manuels suchte. Entsprechend negativer fällt seine Darstellung Manuels aus, und er hat aufgrund der literarischen Qualität seines Werks die moderne Byzantinistik geprägt, vor allem im Hinblick auf die Beurteilung der Außenpolitik des Kaisers, die ähnlich wie jene Justinians überambitioniert gewesen wäre und die Ressourcen des Reiches überfordert hätte. Die jüngere Forschung schätzt hingegen Manuels Politik trotz aller imperialer Rhetorik als Versuch ein, die Position Konstantinopels auf den verschiedenen Spielfeldern, die sich mit der Veränderung der geopolitischen Umwelt durch die türkischen und normannischen Eroberungen sowie die Kreuzzüge eröffnet hatten, so zu stärken, dass das Neue Rom nicht wie nach 1071 erneut in seiner Existenz von mehreren Seiten bedroht werden könnte. Dass diese Politik ganz dramatisch scheitern würde, war bei Manuels Tod 1180 trotz einiger Rückschläge in den letzten Jahren seiner Herrschaft noch nicht abzusehen. Und gleichzeitig standen ihm mit dem Normannenkönig Roger II. oder Kaiser Friedrich I. Barbarossa nicht weniger ambitionierte Zeitgenossen gegenüber, die das Römerreich an verschiedenen Fronten herausforderten.

Roger II. etwa nutzte den Zweiten Kreuzzug, um überraschend in Griechenland einzufallen, die Städte Theben, Korinth und Athen zu plündern und von dort wertvolle Fachkräfte für die Seidenherstellung nach Sizilien zu verschleppen. Ebenso besetzte er die strategisch wichtige Insel Korfu. Auch in Reaktion darauf erneuerte Manuel I. die Privilegien für die Venezianer, auf deren Flottenhilfe das Römerreich einmal mehr hoffte. Bei dem folgenden gemeinsamen Unternehmen gegen die Normannen kam es allerdings zu einem Zerwürfnis zwischen den Verbündeten. Während der Regierung Manuels blieb das Verhältnis zwischen dem Römerreich und Venedig angespannt, sowohl aufgrund außenpolitischer Differenzen als auch wegen der teils recht aggressiven Geschäftspolitik der Venezianer auf den ihnen geöffneten Märkten im Römerreich gegenüber einheimischen Kaufleuten und italienischen Konkurrenten wie den Genuesen. Der Konflikt eskalierte schließlich im März 1171, als der Kaiser die Arretierung aller Venezianer im ganzen Reich und die Konfiskation ihres Besitzes anordnete, was zu einem Krieg und einer Staatskrise in der Lagunenstadt führte. Die Macht in Venedig konzentrierte sich danach umso mehr in den Händen der reichen Eliten, die die demütigenden Ereignisse von 1171 nie vergaßen. Zu jenen, die danach einen lebenslangen Hass auf die «Griechen» hegten, soll auch Enrico Dandolo gehört haben, der während des Vierten Kreuzzugs als Doge amtierte. Allerdings dürfte die spätere Überlieferung einiges unter dem Eindruck der Eroberung Konstantinopels 1204 dazugedichtet haben.

Vielversprechend erschien hingegen das Bündnis, das zu Weihnachten 1148 in Thessalonike zwischen Manuel I. und dem aus dem Heiligen Land zurückreisenden deutschen König Konrad III. gegen den Normannenkönig Roger II. geschlossen wurde. Man besiegelte es durch die Eheschließung des Babenberger-Herzogs Heinrich II. Jasomirgott mit Theodora, einer Nichte des Kaisers. Ab 1155 residierten die beiden in Wien. Dass Theodora sowohl das Schnitzel als auch das Wiegenlied «Eia popeia» nach Österreich mitgebracht habe, ist jedoch Legende. Vereint wollten die beiden Imperien nun gegen die Normannen vorgehen, und sogar eine dauerhafte Rückkehr oströmischer Macht nach Italien war geplant. Tatsächlich gelang es den Truppen Manuels, 1149 Korfu zurückzuerobern. Ein gemeinsames Unternehmen mit den Deutschen in Italien kam aber trotz mehrfacher Aufforderung Manuels nicht zustande. Zudem verstarb Konrad III. im Februar 1152. Zu seinem Nachfolger wurde sein Neffe Friedrich I. Barbarossa gewählt, der ebenfalls am Kreuzzug teilgenommen hatte. Er zeigte keinerlei Interesse, die Etablierung oströmischer Macht in Italien zu unterstützen. Vielmehr betonte er den römischen Alleinvertretungsanspruch seines Kaisertums und versuchte, die Ausweitung von Manuels Einfluss in Richtung Italien oder Mitteleuropa zu verhindern.

Manuel I. wiederum unterstützte in der Folge die Gegner Barbarossas in Italien mit Geld und Truppen, ohne aber dauerhaft dort neue Besitzungen erwerben zu können. Wie erwähnt, beurteilten Zeitgenossen und auch die moderne Forschung diese Politik als überambitioniert und den Ressourcen und Interessen des Römerreichs nicht mehr entsprechend. Berücksichtigt man aber die mehrfache Bedrohung der damaligen Kernprovinzen des Reiches in Südosteuropa durch Angriffe von jenseits der Adria, insbesondere durch die Normannen, vor, während und nach der Herrschaft Manuels, so konnte Konstantinopel die Entwicklungen in Italien zumindest nicht ignorieren. Doch der Kaiser verknüpfte darüber hinaus das Eingreifen westlich der Adria mit weiterreichenden, aus der römischen Tradition gespeisten imperialen Ambitionen.

In ähnlicher Weise kann das Engagement Manuels I. gegenüber Ungarn interpretiert werden, mit dessen Herrscherhaus der Kaiser über seine Mutter Piroska-Eirene verschwägert war. Zwischen 1151 und 1167 wurde das Land zum Ziel von dreizehn römischen Feldzügen. Auch dabei ging es um die Absicherung der Kontrolle über den Balkan. Noch weitergehende Pläne hegte der Kaiser, als er den im Konstantinopler Exil befindlichen ungarischen Prinzen Bela mit seiner Tochter Maria verlobte, ihn 1165 zum Thronfolger ernannte und damit eine römisch-ungarische Personalunion vorbereitete.

Mit der Geburt eines Sohnes Manuels 1167 wurde zwar Belas Anwartschaft auf den Kaiserthron nichtig. Jedoch folgte er 1172 seinem Bruder Stephan auf den ungarischen Thron und erwies sich während der Regierungszeit Manuels als treuer Verbündeter. Damit war auch den immer wieder gegen Konstantinopel rebellierenden Serben die ungarische Unterstützung entzogen. Noch 1172 unterwarf sich ihr Fürst Stefan I. Nemanja dem Kaiser. Die Kontrolle über den Balkan schien damit gesichert; tatsächlich blieb sie aber brüchig, wie die Ereignisse nach dem Tod Manuels zeigen sollten.

Das Verhältnis zu den Mächten im Westen war mit den Beziehungen zu den Kreuzfahrerstaaten im Osten des Römerreichs verknüpft. In beide Richtungen hatte das Scheitern des Zweiten Kreuzzugs das Prestige des Kaisers geschmälert. Als 1160 des Kaisers erste Gattin Bertha-Eirene verstarb, bot sich jedoch die Gelegenheit, die Verbindung zu den Kreuzfahrerstaaten zu intensivieren. Manuel heiratete zu Weihnachten 1161 die 16-jährige Maria aus dem Fürstenhaus von Antiocheia. 1161 unternahmen die Römer und Truppen aus Antiocheia auch einen erfolgreichen Feldzug gegen die Seldschuken. Im Gegenzug hielt die römische Präsenz in der Region 1164 Nūr ad-Dīn von Aleppo nach seinem Sieg über Bohemund III. davon ab, die Stadt Antiocheia anzugreifen. Kaiser Manuel I. kaufte den in Gefangenschaft geratenen Bohemund frei und empfing ihn in Konstantinopel, wo sich der Fürst zur Einsetzung eines orthodoxen Patriarchen in Antiocheia verpflichten musste.

Auch sonst erwies sich der Kaiser als Patron orthodoxer Einrichtungen in den Kreuzfahrerstaaten, in denen die einheimischen ostchristlichen Gemeinden gegenüber der römisch-katholischen Kirche benachteiligt wurden. Darüber hinaus förderte er ab 1169 Gespräche mit dem Patriarchen Michael der syrischen Kirche über eine theologische Einigung mit den Miaphysiten. Schon ab 1166 gab es Verhandlungen mit dem Oberhaupt (Katholikos) der armenischen Kirche, der seit 1147/1151 in Hromkla am Euphrat residierte. In beiden Fällen konnte das Schisma aber nicht gekittet werden.

Keine Erfolge brachte auch der ambitionierte Plan eines gemeinsamen Unternehmens der Kreuzfahrer und der Römer zur Eroberung Ägyptens, wo das Kalifat der Fatimiden mittlerweile in Agonie lag. 1169 und 1177 entsandte Kaiser Manuel eine Flotte ins Heilige Land, der Vorstoß nach Ägypten scheiterte aber an der mangelnden Kooperation zwischen den Bündnispartnern. Durchsetzen konnte sich am Nil hingegen der Feldherr Ṣalāḥ ad-Dīn, der von Nūr ad-Dīn aus Syrien entsandt worden war, um eine muslimische Ablösung der Fatimiden zu garantieren. Immerhin konnte Manuel I. diese Allianz mit den Kreuzfahrern nutzen, um im Westen und beim Papst seinen Einsatz für den christlichen Glauben zu dokumentieren.

Konkrete Vorteile brachte für Konstantinopel allerdings nur das Eingreifen in Kilikien und Antiocheia, wodurch man eine zweite Front gegen die Seldschuken eröffnete. Sultan Qiliğ Ārslān II. wurde 1162 gezwungen, sich persönlich in Konstantinopel durch Kniefall dem Kaiser zu unterwerfen. Er versprach Heerfolge, die Übergabe der Stadt Sebasteia (Siwas) und die Aufnahme von Bischöfen in den Städten in seinem Gebiet, um dort christliches Gemeindeleben aufrechtzuerhalten. Beim Empfang des Seldschukensultans in Konstantinopel konnte sich Manuel I. als Oberherr ganz Kleinasiens inszenieren, die glorreichen Tage vor der Schlacht von Manzikert 1071 schienen zurückgekehrt. Tatsächlich leisteten türkische Truppen Manuel wertvolle Dienste bei Feldzügen auf dem Balkan. Auch die türkischstämmige Axuchos-Familie, die wichtige Kommandostellen innehatte, sorgte für ein Klima der Verständigung zwischen den Höfen in Konstantinopel und in Konya. 1167 wurde allerdings Alexios Axuchos nach einem Streit zwischen Palastfraktionen gestürzt. Als Qiliğ Ārslān II. auch die Rückgabe von Sebasteia verweigerte, verschlechterten sich die Beziehungen rasch. Ab 1173 plante Manuel I. deshalb einen Feldzug zur Eroberung der seldschukischen Hauptstadt Konya.

Im Sommer des Jahres 1176 marschierte der Kaiser dann an der Spitze einer großen Armee, die nicht nur aus Römern, sondern auch aus vielen Söldnern von Nachbarvölkern wie den Petschenegen, Kumanen und Normannen bestand, durch das westliche Kleinasien gegen die Seldschuken. Doch wurde sein Schlaf von dunklen Visionen beunruhigt, wie Niketas Choniates berichtet: «Der Kaiser sah sich in einem Traum an Bord eines Schiffes zusammen mit vielen seiner engen Freunde, mit denen er ins Marmarameer segelte. Plötzlich schienen die Berge Europas und Asiens (über dem Schiff) zusammenzubrechen, und alles in dem zerschmetterten Schiff ging verloren, während er schwimmend kaum ans Land gelangte.»[23] Diese Vision spiegelt geopolitische Einkreisungsängste wider, die Manuels unermüdliches und teures Engagement an so vielen Fronten motiviert haben dürften. Tatsächlich ging die folgende Schlacht bei Myriokephalon am 17. September 1176 verloren, und der Kaiser konnte nur mit Mühe entkommen. Die Waffenstillstandsbedingungen der Seldschuken waren relativ moderat und sahen die Schleifung von Grenzbefestigungen und Geldzahlungen vor. Ein dauerhafter Frieden kam aber nicht zustande. Gescheitert war auf jeden Fall die Strategie der Einhegung, wenn nicht Zerschlagung türkischer Macht im Inneren Anatoliens.

Darüber hinaus machte die Niederlage von 1176 auf die Zeitgenossen sowohl im Römerreich als auch darüber hinaus Eindruck. Dem Prestigeverlust versuchte Manuel I., durch propagandistische Schreiben zu begegnen, die die Schlappe bei Myriokephalon in einen Sieg umdeuteten. Solche Briefe versandte der Kaiser an König Heinrich II. von England, Kaiser Friedrich I. Barbarossa und Papst Alexander III. Dass diese Initiative in Richtung Westen gerichtet war, zeigt die Bedeutung, die Manuel I. den Beziehungen dorthin zumaß. Der Grad der Verflechtung zwischen dem Römerreich und verschiedenen Gruppen der Lateiner hatte sich unter Manuel I. nochmals erhöht. Diese waren insbesondere als Händler (aus den italienischen Seestädten) und Söldner aktiv. Wohl auch um die Lateiner in seinem Gefolge bei Laune zu halten, veranstaltete Manuel im Hippodrom Ritterspiele nach westlichem Vorbild.

Wir finden auch lateinische Gelehrte im Umfeld Manuels, wie den in der Kaiserkanzlei als Übersetzer tätigen Pisaner Leo Tuscus und seinen Bruder Hugo Etherianus. Hugo beriet den Kaiser 1166 bei der bedeutendsten theologischen Debatte seiner Regierung um die Deutung des Ausspruches Jesu Christi «Der Vater ist größer als ich» aus dem Johannes-Evangelium (14, 28). Den religiösen Dialog suchte Manuel I. auch mit anderen Nachbarvölkern, wie die bereits erwähnten Unionsverhandlungen mit den Armeniern und Syrern zeigen. 1180 erwirkte er zudem eine Änderung der Formel des Übertritts vom Islam zum Christentum, die sie für Konvertiten akzeptabler machte. Eine bloße Frontstellung gegenüber dem Islam im Zeichen eines Heiligen Kriegs wie die Kreuzfahrer konnte sich das Römerreich angesichts seiner engen Anbindung an die türkische und arabische Staatenwelt nicht leisten.

Die dysfunktionale Familie der Römer

Die letzten diplomatischen Initiativen des bald 60-jährigen Kaisers Manuel I. dienten nach 1176 auch der Sicherung der Herrschaft seines 1167 geborenen Sohnes Alexios. Es war klar, dass bei Manuels Tod die Minderjährigkeit des Thronfolgers für das Regime wie in ähnlichen vorangegangenen Fällen eine Belastungsprobe darstellen würde. Auf der Suche nach einer standesgemäßen Braut mit mächtigen Verwandten, die die Stellung des Thronerben stützen könnten, wurde man 1178 bei König Ludwig VII. von Frankreich fündig. Dessen 1171 geborene Tochter Agnes sollte Alexios heiraten. Zur gleichen Zeit verheiratete Manuel seine Tochter Maria mit Rainer aus dem norditalienischen Haus der Markgrafen von Montferrat. Die innere Opposition im Komnenen-Clan hoffte Manuel I., durch eine Versöhnung mit seinem Cousin Andronikos, der als Wanderer durch verschiedene Nachbarhöfe um Unterstützung für seinen Griff nach der Krone geworben hatte, zu neutralisieren. Andronikos wurde als Gouverneur in Paphlagonien in Nordwestkleinasien eingesetzt und erhielt dort große Besitzungen. Doch als Manuel I. Komnenos am 24. September 1180 starb, sollte sich trotz aller Vorsorge bald die Fragilität des Zusammenhalts der kaiserlichen Familie zeigen.

Die Regentschaft für den erst 13-jährigen Alexios II. leitete seine Mutter Maria aus dem Fürstenhaus von Antiocheia. Bestimmend wurde aber der Einfluss des *protosebastos* Alexios, eines Neffen Manuels I., der auch der Geliebte der verwitweten Kaiserin wurde.

Widerstand erhob sich gegen dieses Regime zuerst bei Maria, der Tochter Manuels aus erster Ehe und Frau des Rainer von Montferrat. Mit ihr war bis zur Geburt Alexios' II. der Anspruch auf die Thronfolge verknüpft gewesen. Sie versammelte eine Gefolgschaft aus in Konstantinopel lebenden Lateinern und Georgiern, aber auch Angehörigen des Komnenenhauses wie Manuel und Johannes, den Söhnen des früheren Rebellen Andronikos Komnenos, und probte den Aufstand. Im Mai 1181 konnte Patriarch Theodosios I. zwar eine Versöhnung zwischen der Partei der Maria und der Regentschaft für Alexios II. vermitteln, doch provozierte die folgende Einkerkerung seiner Söhne Andronikos Komnenos einmal mehr dazu, nach der Krone zu greifen. Im Frühjahr 1182 marschierte er mit Truppen aus Paphlagonien nach Konstantinopel und erlangte die Kontrolle über die Hauptstadt. Dort tat sich seine Anhängerschaft mit Teilen der Bevölkerung zu einer blutigen Verfolgung der lateinischen Kaufleute zusammen – insbesondere der Genuesen und Pisaner, deren Quartiere geplündert wurden. Neid auf die wirtschaftliche Konkurrenz vermengte sich in fataler Weise mit Hass auf die «Ketzer» aus dem Westen.

Andronikos machte sich nun zum Regenten und Mitkaiser des jungen Alexios II. an Stelle seiner Mutter, die bald ebenso umgebracht wurde wie Maria, die Tochter Manuels, und ihr Mann Rainer von Montferrat. Im September 1183 vollendete Andronikos I. seine Machtübernahme mit der Ermordung Alexios' II. Danach heiratete er dessen Braut, die französische Prinzessin Agnes. Der Kaiser versammelte einen Kreis aus nichtadeligen Vertrauten um sich, während er versuchte, den Zugriff des Staates auf die Besitztümer der Aristokratie zu stärken. Sein Bemühen, die Gier von Steuereinnehmern zu beschränken, die in die eigenen Taschen wirtschafteten, fand durchaus Lob.

Doch mit seiner Steuerpolitik verprellte er zahlreiche Angehörige der Eliten, auch solche, die seinen Umsturz unterstützt hatten. Und auch der Rückhalt Andronikos' I. bei der Bevölkerung Konstantinopels schwand – nicht zuletzt, als sich die Regierung als unfähig erwies, eine erneute Bedrohung durch die Normannen Süditaliens abzuwehren. König Wilhelm II. landete im Sommer 1185 in Albanien und führte auch einen Spross der Komnenenfamilie mit sich, der sich als Manuels Sohn Alexios ausgab. Nach der Einnahme von Dyrrhachion in Albanien marschierten die Normannen relativ ungehindert bis nach Thessalonike, das sie im August 1185 eroberten. Den falschen Alexios rief man zum Kaiser aus und begann mit Vorbereitungen für den Weiterzug nach Konstantinopel. Über die normannische Eroberung und Herrschaft in Thessalonike berichtet der hochgelehrte Bischof der Stadt, Eusthatios, der auch einzigartige Kommentare zur *Ilias* und *Odyssee* verfasste. Die Ursache für den Fall der Stadt sucht er wie üblich bei den Sünden der Bewohner.

Angesichts der Bedrohung durch die Normannen wollte Andronikos I. die innere Opposition neutralisieren und befahl die Verhaftung des vormaligen Rebellen Isaak Angelos, der sich in Konstantinopel aufhielt. Dieser aber konnte in die Hagia Sophia fliehen, wo sich immer größere Gruppen aus dem Volk versammelten und ihn am 12. September 1185 zum Kaiser ausriefen. Als Andronikos erkannte, dass ihm die Kontrolle über die Hauptstadt entglitten war, versuchte er zu fliehen. Er wurde aber vom Mob ergriffen und grausam zu Tode gemartert. Damit endete auch das Jahrhundert der komnenischen Herrschaft, nur fünf Jahre nach dem Tod Manuels I.

Der neue Herrscher Isaak trug zwar den Vornamen des ersten Kaisers aus der Komnenendynastie und war auch mit ihr verwandt, sah sich aber vom Beginn an dem Neid anderer, gleichfalls mit den Komnenen verschwägerter aristokratischer Clans ausgesetzt. Dabei begann seine Herrschaft durchaus vielversprechend. Im November 1185 konnten die Römer die Normannen besiegen, die sich aus Makedonien zurückzogen. Im Frühjahr 1186 gelang unter dem Kommando des Kaisers die Rückeroberung Dyrrhachions in Albanien. Die Nordwestflanke sicherte Isaak II. durch einen Vertrag mit König Bela III. von Ungarn, dem vormaligen Protegé Kaiser Manuels, der sich verpflichtete, die aufständischen Serben nicht mehr zu unterstützen, und seine Tochter Margarete dem Kaiser zur Frau gab. Unter anderem um die Hochzeitsfeierlichkeiten zu finanzieren, verfügte der Kaiser eine Sondersteuer, deren Eintreibung aber eine Rebellion der vor allem als Wanderhirten lebenden Vlachen in

Bulgarien provozierte. Sie verbündeten sich mit den wegen Besitzstreitigkeiten mit dem Fiskus bereits im Aufstand befindlichen bulgarischen Adeligen Theodoros und Ivan Asen.

Im Herbst 1186 wurde der General Alexios Branas mit einer Armee in Richtung Bulgarien entsandt. Er ließ sich allerdings im Februar 1187 im Winterlager in Adrianopel zum Kaiser ausrufen und marschierte gegen Konstantinopel. Die Zahl der Truppen Isaaks II. war gering. Er unterstellte sie dem Kommando des Konrad von Montferrat, einem Bruder des 1183 ermordeten Rainer, der mit seinem Gefolge an den Bosporus gekommen war. Konrad konnte im April 1187 Alexios Branas im Zweikampf besiegen und die Schlacht für Isaak entscheiden. Dieser vermählte ihn daraufhin mit seiner Schwester Theodora und zeichnete ihn mit dem *kaisar*-Titel aus. Konrad reiste jedoch kurze Zeit später ins Heilige Land weiter. Die Rebellen in Bulgarien besiegte im Sommer 1187 der Kaiser selbst. Allerdings flohen Peter und Ivan Asen auf die nördliche Seite der Donau, wo sie Unterstützung von Teilen des Steppenvolks der Kumanen gewinnen und mit ihrer Hilfe den Kampf fortsetzen konnten. Allmählich entglitt Konstantinopel die Kontrolle über die Gebiete nördlich des Balkangebirges.

Auch im Osten unter Andronikos I. ausgebrochene Aufstände fanden unter Isaak II. ihre Fortsetzung. 1184 hatte sich Isaak Komnenos, ein Großneffe Manuels I., der Macht in Zypern bemächtigt. Als Andronikos I. gestürzt wurde, ließ er sich sogar zum Kaiser ausrufen. Eine aus Konstantinopel entsandte Flotte vermochte ihn nicht zu vertreiben, er herrschte bis zur Eroberung der Insel durch den englischen König Richard I. Löwenherz auf dem Dritten Kreuzzug 1191, mit der Zypern dem Römerreich dauerhaft verloren ging. In Philadelphia in Westkleinasien ergriff der Aristokrat Theodoros Mankaphas die Macht und schmückte sich seit 1188 ebenfalls mit dem Kaisertitel.

Isaak II. Angelos konnte sich der Ausschaltung dieser Konkurrenten vorerst nicht widmen, da er aufgrund der Eroberung Jerusalems durch Ṣalāḥ ad-Dīn im Jahr 1187 einen neuen Kreuzzug auf die römischen Gebiete zukommen sah. Friedrich I. Barbarossa, dessen Verhältnis zum Römerreich unter Manuel I. alles andere als freundschaftlich gewesen war, plante, mit seinem großen Heer durch römisches Gebiet nach Kleinasien und weiter ins Heilige Land zu marschieren. Schon 1188 trafen Gesandte aus Konstantinopel in Deutschland ein, um über freies Geleit und die Versorgung der Kreuzfahrer zu verhandeln. Um aber eine Allianz zwischen dem Staufer und den verschiedenen Rebellen zu verhindern, schloss Isaak II. Ende 1188 mit Theodoros und Ivan Asen in Bulgarien Frieden. Und im Frühjahr 1189 gewährte er Theodoros Mankaphas die Herrschaft über Philadelphia, wenn er die kaiserlichen Insignien ablegen würde.

Gleichzeitig trat der Kaiser aber auch in Verhandlungen mit Sultan Ṣalāḥ ad-Dīn, dem gegen die Duldung der orthodoxen Gottesdienste insbesondere an dem von ihm eroberten Stätten im Heiligen Land die Errichtung einer zweiten Moschee in Konstantinopel gestattet wurde. Von einem gegen den Kreuzzug gerichteten Bündnis kann allerdings nicht die Rede sein. Derartige Verträge erregten dennoch das Misstrauen der Kreuzfahrer. Bald kursierten Gerüchte, nach denen Sultan Ṣalāḥ ad-Dīn nicht nur die Moscheen-Ausstattung und wertvolle Geschenke nach Konstantinopel gesandt habe, sondern auch vergiftetes Mehl und Getreide, das den Kreuzfahrern von den «Griechen» untergejubelt werden sollte.

Diese Verschwörungserzählung bewahrheitete sich nicht, aber es kam zu Konflikten, sobald das Heer Friedrichs I. Barbarossa im Sommer 1189 bei Belgrad römisches Gebiet betrat. Man verdächtigte Barbarossa, Konstantinopel angreifen zu wollen, nicht zuletzt aufgrund seiner Kontakte zu den im Aufstand befindlichen Serben und Bulgaren. Erst nach einem regelrechten Krieg kam im Januar 1190 ein Vertrag mit dem Staufer zustande, der sein Hauptquartier in Adrianopel aufgeschlagen hatte. Das Abkommen sah den Transport der Kreuzfahrer nach Kleinasien gegen eine Garantie der Unversehrtheit des Römerreichs vor. Für Barbarossa hatten sich die «Griechen» aber einmal mehr als Verräter an den Kreuzfahrern erwiesen. Es kam im Gegensatz zum Zweiten Kreuzzug auch kein persönliches Treffen zwischen Isaak II. und Friedrich I. zustande, das auch aufgrund des konkurrierenden Anspruchs auf die Kaiserwürde zeremoniell nur schwer zu bewältigen gewesen wäre. Trotz der Auseinandersetzungen blieben offenbar einige Personen aus dem Gefolge Friedrichs I. in Konstantinopel, darunter ein Gerard, «der Sohn des Deutschen», der sogar als Übersetzer in der Kaiserkanzlei anheuerte.[24]

Nach dem Abzug Barbarossas, der im Juni 1190 in Kleinasien starb, versuchte Isaak II. erneut, die verschiedenen Aufstandsbewegungen niederzuschlagen. Dies gelang im Fall Philadelphias. Theodoros Mankaphas floh zu den Seldschuken nach Konya. Erfolglos blieben die Feldzüge gegen Theodoros und Ivan Asen. Ihre Macht festigte sich so weit, dass sie ein erneuertes Bulgarisches Reich ausrufen konnten, mit dem Zentrum in Tărnovo, wo sie sogar einen eigenen Erzbischof einsetzten. Auch mit dem serbischen Fürsten Stefan Nemanja schloss man 1190/1192 einen Frieden, der de facto die Anerkennung der Eigenständigkeit Serbiens bedeutete. Durch eine Ehe mit einer Nichte des Kaisers wurde allerdings noch eine gewisse Verbundenheit bewahrt. Während der Einflussbereich Konstantinopels schrumpfte, war Isaak II. bestrebt, zumindest die seit den Ereignissen der Jahre 1171 und 1182 beschädigten Beziehungen zu den italienischen Seestädten zu verbessern. Die Verhandlungen mit Venedig über die Kompensation der 1171 erlittenen Verluste wurden fortgesetzt, die Erneuerung früherer Privilegien und die Erweiterung des Quartiers in Konstantinopel versprochen. Auch mit Genua wurde 1192 eine Wiedergutmachung der beim Einmarsch Andronikos' I. zugefügten Schäden vereinbart, ebenso mit den Pisanern.

Isaak II. Angelos erwies sich als innen- und außenpolitischer eifriger, aber wenig erfolgreicher Herrscher, wobei die Zahl der Krisenherde auch jeden anderen Kaiser in arge Bedrängnis gebracht hätte. So sah sich Isaak 17 Revolten während seiner Regierungszeit gegenüber. Eine neue Bedrohung erwuchs 1194, als es Kaiser Heinrich VI., dem Sohn Friedrichs I. Barbarossa, gelang, seinen Anspruch auf das Normannenkönigreich in Sizilien durchzusetzen. Somit wurden zwei Machtzentren, die gegenüber Konstantinopel feindselig eingestellt waren, in einer Hand vereinigt. In dieser Situation verschwor sich eine Gruppe von Adeligen, Isaak II. zu stürzen und seinen Bruder Alexios auf den Thron zu setzen. Sie nutzten die

Abwesenheit Isaaks auf einem Feldzug gegen die Bulgaren und ließen Alexios III. am 12. April 1195 zum Kaiser ausrufen. Isaak II. wurde mit seinen Söhnen gefangen genommen und geblendet.

Deutschensteuern und venezianische Investitionen

Alexios III. Angelos zeigte sich zur Belohnung seiner Anhänger freigiebig mit Schenkungen und Privilegien. Auch ansonsten übte er im Gegensatz zu Isaak II. Zurückhaltung gegenüber aufbegehrenden Kräften, um sein Regime im Reichszentrum nicht zu gefährden. Dadurch schrumpfte aber die Macht dieses Zentrums weiter. Die Bedrohung durch Kaiser Heinrich VI. versuchte Alexios III. durch Geldzahlungen abzuwenden. Die ursprüngliche Forderung von 5000 Pfund Gold konnten seine Gesandten auf 1500 Pfund herunterhandeln, die der Staufer zur Finanzierung eines Kreuzzugs einsetzen wollte. Doch auch für die Aufbringung dieser nach wie vor beträchtlichen Summe musste der Kaiser eine als *Alamanikon* bezeichnete «Deutschensteuer» eintreiben, die die Popularität seines Regimes nicht steigerte.

Um Zustimmung für eine Steuerschätzung der Bewohner der Hauptstadt zu erhalten, berief Alexios III. sogar eine Versammlung des Senats, der Geistlichen und der Gewerbetreibenden ein, die seine Pläne jedoch ablehnten. Auch eine Nutzung der Kirchenschätze verweigerte der Klerus, sodass der Kaiser den Gold- und Silberschmuck der Grabmäler seiner Vorgänger in der Apostelkirche einschmelzen ließ. Ansonsten wurden die Abgaben für das *Alamanikon* vor allem in den Provinzen eingetrieben. Im September 1197 starb Heinrich VI. jedoch überraschend, sodass das Geld in den Händen des Kaisers blieb, der es für seine Zwecke einsetzte, so auch für eine luxuriöse Hofhaltung, wie Zeitgenossen kritisierten. Auch andere Bedrohungen versuchte Alexios III. durch Geld zu neutralisieren. Dem Emir von Ankara, der einen sich als Alexios II. Komnenos ausgebenden Thronkandidaten beherbergte, versprach er jährliche Zahlungen für sein Wohlverhalten. Das Herrschaftsgebiet der aufständischen Bulgaren Theodoros und Ivan Asen ließ

Alexios III. weitgehend unangetastet. Mit ihrem ab 1197 herrschenden Bruder und Nachfolger Kalojan schloss er nach einem persönlichen Treffen bei Stenimachos (heute Asenovgrad in Bulgarien) im Sommer 1200 einen Friedensvertrag, in dem er das erneuerte Bulgarische Reich anerkannte. Auch gegenüber dem Mönch gewordenen Serbenfürsten Stefan Nemanja zeigte sich Alexios III. freundlich und stellte dem von ihm und seinem Sohn Sabas gegründeten Chilandarkloster auf dem Athos 1196 eine Privileg-Urkunde aus.

Dennoch erodierte die römische Autorität auf dem Balkan weiter: in Philippupolis (Plovdiv) machte sich der bulgarische Adelige Ivanko selbstständig. Nach einem missglückten Feldzug erkannte der Kaiser im Jahr 1200 seine Stellung an. Darüber hinaus strebten vormals in der römischen Sphäre befindliche Fürsten danach, sich auch symbolisch aus der Oberhoheit Konstantinopels zu lösen. Sie fanden dafür bei den Mächten des Westens, dem Kaisertum und dem Papsttum, offene Ohren. Sowohl Kalojan von Bulgarien als auch Stefan II. Nemanja von Serbien traten in Verhandlungen mit Papst Innozenz III., um die Anerkennung als Könige und kirchliche Eigenständigkeit zu erlangen. Fürst Łewond II. in Kilikien wurde 1198 durch den Mainzer Erzbischof Konrad von Wittelsbach als Gesandter des westlichen Kaisers und des Papstes zum König der Armenier gekrönt und akzeptierte dafür die kirchliche Oberhoheit Roms. Die Entsendung einer weiteren Krone aus Konstantinopel durch Alexios III. war der Versuch, zumindest den symbolischen Einfluss in diesem von den früheren Komnenenkaisern so heftig umkämpften Gebiet aufrechtzuerhalten. Erfolgreich verliefen die Verhandlungen mit Venedig, die mit einer großen Privileg-Urkunde 1198 das seit 1171 andauernde Zerwürfnis (vorgeblich) beendeten. Die Venezianer erhielten nicht nur frühere Vorrechte, sondern ebenso eine Erweiterung der Zahl der Orte, wo ihnen der Handel erlaubt war.

Dennoch hegten führende Kreise der Serenissima weiterhin Misstrauen gegen Konstantinopel, darunter auch der hochbetagte Doge Enrico Dandolo, der 1171 die Vertreibung der Venezianer aus dem Römerreich miterlebt hatte. In Venedig versammelten sich ab 1201/1202 die Truppen eines von Papst Innozenz III. 1198 ausgerufenen Vierten Kreuzzugs, dessen Ziel Ägypten sein sollte. Mit Venedig hatte man einen Vertrag über den Bau einer Flotte sowie den Transport der Kreuzfahrer geschlossen. Die Anzahl der tatsächlich eintreffenden Fürsten und Ritter erwies sich allerdings als zu gering, um die gewaltigen Kosten von 85 000 Mark (fast 20 Tonnen) Silber zu decken. Enrico Dandolo hatte sich verspekuliert.

1201 entkam einer der Söhne Isaaks II. Angelos, Alexios, aus dem Kerker in Konstantinopel und gelangte nach Sizilien. Von dort reiste er zu Philipp von Schwaben, dem Bruder Kaiser Heinrichs VI., der 1197 Alexios' Schwester Eirene geheiratet hatte. Philipp sah seinen Anspruch auf die deutsche Königskrone durch Konkurrenten herausgefordert und verwies Alexios, der um Waffenhilfe zur Wiedereinsetzung seines Vaters ersucht hatte, zu Weihnachten 1201 an seinen Vetter Bonifatius von Montferrat. Der hatte als Bruder von Rainer und Konrad ebenfalls familiäre Bindungen nach Konstantinopel und fungierte als einer der Führer des geplanten Kreuzzugs. Bei diesem Treffen wurde der Plan einer Nutzung des Kreuzzugs zum Umsturz der Herrschaftsverhältnisse in Konstantinopel entworfen. Papst Innozenz III. wies dieses Ansinnen jedoch zurück. Sehr bald entglitt dem Pontifex allerdings die Kontrolle über den Kreuzzug, als der Doge Enrico Dandolo angesichts der drohenden finanziellen Verluste mit den Anführern der Kreuzfahren übereinkam, die Truppen für andere Zwecke zu nutzen.

Im November 1202 eroberte die Flotte der Venezianer und Kreuzfahrer die christliche Stadt Zadar in Dalmatien, um deren Besitz Venedig mit dem König von Ungarn gestritten hatte, und überwinterte anschließend dort. In Zadar traf eine Gesandtschaft Philipps von Schwaben mit dem entflohenen Alexios ein, um einmal mehr zu versuchen, die Kreuzfahrer zu einer Intervention in Konstantinopel zu bewegen. Die Versprechungen des Alexios waren verlockend: die Rückkehr der östlichen Kirche unter die Oberhoheit des Papstes, eine Zahlung von 200 000 Mark Silber und die Verpflegung der Kreuzfahrer für ein Jahr, die Stellung von 10 000 römischen Soldaten auf eigenen Schiffen für den Kreuzzug gegen Ägypten und die Finanzierung von 500 Rittern im Heiligen Land auf Lebenszeit des Alexios. Die Kreuzfahrer konnten hoffen, trotz einer

Umlenkung nach Konstantinopel den Feldzug nach Ägypten mit größeren Erfolgsaussichten fortsetzen zu können, die Venezianer, das Unternehmen mit Gewinn zum Abschluss zu bringen.

Im Frühjahr 1203 brach das Kreuzfahrerheer mit dem neu gesetzten Ziel Bosporus wieder auf. Im April landete man auf Korfu, am 23. Juni kamen die Kreuzfahrer vor Konstantinopel an. Kaiser Alexios III. Angelos versuchte durch Verhandlungen, einen Angriff abzuwenden, und versprach seinerseits, den Kreuzzug zu unterstützen. Später sicherte er sogar zu, die Versprechungen, die sein Neffe Alexios in Zadar gemacht hatte, zu erfüllen. Allerdings war der Rückhalt von Alexios III. in Konstantinopel schon zuvor geschwunden. Dies hatte im Jahr 1200 ein missglückter, aber von Teilen der Bevölkerung unterstützter Putsch spürbar werden lassen. Als am 17. Juli 1203 Kreuzfahrer und Venezianer gegen Konstantinopel segelten, floh Alexios III. nach Thrakien. In der Hauptstadt wurde der geblendete Isaak II. Angelos aus dem Kerker geholt und auf den Thron gesetzt. Auf Druck der Kreuzfahrer musste er seinen Sohn Alexios IV. als Mitkaiser anerkennen.

Vater und Sohn versuchten nun, die Erwartungen der Kreuzfahrer zu erfüllen. Tatsächlich gelang es, 100 000 Mark Silber aufzutreiben, wovon 34 000 an die Venezianer gingen. Diese hatten damit in Kombination mit den bereits geleisteten Zahlungen der Kreuzfahrer ungefähr ihre ursprünglichen Investitionen gedeckt. Im Gegenzug verpflichteten sich die Kreuzfahrer, den römischen Kaisern für ein Jahr zu Diensten zu sein. In einem Schreiben an Innozenz III., der über die Umlenkung des Kreuzzugs sehr verärgert war, erkannten Isaak II. und Alexios IV. im August 1203 wie versprochen die päpstliche Oberhoheit an. Das Verhältnis zwischen den Lateinern und der Bevölkerung Konstantinopels verschlechterte sich allerdings zusehends. Es kam zu wechselseitigen Übergriffen. Als ein Trupp der Kreuzfahrer eine der beiden Moscheen der Hauptstadt zerstörte, brach ein Aufstand der Römer aus. Die Stellung des neuen Regimes wurde immer prekärer. Alexios IV. versuchte, sich angesichts der Ablehnung durch die Bevölkerung von den Kreuzfahrern zu distanzieren. Damit beraubte er sich aber der einzigen Unterstützung seiner Herrschaft.

Am 25. Januar 1204 führte der General Alexios Dukas Murtzuphlos, ein Schwiegersohn Alexios' III. Angelos, eine Palastrevolte an. Isaak II. und Alexios IV. wurden gestürzt und getötet. Alexios V. Dukas Murtzuphlos bestieg den Thron, stellte die Zahlungen an die Kreuzfahrer ein und wies sie an abzuziehen. Dazu waren diese aber nicht bereit, sondern sie forderten die Einhaltung der in Zadar gemachten Versprechen. Persönliche Verhandlungen zwischen dem neuen Kaiser und dem Dogen Enrico Dandolo vor den Mauern Konstantinopels scheiterten. Es wurde klar, dass es zu einer militärischen Konfrontation kommen würde. Während Alexios V. nach Verbündeten suchte und auch den Seldschuken-Sultan von Konya um Hilfe gegen die Kreuzfahrer bat, vereinbarten diese im März 1204 mit den Venezianern, nun selbst die Macht in Konstantinopel und im ganzen Römerreich zu ergreifen. Ein Abkommen über die Aufteilung der Territorien und der zu erwartenden Beute wurde geschlossen, die sogenannte *Partitio terrarum imperii Romaniae*. Nach der Eroberung Konstantinopels sollte ein «lateinischer» Kaiser gewählt werden.

Das allerletzte Ende der Antike?

Am 9. April 1204 begann der erste Sturmangriff auf die römische Hauptstadt, der am 12. April erneuert wurde. Als Alexios V. in der Nacht zum 13. April aus Konstantinopel floh, brach der Widerstand zusammen. Kreuzfahrer und Venezianer besetzten die Stadt und plünderten sie drei Tage lang. Der zeitgenössische Historiker Niketas Choniates hat eine anschauliche Schilderung der Zerstörungen und Gewalttaten hinterlassen. Die Muslime hätten bei der Rückeroberung Jerusalems von den Kreuzfahrern 1187 weit mehr Milde walten lassen als die Krieger des Vierten Kreuzzugs gegenüber ihren christlichen Glaubensgeschwistern in Konstantinopel, die beraubt, geschändet und ermordet worden seien. Nicht einmal vor dem Altar der Hagia Sophia machten die Eroberer halt.[25]

Die Erinnerung an das Jahr 1204 sollte das Verhältnis zwischen orthodoxen und lateinisch-katholischen Christen nachhaltig vergiften. Aufschlussreich ist aber auch eine kleinere Schrift des Niketas Choniates über die zahlreichen Statuen aus dem Altertum, die Konstantinopel noch bis zur Verwüstung durch die Kreuzfahrer geschmückt hatten. Nennt man bis heute die «Vandalenakte» bei den Eroberungen Roms 410 und 455 als Markierungspunkte für das Ende der Antike, so wäre die Plünderung Konstantinopels 1204 als Zerstörung einer noch viel längeren Kontinuität antiker Urbanität ebenfalls zu verzeichnen.

Vertragsgemäß teilten Kreuzfahrer und Venezianer die (großteils noch zu erobernden) restlichen Gebiete des Reiches und die Beute der Plünderungen im Wert von angeblich 900 000 Mark Silber auf. Einige Beutestücke schmücken bis in die Gegenwart den Ort, wohin sie damals verbracht worden sind. Am bekanntesten sind die vier Pferde aus vergoldetem Kupfer, deren Originale heute im Museum des Markusdoms von Venedig stehen, oder die Pala d'oro (Goldenes Altarbild) im Markusdom selbst. Regionale Nachahmung fand kurz nach ihrer Stiftung an das Kloster Stuben an der Mosel durch den Ritter Heinrich von Ulmen im Jahr 1207 ein Reliquiar aus Konstantinopel. Es handelte sich um ein im 10. Jahrhundert auf Veranlassung von Basileios Lakapenos hergestelltes prachtvolles Behältnis für ein Stück des wahren Kreuzes (deshalb auch als Staurothek bezeichnet, griechisch «Kreuzkasten»), das heute im Diözesanmuseum von Limburg an der Lahn zu finden ist.

Niketas Choniates überarbeitete nach der Katastrophe von 1204 sein schon zuvor begonnenes Geschichtswerk und betrieb so wie seine Vorgänger nach der Krise des 11. Jahrhunderts rückblickend Ursachenforschung. Und ähnlich wie mancher Autor zuvor fand er die Gründe des Verfalls des Reichs nicht nur in den Fehlern einzelner Kaiser und der Uneinigkeit innerhalb des erweiterten Clans der Komnenen, sondern in einer Funktionsstörung des gesamten Herrschaftssystems.

Wieder ist eine Kombination innen- und außenpolitischer Dynamik festzustellen: Das von Alexios I. geflochtene Netzwerk aristokratischer Familien erwies sich in seinem Zugriff auf die Kaisermacht als langfristig erfolgreich. Auch alle auf die Komnenen folgenden Kaiserdynastien bis zum Ende des Reiches – Angelos,

Laskaris, Palaiologos, Kantakuzenos – sind ihm zuzurechnen. Der serbische Byzantinist Vlada Stanković spricht vom Übergang von einem «staatszentrierten zu einem familienzentrierten Modell der Herrschaft».[26] Aber im Gegensatz zu den Dynastien im mittelalterlichen Westeuropa ließ das römische Prinzip der Wahlmonarchie die volle Durchsetzung einer geregelten Erbfolge, etwa nach dem Prinzip der Primogenitur, nicht zu. In einer Vermengung der beiden Denkmuster mochte sich jedes Mitglied des imperialen Clans als geeigneter(er) Kandidat erachten – wie es Isaak Komnenos gegenüber Johannes II., sein Sohn Andronikos gegenüber Manuel I. und Alexios II. sowie Alexios III. Angelos gegenüber Isaak II. taten.

Um solche Konkurrenten zu besänftigen, griff schon Alexios I. auf die Überlassung von Grundbesitz und Einkünften zurück. Daneben wurden auch Rechte auf staatliche Einkünfte geringeren Umfangs in Form von sogenannten *pronoia*-Privilegien (griechisch wörtlich «Fürsorge») an Gefolgsleute übergeben, eine Praxis, die vor allem unter Manuel I. zunahm. Eine in den Provinzen etablierte Machtbasis konnte aber wiederum für den Zugriff oder zumindest den Anspruch auf die Kaiserwürde genutzt werden, wie es Andronikos I. von Paphlagonien aus oder Isaak Komnenos in Zypern taten. Das ungebrochene, von der zentralen politischen Entwicklung teilweise entkoppelte Wachstum von Wirtschaft und Bevölkerung in verschiedenen Regionen stärkte darüber hinaus die regionalen Eliten. Doch so wie die ökonomische Dynamik in den Provinzen weniger von jener im Zentrum abhängig war, beobachten wir vor 1204 auch eine immer stärkere Tendenz zu eigenständigen Herrschaften ohne Konstantinopel. Andererseits bot die Formierung selbstständig agierender aristokratischer Macht die Grundlage für die Wiederherstellung des römischen Kaisertums im Exil nach 1204.

Außenpolitisch musste sich das Römerreich unter den Komnenen als Folge der Umwälzungen des 11. Jahrhunderts mit der Herausbildung neuer Machtzentren sowohl auf seinem früheren Territorium als auch innerhalb seiner imperialen Sphäre abfinden. Gleichzeitig bot die sich entfaltende Staatenwelt Europas und des Mittelmeerraumes in römischer Tradition wie zuvor vielfältige Gelegenheiten zum Aufbau weitreichender Bündnisse, um Einfluss in bestimmten Regionen zu erhalten oder sogar auszubauen. Ein Zeichen der Anpassung diplomatischer Praktiken ist dabei die Vervielfachung der Eheschließungen von Angehörigen des römischen Kaiserhauses mit auswärtigen Fürstenhäusern, insbesondere mit den lateinischen Staaten im Westen und im Osten. Gewissermaßen wurde das innerhalb der römischen Aristokratie von den Komnenen angewandte Modell der Verschwägerung nach außen erweitert.

Damit wurden aber auch Kanäle der durch Verwandtschaft legitimierten Intervention geschaffen, wie sich vor allem im Vierten Kreuzzug erweisen sollte. Schon die Normannen hatten in den 1080er Jahren und 1185 einen Thronprätendenten mit sich geführt. 1204 allerdings konnten die Invasoren nicht mehr weit vor der Hauptstadt militärisch besiegt werden, sondern standen mitten im Zentrum, während sich zentrifugale Kräfte in den Provinzen durchsetzten. In einer größer und komplexer gewordenen Welt, in der das Römerreich in einem noch nie da gewesenen Ausmaß mit seinen Nachbarn verflochten war, schrumpfte der Aktionsradius des Kaisers im Jahr 1204 auf Konstantinopel.

Niketas Choniates floh mit seiner Familie nach der Eroberung im April 1204 aus Konstantinopel nach Selymbria in Thrakien, kehrte jedoch im Jahr 1206 in der Hoffnung, dass sich die Verhältnisse beruhigt hätten, in die Hauptstadt zurück. Nach sechs Monaten verließ er aber angesichts «der Arroganz der Lateiner» erneut Konstantinopel und suchte so wie viele andere in Nikaia in Nordwestkleinasien Zuflucht, wo eine römische «Exilregierung» im Entstehen war.[27] In einer Rede verglich Niketas Choniates den See, an dem Nikaia lag, mit den Wassern von Babylon, an deren Ufern die Römer so wie das Volk Israel im Exil für ihre Sünden büßen müssten, bis ihnen Gott die Rückkehr in die gelobte Stadt Konstantinopel, das Neue Jerusalem, gestattete.

Zu viele Retter für das Neue Rom

Trotz dieser dramatischen Deutung der Ereignisse versuchte ein größerer Teil der römischen Elite sich zumindest anfangs mit den neuen Herrschern zu arrangieren, als in manchen früheren Darstellungen vermittelt wird. Für einige Römer markierte die Eroberung von 1204 wohl auch nur einen weiteren Regimewechsel, der nach den Komnenen und den Angelos nun eben die Dynastie der Kaiser aus Flandern (beginnend mit dem 1204 von Kreuzfahrern und Venezianern gewählten Balduin I.) auf den Thron brachte. Zu den Vertretern der römischen Elite, die zuerst eine Verständigung mit den Lateinern suchten, gehörte auch Michael Angelos, ein unehelicher Sohn des Johannes Dukas Angelos, eines Onkels der Kaiser Isaak II. Angelos und Alexios III. Angelos. Nach der Eroberung Konstantinopels trat er in den Dienst des Bonifatius von Montferrat, der zum König von Thessalonike gekrönt worden war. Michael setzte sich aber nach Unstimmigkeiten über das Pindos-Gebirge in den Westen Griechenlands ab und konnte sich in Epiros in der Stadt Arta als eigenständiger Machthaber etablieren. Um seine Legitimation zu steigern, betonte er seine familiären Verbindungen zu den vorangehenden Kaiserdynastien und nannte sich Michael I. Komnenos Dukas Angelos. Von Epiros aus dehnte er seine Macht nach Norden in Richtung Albanien und nach Süden bis zum Golf von Korinth aus. Mehrfach wehrte er Angriffe der Kreuzfahrer von Osten her ab und konnte sogar über den Pindos hinweg Vorstöße nach Thessalien unternehmen. 1215 wurde Michael I. jedoch ermordet. Die Nachfolge trat sein Halbbruder Theodoros I. Angelos Komnenos Dukas an, der 1210 nach Epiros gekommen war. Theodoros setzte die Expansionspolitik in Richtung Thessalien und Makedonien fort und konnte 1217 mit der Gefangennahme des neugewählten lateinischen Kaisers Peter von Courtenay, der von Italien aus über den Balkan nach Konstantinopel reisen wollte, einen spektakulären Erfolg verbuchen.

Am östlichen Rand des vormaligen römischen Machtgebiets gelang es zwei Vertretern der Komnenen, schon vor der Eroberung

Konstantinopels eine eigenständige Herrschaft rund um Trapezunt am Schwarzen Meer zu etablieren. Alexios und David Komnenos waren Enkel des Kaisers Andronikos I. Komnenos und Söhne des Manuel Komnenos und der Rusudan, einer Tochter des georgischen Königs Giorgi III. Nach dem Sturz Andronikos' I. 1185 gelang Rusudan mit ihren Söhnen die Flucht nach Georgien, wo sie am Hof ihrer Schwester Tamar Aufnahme fanden. Unter Tamar erlebte Georgien den Höhepunkt seiner Machtausdehnung im Mittelalter und machte mehrere christliche und muslimische Nachbarfürsten zu Vasallen. Vor diesem Hintergrund unterstützte Tamar 1203 auch einen Feldzug ihrer Neffen nach Westen in die römischen Gebiete am Schwarzen Meer, wo sie sich 1204 in Trapezunt und Sinope festsetzen konnten. Während sich Alexios I. nach diesen Erfolgen in Trapezunt zum Kaiser ausrufen ließ und damit die bis 1461 regierende Dynastie der sogenannten Großkomnenen begründete, marschierte sein Bruder David weiter in Richtung Westen und eroberte Paphlagonien. Dadurch geriet er aber in Konflikt sowohl mit dem lateinischen Kaiserreich von Konstantinopel als auch mit Theodoros Laskaris.

Auch die Familie Laskaris gehörte zum Netzwerk um die Dynastien Komnenos und Angelos. Der um 1174 geborene Theodoros war seit 1200 mit Anna, einer Tochter des Kaisers Alexios III. Angelos, verheiratet. Er und sein Bruder Konstantin beteiligten sich im April 1204 tatkräftig an der Verteidigung Konstantinopels gegen die Kreuzfahrer. Nachdem Alexios V. am 12. April 1204 die Flucht ergriffen hatte, soll Konstantin Laskaris sogar kurzzeitig zum Kaiser ausgerufen worden sein. Noch vor dem Fall der Stadt flohen aber auch Konstantin und Theodoros und gelangten nach Nordwestkleinasien, wo sie in Bithynien versuchten, den Widerstand gegen die Lateiner zu organisieren.

Dies verlief anfänglich wenig erfolgversprechend. Während Konstantin im März 1205 im Kampf gegen die Lateiner fiel, gelang es Theodoros nicht, die Bewohner der Stadt Nikaia auf seine Seite zu ziehen. Sie erklärten sich nur bereit, seine Frau und ihre Kinder aufzunehmen – wohl, weil es sich um die Tochter Alexios' III. Angelos handelte, und Nikaia schon 1183 die Familie Angelos im Aufstand gegen Andronikos I. Komnenos unterstützt hatte. Auch sonst scheint Theodoros Laskaris anfangs als Unterstützer seines kaiserlichen Schwiegervaters agiert zu haben. Erst nach einer schweren Niederlage des ersten lateinischen Kaisers Balduin I. gegen die Bulgaren im April 1205 und der Schwächung der Kreuzfahrer gelang es Theodoros, dauerhaft eine eigenständige Machtbasis in Bithynien aufzubauen und Nikaia unter seine Kontrolle zu bringen. Im Sommer 1205 ließ er sich schließlich zum Kaiser der Römer ausrufen. Auch frühere römische Kaiser wie Manuel I. 1143 oder Nikephoros II. Phokas 963 waren im Feldlager in Kleinasien zum Kaiser gekürt worden. Doch war es ihnen gelungen, kurz danach die Macht in Konstantinopel zu übernehmen. Dazu bestand für Theodoros I. Laskaris angesichts des dortigen lateinischen Regimes aber vorerst keine Aussicht.

Immerhin konnte er von Nikaia aus seine Herrschaft nach Süden auf einige der bereits vor 1204 unter Potentaten wie Theodoros Mankaphas in Philadelpheia eigenständig gewordenen Territorien ausdehnen, wobei sich auch lateinische Söldner für seine Armee anwerben ließen. Damit brachte Theodoros I. die landwirtschaftlich reichsten Gebiete Westkleinasiens entlang der Flüsse Kaystros und Mäander unter seine Kontrolle. In den dortigen Städten Nymphaion, Magnesia und Smyrna residierten die Herrscher – neben Nikaia – in der Folge auch immer wieder für längere Zeit. Seinen Anspruch auf die römische Kaiserwürde bestätigte Theodoros I. 1208 durch die Einberufung einer Kirchenversammlung zur Wahl eines neuen Patriarchen, nachdem der 1198 noch in Konstantinopel eingesetzte Johannes X. Kamateros 1206 gestorben war. Der nun geweihte Patriarch Michael IV. Autoreianos krönte wiederum Theodoros I. Laskaris 1208 zum Kaiser. Das römische Kaisertum und das Patriarchat hatten somit nun außerhalb von Konstantinopel in Nikaia einen neuen Sitz gefunden, so zumindest dem Anspruch der Laskariden nach, der auch in Teilen der orthodoxen Welt jenseits der Grenzen ihres Machtbereichs Zustimmung fand. Schon 1209 wurde der in Nikaia geweihte Matthaios als Bischof von Kiew für die große Kirchenprovinz der Rus akzeptiert, die sich damit dem Exil-Patriarchat unterstellte.

Allerdings blieb die Stellung Theodoros' I. von außen bedroht. Die größte Gefahr zeigte sich in Gestalt seines Schwiegervaters Alexios' III. Angelos, der auf der Suche nach einer Möglichkeit der Rückkehr zur Macht 1209 schließlich Zuflucht beim Seldschukensultan Kai Chosrau I. in Konya suchte. Der Sultan unterstützte die Ansprüche Alexios' III. auf den römischen Thron gegen Theodoros I. in der Hoffnung, dadurch seine Macht auszudehnen. Im Sommer 1211 kam es bei Antiocheia am Fluss Mäander zum Zusammenstoß zwischen der seldschukischen Armee und den zahlenmäßig unterlegenen Truppen Theodoros' I. Dennoch gelang es Letzterem, die Schlacht zu seinen Gunsten zu wenden, nachdem der Sultan gefallen war. Seinen Schwiegervater Alexios III. nahm er gefangen und verbannte ihn in ein Kloster. Somit war das Kaisertum Theodoros' I. vorerst gesichert.

Jedoch waren die Verluste unter Theodoros' Truppen, darunter den militärisch besonders wertvollen Söldnern aus dem Westen, so schwer, dass er sich in der Folge dem lateinischen Kaiser Heinrich geschlagen geben und größere Gebiete im Nordwesten Kleinasiens abtreten musste. Erst nach der Gefangennahme des nachfolgenden lateinischen Kaisers Peter 1217 verbesserte sich die Situation wieder. Mit der Regentin des lateinischen Kaiserreichs Jolante schloss Theodoros I. Frieden und heiratete 1219 in dritter Ehe sogar deren Tochter Maria von Courtenay. Im selben Jahr kam auch ein Handelsvertrag mit den Venezianern in Konstantinopel zustande, sodass das Exilreich in Nikaia nun als diplomatischer Partner der Siegermächte von 1204 fix anerkannt war, auch wenn sein Anspruch auf die römische Kaiserwürde seitens der Lateiner und Venedigs natürlich zurückgewiesen wurde.

Auch die Großkomnenen in Trapezunt akzeptierten den Kaisertitel Theodoros' I. Laskaris nicht und lehnten die Einsetzung von Bischöfen in ihrem Machtbereich durch das Patriarchat in Nikaia ab. Ebenso wenig Anerkennung fand Theodoros Laskaris' Kaisertum in Epiros, wo Theodoros I. Angelos Komnenos Dukas zwar (noch) nicht den Kaisertitel beanspruchte, aber eine zumindest gleichrangige Stellung. Außerdem war er nicht bereit, die kirchliche Oberhoheit des Patriarchats in Nikaia anzuerkennen, und fand dabei Unterstützung bei den Bischöfen in seinem Reich. Der gelehrte Metropolit Johannes Apokaukos von Naupaktos etwa schrieb, dass vor 1204 zwar idealerweise ein Kaiser alle weltlichen Angelegenheiten und ein Patriarch alle Kirchenbelange verwaltet hatte. Aufgrund der Sünden der Römer war das Imperium jedoch zerfallen, sodass trotz der Verbindung durch die gemeinsame Religion nach Gottes Willen nun mehrere politische und religiöse Autoritäten existierten. Zusammen mit Johannes Apokaukos baute der ab 1216 amtierende Erzbischof von Ochrid Demetrios Chomatenos eine eigenständige Kirchenorganisation auf, wobei er sich auch auf die von Basileios II. im 11. Jahrhundert verfügte Unabhängigkeit seines Sitzes vom Patriarchen in Konstantinopel berief. Gleichzeitig versuchte er seinen kirchlichen Einfluss über die Grenzen des epirotischen Machtbereichs hinaus auf den gesamten westlichen Balkan auszudehnen.

Dort stieß Chomatenos jedoch auf Widerstand in Serbien, wo Fürst Stefan II. Nemanja nach der Königswürde strebte und dafür sogar bereit war, 1217 die Krone aus der Hand eines päpstlichen Legaten zu empfangen. Dann trat er in Verhandlungen mit dem Kaiser und dem Patriarchen in Nikaia, der schließlich 1219/1220 die Eigenständigkeit der serbischen Kirche anerkannte. Ihr Oberhaupt mit dem Titel eines Erzbischofs durfte nun von den Bischöfen des Landes gewählt werden – unter dominierendem Einfluss des Herrschers, dessen Bruder Sava auch zum ersten Oberhirten geweiht wurde. Damit wurde nicht nur die Bindung Serbiens an die orthodoxe Kirchenfamilie wiederhergestellt, sondern gleichzeitig auch den konkurrierenden Machtansprüchen des Erzbischofs von Ochrid ein Riegel vorgeschoben. 1221 krönte dann Sava seinen Bruder Stefan im Kloster Žiča nach ostkirchlichem Ritus zum König der Serben.

Im selben Jahr im November verstarb Theodoros I. Laskaris in Nikaia. Er hatte keine überlebenden Söhne und bestimmte den Mann seiner Tochter Eirene, Johannes III. Dukas Vatatzes, zum Nachfolger. Dagegen erhoben in gewohnter Manier die Brüder des Theodoros Laskaris, Alexios und Isaak, Einspruch. Als ihr Widerstand erfolglos blieb, wandten sie sich an Robert von Courtenay, der seit März 1221 die Krone des lateinischen Kaiserreichs trug. Er unterstützte Alexios und Isaak Laskaris mit einer Armee. Jedoch blieb Johannes III. Ende 1223/Anfang 1224 bei Poimanenon südlich von Kyzikos siegreich. Die beiden Laskaridenbrüder wurden gefangen genommen und geblendet. Robert von Courtenay sah sich gezwungen, Frieden zu schließen und große Teile seiner Besitzungen in Kleinasien dem Reich von Nikaia zu überlassen, da er gleichzeitig von Westen her durch den Vormarsch Theodoros' I. Angelos Komnenos Dukas von Epiros bedroht wurde.

Diesem gelang im Dezember 1224 die Eroberung Thessalonikes, der zweitgrößten Stadt in der *Romania*. Die weiteren Vorstöße des Herrschers von Epiros zielten nun nach Osten gegen Konstantinopel. In Erwartung der baldigen Einnahme der Hauptstadt ließ sich Theodoros I. Angelos Komnenos Dukas im Sommer 1227 in Thessalonike zum Kaiser der Römer ausrufen und krönen und forderte damit einmal mehr den Anspruch der Herrscher in Nikaia heraus. Insgesamt konkurrierten neben dem lateinischen Kaiser in Konstantinopel nun drei Anwärter um den Titel eines *basileus* der Römer, in Epiros, Nikaia und Trapezunt. Zwar hatte es schon zuvor mehrere römische Kaiser gegeben, die aber entweder in Abstimmung miteinander regierten, wie zur Zeit der Tetrarchie im späten 3. Jahrhundert, oder sich gegenseitig relativ rasch den Garaus machten. Ab 1227 aber herrschten drei Kaiser in drei de facto unabhängigen Staaten. Auch wenn alle nach der Eroberung Konstantinopels und der Wiederherstellung der früheren Weltordnung strebten, so war doch klar, dass der Universalitätsanspruch des Kaisertums der Römer spätestens jetzt schwere Schrammen davontrug. Theodoros I. Angelos Komnenos Dukas geriet zudem in Konflikt mit Bulgarien, das nach einer Zeit der Unruhen unter Zar Ivan Asen II. (1218–1241) wieder an Macht gewann und ebenfalls Konstantinopel in seine Gewalt bringen wollte. Im März 1230 unterlag Theodoros I. Angelos Komnenos Dukas den Bulgaren in der Schlacht bei Klokotniza im Süden des heutigen Bulgarien nahe der Grenzen zu Griechenland und der Türkei und geriet in Gefangenschaft. Sein Traum von der Wiederrichtung des Römischen Reichs mit Konstantinopel war damit gescheitert, während Ivan Asen II. seine Macht bis zur Ägäis und zur Adria ausdehnen konnte.

Mit Johannes III. Dukas Vatatzes fand der Bulgarenzar hingegen eine Verständigung und schloss 1234 sogar ein Bündnis, das sich gegen das lateinische Kaiserreich richtete. Zuvor beendete Ivan Asen II. auch die Union zwischen der bulgarischen und der westlichen Kirche und kehrte in die kirchliche Gemeinschaft mit dem Konstantinopler Patriarchat in Nikaia zurück. Patriarch Germanos II. erkannte im Gegenzug die Eigenständigkeit der bulgarischen Kirche unter der Leitung eines Patriarchen in der Hauptstadt Tărnovo an. Ähnlich wie im Fall Serbiens richtete sich dieses Abkommen auch gegen die Ansprüche des von Epiros unterstützten Erzbischofs von Ochrid.

Johannes III. Dukas Vatatzes suchte von Nikaia aus aber ebenso die Verständigung mit den westlichen Mächten. Mehrfach ließ er Glaubensgespräche zwischen Vertretern des Patriarchats und der westlichen Kirche zu, die die Möglichkeit einer Einigung der Kirchen – und damit verbunden der päpstlichen Anerkennung des Kaisertums in Nikaia – ausloteten. Doch nahm Johannes III. Dukas Vatatzes außerdem Kontakt mit dem im Dauerkonflikt mit dem Papsttum stehenden westlichen Kaiser Friedrich II. von Hohenstaufen auf, der als Herrscher Süditaliens ein interessanter Bündnispartner im adriatischen Rücken von Epiros war. Obwohl Friedrich II. so wie die westlichen Kaiser vor ihm den römischen Anspruch seines östlichen Gegenübers ignorierte und ihn nur als «Kaiser der Griechen» ansprach, ließ sich Johannes III. diese Allianz einiges kosten. Er sandte sogar Geld und Truppen nach Italien. Nach dem Tod seiner ersten Gattin Eirene heiratete Johannes III. 1244 mit Konstanze zudem eine uneheliche Tochter des Staufers.

Der mongolische Glücksfall

Um diese Zeit hatten sich die Machtverhältnisse nicht nur im Ägäisraum, sondern in ganz Eurasien zugunsten Nikaias geändert. Nach einem ersten Feldzug der Mongolen in die Steppen nördlich des Schwarzen Meers noch zu Lebenszeit des Dschingis Khan 1223 erneuerte sein Enkelsohn Batu ab 1236 den Vorstoß nach Osteuropa und unterwarf bis 1240 die Kumanen und die Fürstentümer der Rus. Teile der Kumanen setzten sich nach Westen ab und fanden sowohl in Ungarn als auch in Bulgarien sowie im Reich von Nikaia Zuflucht. Johannes III. siedelte einige von ihnen sogar aus Europa nach Westkleinasien um. Den Flüchtlingen folgten aber ab 1241 erste Vorausabteilungen der Mongolen, denen Zar Ivan Asen II. unterlag und kurz danach im Juni starb. Im selben Jahr durchzogen mongolische Heere bereits Polen und Ungarn und fielen 1242 auch in größerer Zahl in Bulgarien ein, das schwer verwüstet wurde. Es musste von nun an auf Jahrzehnte den Mongolenkhanen der Goldenen Horde, die sich in Osteuropa festsetzten, Tribut leisten. Andere Abteilungen der Mongolen marschierten im Nahen Osten ein und bedrohten das Reich der Rum-Seldschuken in Kleinasien. Sultan Kai Chosrau II. schloss daraufhin sogar ein Bündnis mit Johannes III. Dukas Vatatzes, unterlag den Mongolen jedoch im Juni 1243 in der Schlacht am Kösedağ. Auch das Sultanat von Konya wurde geplündert und geriet unter mongolische Oberhoheit. Die Herrscher der Großkomnenen in Trapezunt und die Könige Georgiens hatte sich schon zuvor dem Khan der Mongolen unterworfen.

Während somit die mächtigsten Nachbarn sowohl im Westen als auch im Osten ausgeschaltet waren, blieben die Territorien Nikaias von den mongolischen Einfällen unberührt. Das Reich profitierte sogar von der Not in den angrenzenden Gebieten der Seldschuken, die zu hohen Preisen Nahrungsmittel importieren mussten. Schon zuvor hatte Kaiser Johannes III. Dukas Vatatzes die Ausdehnung der Landwirtschaft in den fruchtbaren Regionen seines Reichs bewusst gefördert. Gleichzeitig versuchte er, Importe etwa zum Kauf von Textilien von den Lateinern und Arabern zu beschränken: Man solle nur solche «Kleider tragen, welche das römische Land und das römische Gewerbe» erzeugen.[28] Diese Wirtschaftspolitik erinnert an den Merkantilismus des 17. Jahrhunderts.

Die relativ gesunde ökonomische Basis seines Reiches erlaubte es Johannes III., die Schwäche seiner Konkurrenten militärisch zu nutzen und insbesondere in Südosteuropa zu expandieren. 1246 wurden dort Thessalonike und danach weitere vormals unter der

Herrschaft Bulgariens oder von Epiros stehende Gebiete erobert. Die Dynastie von Theodoros I. Angelos Dukas konnte zwar ihre Herrschaft in Epiros und Thessalien behaupten, musste aber die Ansprüche auf den Kaisertitel ablegen und zumindest formell die Oberhoheit Johannes' III. anerkennen, der dem Herrscher von Epiros den Titel eines *despotes* (griechisch «Herr») verlieh. Das lateinische Kaiserreich aber war nun de facto auf Konstantinopel und sein Umland beschränkt und im Westen und Osten von Besitzungen des Reichs von Nikaia umgeben – eine Situation, die jener Konstantinopels 200 Jahre später angesichts der osmanischen Expansion ähnelte. Doch noch blieb eine Eroberung der Hauptstadt angesichts der Flottenstärke der Venezianer jenseits der Möglichkeiten Nikaias. Auch Versuche, zwischen 1248 und 1250 auf dem Verhandlungsweg mit dem Papsttum eine Anerkennung des Kaisertums Johannes' III. und eine Rückkehr nach Konstantinopel zu erreichen, scheiterten.

Ebenso zeigte sich beim Tod Johannes' III. im Jahr 1254, dass die Machtstellung Nikaias in Südosteuropa noch nicht gefestigt war. Der bulgarische Zar Michael II. Asen nutzte die Gelegenheit zu einem Angriff und konnte schnell Erfolge erzielen. Jedoch gelang es Johannes' Sohn und Nachfolger Theodoros II. Laskaris, bis 1256 die Bulgaren wieder zurückzudrängen und die Reichsgrenzen im Westen zu sichern. Theodoros II. war hochgebildet und vom führenden Gelehrten in Nikaia, Nikephoros Blemmydes, unterrichtet worden. Sein Reich verstand Theodoros II. auch als «griechischen» Staat, nachdem mit der Eroberung Konstantinopels 1204 nicht nur der römisch-imperiale Anspruch erschüttert worden war. Ebenso gab die Dynamik der lateinischen Gelehrsamkeit etwa in Gestalt der Scholastik, die man in Nikaia während mehrerer Glaubensgespräche mit Klerikern der Westkirche wahrnahm, der Befürchtung Nahrung, dass die «barbarischen» Westler auch in diesem Bereich den – zumindest aus ihrer eigenen Sichtweise – vormals immer deutlich überlegenen «Griechen» den Rang abliefen.

Umso mehr beschwor Theodoros II. in bislang ungewöhnlicher Weise den «griechischen» Aspekt seiner Kultur und schrieb etwa, dass er die Sprache der «Hellenen» (ein Begriff, den man lange Zeit abschätzig nur für die Heiden der Antike verwendet hatte) «mehr zu lieben lernte als selbst das Atmen».[29] Nikaia, so behauptete er, habe sogar Athen an Gelehrsamkeit überflügelt, und sei als Hauptstadt der *Hellenis* auch die Mitte der Ökumene (nachdem mit Konstantinopel die alte Mitte verloren war). Dieser «Philhellenismus» Theodoros' II. markierte aber entgegen modernen Deutungen nicht unbedingt den Beginn eines griechischen Nationalismus, sondern erweiterte den alten, nach wie vor aufrechten Universalanspruch des Römerreichs um eine immer schon vorhandene, aber nicht in dieser Form explizit gemachte kulturell-sprachliche Dimension. Als Erben sowohl der Römer als auch der Griechen konnte man sich selbst im Exil in Nikaia den «Westlern» gegenüber immer noch überlegen fühlen.

Herausgefordert wurde die Herrschaft Theodoros' II. Laskaris im Inneren jedoch durch die aristokratischen Familien, deren Einfluss und Reichtum nach den Verwerfungen im Gefolge der Eroberung von 1204 allmählich wieder gewachsen waren. Der Kaiser versuchte als Gegengewicht fähige Gefolgsleute aus nicht zu den obersten adeligen Kreisen gehörenden Familien zu fördern, wie die Brüder Georg, Theodoros und Andronikos Muzalon. Damit erregte er aber den Unwillen der etablierten Eliten, und Gerüchte von Verschwörungsplänen begannen zu zirkulieren. Zu den Verdächtigen gehörte Michael aus der vornehmen Familie Palaiologos, der nicht nur wichtige militärische Ämter innehatte, sondern über seine Frau Theodora, eine Großnichte Johannes' III., auch mit dem Kaiserhaus verschwägert war. Schon zu Lebzeiten Johannes' III. war ihm das Streben nach der Kaiserwürde unterstellt worden. Nach der Thronbesteigung Theodoros' II. Laskaris ergriff er die Flucht ins Reich der Seldschuken und diente dem Sultan ʿIzz ad-Dīn Kaykāwus sogar als Kommandant der christlichen Söldnertruppen, ehe er 1257 nach eidlichen Zusicherungen an den Hof von Nikaia zurückkehrte.

Diese Eide erwiesen sich als wertlos, als Theodoros II. Laskaris im August 1258 mit nur 37 Jahren starb, vielleicht nach Komplikationen aufgrund einer schweren Epilepsie-Erkrankung. Die Regentschaft für seinen erst achtjährigen Sohn Johannes IV. Laskaris vertraute er Georg Muzalon an. Doch wurde dieser nach wenigen Tagen in einer Kirche von Verschwörern aus dem Umfeld von Michael Palaiologos ermordet, der nun seinerseits die Regentschaft für Johannes IV. übernahm. Schon im Januar 1259 ließ er sich zum Mitkaiser ausrufen. Patriarch Arsenios Autoreianos stimmte einer Krönung Michaels nur zu, nachdem er geschworen hatte, die Ansprüche Johannes' IV. auf die Herrschaft bei dessen Volljährigkeit zu akzeptieren. Jedoch wurde dieser immer mehr in den Hintergrund gedrängt, während Michael VIII. die ganze Macht übernahm.

De facto legitimiert wurde sein Putsch durch militärische Erfolge. Schon vor dem Tod Theodoros' II. Laskaris hatte sich der Herrscher von Epiros, Michael II. Dukas Komnenos, mit dem Stauferkönig Manfred von Süditalien und Sizilien und dem Fürsten Wilhelm II. Viliehardouin von Achaia (dem Kreuzfahrerstaat auf der Peloponnes) verbündet, um gemeinsam gegen die neue Machtstellung Nikaias vorzugehen. Um dieser Allianz entgegenzutreten, ließ Michael VIII. Palaiologos ab dem Herbst 1258 Truppen unter dem Kommando seines Bruders Johannes nach Europa verlegen. Dieser stieß im Sommer 1259 nach Makedonien vor. Dort gelang es ihm im September, die Armeen seiner Gegner bei Pelagonia nahe der heutigen Grenze zwischen Griechenland und Nordmakedonien auszumanövrieren. Der Fürst von Achaia geriet sogar in Gefangenschaft und musste später mehrere Städte im Südosten der Peloponnes abtreten. Michael VIII. versuchte den Schwung des Sieges für einen Vorstoß gegen Konstantinopel zu nutzen, der jedoch 1260 scheiterte. Um der Seemacht Venedigs begegnen zu können, schloss Michael VIII. im März 1261 in der kaiserlichen Nebenresidenz in Nymphaion einen Vertrag mit Genua, der Flottenhilfe gegen die Gewährung von Handelsprivilegien, vor allem in Konstantinopel nach dessen Eroberung, und im Schwarzen Meer vorsah.

Die Einnahme Konstantinopels gelang dann aber völlig überraschend im Juli 1261, als eine relativ kleine römische Armee beim Vorbeimarsch erfuhr, dass ein Großteil der lateinischen Truppen und der venezianischen Schiffe für einen Feldzug gegen die bulgarische Schwarzmeerküste die Hauptstadt verlassen hatte. Mithilfe von Sympathisanten hinter den Mauern wurde Konstantinopel im Handstreich erobert. Die in der Stadt verbliebenen Lateiner und Venezianer, mehr als 3000 Menschen, ergriffen die Flucht. Die römischen Zeitgenossen deuteten dies als ein Wunder, das einmal mehr der Fürsprache der Gottesmutter zugeschrieben wurde. An ihrem Festtag, dem 15. August 1261, zog Michael VIII. Palaiologos im Triumph in die Hauptstadt ein und ließ sich dort nochmals zum Kaiser krönen – in Abwesenheit Johannes' IV. Laskaris, den man in Nikaia zurückgelassen hatte. Trotz dieser dynastischen Spannungen schien die gottgewollte Weltordnung wiederhergestellt – ein rechtgläubiger Kaiser der Römer herrschte wieder von Konstantinopel aus über die Ökumene, während der lateinische Usurpator Balduin II. ins Exil flüchten musste. Die göttliche Verankerung dieser Weltordnung wurde auch durch ein neues Mosaik in der Hagia Sophia symbolisiert, das die Muttergottes und Johannes den Täufer in Anbetung Jesu Christi zeigt, während zu ihren Füßen (heute nicht mehr sichtbar) Kaiser Michael VIII. kniet, der sich als «Neuer Konstantin» feiern ließ. Ihren imperialen Anspruch markierten die Palaiologen auch mit der Führung eines schon länger als Herrschaftszeichen im Orient verbreiteten Doppeladlers in ihrem Wappen. Allerdings zeigte sich bald, wie verletzlich dieses wiederhergestellte Reich der Römer war – und dass es sich im Kreis der Weltmächte auf Dauer nicht mehr auf gleicher Augenhöhe bewegen konnte.

Schon Zeitgenossen soll dies bewusst gewesen sein. So schrieb der Historiker Georgios Pachymeres 40 Jahre nach dem Ereignis, dass der hohe Beamte Michael Kakos Senacherim, als er von der Rückeroberung Konstantinopels 1261 erfuhr, ausrief: «Welche Sünden haben wir begangen, damit wir solche Unglücksfälle erleben müssen? Niemand soll eine gute Zukunft erwarten, da die Römer wieder die Stadt (Konstantinopel) betreten!»[30] Tatsächlich baute Pachymeres diese Anekdote in der mittlerweile gewonnenen Erkenntnis in sein Geschichtswerk ein, dass der mit dem Neuen Rom am Bosporus verknüpfte imperiale Anspruch und seine Last die Kräfte eines auf das westliche Kleinasien und Teile des südlichen Balkan zusammengeschrumpften Mittelstaats überforderten.

6. VOM BASILEUS DER RÖMER ZUM KAYSER-I RUM. DAS NEUE ROM ZWISCHEN WESTLICHEM UND OSMANISCHEM IMPERIALISMUS (1261–1453)

Noch einmal mit den Großen spielen

Die geopolitische Umwelt, die das Neue Rom im Jahr der Eroberung Konstantinopels 1261 vorfand, hatte sich gegenüber dem Jahr 1204 dramatisch verändert. Hauptgrund dafür waren die bereits erwähnten Eroberungen der Mongolen. Nach verheerenden Feldzügen zwischen 1236 und 1240 mussten die Gebiete nördlich des Schwarzen Meers die Herrschaft der Mongolen anerkennen, aber während die Steppen der Kumanen unter direkte Kontrolle gestellt wurden, durften die Fürsten der Rus im Amt bleiben – gegen die Entrichtung regelmäßiger Tribute. Auch die Vertreter der Kirche, deren Oberhaupt in Gestalt des Metropoliten von Kiew nach wie vor durch die Synode des Patriarchen von Konstantinopel entsandt wurde, erhielten besondere Privilegien, die auch erhalten blieben, als sich die Mongolen zum Islam bekehrten. Daneben gerieten auch andere Sprengel des Konstantinopler Patriarchats auf der Krim, am Schwarzen Meer und im Kaukasus unter die Kontrolle der Mongolen. Ebenso fielen die Mongolen ab 1241 wiederholt ins bulgarische Zarenreich ein und machten es tributpflichtig.

Andere Armeen der Mongolen eroberten weite Teile des Nahen Ostens. 1258 nahm eine mongolische Armee sogar Bagdad ein und tötete den Kalifen aus der Abbasidendynastie, ein schwerer Schlag für die islamische Welt. Erst in Palästina konnte ihnen die Armee der Mamluken 1260 in der Schlacht bei Ain Jalut nahe dem See Genezareth Einhalt gebieten. Die Mamluken, Kriegersklaven der von Sultan Ṣalāḥ ad-Dīn begründeten Ayyubidendynastie von Ägypten und Syrien, rekrutierten sich zu jener Zeit hauptsächlich aus den

Steppen nördlich des Schwarzen Meers. Darunter waren auch Gruppen der Kumanen, die vor den Mongolen geflohen oder von ihnen versklavt worden waren. Die Mamluken ergriffen 1249/1250 die Macht im Land am Nil, als das bisherige Regime durch den Vorstoß eines Kreuzfahrerheers unter dem Kommando des französischen Königs Ludwig IX. in Bedrängnis geraten war. Die Franzosen wurden ebenso wie die Mongolen von den Mamluken besiegt, die sich damit als Vorkämpfer für den Islam legitimierten. Unterworfen wurden von den Mongolen hingegen in mehreren Feldzügen in den 1240er und 1250er Jahren die Seldschukensultane von Konya, die nun ebenso unter die Oberhoheit der Khane gerieten.

Somit standen weite Teile der näheren und weiteren Nachbarschaft des Römischen Reichs und des Jurisdiktionsbereichs des Patriarchats von Konstantinopel unter direkter oder indirekter Herrschaft der Mongolen. Allerdings bildete diese um 1261 keinen einheitlichen Block mehr. Die Mongolenherrscher der Goldenen Horde in Osteuropa hatten sich mit den mongolischen Ilchanen im Iran und Irak entzweit und kämpften um die Kontrolle über Grenzgebiete und Handelsrouten in Zentralasien und im Kaukasusgebiet. Die Khane der Goldenen Horde gingen sogar ein Bündnis mit den Hauptgegnern ihrer Rivalen im Nahen Osten, den Mamluken, ein. Diese waren wiederum auf regelmäßige Importe von Kriegersklaven aus dem Machtgebiet der Horde angewiesen. Als Vermittler dienten unter anderem italienische Kaufleute. Mit der Eroberung Konstantinopels 1261 befanden sich aber die Seerouten vom Schwarzen Meer ins Mittelmeer wieder unter der Kontrolle des Römerreichs. Diesen Umstand wusste Kaiser Michael VIII. Palaiologos zu nutzen, um Abkommen sowohl mit Venedig und Genua als auch mit der Goldenen Horde und den Mamluken zu schließen. Eine uneheliche Tochter des Kaisers, Euphrosyne, heiratete sogar Nogai Khan, einen der mächtigsten Männer der Horde aus der Familie des Dschingis Khan. Damit wurde nicht nur der Zugang von Bischöfen des Patriarchats zu ihren Sprengeln im Machtbereich der Horde gesichert, sondern auch Druck im Rücken von feindseligen Nachbarn wie dem Bulgarenreich aufgebaut.

Kirchliche Dimensionen hatten auch die Beziehungen zu den

Mamluken, waren diese doch nach der endgültigen Vertreibung der Kreuzfahrer aus Jerusalem die Schutzherren der Heiligen Stätten und Herrscher über orthodoxe Gemeinden in Syrien und Ägypten. Im Gegenzug für deren Glaubensausübung gestattete Michael VIII. nach 1261 die Errichtung einer Moschee in Konstantinopel, wie sie schon bis zur Eroberung durch die Kreuzfahrer 1204 für die religiösen Bedürfnisse der zahlreichen muslimischen Kaufleute und Reisenden bestanden hatte. Ebenso konnten die Mamluken einigen Einfluss auf das armenische Königreich in Kilikien und andere Gebiete in Kleinasien in der Nachbarschaft des Römischen Reichs ausüben. Dominierend war dort aber meist die Oberhoheit der mongolischen Ilchane, die den Iran und Irak direkt und das in immer mehr Einzelherrschaften zerfallende Rum-Seldschukenreich in Anatolien indirekt beherrschten. Deshalb musste Michael VIII. Palaiologos auch mit ihnen die Verständigung suchen. Zur Bekräftigung eines Bündnisses entsandte er 1265 eine weitere uneheliche Tochter, Maria Palaiologina, an den Hof der Ilchane in Täbriz (im Nordwesten des heutigen Iran), wo sie bis zum Tod ihres Gatten Khan Abaqa 1282 blieb. Danach kehrte sie nach Konstantinopel zurück, wo sie weiterhin eine wichtige Rolle in den Kontakten mit den Ilchanen spielte und auch ein der Muttergottes geweihtes Kloster «der Mongolen» gründete. In Täbriz entstand sogar ein orthodoxes Bistum.

Dieses weitgespannte diplomatische Netzwerk von der Wolga bis zum Nil unterstützte auch die Vorstellung, dass das Römische Reich immer noch auf gleicher Augenhöhe mit den Weltmächten Afro-Eurasiens interagieren konnte. Sie wurde jedoch mit der Realität der dauerhaften Fragmentierung der früheren Machtsphäre der *Romania* rund um die Ägäis konfrontiert. Auch nach der Eroberung Konstantinopels 1261 gelang es nicht mehr, die verschiedenen seit 1204 entstandenen lateinischen und griechischen Staaten, geschweige denn die bereits vorher eigenständigen Nachbarn in Serbien und Bulgarien, wieder in ein politisches Gebilde zu integrieren. Konstantinopels Appelle an eine übergeordnete römische Identität und Solidarität verfehlten ihre Wirkung vor dem Hintergrund der machtpolitischen Wirklichkeit. In ähnlicher Weise verfiel um diese

Zeit auch der Universalitätsanspruch des von Karl dem Großen erneuerten Kaisertums im Westen angesichts der Schwächung der kaiserlichen Stellung innerhalb des Heiligen Römischen Reichs während des sogenannten Interregnums zwischen 1250 und 1273 und des Aufstiegs mächtiger Monarchen in der Nachbarschaft. Der König von Frankreich etwa beanspruchte, in seinem Reich selbst wie ein Kaiser zu herrschen. Sowohl in Westeuropa als auch in der *Romania* war eine vielstimmige Staatenwelt nicht mehr bereit, den Vorrang eines römischen Kaisertums anzuerkennen.

Neben einigen Territorialgewinnen am Schwarzen Meer und Richtung Adria konnte Michael VIII. nur den 1259 gefangen genommenen Fürsten Wilhelm II. Villehardouin von Achaia gegen seine Freilassung 1262 dazu zwingen, Territorien im Südosten der Peloponnes an Konstantinopel abzutreten. Dieser Brückenkopf um die reiche Hafenstadt Monembasia und das beim antiken Sparta gelegene Mistras wurde später zum Ausgangspunkt weiterer Expansionen in Südgriechenland. In Kleinasien eröffnete die Schwächung des Seldschukenreichs durch die Mongolen keine Möglichkeiten für eine Ausdehnung der römischen Macht, da die Verwerfungen der mongolischen Eroberungen und der Zerfall des Sultanats von Konya im Gegenteil verschiedene neue türkische Gruppen an die Grenzen des Kaiserreichs brachten, deren Vordringen immer weniger verhindert werden konnte.

Dies hing auch damit zusammen, dass ein großer Teil der Ressourcen des Reichs zur Abwehr neuer Versuche seitens der westlichen Christenheit zur Eroberung Konstantinopels, aber auch zum Wiederaufbau der Hauptstadt aufgewandt werden musste. Im Jahr 1265 konnte Michael VIII. Palaiologos zwar einen Handelsvertrag mit den 1261 aus Konstantinopel vertriebenen Venezianern schließen, der diesen die Rückkehr an den Bosporus ermöglichte. Jedoch unterlag 1266 der Stauferkönig Manfred auf dem Schlachtfeld dem vom Papst unterstützten Karl von Anjou, einem Bruder des französischen Königs Ludwig IX. Karl trat danach die Herrschaft über das ehemalige Normannenreich in Süditalien und Sizilien an. In Fortführung früherer normannischer und staufischer Expansionspläne richtete er seinen Blick über die Adria nach Südosteuropa. 1267

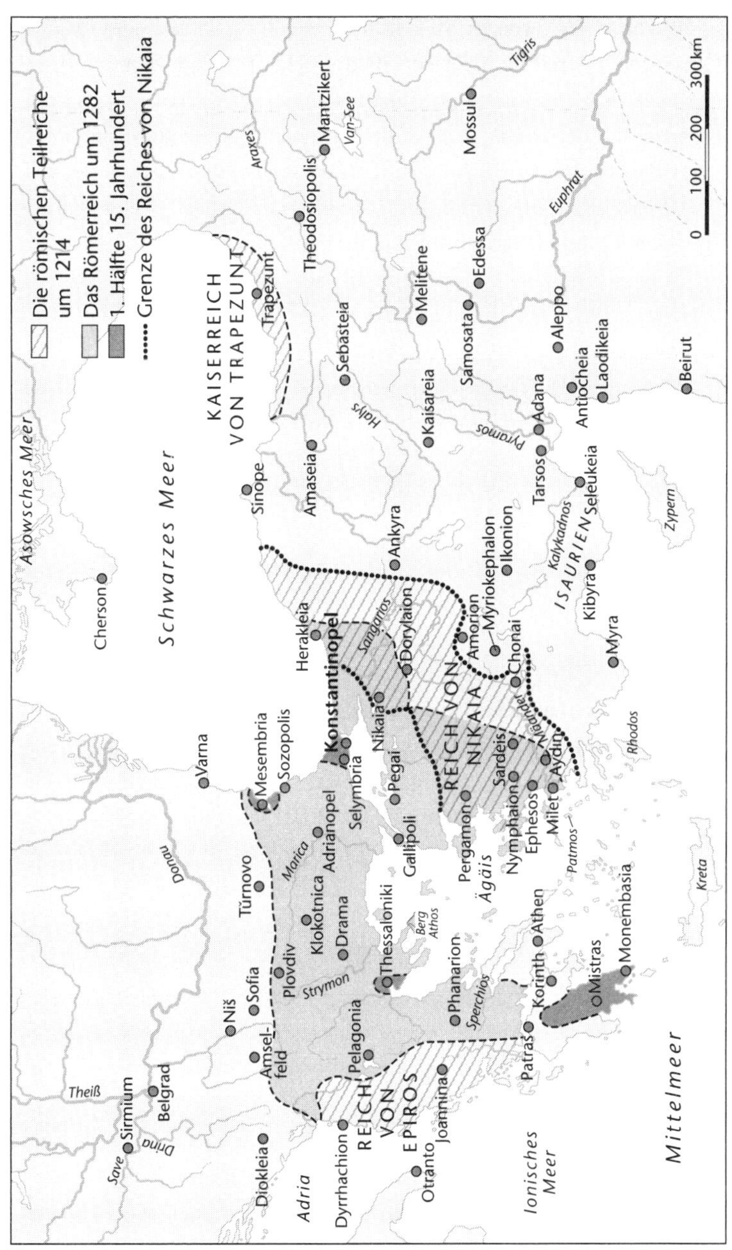

Karte 7: Das Römerreich nach 1204 bis ins 15. Jahrhundert

schloss er in Viterbo in Mittelitalien ein Bündnis mit dem im Exil lebenden lateinischen Kaiser Balduin II. und dem Fürsten Wilhelm II. Villehardouin von Achaia, das eine Eroberung Konstantinopels und der römischen Gebiete auf dem Balkan zum Ziel hatte. Der Papst sollte einem solchen Unternehmen erneut den Segen wie zu einem Kreuzzug geben, da ja der Ketzer Michael VIII. Palaiologos den legitimen katholischen Kaiser vertrieben hätte. Gleichzeitig gelang es Karl von Anjou, weitere Nachbarn des Römerreichs wie Serbien, Bulgarien und Epiros in sein Bündnisnetzwerk einzuspannen.

Michael VIII. Palaiologos wiederum musste nun sein ganzes diplomatisches Geschick aufbieten, um diese Angriffe, etwa durch die Mobilisierung seiner mongolischen Verbündeten gegen Bulgarien, zu neutralisieren. Vor allem aber galt es, dem Plan für einen neuen Kreuzzug gegen Konstantinopel die Legitimation zu entziehen. Dazu musste der Papst von der Rechtgläubigkeit des neuen Regimes in Konstantinopel überzeugt werden. Gegen den Widerspruch Karls von Anjou zeigte sich Papst Gregor X. ab 1271 zu Verhandlungen über eine Wiederherstellung der kirchlichen Gemeinschaft zwischen Rom und Konstantinopel bereit. Der Pontifex verstand eine Einigung der Christenheit als Vorbedingung eines Kreuzzugs zur Rückgewinnung Jerusalems. Diese Gespräche führten schließlich zur Anerkennung der päpstlichen Oberhoheit durch Gesandte Kaiser Michaels VIII. und seines Sohnes und Mitkaisers Andronikos II. auf dem Konzil von Lyon im Juli 1274.

Diese Einigung stieß allerdings auf heftigen Widerstand bei weiten Kreisen der Kirche und der Bevölkerung im Römerreich. Einen Teil der Kirche hatte Michael VIII. schon 1261 gegen sich aufgebracht, als er nach der Eroberung Konstantinopels den in Kleinasien zurückgelassenen, erst elfjährigen Johannes IV. aus der Laskaris-Dynastie blenden und einkerkern ließ, um die Kaiserherrschaft für seine eigene Familie zu sichern. Als Patriarch Arsenios Autoreianos dagegen unter Verweis auf die früheren Eide Michaels protestierte, ließ ihn der Kaiser absetzen. Manche im Klerus und auch unter den Laien hielten jedoch Arsenios die Treue und verweigerten die kirchliche Gemeinschaft mit dem neu eingesetzten Patriarchen. Diese ältere Opposition wurde nach 1274 um die Gegner der Union mit der Westkirche verstärkt, insbesondere als auch der seit 1267 amtierende Patriarch Joseph I. im Januar 1275 aus Protest zurücktrat. Unterstützung fanden die Unionsgegner zudem in den orthodoxen Nachbarstaaten in Bulgarien und Epiros. Umso energischer unterdrückte Michael VIII. diesen Widerstand mit Verhaftungen und Verbannungen, was aber das Ansehen seiner kirchenpolitischen Opponenten als «Märtyrer» noch steigerte. Einmal mehr konnte ein Kaiser seine religionspolitische Präferenz nicht durchsetzen. Berichte über den heftigen Widerstand ließen auch die Päpste in Rom an der Ernsthaftigkeit der Unionsbemühungen in Konstantinopel zweifeln. Schließlich gelang es Karl von Anjou, mit dem Franzosen Martin V. 1281 einem seiner Gefolgsleute zum Papsttum zu verhelfen. Martin erklärte sich bereit, über Kaiser Michael VIII. den Kirchenbann zu verhängen. Er erteilte somit einem neuen Kreuzzug gegen Konstantinopel seinen Segen.

Damit war auch der politische Hauptzweck der 1274 geschlossenen Kirchenunion dahin. Michael VIII. Palaiologos gelang es aber auf anderem Weg, die Pläne Karls von Anjou zu durchkreuzen: Dessen Herrschaft war auf Sizilien schon länger unpopulär, unter anderem aufgrund des Steuerdrucks zur Finanzierung der außenpolitischen Ambitionen des Königs. Gleichzeitig gab es dort eine Gruppe von Adeligen, die nicht Karl, sondern König Peter III. von Aragon, einen Schwiegersohn des 1266 gefallenen Stauferkönigs Manfred, als legitimen Herrscher erachteten. Mit Peter III. trat Michael VIII. in Verhandlungen und unterstützte gleichzeitig die Rebellen auf Sizilien mit Geldmitteln. Am Ostermontag 1282 erhob sich auf der ganzen Insel ein Aufstand, dem viele französische Gefolgsleute Karls zum Opfer fielen. Karl von Anjou konnte die Rebellion nicht niederschlagen. Schließlich landete Peter III. von Aragon am 30. August 1282 bei Trapani und ließ sich zum König von Sizilien ausrufen. Der folgende Krieg zwischen den Anjou und Aragon um die Herrschaft sollte 20 Jahre dauern und machte alle Absichten Karls von Anjou, das römische Reich anzugreifen, zunichte. Damit scheiterten auch die Pläne zur Erneuerung des lateinischen Kaiserreichs, obgleich der Kaisertitel bis 1383 im Exil weitergeführt wurde. Das 1204 eingerichtete lateinische Patriarchat von Konstantinopel hatte sogar bis 1948 bzw. formell bis 1964 Bestand, als es nach einer Übereinkunft zwischen Papst Paul VI. und Patriarch Athenagoras aufgelöst wurde.

Lange konnte sich Michael VIII. an dieser Niederlage seines gefährlichsten Gegners nicht erfreuen; er starb am 11. Dezember 1282 in Thrakien. Doch zuvor hatte er noch eine Einigung mit dem Herrscher der Großkomnenen-Dynastie von Trapezunt, Johannes II., erzielen können, der Eudokia, eine Tochter Michaels VIII., heiratete. Gemäß diesem Abkommen führten die Großkomnenen zwar weiterhin den Titel eines Kaisers (*basileus*), aber nicht mehr der Römer, sondern «des ganzen Ostens» (griechisch *Anatole*) sowie von Lazika (im Nordosten Kleinasiens), «der Georgier» und anderer Gebiete am Schwarzen Meer, was angesichts des tatsächlichen Umfangs ihres Reiches immer noch hochtrabend genug war. Auch die kirchliche Oberhoheit des Patriarchats von Konstantinopel hatten die Herrscher von Trapezunt schon vorher anerkannt.

Kontrollverlust an allen Fronten

Um nach Michaels Tod den inneren Frieden wiederherzustellen, ließ sein Sohn und Nachfolger Andronikos II. schon bald die Union mit der Westkirche widerrufen. Allerdings vergingen noch mehr als 20 Jahre, bis alle Gegner der Union und der Palaiologendynastie wieder die kirchliche Gemeinschaft aufnahmen. Zudem sollte sich bald erweisen, dass man weiter auf eine Verständigung mit dem Papsttum und den lateinischen Mächten angewiesen war. Insgesamt scheint die Bilanz der mit 46 Jahren ungewöhnlich langen Regierungszeit Andronikos' II. gegenüber der seines Vaters außerordentlich negativ. Jedoch konnte er in den meisten Fällen nur auf Veränderungen in der turbulenten geopolitischen Umwelt des östlichen Mittelmeerraums reagieren, die jenseits seiner Einflussmöglichkeiten lagen.

Dazu gehörte etwa die Eroberung von Akkon, des letzten Kreuzfahrerstützpunkts an der Küste des Heiligen Landes, durch die

Mamluken im Jahr 1291. Der Verlust dieses wertvollen Handelsortes verschärfte die Konkurrenz zwischen Venedig und Genua. Sie entlud sich zwischen 1294 und 1299 in einem von den Gewässern Italiens bis ins Schwarze Meer ausgetragenen Krieg. Das Römische Reich war mit den Genuesen verbündet, denen man nach 1261 die Siedlung von Galata nördlich des Goldenen Horns bei Konstantinopel übergeben hatte. Ab 1285 vertraute ihnen Andronikos II. auch die Seeverteidigung des Reiches an und löste die eigene Flotte aus Kostengründen auf. Nun mussten die Römer an genuesischer Seite gegen die Venezianer kämpfen, standen aber plötzlich allein und ohne Flottenmacht da, als die beiden Republiken 1299 Frieden schlossen. Erst im September 1302 konnte Andronikos II. mit der Lagunenstadt gegen die Zahlung hoher Entschädigungszahlungen ein neues Abkommen aushandeln. Umso mehr verlagerten die lateinischen Mächte nach dem Verlust der Besitzungen in der Levante ihre Aktivitäten in die *Romania*, wie das vormals römische Gebiet rund um die Ägäis nun auch jenseits der Grenzen des Machtbereichs Konstantinopels genannt wurde. 1304 besetzte die genuesische Familie Zaccaria die aufgrund ihrer Mastixproduktion reiche Insel Chios, von der aus sie auch Zugang zu den Alaun-Vorkommen auf dem gegenüberliegenden kleinasiatischen Festland hatte. Zwischen 1306 und 1309 eroberte der aus dem Heiligen Land vertriebene Johanniter-Ritterorden Rhodos samt den umliegenden Inseln. Bis zur osmanischen Eroberung 1522 blieb dort nun sein Hauptstützpunkt, ehe er diesen 1530 nach Malta verlegte. Insgesamt wurde Konstantinopel ökonomisch vom Zentrum seiner eigenen Sphäre immer mehr an den Rand eines Wirtschaftsnetzwerks gedrängt, das seinen Schwerpunkt nun in den italienischen Handelsrepubliken hatte.

Gleichzeitig versuchte Andronikos II. Palaiologos, lateinische Waffen zum Nutzen des Römerreichs einzusetzen – so wie es Alexios I. Komnenos im späten 11. Jahrhundert im Ersten Kreuzzug in Kleinasien getan hatte. Dort hatte unter Michael VIII. die Aufbietung aller Ressourcen zur Abwehr der Kreuzzugspläne Karls von Anjou zu einer Vernachlässigung der Verteidigung geführt. Truppen wurden nach Europa verlegt, an der Grenze angesiedelte

Wehrbauern wurden nicht nur nicht besoldet, sondern sollten zur Finanzierung der Kosten der kaiserlichen Außenpolitik auf einmal Steuern zahlen. Entsprechend porös wurden die römischen Grenzen, und verschiedene turkmenische Gruppen, die sich auch der mongolischen Herrschaft in Zentral- und Ostanatolien entziehen wollten, drangen nach Westen vor. Vor allem die fruchtbaren Flusstäler des Kaystros und Mäander im Süden des kleinasiatischen Reichsgebiets waren bedroht.

Einen Versuch, die Region zurückzugewinnen, unternahmen die Römer ab 1293, als der mit dem Kaiserhaus verwandte Alexios Philanthropenos das Kommando übernahm. Mehrfach konnte er die Türken besiegen und die Stadt Milet und das Mäandertal erobern. Über Jahre hatten die Truppen vergeblich auf wirksame Hilfe von dem in Kleinasien ohnehin unpopulären Palaiologenkaiser gehofft. Nun riefen sie den siegreichen General in der früheren Residenz der Laskaridendynastie in Nymphaion 1295 zum Kaiser aus. Jedoch zögerte Alexios Philanthropenos, tatsächlich den Griff nach der Kaisermacht zu wagen, und wurde von Getreuen Andronikos' II. gefangen genommen und geblendet. Dieser innere Konflikt trug aber zum weiteren Verfall der römischen Macht im Süden Westkleinasiens bei, wo sich das türkische Emirat der Menteşe und ab 1308 jenes von Aydın etablierte. Sie kontrollierten nun die landwirtschaftlich reichen Flusstäler und wurden bald wichtige Handelspartner der Venezianer, die von dort Getreide in ihre Kolonien in der Ägäis wie Kreta exportierten.

Auch der Norden der römischen Grenzen im unmittelbaren asiatischen Vorfeld Konstantinopels war bedroht, unter anderem durch eine anfangs relativ kleine türkische Gruppe, angeführt von Osman. Um die Herausforderung des Kaiserhauses durch einen weiteren siegreichen Feldherrn zu vermeiden, übernahm diesmal der Sohn und Mitkaiser Andronikos' II., Michael IX. Palaiologos, das Kommando. Neben römischen Truppen unterstanden ihm Söldner aus dem im nordwestlichen Kaukasus beheimateten Volk der Alanen. Mit dieser Armee marschierte Michael IX. 1302 nach Kleinasien und konnte bis nach Magnesia (dem heutigen Manisa) nahe dem Fluss Hermos vordringen. Eine andere römische Armee unterlag jedoch den Truppen des Osman am 27. Juli 1302 bei Bapheus zwischen Nikaia und Nikomedeia; den Türken stand damit das offene Land außerhalb der befestigten Städte weitgehend offen.

In dieser Situation versuchte Andronikos II., neue Truppen aus dem Westen anzuwerben. In Süditalien endete 1302 der 20-jährige Konflikt zwischen den Anjou und Aragon mit der Teilung des Königreichs, wobei das Festland Ersteren, Sizilien Letzteren zufiel. Unter den nun arbeitslosen Söldnern befand sich auch eine vor allem aus Kämpfern von der Iberischen Halbinsel rekrutierte Truppe, die Katalanische Kompanie. Sie stand unter dem Kommando eines ehemaligen Tempelritters, des Roger de Flor – abgeleitet vom Namen seines deutschen Vaters, Richard von Blum, der als Falkner Kaiser Friedrichs II. gedient hatte. Roger gelangte zu einem äußerst attraktivem Abkommen mit Kaiser Andronikos II., das nicht nur umfangreiche Soldzahlungen, sondern auch hohe Ehrungen für de Flor vorsah, darunter die Heirat mit einer Enkelin des Kaisers.

Im Jahr 1303 segelte die etwa 6500 Mann starke Katalanische Kompanie nach Konstantinopel und konnte im Folgejahr tatsächlich große Erfolge gegen die Türken in Kleinasien erzielen, wo sie bis nach Philadelphia etwa 120 Kilometer östlich von Smyrna (Izmir) vordrang. Nachdem es aber, unter anderem wegen Übergriffen der Söldner, zu Konflikten mit der «befreiten» Bevölkerung gekommen war, wurde die Kompanie nach Europa zurückbeordert und bezog in Gallipoli Winterquartier. Als die versprochenen Soldzahlungen aufgrund der finanziellen Not des Kaisers nicht in der versprochenen Höhe eintrafen, begannen die Katalanen, die Umgebung ihres Garnisonsorts zu plündern. Andronikos II. versuchte, Roger de Flor mit einer weiteren Rangerhöhung – der Ernennung zum *kaisar* – zufriedenzustellen. Dies erregte jedoch die Eifersucht des Mitkaisers Michael IX., der fürchtete, vom Söldnerführer in den Schatten gestellt zu werden. Im April 1305 kam Roger de Flor zu Verhandlungen nach Adrianopel, wo er und sein Gefolge von Soldaten im Dienst Michaels getötet wurden.

Nun entbrannte ein regelrechter Krieg zwischen der Regierung in Konstantinopel und der Katalanischen Kompanie, die bis 1307 die thrakischen Provinzen des Reiches verwüstete und danach plündernd in Richtung Westen nach Makedonien weiterzog. Selbst die Klöster des Berges Athos wurden nicht verschont. Schlaglichtartig dokumentieren die Briefe des damaligen Patriarchen Athanasios I. die schlimme Lage der vertriebenen Menschen, die in Konstantinopel Zuflucht suchten. Er prangerte auch das Luxusleben mancher Bischöfe in der Hauptstadt an, die zudem ihre Gemeinden in den bedrohten Provinzen im Stich gelassen hätten. Doch ebenso wandte sich der Patriarch in einem Schreiben an den Kaiser gegen die Präsenz «nichtorthodoxer» Gemeinschaften in Konstantinopel, darunter Armenier, Juden und Muslime. So wollte Athanasios den Christen in Wiederholung älterer Bestimmungen das Aufsuchen jüdischer Ärzte, die aber sogar am Kaiserhof aktiv waren, verbieten. Ebenso ein Dorn im Auge war ihm die Existenz einer Moschee in Konstantinopel, von deren Minarett aus zum Gebet gerufen wurde. Währenddessen dürften die Christen unter der wachsenden Macht der Türken in Kleinasien ihren Glauben nicht frei ausüben, so wetterte der Patriarch. Andronikos II. hielt jedoch an der etablierten Duldung dieser Gemeinschaften in der Hauptstadt fest, umso mehr da der Betrieb der Moschee mit mächtigen islamischen Reichen wie dem Mamlukensultanat vereinbart war.

Erst als aus den römischen Provinzen nicht mehr genug herausgepresst werden konnte, machten sich die katalanischen Söldner 1310 auf die Suche nach einem neuen Dienstherrn. Diesen fanden sie in Gestalt des lateinischen Herzogs von Athen, Walter von Brienne. Als sie sich jedoch auch mit ihm entzweiten, kam es im März 1311 zu einer Schlacht zwischen den Rittern des Herzogs und der Katalanischen Kompanie in sumpfigem Gelände, die Letztere für sich entschied. Mittelgriechenland geriet danach bis 1377 unter die Herrschaft der Katalanen. Zurück blieb ein Römisches Reich, dessen Gebiete in Kleinasien nach wie vor von verschiedenen türkischen Gruppen erobert wurden und dessen europäische Provinzen die Katalanen verwüstet hatten. Davon konnten auch die Nachbarn auf dem Balkan profitieren. Bulgarien erholte sich unter Zar Theodor Svetoslav ab 1300 von den mongolischen Einfällen der vorangegangenen Jahrzehnte. Doch schon vor dem Konflikt mit den Katalanen wuchs insbesondere die Macht Serbiens. Dessen König Stefan

Uroš II. Milutin eroberte mehrere römische Gebiete im Norden Makedoniens. Um diesen Machtverlust zu kaschieren, wurden ihm diese Territorien als Mitgift zugesprochen, als er 1299 die erst fünfjährige Tochter des Kaisers, Simonis, in zudem nach orthodoxem Kirchenrecht verbotener fünfter Ehe zur Frau bekam. Diese von den römischen Zeitgenossen als Skandal wahrgenommene Heirat offenbarte umso mehr die schwache Stellung des Kaiserreichs.

Einer der Diplomaten, die 1299 nach Serbien reisten, war Theodoros Metochites, der zu einem der wichtigsten Minister des Kaisers Andronikos II. aufstieg. So wie vor ihm Photios im 9. Jahrhundert oder Michael Psellos im 11. Jahrhundert verband er den Dienst am Staat mit höchster Gelehrsamkeit. Gleichzeitig nutzte er seine Stellung aber auch zum Erwerb großer Reichtümer, wie vor allem die von ihm zwischen 1315 und 1321 erneuerte Kirche des Chora-Klosters in Konstantinopel (Kariye Camii) mit ihren spektakulären Mosaiken und Fresken demonstriert. Eines der Mosaiken zeigt den Stifter in prächtigen Seidengewändern mit einem Turban, wie er damals auch in Konstantinopel Mode war, mit einem Modell der Kirche kniend vor dem thronenden Jesus Christus (Abb. 7). Das Chora-Kloster verfügte zudem über eine reiche Bibliothek, die von Gelehrten genutzt wurde. Dazu gehörte Maximos Planudes (gest. 1330), der etwa eine Handschrift des antiken geographischen Werks des Ptolemaios mit 27 Karten erstellen ließ. Er zeigte auch Interesse an lateinischen Schriften und übersetzte Texte des Cicero, Ovid und Augustinus ins Griechische. Übertragungen nicht aus dem Lateinischen, sondern von italienischen und französischen Texten lagen einigen der Liebesromane zugrunde, die unter den reichen Eliten populär wurden. Literarisch begeisterte Römer trafen sich in Zirkeln (griechisch *theatron*), in denen eigene und fremde Werke vorgetragen wurden, darunter auch für solche Anlässe verfasste Briefe.

Materielle Grundlage solcher Vergnügungen war wie in den Jahrhunderten zuvor vor allem der Großgrundbesitz, der im ersten Jahrhundert der Palaiologendynastie eine letzte Blütezeit erlebte. Die für einzelne römische Aristokraten zu ermittelnden Einkünfte und Vermögenswerte kamen mit mehreren Zehntausend Goldmünzen jenen der reichsten Adeligen in Frankreich oder England um diese Zeit gleich. Selbst nach dem Verlust Kleinasiens gab es noch enorm reiche Magnaten wie Johannes Kantakuzenos, dessen Landgüter in Thrakien mehr als 500 Rinder, 2500 Pferde, 50000 Schweine und 70000 Schafe beherbergten. Über einige der größten, aufgrund erhaltener einzelner Archive auf jeden Fall aber bestens dokumentierten Besitzkomplexe verfügten manche Klöster. Die Megiste Laura auf dem Athos besaß um 1321 im näheren oder weiteren Umland mehr als 18000 Hektar mit einem Gesamtwert von über 100000 Goldmünzen und jährlichen Einkünften, die ungefähr jenen der Westminster Abbey in England oder von St. Denis bei Paris entsprachen.

Die für einzelne Dörfer im Besitz der Megiste Laura und anderer Athosklöster erhaltenen detaillierten Abgabenlisten – die immer noch von staatlichen Beamten erstellt wurden, auch wenn die Einkünfte an das Kloster fielen – liefern auch die ausführlichsten Informationen über die ländliche Bevölkerung und ihre Besitztümer für die ganze mittelalterliche römische Geschichte. Deutlich wird aus diesen Urkunden nicht nur der auf den Bauern lastende Abgabendruck, sondern auch das Ausmaß ökonomischer Unterschiede innerhalb der Dörfer. So betrug der Wert des Landes, das der reichste Haushalt um 1316 in Radolibos in Makedonien bewirtschaftete, das 30-Fache des Werts für den ärmsten Haushalt. Solche Kleinstbauern verfügten nicht einmal über ausreichend Land zur Selbstversorgung und mussten sich als Tagelöhner auf den Feldern ihrer wohlhabenderen Nachbarn und des Klosters oder mit handwerklichen Tätigkeiten verdingen.

Missernten oder die Plünderung durch vorbeiziehende Armeen wie zur Zeit der Katalanischen Kompanie stellten die Existenzgrundlage solcher Haushalte umso mehr in Frage, und wir lesen immer wieder von Bauern, die fluchtartig ihre Dörfer verließen. Da tatsächlich alle Steuerzahler erfasst wurden, haben wir aber ausnahmsweise auch eine realistischere Vorstellung vom Anteil der Frauen am Dorfleben. Erstaunlich viele von ihnen fungierten nach dem Tod des Ehemanns als Haushaltsvorstände, selbst wenn einer der Söhne schon das Erwachsenenalter erreicht hatte. Demgegen-

Abb. 7: Der hohe Würdenträger Theodoros Metochites kniet mit einem Modell der von ihm renovierten Kirche des Chora-Klosters vor Jesus Christus, Mosaik in der Chora-Kirche (Kariye Camii) in Istanbul, um 1321.

über finden wir in dem auf Grundlage aller erreichbaren griechischen Quellen in Wien erstellten Personenlexikon für die Palaiologenzeit selbst für die erfassten Mitglieder der ansonsten besonders gut dokumentierten Eliten nur knapp 15 Prozent Frauen. Bis zum Ende des mittelalterlichen Römerreichs bleiben sie in den Quellen dramatisch unterrepräsentiert.

Der Reichtum der großgrundbesitzenden Aristokraten und Klöster stand immer mehr im Widerspruch zur finanziellen Situation des Römerreichs. Als etwa ein Erdbeben 1317 wieder einmal die Hagia Sophia beschädigte, konnte Andronikos II. die Reparatur nur durch Rückgriff auf das Erbe seiner im selben Jahr verstorbenen zweiten Gattin Jolante/Eirene aus dem italienischen Adelshaus der Montferrat bezahlen. Theodoros Metochites versuchte sich wie andere römische Gelehrte in ähnlichen krisenhaften Zeiten vor ihm an einer Analyse der Gründe für den Niedergang römischer Macht. In traditioneller Weise erinnerte er an die ruhmreiche Expansion des Römerreichs über die ganze Mittelmeerwelt, die wiederum die Ausbreitung des Christentums erleichtert habe. Im christlichen

Kaisertum seit Konstantin fanden diese beiden Phänomene zu einer Synthese. Allerdings hätte das Imperium nie die gesamte Welt und nicht einmal die gesamte Christenheit umfasst, und selbst diese beschränkte Dominanz sei mittlerweile vorbei.

Ein Kaiserreich entmachtet sich selbst

Die ständigen Niederlagen sowie die damit einhergehenden Verluste an Territorien (und damit an Grundbesitz) erzürnten auch einen wachsenden Teil der Eliten. Sie begannen sich um den Enkel des Kaisers, Andronikos III. Palaiologos, und dessen Freunde zu scharen, darunter den reichen Aristokraten Johannes Kantakuzenos. Diese Spannungen eskalierten, als Gefolgsleute Andronikos' III. im September 1320 in Konstantinopel bei einem nächtlichen Kampf irrtümlich dessen jüngeren Bruder Manuel töteten. Vielleicht aus Gram darüber verstarb kurz danach im Oktober 1320 ihr Vater Michael IX., während der entsetzte Großvater Andronikos II. den überlebenden Enkel von der Thronfolge ausschließen wollte. Dieser entschloss sich mit seinen Anhängern jedoch 1321 zur Rebellion und bekämpfte von Didymoteichon in Thrakien aus die Regierung in Konstantinopel. Nach einem ersten Waffenstillstand 1322 gelangte man erst 1325 zu einer dauerhafteren Einigung, die eine gemeinsame Herrschaft von Andronikos II. und Andronikos III. vorsah. Allerdings brach 1327 erneut Streit aus, und die Kämpfe flammten wieder auf, bis Andronikos III. im Mai 1328 Konstantinopel einnehmen und seinen Großvater zur Abdankung zwingen konnte.

Profitiert hatten von diesem Bürgerkrieg die Nachbarn des Römerreichs, die zeitweilig auch einen der Palaiologen unterstützten, aber vor allem ihre Grenzen auf Kosten Konstantinopels erweiterten, darunter Bulgarien und insbesondere der seit 1321 regierende serbische König Stefan Uroš III. Dečanski. In Kleinasien gingen mit Ausnahme von Philadelphia (Alaşehir), das sich aufgrund seiner Lage bis 1390 halten konnte, nicht nur die letzten Besitzungen im Süden verloren, sondern die Osmanen begannen auch, die Städte

Bithyniens einzunehmen. 1326 eroberte Osmans Sohn Orhan Prusa (Bursa) und machte es zur ersten Residenzstadt seiner Dynastie.

Am Verfall römischer Macht in Kleinasien vermochte auch die neue Regierung nichts zu ändern; schon 1329 führten zwar Andronikos III. und Johannes Kantakuzenos eine Armee gegen die Osmanen, unterlagen ihnen jedoch bei Pelekanon nahe Nikomedeia (Izmit). Auch die den Römern verbliebenen Städte in Bithynien wurden danach immer mehr isoliert, sodass sich 1331 Nikaia (das heutige Iznik) und 1337 auch Nikomedeia dem Orhan ergaben, der nun den Großteil der Provinz beherrschte. Soweit wir aus den oft wesentlich später verfassten Quellen ermitteln können, gelang es den Osmanen, sowohl einzelne Dörfer als auch Angehörige der lokalen Eliten zum Anschluss an ihr Machtnetzwerk zu bewegen. Im Gegensatz zum Römerreich versprach die osmanische Kampfgemeinschaft Zugang zu Wohlstand und Prestige oder doch zumindest kaum schlechtere materielle Bedingungen als das römische Provinzialregime. Wie schnell die Anpassung an die neuen Herren vor sich gehen konnte, dokumentiert ein Brief des Patriarchen von Konstantinopel an die Einwohner von Nikaia aus dem Jahr 1338, also gerade einmal sieben Jahre nach der osmanischen Eroberung. Darin versprach der Patriarch jenen Bürgern, die zum Islam übergetreten waren, entgegen allen Bestimmungen des Kirchenrechts Straffreiheit, wenn sie nur zum Christentum zurückkehren und dieses zumindest im Verborgenen ausüben würden.[1] Wie wir aus anderen Quellen wissen, akzeptierten die Osmanen aber auch die Dienste christlicher Krieger, wenn sie sich tatkräftig an den gemeinsamen Raub- und Eroberungszügen beteiligten.

Nach 1335 zerfiel auch die Zentralmacht der mongolischen Ilchane, denen bis dahin die verschiedenen türkischen Fürstentümer in Kleinasien Tribut leisten mussten und auf deren mäßigenden Einfluss Konstantinopel manchmal gehofft hatte. Der prominenteste türkische Emir auf vormals römischem Gebiet war damals allerdings noch nicht jener der Osmanen, sondern Umur Bey, der Fürst der Aydın. Diese hatten 1307/1308 Ephesos und 1317 auch Smyrna erobert und nutzten diese Hafenstädte nicht nur zum Handel, sondern auch zu weitreichenden Plünderungszügen zur See.

Als sich deshalb die lateinischen Mächte der Ägäis, darunter die Venezianer, die Genuesen und die Johanniter von Rhodos, zu einer Allianz zusammenschlossen, suchte Umur die Verständigung mit Konstantinopel und unterstellte den Römern gegen entsprechende Zahlungen auch Teile seiner Truppen. Unter anderem mit Hilfe Umurs konnte Andronikos III. die unter seinem Vater aus Kostengründen abgerüstete römische Seemacht in gewissem Umfang reaktivieren und 1329 die Inseln Chios und Samos sowie 1336 Lesbos von genuesischen Machthabern erobern. Gleichzeitig versuchte jedoch auch Andronikos III., die Lateiner als Verbündete gegen die Türken zu gewinnen, und führte ab 1333/1334 neuerlich Verhandlungen über eine Kirchenunion. Als einer seiner Gesandten diente der Theologe Barlaam aus Kalabrien in Süditalien, wo es nach wie vor orthodoxe griechischsprachige Gemeinden gab. Letztlich scheiterten die Verhandlungen erneut, auch an der Verbitterung über die 1204 und später durch die Lateiner erlittene Gewalt. Wie Barlaam gegenüber Papst Benedikt XII. 1339 in Avignon festhielt: «Nicht so sehr der Unterschied der Dogmen hält die Herzen der Griechen von Euch fern, vielmehr erfüllt das unermessliche Leid, das den Griechen von den Lateinern zugefügt wurde und das sie auch noch in unseren Tagen ertragen müssen, ihre Seele mit Hass.»[2]

In Südosteuropa hatten sich die Gewichte weiter zugunsten der Serben verschoben, als deren König Stefan Uroš III. Dečanski den bulgarischen Zar Michael Šišman bei Velbužd (Kjustendil, im Südwesten des heutigen Bulgariens) im Juli 1330 besiegte. Der siegreiche König wurde zwar kurz darauf von seinem Sohn Stefan Uroš IV. Dušan vom Thron gedrängt, doch setzte dieser die Expansionspolitik noch energischer fort. An dieser Front konnten die Römer, die 1332 im Gegensatz zu den Serben von den Bulgaren besiegt wurden, keine Gewinne erzielen. Erfolgreicher waren Andronikos III. und seine Generäle im Süden gegen die seit 1204 eigenständigen Fürstentümer in Epiros und Thessalien, die ab 1337 wieder die Herrschaft Konstantinopels anerkennen mussten. Es schien, als könnte sich das Römerreich zumindest als Regionalmacht auf dem südlichen Balkan konsolidieren.

Doch dann verstarb Andronikos III. unerwartet 44-jährig am

15. Juni 1341 in Konstantinopel und hinterließ mit dem erst 1332 geborenen Johannes V. einen minderjährigen Thronfolger. Wie in ähnlichen Fällen zuvor konkurrierten verschiedene Gruppen des Hofes und der Elite um die Regentschaft. Auf der einen Seite standen die Kaiserinmutter Anna, eine geborene Prinzessin von Savoyen, der Oberkommandierende der Flotte Alexios Apokaukos und der Patriarch Johannes XIV. Kalekas. Auf der anderen Seite fanden sich Johannes Kantakuzenos, zuvor engster Vertrauter Andronikos' III., und seine zahlreichen Anhänger unter der großgrundbesitzenden Elite. Als Alexios Apokaukos versuchte, Johannes Kantakuzenos von der Teilhabe an der Macht zu verdrängen, rebellierte dieser in Thrakien gegen die Regentschaft in Konstantinopel und ließ sich im Oktober 1341 in Didymoteichon zum Kaiser ausrufen.

Der folgende sechsjährige Bürgerkrieg wurden entlang verschiedener innen- und außenpolitischer Konfliktlinien ausgefochten und zerstörte deshalb umso mehr die noch verbliebenen Grundlagen römischer Macht. Den untereinander und mit Konstantinopel konkurrierenden Nachbarn in Ost und West bot er die Gelegenheit, sich durch wechselnde Unterstützung einer der Parteien weitere römische Territorien einzuverleiben. Besonders erfolgreich waren dabei die Serben unter Stefan Uroš IV. Dušan, der Makedonien und die kurz zuvor von Konstantinopel eroberten Gebiete in Albanien sowie West- und Mittelgriechenland unter Kontrolle brachte. Als nunmehr mächtigster Herrscher Südosteuropas ließ er sich im April 1346 zum Kaiser (Zaren) «der Serben und Griechen» bzw. auf Griechisch «von Serbien und der *Romania*» ausrufen und erhob das serbische Kirchenoberhaupt eigenmächtig zum Patriarchen. Ihm unterstellte er auch mehrere der unterworfenen Bistümer des Sprengels von Konstantinopel, was zu einem Schisma mit dem dortigen Patriarchen führte. In der Ägäis eroberte eine genuesische Händlerkompanie, die *Mahona*, 1346 neuerlich die Insel Chios. In Kleinasien konnten die Osmanen die Eroberung Bithyniens abschließen. Ebenso unterwarfen sie 1346 das benachbarte Emirat von Karasi und drangen damit an die Dardanellen vor. Als Verbündete der römischen Bürgerkriegsparteien kamen türkische Truppen aber auch schon in Südosteuropa zum Einsatz. Umur von Aydın entbot seine Krieger, um Johannes VI., mit dem er bereits unter Andronikos III. kooperiert hatte, zu unterstützen. Und um die Hilfe des osmanischen Emirs Orhan zu gewinnen, gab ihm Johannes VI. 1346 sogar seine Tochter Theodora zur Frau.

Im Inneren wurde Johannes Kantakuzenos vor allem als Kandidat der großgrundbesitzenden Aristokratie gesehen, was den Widerstand städtischer Gruppen weckte. Gegen ihn erhob sich ab 1342 in der zweitgrößten Stadt des Reichs, Thessalonike, eine Allianz von Händlern, Gewerbetreibenden und Seeleuten, die in den Quellen als «Zeloten» (Eiferer) bezeichnet wurden und nominell unter der Oberhoheit der Regentschaft für Johannes V. Palaiologos, de facto aber eigenständig bis 1349/1350 regierten. Dazu kam eine theologische Debatte. Schon 1339 war ein Konflikt um den aus Kalabrien stammenden griechischen Mönch Barlaam entbrannt, der die auf älteren mystischen Praktiken beruhenden, immer populärer werdenden Glaubenspraktiken der Athosmönche als Irrlehre verurteilte. Diese, vor allem angeführt von Gregorios Palamas, behaupteten, durch inniges Gebet nicht nur vollkommene Ruhe (Griechisch *hesychia*, davon der Begriff der Hesychasmus), sondern sogar die Schau des göttlichen Lichts zu erreichen, so wie es laut der Evangelien den Jüngern bei der Verklärung Christi auf dem Berg Tabor offenbart worden war. Die Deutung dieses Lichts als Aspekt der Energien Gottes interpretierte Barlaam als Rütteln an der Einigkeit der dreifaltigen Gottheit. Gespräche zwischen den «Palamiten» und Barlaam noch zu Lebzeiten Andronikos' III. führten zu keinem Kompromiss. Im Bürgerkrieg stellten sich nun Patriarch Johannes XIV. Kalekas, unterstützt vom Theologen und früheren Palamas-Schüler Gregorios Akindynos, und die Regentschaft für Johannes V. auf die Seiten der Gegner der Hesychasten, während Johannes VI. ihnen Unterstützung gewährte.

Die Gewichte im Konflikt neigten sich zugunsten Johannes' VI., als sein stärkster Gegner, Alexios Apokaukos, im Juni 1345 bei einem Besuch im Gefängnis in Konstantinopel von dort inhaftierten Feinden seiner Regierung ermordet wurde. Doch erst im Februar 1347 konnte Johannes VI. siegreich in die Hauptstadt einziehen und regierte dann entsprechend einem vorher geschlossenen

Abkommen als Hauptkaiser, während Johannes V. immerhin Mitkaiser blieb. Die Theologie des nach seinem Tod 1368 auch heiliggesprochenen Gregorios Palamas wurde auf zwei Kirchenversammlungen 1347 und 1351 zur verbindlichen Glaubenslehre erklärt und ihre Gegner verurteilt und von kirchlichen Ämtern abgesetzt. Über die vom Athos ausgehenden mönchischen Netzwerke verbreitete sich der Hesychasmus nach Bulgarien, Serbien und ins Gebiet der Rus. Damit einher ging eine noch stärkere Ablehnung jeglicher Einigung mit der Westkirche.

Während die Ausbreitung dieser Theologie noch einmal die Strahlkraft der Kirche Konstantinopels innerhalb der orthodoxen Welt dokumentierte, war das Römerreich, das Johannes VI. nun regierte, endgültig auf einen Kleinstaat im Südosten der Balkanhalbinsel mit einigen verstreuten Besitzungen in der Ägäis, um Thessalonike und auf der Peloponnes zusammengeschrumpft. Selbst auf dem Heiligen Berg Athos fungierte 1348 aufgrund der Eroberungen des Zaren Stefan Uroš IV. Dušan erstmals ein Serbe als *protos* (Vorsteher) des Klosterverbunds. Um gegen Serbien vorzugehen, holte Johannes VI. 1349 einmal mehr osmanische Truppen nach Europa. Diese besiegten zwar die Serben und demonstrierten damit ihre Gefährlichkeit, plünderten dann allerdings auf eigene Rechnung, sodass sich die römische Stellung nicht wesentlich verbesserte.

Eine Katastrophe anderer Art suchte Konstantinopel 1346 heim, als durch Schiffe von der Krim eine neue Welle der Beulenpest, der später so bezeichnete «Schwarze Tod», die Stadt erreichte und viele Opfer forderte. Wie der Historiker Nikephoros Gregoras als Augenzeuge schilderte, wurden «zahllose Häuser auf einen Schlag von sämtlichen Bewohnern entleert, oder gelegentlich auch in zwei Tagen, ohne dass irgendjemand helfen konnte, weder von den Nachbarn noch von den Familienmitgliedern oder von den Verwandten».[3] Eine neue Variante des Pesterregers hatte über die unter den Mongolen noch stärker genutzten Handelsrouten seinen Weg aus Zentralasien ans Schwarze Meer gefunden und verbreitete sich von dort in den gesamten Mittelmeerraum und Europa. Die verheerende Seuche kehrte in der Folge alle paar Jahre (so 1361/62,

1381/82 und 1398/99) wieder, dezimierte die Bevölkerung in Stadt und Land und trug damit zusätzlich zur Schwächung der Demographie und der ohnehin gebeutelten Wirtschaft des Römerreichs bei. Der zeitgenössische Gelehrte Demetrios Kydones schrieb, dass die Pest Konstantinopel von einer Groß- in eine Kleinstadt verwandelte. Der Ausbruch der Pandemie ist so wie im 6. Jahrhundert auch mit klimatischen Schwankungen zu verknüpfen, deren Zahl mit dem Übergang von der sogenannten «Mittelalterlichen Klima-Anomalie» zur «Kleinen Eiszeit» ab der zweiten Hälfte des 13. Jahrhunderts wuchs. Damit einhergehende Extremwetterereignisse führten zu Missernten und anderen Zerstörungen in den römischen und angrenzenden Gebieten.

Als im Jahr 1346 zudem ein Erdbeben die Hagia Sophia schwer beschädigte, konnten die notwendigen Mittel für die Reparatur nur mehr mit Mühe durch Spenden der Stadtbewohner und der Fürsten der Rus aufgebracht werden. Der Staat war fast bankrott und bald nicht einmal mehr in der Lage, eigene Goldmünzen zu prägen, die für mehr als 1000 Jahre Instrumente der Vermittlung kaiserlicher Macht sowohl nach innen als auch nach außen gewesen waren. An die Stelle des seit 1092 in dieser Form geprägten römischen *Hyperpyron* trat der Dukat der Venezianer, an die Kaiserin Anna während des Bürgerkriegs 1343 bereits die Kronjuwelen verpfändet hatte.

Wenn vor allem Großgrundbesitzer die Unterstützer Johannes' VI. gewesen waren, dann entzog der von ihnen mit vom Zaun gebrochene Bürgerkrieg mit seinen Gebietsverlusten dem Reichtum vieler die territoriale Basis. Manche hatten große Teile ihrer Güter gegen die Gewährung einer lebenslangen Grundversorgung einem der Klöster gestiftet, deren Besitzstatus in der Regel auch von den neuen Herren, sowohl den orthodoxen Serben und Bulgaren, aber auch den Osmanen anerkannt wurde. Viele Angehörige der Eliten zogen sich in eine der dem Reich verbliebenen Städte wie Konstantinopel oder Thessalonike zurück. Einige besaßen auch dort Immobilienbesitz an Häusern und Werkstätten. Andere versuchten nun, ihr verbliebenes Vermögen durch Partnerschaften mit italienischen Kaufleuten zu vermehren. Johannes Kantakuzenos warf in seinem Geschichtswerk seinem Hauptopponenten Alexios

Apokaukos vor, dass er das Römerreich in einen auf den Seehandel ausgerichteten Stadtstaat nach Vorbild der italienischen «Krämerrepubliken» umwandeln wollte. Jetzt geschah in gewissem Umfang genau das, und manche Römer bemühten sich sogar um das Bürgerrecht von Venedig und Genua, da ihnen die Zukunft ihres Staates ungewiss schien. Gleichzeitig stieg die wirtschaftliche Ungleichheit in Konstantinopel und anderen Städten.

Zudem brodelte die Rivalität zwischen Johannes VI. Kantakuzenos und dem mittlerweile erwachsenen Johannes V. Palaiologos weiter. Letzterer fürchtete, zugunsten der Söhne Johannes' VI., von denen der älteste Matthaios tatsächlich 1353 zum Mitkaiser erhoben wurde, endgültig von der Macht verdrängt zu werden. Schon ab 1352 flammte deshalb der Bürgerkrieg wieder auf. Die Osmanen unterstützten erneut Johannes VI., agierten aber einmal mehr vor allem zu ihrem eigenen Nutzen. Mit der Einnahme der Festung Tzympe am Eingang zur Halbinsel Gallipoli erwarben sie 1352 ihren ersten dauerhaften Brückenkopf auf dem Balkan. 1354 gelang ihnen nach einem Erdbeben, das die Stadtmauern zerstörte, sogar die Einnahme von Gallipoli; sie gewannen damit die Kontrolle des Übergangs an den Dardanellen.

Und trotz dieser letztlich fatalen osmanischen Waffenhilfe endete der Bürgerkrieg diesmal mit einem Sieg Johannes' V. Palaiologos. Im Dezember 1354 verzichtete Johannes VI. Kantakuzenos auf die Kaiserkrone und zog sich unter dem Mönchsnahmen Joasaph in ein Kloster zurück, wo er als einziger Kaiser der Römer eigenhändig ein umfangreiches Geschichtswerk verfasste, das vor allem der Rechtfertigung seines Regierungshandelns diente. Eine Gegenstimme zu Kantakuzenos finden wir im Geschichtswerk des Nikephoros Gregoras. Er war ein Schüler des Theodoros Metochites und fiel nach dessen Sturz in Ungnade. Später konnte er wieder in kaiserliche Dienste treten und nahm 1333 für Andronikos III. an Unionsverhandlungen mit der Westkirche teil. Im Streit um den Hesychasmus erwies sich Gregoras aber als wortmächtiger Gegner des Gregorios Palamas. Er wurde deshalb unter Kirchenbann und Hausarrest gestellt, und nach seinem Tod um 1360 schändeten fanatische Palamiten in Konstantinopel sogar seinen Leichnam.

Johannes Kantakuzenos blieb hingegen weiterhin eine bedeutende Stimme in der Politik des Reichs. Sein Sohn Matthaios leistete bis 1357 Widerstand gegen Johannes V., ehe er mit serbischer Hilfe besiegt und gefangen genommen wurde. 1361 durfte er dann zu seinem Bruder Manuel reisen, der seit 1349 weitgehend eigenständig die Enklave um Mistras auf der Peloponnes regierte.

Einladung zur Eroberung

Während das Römerreich schrumpfte, vermehrte sich also die Zahl der Machtzentren, damals ein allgemeiner Trend in der Staatenwelt Südosteuropas. Die serbische Dominanz endete 1355 mit dem Tod des Zaren Stefan IV. Dušan. Sein schnell erobertes Imperium zerfiel in Teilreiche, da verschiedene Angehörige der Eliten die Regentschaft rund um seinen erst 18-jährigen Sohn Stefan Uroš V. nicht akzeptierten. Auch das bulgarische Reich wurde um diese Zeit geteilt. Ivan Sracimir, der Sohn des Zaren Ivan III. Aleksandăr aus erster Ehe, erhielt 1356 um Vidin im Nordwesten Bulgariens ein eigenes Machtgebiet, nachdem der Zar seinen Sohn Ivan Šišman aus seiner zweiten Ehe zum Mitherrscher gemacht hatte. Gleichzeitig entstand ein de facto unabhängiges Fürstentum im Nordosten des Landes in der Dobrudscha.

Diese politische Fragmentierung nutzte vor allem den Osmanen, die ihre Expansionspolitik auf europäischem Boden begannen. Entgegen früheren Annahmen, dass die Türken aufgrund ihrer ‹nomadischen› Lebensweise weniger von der Pest betroffen wurden als die sesshaften Römer, wütete der Schwarze Tod ebenso in den Territorien der Osmanen, die ja in Bursa seit 1326 über eine feste Hauptstadt verfügten und Städte und Dörfer beherrschten. Trotzdem gelang es den Osmanen, ihre Expansion auf Kosten der geschwächten Nachbarn fortzusetzen, da die anhaltenden Erfolge und die Aussicht auf Beute sowohl türkisch-muslimische als auch nichtmuslimische Eliten und Kämpfer zur Zusammenarbeit mit dem osmanischen ‹imperialen Projekt› bewegten.

Dabei ging die Initiative nicht immer von den Sultanen aus.

Gerade in Südosteuropa etablierten sich in den Grenzgebieten verschiedene Dynastien von Warlords, die zwar die Oberhoheit der Osmanenherrscher anerkannten und ihnen Tribut und Heerfolge leisteten, aber mit ihrer Gefolgschaft auf eigene Faust Raubzüge unternahmen. Dazu gehörten auch die Nachkommen von ursprünglich christlichen Kämpfern, die sich dem Osman und seinen Nachfolgern angeschlossen hatten. Ihre Truppen bestanden vor allem aus leicht bewaffneten und schnellen Reitern, den *Akıncı*, die man in deutschen Quellen später als «Renner und Brenner» bezeichnete. Besonders bei ihnen begehrt waren Sklaven, deren Preise aufgrund der demographischen Verluste durch die Pest noch stiegen. Einen Teil dieser menschlichen Beute führten diese Kriegsherren auch an die Sultane ab, die ab Murad I. (1359–1389) daraus eine «neue Truppe» (*Yeñiçeri*, davon «Janitscharen») von schwer bewaffneter Infanterie rekrutierten, die bald zusätzlich zur leichten Kavallerie und den schwer gepanzerten Reitern (den *sipahi*) den Kern der osmanischen Armee bildete. Diese immer weiterreichenden Feldzüge verstärkten nicht nur die osmanische Militärmaschinerie. Die ständigen Plünderungen schwächten die demographische und ökonomische Basis der christlichen Nachbarreiche schon über Jahre und manchmal Jahrzehnte vor ihrer Eingliederung als Provinzen ins osmanische Reich.

Aber auch weniger mächtige Akteure konnten das Römerreich herausfordern; 1355 besetzte die aus Genua stammende Familie Gattilusi die Insel Lesbos, obgleich sie danach nominell die Oberhoheit des Kaisers anerkannte. Dennoch suchte Johannes V. vor allem unter den lateinischen Mächten nach Unterstützung gegen die Osmanen. Schon kurz nach seinem Sieg gegen Johannes VI. führte er 1355 erste Gespräche über eine Kirchenunion. Als der osmanische Druck mit der Einnahme von Adrianopel 1362 weiter stieg, reiste der Kaiser 1366 sogar nach Ungarn, um – erfolglos – Waffenhilfe zu erbitten. Dafür kam ein Verwandter der Mutter Johannes' V., Graf Amadeus VI. von Savoyen, in diesem Jahr mit einer Flotte nach Konstantinopel und konnte einige Städte, darunter Gallipoli, für das Reich zurückerobern.

Deshalb nahm der Kaiser 1367 neuerlich Unionsverhandlungen

mit Papst Urban V. auf. Die von Konstantinopel erhobene Forderung nach einem allgemeinen Kirchenkonzil aller Patriarchate des Westens und Ostens wurde jedoch abgelehnt, wäre der Papst auf einer solchen Versammlung doch in der Minderheit gegenüber seinen ostkirchlichen Kollegen aus Konstantinopel, Alexandreia, Antiocheia und Jerusalem geblieben. Nach dem Scheitern der Verhandlungen im Jahr 1367 beschloss Kaiser Johannes V., nach Rom zu reisen, in das der Papst kurz zuvor seine Residenz aus Avignon zurückverlegt hatte. Dort unterzeichnete er ein persönliches Glaubensbekenntnis zur Anerkennung der katholischen Dogmen. Urban V. verstand dies als generelle Unterwerfung der Ostkirche, jedoch blieb dieser Akt des Kaisers ohne Wirkung auf den Rest der Kirche in Konstantinopel. Ebenso wenig kam es zu einem Kreuzzug zur Unterstützung des Römerreichs, bevor Urban V. am 19. Dezember 1370 starb.

Immerhin unterstellte der serbische Teilherrscher in Makedonien Ioan Uglješa um diese Zeit die Bistümer in seinem Machtgebiet wieder der Kontrolle des Patriarchats von Konstantinopel und kittete so teilweise das 1346 entstandene Schisma mit der Kirche Serbiens. Jedoch unterlagen Ioan Uglješa und sein Bruder Vukašin Mrnjavčević am 26. September 1371 einer osmanischen Armee in der Schlacht bei Černomen am Fluss Maritza. Den Osmanen wurde damit das Tor für die Expansion nach Westen geöffnet. Aus Westeuropa kam weiter keine Hilfe. Im Gegenteil besetzten die Venezianer 1371/1372 die strategisch wichtige Insel Tenedos vor dem Eingang zu den Dardanellen, die der Kaiser zuvor bei einem Aufenthalt in Venedig verpfändet hatte, um die durch seine Reise nach Rom entstandenen Schulden zu decken. Dies erregte sowohl den Unwillen der Genuesen als auch der Osmanen, die deshalb 1376 einen Putsch des Kaisersohnes Andronikos IV. Palaiologos unterstützten. Johannes V. wurde vom Thron vertrieben und unter Arrest gestellt, während Andronikos IV. seinen osmanischen Helfern die Stadt Gallipoli wieder zurückgab und den Genuesen die Insel Tenedos versprach.

Letztere weigerten sich die Venezianer aufzugeben, sodass ein neuerlicher Krieg zwischen den Seemächten ausbrach, der bis 1381 tobte. Dabei gelang es den Venezianern, Johannes V. 1379 aus seiner Haft in Konstantinopel zu befreien. Er vermochte es, durch das Versprechen noch höherer Tributzahlungen seinen Sohn in Verhandlungen mit Sultan Murad I. auszustechen, sodass er nun seinerseits mit Hilfe der Osmanen auf den Thron zurückkehren konnte. Andronikos IV. aber zog sich in die genuesische Kolonie von Galata zurück und nahm mehrere Geiseln mit sich, darunter seine Mutter und den früheren Kaiser Johannes VI. Diese Familienfehde quer über das Goldene Horn zog sich bis April 1381 hin, als Andronikos IV. gegen die Zusicherung der Thronfolge und die Übergabe eines eigenen Herrschaftsgebiets rund um die Stadt Selymbria am Marmarameer die Geiseln freiließ. Dies erregte den Unwillen seines jüngeren Bruders Manuel, der zwischenzeitlich als Thronfolger bestimmt worden war und sich 1383 nach Thessalonike begab, um dort ebenfalls eigenständig zu herrschen. Ein weiterer Bruder, Theodoros Palaiologos, wurde 1383 nach Mistras auf die Peloponnes geschickt, nachdem dort die bislang regierenden Brüder Manuel und Matthaios Kantakuzenos und auch ihr Vater Johannes VI. (im hohen Alter von 88 Jahren) verstorben waren. Somit bestand das Römerreich nun de facto aus vier Kleinstaaten unter verschiedenen Mitgliedern der Kaiserdynastie.

Von diesem traurigen Zustand konnten nur die Osmanen profitieren, die 1387 zum ersten Mal Thessalonike einnahmen, das Manuel nicht halten konnte. Schon 1385 hatten sie auch Sofia erobert, und im Jahr 1388 musste der bulgarische Zar Ivan Šišman so wie das römische Reich die Oberhoheit des Sultans der Osmanen anerkennen. Zwischen den Nachfolgefürsten des serbischen Reichs bildete sich jedoch eine anti-osmanische Allianz unter der Führung des Lazar Hrebeljanović. Am 15. Juni 1389 stieß die Armee der Verbündeten auf dem Amselfeld (im heutigen Kosovo) auf die Armee der Osmanen. Zwar wurde Sultan Murad I. während der Schlacht von einem vermeintlichen Überläufer getötet, jedoch blieben die Osmanen siegreich, und auch Fürst Lazar fiel. Danach mussten die meisten serbischen Teilherrscher die Oberhoheit des Sultans, nun Murads Sohn Bayezid I., anerkennen. Der Einfluss der Osmanen reichte somit von der Ägäis bis zur Donau.

Das römische Kaiserhaus blieb hingegen mit sich selbst beschäftigt. 1385 verstarb Andronikos IV. Palaiologos, doch strebte sein Sohn Johannes Palaiologos weiter nach der Macht und verstand es, 1387 seine Tochter mit dem osmanischen Thronfolger Bayezid zu verheiraten. Im April 1390 unternahm er einen erfolgreichen Putsch gegen seinen Großvater Johannes V., der erneut unter Arrest gestellt wurde. Jedoch konnte Johannes VII. Palaiologos seine Macht nicht lange behalten und wurde bereits im September nach fünf Monaten von seinem Onkel Manuel gestürzt. Johannes VII. floh an den Hof seines Schwiegersohns, Bayezid I. Doch auch Manuel musste sich auf Geheiß des Sultans kurz danach dorthin begeben und sogar Heerfolge leisten, als die Osmanen mit Philadelphia die letzte noch nominell den Römern unterstehende Stadt in Kleinasien einnahmen, eine besondere Demütigung. Kurz gelang Manuel die Rückkehr nach Konstantinopel, als dort im Februar 1391 sein Vater Johannes V. starb, um sich den Thron zu sichern. Doch im Mai 1391 wurde Manuel II. erneut ins Heerlager des Sultans in Kleinasien beordert und blieb dort bis zum Februar 1392. Dieser Aufenthalt bildet den erzählerischen Rahmen für die später vom hochgebildeten Kaiser verfassten «Dialoge mit einem Perser», die verschiedene Gespräche beinhalten, die Manuel damals mit einem islamischen Gelehrten geführt haben will. Gewisse Berühmtheit erlangte dieser Text über Fachkreise hinaus, als Papst Benedikt XVI. bei einer Vorlesung in Regensburg am 12. September 2006 daraus zitierte und damit Entrüstung in verschiedenen Teilen der islamischen Welt erregte.

Für diesen Text konnte Manuel II. auf eine lange Tradition der Islampolemik in griechischer Sprache zurückgreifen. Auch Johannes VI. Kantakuzenos hatte ein solches Werk verfasst. In diesen Dialogen blieb der christliche Kaiser über seinen muslimischen Gesprächspartner intellektuell siegreich, während die politische Realität damals ganz anders aussah. Die beiden Kaiser nutzten auch neue Argumente gegen den Islam, die in jüngeren lateinischen Werken von in der Scholastik geschulten Autoren vorgebracht worden waren. Somit können diese Texte ebenso als Belege eines stärker ausgeprägten Interesses an der Wissenschaft Westeuropas gelesen werden, wie es der zeitgenössische Staatsmann und Gelehrte Demetrios Kydones zeigte, der sogar Latein lernte. Doch auch die Begeisterung solcher Intellektueller für das Wissen der «Lateiner» erregte die Ablehnung der nach dem Sieg des Palamismus umso mehr gegen die Verständigung mit der Westkirche auftretenden Kirchenkreise. Demetrios Kydones sprach sich hingegen stark für ein Bündnis mit den Lateinern aus und appellierte dabei an das Eigeninteresse der Westeuropäer, denn wenn Konstantinopel fiele, müssten sie die Osmanen künftig «in Italien und am Rhein» abwehren.[4] Letztlich konvertierte Kydones aber frustriert zum katholischen Glauben, verließ Konstantinopel und starb 1397 oder 1398 im Exil im venezianisch beherrschten Kreta.

Der enorme Verlust an Macht und Prestige des Römerreichs motivierte um diese Zeit auch den Moskauer Großfürsten Vasilij I. dazu, den römischen Kaiser nicht mehr in den Fürbitten während des Gottesdiensts erwähnen zu lassen. Im Gegensatz zum Römischen Reich hatte das 1147 als relativ unbedeutendes Nebenfürstentum der Rus gegründete Moskau in den Jahrzehnten zuvor einen rasanten Aufschwung genommen. Seine Herrscher verstanden es, sich den mongolischen Khanen der Goldenen Horde als besonders verlässliche Vertreter ihrer Interessen, darunter der Einhebung von Abgaben, zu präsentieren, und wurden von ihnen ab 1317 fast ständig als Großfürsten über die anderen Fürsten der Rus eingesetzt. Außerdem gelang es ihnen, ab 1321 auch den Metropoliten von Kiew als kirchliches Oberhaupt aller Rus dazu zu bewegen, seine Residenz nach Moskau zu verlegen.

Auf dieser Grundlage dehnten die Moskauer Fürsten allmählich ihren Machtbereich in alle Richtungen aus. Im Jahr 1380 konnte Großfürst Dmitri Donskoi sogar Mamai, dem damals starken Mann der Goldenen Horde, auf dem Kulikowo Pole («Schnepfenfeld») nahe dem Quellgebiet des Don eine Niederlage zufügen. Zwar wurde Moskau zwei Jahre später durch einen anderen mongolischen Anführer geplündert, aber allmählich agierten die Moskauer Fürsten auf gleicher Augenhöhe mit den Mächten der Region. Dazu gehörte auch das Großfürstentum der Litauer, die weit nach Osten bis nach Kiew expandiert hatten und als letzte «Heiden»

Europas die West- und Ostkirche gegeneinander ausspielten. Erst 1386 entschied sich ihr Fürst Jagiello zur katholischen Taufe und gewann damit die Hand der polnischen Thronerbin Hedwig. Diese engere Verbindung ihrer Nachbarn im Westen beunruhigte die Moskauer Großfürsten; jedoch konnte Vasilij I. 1391 mit Sofia auch eine litauische Prinzessin heiraten.

Im Vergleich zu diesen dynamischen neuen Großmächten wirkte der Machtverlust der römischen Kaiser umso dramatischer. Nachdem man aber in Konstantinopel Kenntnis von der Änderung in der Liturgie erlangt hatte, ermahnte Patriarch Antonios IV. in einem Schreiben 1393 den Moskauer Großfürsten, es sei nicht recht, dass er sage: «Wir haben eine Kirche, aber keinen Kaiser.» Im Gegenteil, «es ist unmöglich, dass Christen eine Kirche haben, aber keinen Kaiser. Denn das Kaisertum und die Kirche bilden eine feste Einheit und Gemeinschaft, und es ist unmöglich, sie voneinander zu trennen.»[5] Tatsächlich ließ Vasilij I. danach die Erwähnung des römischen Kaisers im Gottesdienst wieder zu. Aber es ist bezeichnend, dass nun der Patriarch, dessen Autorität immer noch weit über die schrumpfenden Grenzen des Römerreichs hinaus bis nach Moskau reichte, für das Kaisertum in die Bresche springen musste.

Allerdings finden wir im «Patriarchatsregister von Konstantinopel», einer Sammlung von Dokumenten des 14. Jahrhunderts in zwei Codices, die im 16. Jahrhundert mit habsburgischen Gesandten nach Wien gelangten, weitere Hinweise auf die Erschütterung der Gewissheit vom Bestand des christlich-römischen Kaiserreichs. So mancher Bischof, so lesen wir, suchte die Verständigung mit den Osmanen, um Zugang zu den noch verbliebenen Einkommensquellen in seinem jetzt in Feindesland befindlichen Sprengel zu erhalten. Einer verpflichtete sich sogar, christliche Sklaven, die in seiner Kirche Zuflucht suchen würden, wieder auszuliefern. Und gleichzeitig verkündete er, dass ihm die osmanischen Herrscher als «Kaiser» genauso recht wären wie die römischen.[6] Die Grenzen des Mach- und Sagbaren wurden somit auch bei den höchsten Vertretern der Kirche porös. Dies wurde aber wohl auch eine Voraussetzung für das Überleben der orthodoxen Kirchenstrukturen, als das Reich schließlich unterging.

Das letzte Wunder

Die Osmanen aber begannen nun ernsthaft, die Eroberung der verbliebenen römischen Territorien samt der Hauptstadt vorzubereiten. Ab 1394 ließ Sultan Bayezid I. Konstantinopel unter Blockade legen. Nur zur See, wo die osmanische Flottenmacht schwach war, konnte Konstantinopel noch versorgt werden. Mittlerweile hatte das Vordringen der Osmanen bis zur Donau und 1395 sogar darüber hinaus in die Walachei (heutiges südliches Rumänien) jedoch den König Ungarns, Sigismund aus dem Hause Luxemburg, dazu bewogen, einen großen Feldzug zu planen, der als Kreuzzug ausgerufen wurde. Verstärkt wurden seine ungarischen und deutschen Soldaten durch Ritter aus Burgund; gemeinsam zog man 1396 die Donau abwärts in Richtung Bulgarien. Der Sultan musste die Belagerung Konstantinopels unterbrechen und den Kreuzfahrern entgegenmarschieren. Jedoch gelang es ihm, am 25. September das christliche Heer bei Nikopolis (heute Nikopol) an der Donau vollständig zu besiegen.

Die Osmanen setzten nun die Blockade der römischen Hauptstadt fort. Immerhin sandte 1399 der französische König Karl VI. von Genua aus ein Kontingent von 1200 Mann zur Unterstützung nach Konstantinopel. Sein Kommandant war Jean II. le Meingre, genannt Marschall Boucicaut, der zuvor bei Nikopolis gekämpft hatte und danach aus osmanischer Gefangenschaft freigekauft worden war. Er überzeugte Kaiser Manuel II. Palaiologos, eine Reise nach Westeuropa anzutreten, um dort Waffenhilfe zu erlangen. Die Regierung in Konstantinopel übergab Manuel im Dezember 1399 seinem vormals feindlichen Neffen Johannes VII., wohl um diesen von neuerlichen Umsturzversuchen abzuhalten. In den nächsten drei Jahren besuchte Manuel II. die Fürstenhöfe Italiens, Frankreichs und Englands und trat in Kontakt mit zahlreichen weiteren Herrschern Europas, um eine Allianz gegen die Osmanen zustande zu bringen. Er und seine Gesandten wurden zwar allerorts ehrenvoll empfangen – so etwa auch in Florenz, wo bereits seit 1397 der Gelehrte Manuel Chrysoloras als Professor für Griechisch wirkte und mit dem Kaiser in Briefkontakt stand. Substanzielle Zusagen für militärische Unterstützung blieben jedoch aus.

Gerettet wurde Konstantinopel durch Geschehnisse weit im Osten, wo in Zentralasien der mongolisch-türkische Heerführer Timur ab den 1360er Jahren das zerfallene mongolische Teilkhanat von Tschagatai nochmals vereinen konnte. Ab 1370 unternahm er von seiner Hauptstadt Samarkand aus auf den Spuren des Welteroberers Dschingis Khan weite Feldzüge in alle Himmelsrichtungen. Um 1400 reichte seine Macht von der Wolga bis nach Indien und von Zentralasien bis in den Iran und den Irak. Damit wurde Timurs Reich zum Nachbarn der Osmanen, die in den Jahren zuvor die letzten konkurrierenden türkischen Fürstentümer in Anatolien erobert hatten. Auch Sultan Bayezid I. sah sich bereits als Weltherrscher, und so kam es bald zur Konfrontation der beiden Supermächte.

Im Sommer 1402 brach Bayezid die Belagerung Konstantinopels ab und versammelte eine große Armee in Kleinasien, der auch Truppen der christlichen Vasallenstaaten Südosteuropas, darunter ein großes serbisches Kontingent, angehörten. Letzteres erwies sich als zuverlässiger als die Krieger aus den kurz zuvor unterworfenen türkischen Fürstentümern, die während der Schlacht mit der Armee Timurs bei Ankara am 20. Juli 1402 zum Teil zum Feind überliefen. Die Osmanen wurden besiegt, und Sultan Bayezid I. geriet in die Gefangenschaft Timurs, aus der er bis zu seinem Tod 1403 nicht mehr freikam. Konstantinopel war damit gerettet, und wie die Gegner einer Verständigung mit der Westkirche festhielten, nicht durch die Hand der 1396 bei Nikopolis besiegten lateinischen Christen, sondern durch das Wunder der osmanischen Niederlage auf die Fürsprache der Gottesmutter, da die Römer auch in der Not treu bei ihrem angestammten Glauben geblieben waren.

Die Truppen Timurs marschierten nach der Schlacht durch Kleinasien und verwüsteten unterschiedslos türkische und christlich beherrschte Städte, sodass manche Zeitgenossen trotz der Begeisterung über die Niederlage der Osmanen fürchteten, einen Kriegsherrn nur gegen einen noch schlimmeren eingetauscht zu haben. Letztlich zog Timur aber wieder ab und starb schon 1405 in Zentralasien bei Planungen für einen Feldzug gegen China. Der osmanische Machtbereich in Kleinasien lag jedoch in Trümmern, und auch im europäischen Reichsteil stritten nun mehrere Söhne Bayezids I., unterstützt durch wechselnde Allianzen mit türkischen Warlords und Vertretern der christlichen Reiche, um die Nachfolge. Zu einer konzertierten Aktion, um diese Gelegenheit für die Beseitigung der osmanischen Herrschaft auf dem Balkan zu nutzen, kam es seitens der römischen, serbischen oder bulgarischen Eliten jedoch nicht.

Immerhin bot sich auch Kaiser Manuel II., der nach der Nachricht von der Schlacht bei Ankara im Juni 1403 nach Konstantinopel zurückgekehrt war, die Gelegenheit, als Preis für die Unterstützung eines der osmanischen Thronkandidaten einige Territorien zurückzufordern, darunter Thessalonike. Noch einmal mochte man auf eine Erholung des Reiches hoffen. Allerdings setzte sich um 1413 mit Mehmed I. schließlich einer der Söhne Bayezids I. durch und stellte die einheitliche Herrschaft im Osmanischen Reich wieder her. Da er zuvor auch von Manuel II. unterstützt worden war, verschonte er vorerst die den Römern verbliebenen Territorien. Dennoch ließ Manuel II. während eines Aufenthalts auf der Peloponnes, die mittlerweile fast ganz unter Herrschaft der Römer stand, zwischen 1414 und 1416 eine Sperrmauer von sechs Meilen Länge (deshalb auch griechisch *Hexamilion*) über die Landenge bei Korinth errichten, um vor künftigen osmanischen Angriffen gefeit zu sein. Allerdings begegnete dem Kaiser dabei der Widerstand der auf der Peloponnes immer noch mächtigen Großgrundbesitzer, von denen er höhere Abgaben und Militärdienst für den Erhalt und die Bemannung der Mauern forderte. Wie er in einem Brief ausführte, waren sich die Aristokraten bewusst, dass sie die Sperrmauer zwingen würde, ihren Loyalitätsversprechen Taten folgen zu lassen, und dass das Bauwerk das Gleichgewicht der Macht zugunsten des Kaisers bzw. des von ihm für die Peloponnes ernannten *despotes* verschob. Letztlich erwiesen sich die Einzelinteressen auch auf diesem letzten größeren Außenposten römischer Macht gegenüber dem schwindenden gesellschaftlichen Zusammenhalt als zu stark, und verschiedene Angehörige der Eliten rebellierten oder suchten sogar separate Abkommen mit den Osmanen.

Bei Mehmeds Tod im Mai 1421 versuchte Manuel II. noch einmal, die Konkurrenz zwischen verschiedenen Söhnen des Sultans um die Nachfolge zu nutzen, setzte aber mit Mustafa «auf das falsche Pferd». Der siegreiche Murad II. unternahm deshalb 1422 zuerst nach der Überwindung des *Hexamilion* einen Plünderungszug auf die Peloponnes und zwischen Juni und September 1422 einen Angriff auf Konstantinopel. Und auch wenn er die Stadt nicht einnehmen konnte, was man einmal mehr der Hilfe der Gottesmutter zuschrieb, so musste das Neue Rom ab Februar 1424 den Osmanen wieder Tribut leisten. Da auch Thessalonike unter erneuten osmanischen Druck geriet, übergab Manuel II. die Stadt 1423 den Venezianern in der Hoffnung, dass diese sie mit mehr Kraft verteidigen könnten, als es den Römern möglich war. Im selben Jahr entsandte Manuel II. seinen Sohn Johannes VIII. Palaiologos zu einer Reise nach Westeuropa, um Unterstützung gegen die Osmanen zu erbitten. Insgesamt befand sich das Reich beim Tod Kaiser Manuels II. im Juli 1425 wieder in einer kaum besseren Situation als bei seinem Regierungsantritt 1391.

Flucht in die Utopie

Die Nachfolge trat sein Sohn Johannes VIII. Palaiologos an. Um des familiären Friedens willen musste er aber einige den Römern noch verbliebene Küstenstädte in Thrakien seinem jüngeren Bruder Konstantin als Apanage überlassen, während ein anderer Bruder, Theodoros II., als weitgehend eigenständiger *despotes* in Mistras auf der Peloponnes herrschte. Sultan Murad II. hingegen griff zwar vorerst Konstantinopel nicht nochmals direkt an, stellte aber die frühere osmanische Machtstellung in ganz Kleinasien wieder her. Danach ging er erneut auf dem Balkan in die Offensive, eroberte 1430 Thessalonike von den Venezianern und annektierte 1439 den Großteil des vorher schon unter osmanischer Oberhoheit stehenden Serbiens. Somit rückte aber auch Konstantinopel als Schlussstein eines solchen Imperiums zwischen Europa und Asien wieder in den Fokus.

So wie schon sein Großvater und sein Vater sah Johannes VIII. in einem großen Kreuzzug der westlichen Christenheit die einzige Hoffnung auf Rettung des Neuen Rom. Allerdings hatte es Manuel II. nach den Erfahrungen seiner Vorgänger stets vermieden, zu diesem Zweck eine Kirchenunion einzugehen. Nach Auskunft des zeitgenössischen Historikers Georgios Sphrantzes habe er seinem Sohn geraten, zwar mit der Möglichkeit einer kirchlichen Einigung mit den lateinischen Mächten zu spielen, um die Osmanen in Schach zu halten. Jedoch solle er nichts unternehmen, um eine solche Union umzusetzen, denn sie würde «bei unseren Leuten» nie angenommen werden. Dann aber würde eine umso schlimmere Entzweiung mit den Lateinern folgen, und Konstantinopel sei dann «schutzlos den Ungläubigen ausgeliefert».[7]

Vielleicht legte Sphrantzes diese Worte auch rückblickend Manuel II. in den Mund, da dessen Sohn diese Warnung vernachlässigte. Denn Johannes VIII. reiste 1438 nach längeren Verhandlungen auf Einladung des Papstes Eugen IV. zusammen mit Patriarch Joseph II. und mehreren Bischöfen, Gelehrten und Gefolgsleuten, insgesamt 700 Personen, zu einem Konzil nach Ferrara. Dort sollte eine Wiedervereinigung der Kirchen vereinbart werden. Nach einem ersten Zusammentreffen zwischen Papst, Kaiser und Patriarch wurde die Versammlung im Januar 1439 nach Florenz verlegt. Der Künstler Antonio Pisano, genannt Pisanello, verewigte den Kaiser in mehreren Zeichnungen und auch in einer Bronzemedaille mit der griechischen Umschrift «Johannes, Kaiser und *Autokrator* der Römer, der Palaiologe». Interessanterweise trägt der römische Kaiser entsprechend der damaligen Mode der Eliten in Konstantinopel darauf einen *skiadion* genannten hohen Hut, der auf türkisch-mongolische Vorbilder zurückgeht.[8] Die Moden blieben über die politischen Grenzen und Konfliktzonen hinweg international.

Die Verhandlungen in Florenz gestalteten sich langwierig, und am 10. Juni verstarb Patriarch Joseph II. noch vor ihrem Abschluss. Dennoch unterzeichnete die überwiegende Mehrheit der mitgereisten Bischöfe am 6. Juli 1439 das Unionsdekret, mit Ausnahme des Metropoliten Markos Eugenikos von Ephesos. Dieser wurde auch zu einem Wortführer des Widerstands, der dem Kaiser und der Delegation nach ihrer Rückkehr nach Konstantinopel bei Kirche und Volk begegnete. Andere Geistliche wie der um 1400 in Trapezunt geborene Bessarion oder der aus Thessalonike stammende Isidor, der schon vor dem Konzil zum Metropoliten von Kiew geweiht worden war, blieben hingegen in Rom und stiegen sogar zu Kardinälen der westlichen Kirche auf. Sie förderten auch die immer zahlreicheren griechischen Gelehrten, die nach Italien emigrierten und dem dortigen Humanismus entscheidende Impulse gaben.

Diesmal schien sich aber auch die Hoffnung auf Waffenhilfe durch die lateinischen Mächte zu erfüllen, als der ungarische Feldherr Johann Hunyadi zwischen 1442 und 1443 mehrfach osmanische Armeen besiegen und zusammen mit König Władysław III. von Polen und Ungarn schließlich sogar Sultan Murad II. eine Niederlage zufügen konnte. Nachdem auch Fürst Skanderbeg um diese Zeit einen erfolgreichen Guerillakrieg gegen die osmanischen Truppen in den Bergen Albaniens begann, hoffte man auf eine umfangreiche Zurückdrängung der Osmanen. Ein großangelegter Kreuzzug scheiterte jedoch im November 1444 in der Schlacht bei Varna an der bulgarischen Schwarzmeerküste, in der König Władysław fiel. Die Regentschaft im Königreich Ungarn übernahm Johann Hunyadi, der den Kampf gegen die Osmanen fortsetzte, aber im Oktober 1448 in einer neuerlichen Schlacht auf dem Amselfeld eine weitere Niederlage erlitt. Damit endete auch die Hoffnung auf einen Entlastung Konstantinopels.

Schon zuvor hatten die Osmanen 1446 die Peloponnes verwüstet, nachdem sie mit Kanonen die *Hexamilion*-Mauer zerstört hatten. Damals wirkte in Mistras hochbetagt noch der wohl ungewöhnlichste Gelehrte des römischen Mittelalters, der um 1360 in Konstantinopel geborene Georgios Gemistos, genannt «Plethon». Schon früh wandte er sich radikaler als seine Vorgänger dem Studium der vorchristlichen Philosophie zu. Dies machte Plethon bei konservativeren Kreisen des Klerus umso verdächtiger. Um ihn aus der Schusslinie zu bringen, verfügte der Plethon eigentlich gewogene Kaiser Manuel II. 1405 seine Verbannung nach Mistras. Dort nahm er eine angesehene Stellung am Hof des Despoten ein, unterrichtete zahlreiche Schüler und hielt Korrespondenz mit vielen Gelehrten auch an den Orten humanistischer Bildung in Italien. Deshalb nahm ihn Johannes VIII. 1437 zu den Unionsverhandlungen nach Ferrara und Florenz mit, wo Plethon auf die anwesenden italienischen Gelehrten wie erhofft großen Eindruck machte.

Plethon sah den Ausweg aus der existentiellen Krise des Römerreichs aber weniger in der Kooperation mit dem lateinischen Westen als in der Zuwendung zu einer ganz anderen, in antiken Staatsschriften wie jenen Platons begründeten Gesellschaftsordnung. In seiner Schrift «Zusammenfassung der Gesetze» schlug er die Schaffung eines in drei Stände der Bauern, Gewerbetreibenden und Beamten gegliederten Staates auf der Peloponnes vor. Um den gesellschaftlichen Zusammenhalt und die Verteidigungskraft zu stärken, sollten das Ackerland gemeinsamer Besitz aller und anstelle von Söldnern wehrpflichtige Soldaten aus der Bevölkerung eingesetzt werden. Die Förderung «unproduktiver» Gruppen wie der Mönche und Nonnen sei hingegen abzulehnen, und insgesamt sollte das Christentum wieder durch einen an der antiken Religion angelehnten Glauben ersetzt werden. Wie bei Plethons Vorbild Platon zeigt auch seine Staatsordnung totalitäre Züge; Abweichung von der Norm wurde streng bestraft, Homosexualität etwa durch den Feuertod. An die Stelle des verfallenden christlichen Römerreichs sollte also eine Art effizient regierter griechischer «Nationalstaat» treten, ausgerechnet auf der Peloponnes, wo mit Polybios 1600 Jahre früher die Darstellung der römischen Geschichte im vorliegenden Buch begann.

Inwieweit der im Juni 1452 verstorbene Plethon tatsächlich an die Umsetzbarkeit seines Entwurfs glaubte oder ihn als Utopie verfasste, ist unklar. Seine Schrift entsetzte auf jeden Fall seine schon vorher zahlreiche Gegnerschaft im Klerus. Dazu gehörte auch der um 1405 geborene Gennadios Scholarios. Er studierte zwar Latein und las die Schriften des Thomas von Aquin, weshalb er auch Kaiser Johannes VIII. als Sekretär auf das Konzil in Ferrara und Florenz begleitete. Doch wie viele andere lehnte er später die Kirchenunion ab und wurde zu einem ihrer wortmächtigsten Gegner. Deshalb ließ ihn Sultan Mehmed II. nach der Eroberung Konstantinopels 1454 auch als Patriarch einsetzen, was ihm die Gelegenheit gab, die

Schriften Plethons verdammen und verbrennen zu lassen. Auch Gennadios Scholarios hatte die Krise des Römerreichs erkannt. Aber Konstantinopel sollte zumindest der rechtgläubige Mittelpunkt der christlich-orthodoxen Ökumene bleiben, wenn schon nicht das Zentrum eines christlichen Imperiums. Größere Chancen dafür sah er unter der Herrschaft der Osmanen, die gemäß islamischem Recht die Ausübung der christlichen Religion in der bisherigen Form gestatteten, als in einer Union mit der Westkirche, die eine Änderung der dogmatischen Traditionen erforderte.

In ähnlicher, aber doch anderer Weise soll nach Angaben des Historikers Dukas der kaiserliche Minister Lukas Notaras um 1452 ausgerufen haben, es sei besser, in Konstantinopel «einen türkischen Turban herrschen zu sehen als eine lateinische Kaiserkrone».[9] Die ältere Deutung der erwähnten zweiten Kopfbedeckung als Mitra des Papstes ist unrichtig – Lukas Notaras befürchtete also weniger die Union der Kirchen, als dass die westliche Hilfe auf eine Wiedererrichtung des 1261 vertriebenen lateinischen Kaiserreichs hinauslaufen könnte. Dennoch bemühte er sich, nicht zuletzt aufgrund seiner lukrativen Geschäfte mit italienischen Kaufleuten, intensiv um Unterstützung aus Westeuropa bei der Abwehr der Osmanen. Wohl deshalb wurde Lukas Notaras wenige Tage nach der osmanischen Eroberung 1453 auf Befehl des Sultans Mehmed II. hingerichtet.

Die alten Mauern des Neuen Rom

Im Oktober 1448 starb Kaiser Johannes VIII. Palaiologos, der zwar bis zu seinem Tod an der Kirchenunion festgehalten hatte, sie aber gegen die Opposition in Klerus und Volk nicht durchsetzen konnte. Schon bis 1445 hatte nach der Schlacht von Varna ein Großteil der in Florenz anwesenden Bischöfe ihre Unterschrift widerrufen. Die Verständigung mit der Westkirche wurde auch in Moskau abgelehnt, wo der für die Kirchenunion eintretende, aus Rom kommende Metropolit Isidor von Kiew 1441 vertrieben wurde. 1448 wählte eine lokale Synode der Bischöfe im Dezember Iona von Rjazan zum

Metropoliten von Kiew ohne Zustimmung von Konstantinopel, das man wegen der Union als befangen in der lateinischen Häresie betrachtete. Die Kirche der Rus erklärte sich damit de facto für eigenständig. Auch in Konstantinopel ergriff der unionsfreundliche Patriarch Gregorios III. Melissenos 1450 die Flucht und setzte sich nach Rom ab, nachdem ihn der neue Kaiser Konstantin XI. Palaiologos, der Bruder Johannes' VIII., nicht ausreichend unterstützt hatte. Die Leitung der Kirche beanspruchte eine von den Unionsgegnern dominierte «Heilige orthodoxe *Synaxis*», die auf der Suche nach theologischen Verbündeten gegen das Papsttum sogar Kontakt mit der Hussiten-Gemeinde in Prag aufnahm.

Im Februar 1451 starb Sultan Murad II.; die Nachfolge übernahm sein 19-jähriger Sohn Mehmed II., der das Eroberungswerk seiner Vorväter mit der Einnahme Konstantinopels vollenden wollte. In Vorbereitung darauf ließ er auf der europäischen Seite des Bosporus nördlich von Konstantinopel die große Festung Rumeli Hisarı («Festung von Rumelien», wie man den europäischen Reichsteil des Osmanisches Reichs in Anlehnung an die *Romania* nun nannte) errichten. Gemeinsam mit der schon unter Bayezid I. zwischen 1393 und 1394 auf der asiatischen Seite erbauten Burg Anadolu Hisarı und ausgestattet mit neuen Kanonen beherrschte die Festung nun die Meerenge. Danach zog Mehmed II. aus seinen Provinzen in Ost und West eine gewaltige Armee von mehr als 80000 Mann zusammen und begann am 2. April 1453 mit der Belagerung des Neuen Rom. Bei einer Bevölkerung von vielleicht noch 50000 Menschen wurde Konstantinopel von weniger als 10000 Mann, darunter einem größeren genuesischen Kontingent, verteidigt. Diesmal besaßen die Osmanen auch zur See die Übermacht und konnten Ende April sogar über Land Schiffe ins Goldene Horn bringen.

Gleichzeitig hatte Mehmed II. unter anderem mit Hilfe von Kanonengießern aus Ungarn schwere Artilleriegeschütze produzieren lassen, die den vor mehr als 1000 Jahren unter Kaiser Theodosios II. errichteten Landmauern großen Schaden zufügten. Angeblich soll ein Kanonengießer aus Siebenbürgen namens Urban seine Dienste vorher Kaiser Konstantin XI. Palaiologos angeboten haben, der ihn aber angesichts leerer Staatskassen nicht bezahlen konnte. Bereits 1444 hatte der in Rom als Kardinal tätige Bessarion dem damals noch auf der Peloponnes herrschenden Konstantin geraten, lateinische Spezialisten einzuladen und im Gegenzug Studenten nach Italien zu entsenden, um neue Kenntnisse in der Metallurgie, Mechanik, Waffentechnik und im Schiffsbau zu erwerben. Auch diesen Plan setzte man nicht um. Den Aufstieg zum «Gunpowder Empire» schaffte das Römerreich somit im Gegensatz zu den Osmanen und anderen kommenden Großmächten der frühen Neuzeit nicht mehr.

Urban ließ sich vom osmanischen Sultan anwerben. Dieser hatte aber auch andere christliche Truppen aus den ihm unterstellten Gebieten in Marsch gesetzt, darunter Bergleute aus den Silberminen Serbiens, die zur Untertunnelung der Mauern Konstantinopels eingesetzt wurden. In der Nacht auf den 29. Mai, einem Dienstag, war der Sturmangriff der Osmanen schließlich erfolgreich, und die Verteidiger wurden überwunden. Ob dabei eine angeblich aus Vergesslichkeit unverschlossene Ausfallpforte eine Rolle spielte, wie es etwa Stefan Zweig schilderte, ist unklar. Konstantin XI. Palaiologos starb jedenfalls im Kampf, und mit ihm endete nach 1480 Jahren die mit Augustus begonnene Reihe der römischen Kaiser. Die letzten Reste römischer Staatlichkeit fielen mit dem Despotat von Mistras auf der Peloponnes 1460 und dem Kaiserreich von Trapezunt am Schwarzen Meer 1461 an die Osmanen.

Konstantinopel wurde aber 1453 wieder zur Hauptstadt eines Imperiums, das den gesamten Balkan und Anatolien umschloss – und im 16. Jahrhundert darüber hinaus den ganzen östlichen Mittelmeerraum mit Ägypten umfassen sollte, so wie es das römische Reich zuletzt im früheren 7. Jahrhundert getan hatte. Schon kurz nach der Eroberung sorgte Mehmed II. für eine Vergrößerung der durch Krisen, Kriege und die Pest geschrumpften Bevölkerung seiner nunmehrigen Residenzstadt. Ein Steuerregister aus dem Jahr 1477 verzeichnet wieder mehr als 16 000 Haushalte, vielleicht mehr als 80 000 Menschen. Davon stellten die Muslime mit über 9500 Haushalten bereits die Mehrheit. Mehr als 3700 Haushalte wurden der griechisch-orthodoxen Konfession zugeschrieben. Daneben lebten Armenier, Lateiner und mit mehr als 1600 Haushalten auch zahlreiche Juden in der Stadt.

Karriere unter Mehmed II. machte der Historiker Michael Kritobulos, der ab 1456 als Statthalter der Osmanen auf seiner Heimatinsel Imbros in der Nordägäis diente, bevor er nach Konstantinopel übersiedelte. Berühmt ist die Passage in seinem Geschichtswerk, in der er einen angeblichen Besuch Mehmeds II. in Troja schildert, wo der Sultan sich als Rächer der Stadt und die Eroberung Konstantinopels als Vergeltung für das von den Griechen verursachte Unrecht an «uns Asiaten (*Asianoi*)» bezeichnet. Damit bewegte sich Mehmed II. oder vielmehr Kritobulos im Rahmen der Deutung des fortwährenden Gegensatzes zwischen Europa und Asien, den Herodot im 5. Jahrhundert v. Chr. beschrieben hatte. Auch für die Herkunft der Osmanen gab Kritobulos an, dass sie von den antiken persischen Königen abstammten, und zeichnete sie somit als Träger einer Tradition der Weltherrschaft aus, die zumindest ebenso alt war wie jene der Römer. Und da ja seit jeher «Herrschaft und Macht niemals bei den selben Menschen geblieben sind», sondern «von Volk zu Volk (…) zogen», von den Assyrern zu den Medern und Persern und dann weiter zu den Griechen und Römern, sei es daher nicht verwunderlich, dass «Herrschaft (*arche*) und Gunst des Schicksals (*tyche*) die Römer verlassen haben» und zu den tüchtigeren Türken gewandert sind.[10] Nicht zuletzt deshalb benutzte er den Titel eines *basileus* für den Sultan, der damit in der Weltordnung an die Stelle der römischen Kaiser getreten sei.

Tatsächlich finden wir aber gerade in den in griechischer Sprache verfassten Urkunden Mehmeds II. noch wenige Bezüge zur römischen Kaisertitulatur. Erst seine Nachfolger bezeichnen sich in solchen Dokumenten vermehrt als *basileus*, vor allem der ab 1520 herrschende Süleyman I., im Westen genannt «der Prächtige». Er führte unter seinen Titeln nicht nur jenen eines Sultans, eines Kalifen und eines Khans, sondern insbesondere im Schriftverkehr mit christlichen Herrschern auch jenen eines *Kayser-i Rum* oder eines Kaisers von Konstantinopel und vereinte damit die imperialen Traditionen der Araber, der Steppenvölker und der Römer. Den

Anspruch auf den Kaisertitel durch die Habsburger wollten die Osmanen in ihren diplomatischen Beziehungen hingegen lange Zeit ebenso wenig anerkennen, wie es die römischen Kaiser des Ostens vor ihnen gegenüber Karolingern, Ottonen oder Staufern getan hatten. Für die osmanischen Sultane und Eliten war das römische Kaisertum aber nur eines von mehreren Elementen imperialer Selbstdarstellung, das bei Bedarf herausgestrichen werden konnte.

Als «Römer» (griechisch *Rhomaioi*) bezeichneten sich im Osmanischen Reich hingegen weiterhin die griechischsprachigen Christen, und zwar bis zur Entstehung des griechischen Nationalstaats und darüber hinaus. Der Byzantinist Peter Charanis (1908–1985) erinnerte sich an die Besetzung seiner vormals noch osmanisch beherrschten Heimatinsel Lemnos durch die Marine Griechenlands im Jahr 1912. Er und seine Freunde liefen herbei, um die Neuankömmlinge zu betrachten. Als die griechischen Marinesoldaten sie fragten: «Was schaut ihr euch an?», antworteten sie: «Griechen.» Und der unvermeidlichen nächsten Frage: «Seid ihr nicht selbst Griechen?» entgegneten sie: «Nein, wir sind Römer!»[11]

7. DAS NEUE ROM IM JAHR 7000

Die Eroberung Konstantinopels erzeugte 1453 im lateinischen Westeuropa einen Schock und ließ noch Schlimmeres befürchten. Enea Silvio Piccolomini (der spätere Papst Pius II.) hielt 1454 auf einem Reichstag in Frankfurt eine warnende Rede: «Konstantinopels Untergang, (...) der für die Türken ein großer Sieg, für die Griechen die größte Katastrophe, für die Lateiner die höchste Schmach war, ängstigt und quält einen jeden von euch (...). Auch viele Jahrhunderte zuvor hat die Christengemeinschaft (...) niemals größere Schmach erlitten als jetzt. Denn in früheren Zeiten wurden wir in Asien und Afrika, das heißt auf fremdem Gebiet, verwundet, nun aber sind wir in Europa, das heißt im Vaterland, im eigenen Haus, an unserem Sitz erschüttert und niedergemetzelt worden.»[1] Die «Türkenfurcht» wurde nach 1453 somit auch zur Grundlage der Konstruktion eines «europäischen Vaterlandes», weitgehend entgegengesetzt der Tradition des Neuen Rom, das sich stets als Erdteile-übergreifendes Imperium in der von Polybios erstmals dargestellten Verflechtung der Ökumene und nie nur als europäische Macht verstanden hatte. Umso bemerkenswerter ist, wie der vermeintliche Gegensatz zwischen Europa und Asien bis heute europäische Identitätsdebatten und etwa die Diskussion um das Verhältnis zum EU-Beitrittskandidaten Türkei prägt.

Für einige Zeitgenossen in der *Romania* war die Geschichte des christlichen Römerreichs mit der osmanischen Eroberung 1453 aber keineswegs zu Ende. So wie bei früheren Schicksalsschlägen hoffte man auf göttliches Eingreifen, befand sich die Welt doch einmal mehr in einer Endzeit: Entsprechend der Datierung der Erschaffung der Welt um 5500 v. Chr. neigte sich mit dem 15. Jahrhundert n. Chr. das siebte Jahrtausend der Schöpfung dem Ende entgegen. Da sich mittlerweile die Ansicht durchgesetzt hatte, dass der Schöpfungsakt im Jahr 5508 v. Chr. stattfand, konnte das Jahr 7000 der Welt genau in das Jahr 1492 n. Chr. datiert werden.

Selbst nach der Überwindung der Stadtmauern durch die Osmanen am 29. Mai 1453 erwarteten deshalb viele noch ein Wunder. Nach Angaben des Historikers Dukas hätten sich zahlreiche Konstantinopler aufgrund von Prophezeiungen, wonach die Osmanen nach dem Fall der Mauern nur bis zur Säule des Kaisers Konstantin vorstoßen würden, in die Hagia Sophia geflüchtet. Denn dann würde ein Engel des Herrn einem einfachen Mann das Kaisertum mitsamt einem Schwert überreichen, mit dem dieser die Osmanen vertreiben könnte; daraufhin würden die Römer die Feinde bis an die Grenze Persiens zurückdrängen. Diese Prophezeiungen erwiesen sich jedoch als falsch, so Dukas, und die in der Hagia Sophia versammelten Menschen wurden getötet oder versklavt.[2]

Der 1454 als Patriarch eingesetzte Gennadios Scholarios deutete hingegen den Fall Konstantinopels und des Römerreichs als sicheres Zeichen für das bevorstehende Ende aller Zeiten, das er für den 1. September 1492 erwartete. Vielleicht verstarb er 1472 in der Annahme, dass die Herrschaft der Osmanen so wie die gesamte Schöpfung ohnehin nur mehr von kurzer Dauer sein würde. Eine andere apokalyptische Vision verfolgte der seit um 1430 in Italien lebende griechische Gelehrte Georg von Trapezunt. Er meinte nämlich, in Sultan Mehmed II. einen von Gott eingesetzten Herrscher der Endzeit zu erkennen, dem es gegeben sei, die verschiedenen Völker und Religionen der Ökumene, vor allem Christen und Muslime, unter seinem Zepter zu vereinen, wenn er sich nur zum Christentum bekehre. Mehrmals verfasste Georg entsprechende Schriften an den Sultan und versuchte sogar, bei einer Reise nach Konstantinopel – vergeblich – mit Mehmed II. ins Gespräch zu kommen.

Während sich Mehmed II. nicht dafür interessierte, eine Funktion in christlichen Endzeitvisionen zu übernehmen, überlegte man im Großfürstentum Moskau, dem nach der osmanischen Eroberung Südosteuropas mächtigsten orthodoxen Staat, wie man den Fall Konstantinopels innerhalb der etablierten Weltordnung deuten sollte, deren Geltung Patriarch Antonios IV. in seinem Brief an Großfürst Vasilij I. 1393 eingeschärft hatte. Mit der Ablehnung der Union von Ferrara/Florenz, der Ausweisung des noch in Konstantinopel geweihten, unionsfreundlichen Metropoliten Isidoros und der eigenmächtigen Wahl des Iona zum Metropoliten von Kiew 1448 hatte man sich schon vor der Eroberung Konstantinopels von der Kirche des Neuen Rom unabhängig gemacht.

Um seine Wahl zusätzlich zu legitimieren, erklärte Iona 1458 den Fall Konstantinopels als göttliche Strafe für den Abfall vom rechten Glauben. Damit war aber noch kein Anspruch Moskaus auf die Nachfolge des Neuen Rom als Führungsmacht der Ostkirche verbunden. Auch die diesbezüglich oft angeführte Hochzeit des Moskauer Großfürsten Iwan III. mit Zoë Palaiologina, einer Nichte des letzten Kaisers Konstantin XI., im Jahr 1472 war eigentlich ein Projekt des Kardinals Bessarion und des Papsttums, unter dessen Obhut Zoë in Rom gelebt hatte – in der Hoffnung, Moskau doch für die Union der Kirchen und als Verbündeten gegen die Osmanen gewinnen zu können. Iwan III. lockte hingegen das mit dem Kaiserhaus der Palaiologen immer noch verknüpfte Prestige und nicht die Kirchenunion; Zoë wurde nach ihrer Ankunft in Moskau unter dem Namen Sophia noch einmal nach orthodoxem Ritus getauft.

Aber auch damit war noch kein direkter Anspruch auf das imperiale Erbe des Neuen Rom verbunden. Erst allmählich nutzte Iwan III. einige kaiserliche Symbole wie den Doppeladler der Palaiologen, der auf seinen Siegeln auftaucht. Es waren vor allem Vertreter der Kirche, die dem Großfürsten die Rolle des Schutzherrn zuschreiben wollten, die vorher die Kaiser in Konstantinopel innegehabt hatten. So nannte der ab 1490 amtierende Metropolit Zosima Iwan III. den «neuen Konstantin des neuen Konstantinopel». Noch deutlicher formulierte den Anspruch auf die Nachfolge des Neuen Rom schließlich ab 1510 der Mönchsvater Filofei von Pskov, der in Briefen an Großfürst Vasilij III., den Sohn und Nachfolger Iwans III., schrieb, dass das erste (Alte) Rom und das zweite (Neue) Rom aufgrund der Last ihrer Sünden zugrunde gegangen wären. Deshalb sei mit Moskau ein «Drittes Rom» entstanden, das den wahren Glauben bis zum Ende der Tage bewahren und beschützen müsste.[3]

Der seit Kaiser Konstantin entstandene Gedanke, dass der Bestand des rechtgläubigen Römischen Reichs für die Hinauszögerung des Weltendes unverzichtbar sei, wurde nun mit dem Moskauer Staat verknüpft. Allerdings verband Filofei damit vor allem einen Aufruf zur Reue und Umkehr, da der Herrscher eines solchen Reichs wie zuvor die Kaiser des Neuen Rom höheren Standards der Moral und der Gerechtigkeit entsprechen müsste. Ein imperialer Führungsanspruch, wie ihn spätere nationalistisch-russische Kreise, aber auch Beobachter aus Westeuropa mit der Idee vom «Dritten Rom» verknüpften, war damit noch nicht intendiert. Darüber hinaus wurde das Konzept des Dritten Rom keineswegs zum Hauptpfeiler der Moskauer Staatsidentität.

Auch als sich der Sohn Vasilijs III., Iwan IV. (später genannt «der Schreckliche»), 1547 nach einem von Konstantinopler Vorbildern inspirierten Zeremoniell tatsächlich zum Kaiser (Zaren) krönen ließ, nahm er den Titel eines «Zaren aller Rus» und nicht «der Römer» an. Der imperiale Anspruch gründete auf der «Sammlung» der seit dem 12. Jahrhundert auf verschiedene Territorien verteilten Länder der Rus in einem «Russ-Land» und nicht auf der römischen Herrschaft über die Ökumene. Wenn Iwan IV. weiterreichende Ambitionen etwa nach Osten in Richtung der Steppen verfolgte, dann nutzte er zudem das Vorbild der mongolischen Khane der Goldenen Horde, deren Reich in verschiedene Teile zerfallen war, von denen der sich auch als «Khan» titulierende Zar mit Kasan (1552), Astrachan (1557) und Sibir (1582) drei in sein Imperium eingliederte. Das russische Zarenreich wurde damit zu einer eurasischen Großmacht, die so wie die Osmanen verschiedene imperiale Traditionen in sein symbolisches Arsenal integrierte, unter denen die (neu)römische nur eine Option war, die man bei passender Gelegenheit nutzte.

Zudem gab es auch andere Anwärter auf das mit Konstantinopel verknüpfte römische Kaisertum. 1460 floh Thomas Palaiologos, der Bruder des 1453 gefallenen Kaisers Konstantin XI., von der Peloponnes mit seiner Familie nach Italien und fand ab 1462 Aufnahme in Rom, wo er 1465 verstarb. Während seine Tochter Zoë Sophia 1472 den Moskauer Großfürsten heiratete, versuchte sein unter materiellen Nöten leidender Sohn Andreas Palaiologos, den Anspruch auf den römischen Kaisertitel zu Geld zu machen. Einen ersten «Käufer» fand er 1494 mit König Karl VIII. von Frankreich, der nicht nur Ambitionen in Italien hatte, sondern, zumindest in seiner Propaganda, einen Kreuzzug in den Orient plante.

Nach dem Tod Karls 1498 suchte Andreas neue Interessenten und vermachte schließlich kurz vor seinem eigenen Ableben in einem Testament am 7. April 1502 seine Titel den spanischen Monarchen Ferdinand II. von Aragon und Isabella von Kastilien. Diese beherrschten seit der Eroberung des Emirats von Granada 1492 nicht nur den Großteil der Iberischen Halbinsel, sondern nach der Entdeckung Amerikas im selben Jahr auch Gebiete in Amerika. Bevor Christoph Kolumbus 1476 erstmals auf den Atlantik segelte, befuhr er die üblichen Handelsrouten seiner Heimatstadt Genua, die ihn auch auf die Insel Chios, die die Genuesen 1346 dem Neuen Rom entrissen hatten, führten. Während aber die lateinischen Kolonien in der *Romania* immer mehr unter Druck der Osmanen gerieten, sollte seine Seefahrt nach Westen einen anderen Weg zu den Reichtümern des Fernen Ostens eröffnen.

Erst allmählich stellte sich heraus, dass es sich es um eine «Neue Welt» handelte – eine Entdeckung, die auch die Gewichte des Weltgeschehens vom Mittelmeer hin zum Atlantik verschieben sollte. 1492 stellten die Könige Spaniens aber auch die Juden des Landes vor die Wahl zwischen dem Übertritt zum Christentum oder der Auswanderung; viele Sepharden emigrierten ins Osmanische Reich und fanden in Thessalonike und im wieder wachsenden Konstantinopel Zuflucht. So wurde das Jahr 7000 der ostchristlichen Zeitrechnung in mehrerlei Hinsicht zu einem Wendepunkt, auch wenn das Ende der Welt ausblieb. Das Testament des Andreas Palaiologos aber ging mit der spanischen Krone an Kaiser Karl V. und die Habsburger über und befindet sich heute im Haus-, Hof- und Staatsarchiv in Wien. Eine «Aktivierung» des Dokuments erwog kurz Kaiser Karl VI. (reg. 1711–1740), als man nach den großen Erfolgen Österreichs im Türkenkrieg unter Prinz Eugen meinte, bis Konstantinopel vorstoßen zu können. Aber auch dieser imperiale Traum zerschlug sich.

Doch auch im mit den Habsburgern stets konkurrierenden Königreich Frankreich blieb das Interesse an der römisch-imperialen Tradition Konstantinopels nach der Episode rund um Karl VIII.

und Andreas Palaiologos lebendig. Insbesondere nach den Erschütterungen durch die Religionskriege im späten 16. Jahrhundert suchte man verschiedene Formen der Legitimation der französischen Monarchie. Im Jahr 1613 finanzierte König Ludwig XIII. die Übersetzung des für Kaiser Justinian vom Diakon Agapetos verfassten Fürstenspiegels aus dem Griechischen ins Lateinische. Das Buch fand, neben Ausschnitten aus den Werken Konstantins VII. Porphyrogennetos, Eingang unter die Schriften, die der Thronfolger Ludwig (XIV.) in Vorbereitung auf seine Rolle als König studieren musste.

Doch wurde das Neue Rom auch Vorbild für die Inszenierung des Herrschers. Als Ludwig XIV. am 23. Februar 1653 den Sieg über die innerfranzösische Opposition der Fronde feierte, trat er in einem Ballett als Gott Apollo in Gestalt der aufgehenden Sonne auf (Abb. 8) und beendete seinen Tanz mit den Worten: «Wenn ich die Schatten aus Frankreich vertrieben habe, wird mein Licht, das fernen Klimazonen erscheint, siegreich in das Herz von Byzanz vordringen, um den Halbmond auszulöschen.»[4] Die Sonne der römischen Weltherrschaft wurde dabei mit Ideen eines Kreuzzugs verbunden, der mit der Eroberung Konstantinopels enden sollte.

Als der führende Gelehrte des von der Krone seit 1645 geförderten Projekts zur Edition und Übersetzung von Quellen zum «byzantinischen» Reich, Charles du Fresne, sieur du Cange, 1657 seine Edition der Texte zur Eroberung Konstantinopels durch die «Franken» im Jahr 1204 dem König widmete, rief er ebenso Ludwig XIV. darin auf, seinen durch den Vierten Kreuzzug begründeten Anspruch auf die Krone Konstantinopels durchzusetzen. Dieses gelehrte Unternehmen diente ähnlich wie jenes Konstantins VII. im 10. Jahrhundert der Sammlung von Herrschaftswissen. Auch später wurden dem «Sonnenkönig» Pläne für einen Feldzug in den Orient vorgelegt, 1672 sogar durch den Philosophen Gottfried Wilhelm Leibniz. So wie die Herrscher der Osmanen oder in Moskau integrierte Ludwig XIV. die Symbole und Ansprüche des Neuen Rom in das symbolische Arsenal seiner Selbstdarstellung, aus dem es bei passender Gelegenheit hervorgeholt wurde. Realpolitisch führte er jedoch das seit dem 16. Jahrhundert mehrfach erneuerte Bündnis

Abb. 8: König Ludwig XIV. von Frankreich als aufgehender Sonnengott Apoll im «Ballet royal de la nuit» von Jean-Baptiste Lully (1653), Zeichnung, unbekannter Künstler; Paris, Bibliothèque Nationale de France

Frankreichs mit dem Osmanischen Reich gegen den gemeinsamen habsburgischen Feind fort und ließ dem Sultanshof in Konstantinopel durch seinen Botschafter 1683 mündlich übermitteln, dass er keinen Anstoß daran nehmen würde, wenn die Osmanen Wien eroberten.

Der Rückgriff der französischen Monarchie auf die Traditionen des Neuen Rom motivierte aber auch die Gegner des Ancien Régime, «Byzanz» vom Vorbild zum Gegenbild der westeuropäischen Kultur zu machen. Unter Nutzung der unter königlichem Patronat gesammelten Quellen stellte Montesquieu 1734 das «byzantinische» Reich als schlimmstes Beispiel für Despotismus und kulturellen Verfall dar. Er begründete damit eine «aufklärerische» Tradition der «Byzantinisierung» des Römerreichs des Mittelalters, die mit Voltaire und Edward Gibbon wortmächtige Nachahmer fand und dafür sorgte, dass «Byzanz» weder als ungebrochene Fortsetzung der ehrwürdigen Tradition des Imperium Romanum, auf das man in Westeuropa einen Exklusivanspruch erhob, noch als wesentlicher Teil der Geschichte Europas anerkannt wurde.

Tatsächlich lebte jedoch das Neue Rom weit über das Jahr 7000 hinaus in den imperialen Träumen der Weltherrscher der Neuzeit vom Atlantik bis nach Sibirien, aber auch in den Albträumen ihrer Kritiker weiter. Geschichte von der Antike über das Mittelalter bis in die Moderne ohne das Neue Rom zu schreiben oder lehren zu wollen, ist somit ein aussichtsloses Unterfangen.

Anmerkungen

1. RÖMER, GRIECHEN, BYZANTINER: DAS ANDERE MITTELALTER

1 The Patria. Accounts of Medieval Constantinople (2013), edited by Albrecht Berger (Dumbarton Oaks Medieval Library), Cambridge, Mass. u. a., 2–3.
2 Übersetzung bei Herbert Hunger (1958), Byzantinische Geisteswelt. Von Konstantin dem Großen bis zum Fall Konstantinopels, Baden-Baden, 177.
3 Annegarn, Joseph (1845), Weltgeschichte für die katholische Jugend, Münster, 249.
4 Ebner, Anton u. a. (1966), Lehrbuch der Geschichte und Sozialkunde. Bd. 1, Salzburg, 143.
5 Pfeilschifter, Rene (2017), Die Spätantike. Der eine Gott und die vielen Herrscher (C.H.Beck Geschichte der Antike), München, 13.
6 Pfeilschifter (2017), 14–15.

2. VOM ALTEN ZUM NEUEN ROM: DIE ORIENTIERUNG EINES IMPERIUMS

1 Polybios 1, 3, 3–6.
2 Klein, Richard (1983), Die Romrede des Aelius Aristides, Darmstadt.
3 Pferdehirt, Barbara/Scholz, Markus (Hrsgg.) (2012), Bürgerrecht und Krise. Die Constitutio Antoniniana 212 n. Chr. und ihre innenpolitischen Folgen, Mainz, 47.
4 Eusebius von Caesarea, De vita Constantini (2007), übersetzt von Horst Schneider (Fontes Christiani 83), Turnhout.
5 Höfert, Almut (2015), Kaisertum und Kalifat. Der imperiale Monotheismus im Früh- und Hochmittelalter, Frankfurt u. a.
6 Herodianus, Regnum post Marcum (2005), ed. Carlo M. Lucarini, München u. a., 172.
7 Schwinden, Lothar (2022), Erhebungen und Empörungen – Machtkämpfe und Krisenbewältigung im spätrömischen Westen, in: Der Untergang des Römischen Reiches, Trier, 42–63.
8 Pohl, Walter (2005), Die Völkerwanderung. Eroberung und Integration, Stuttgart, 258.
9 Pfeilschifter (2017), 194–197.
10 Theophylaktos Simokates, Geschichte (185), übers. u. erläutert v. Peter Schreiner, Stuttgart, 128.
11 Übersetzung bei Hunger (1958), 101–102.

3. DAS NEUE ROM, DAS BLIEB, IN DER WELT DER SPÄTANTIKE (476–636)

1 Übersetzung bei Meier, Mischa (2004), Justinian. Herrschaft, Reich und Religion (C.H.Beck Wissen), München, 7.
2 Patria (2013), 58–59.
3 Agapetos Diakonos, Der Fürstenspiegel des Kaisers Justinianos (1995), hrsg. von Rudolf Riedinger, Athen.

4 Justinian, Novelle 30, 11, 2.
5 Meier, Mischa (2003), Das andere Zeitalter Justinians. Kontingenzerfahrungen und Kontingenzbewältigung im 6. Jahrhundert n. Chr., Göttingen.
6 Übersetzung bei Meier (2003), 87.
7 Meier (2003), 549–550, 622–630.
8 Meier (2003), 298–302.
9 Pseudo-Dionysius of Tel-Mahre Chronicle (known also as the Chronicle of Zuqnin) Part III (1996), translated by Witold Witakowski, Liverpool, 71.
10 Meier (2003), 251–252.
11 Übersetzung nach Koder, Johannes (2016), Die Byzantiner. Kultur und Alltag im Mittelalter, Wien u. a., 37.
12 The Armenian History attributed to Sebeos (1999), translated by Robert W. Thomson, Liverpool, 31.
13 Das Strategikon des Maurikios (1981), ed. von George T. Dennis. übersetzt von Ernst Gamillscheg (Corpus Fontium Historiae Byzantinae 17), Wien, 373–375.

4. RÖMER, DIE SICH NEU ERFINDEN. VON DER ARABISCHEN EXPANSION BIS ZUR ERNEUERUNG DER GROSSMACHT (636–1025)

1 Dazu Sirotenko, Anastasiia (2020), Zur Darstellung des Kaisers Herakleios in mittelalterlichen Quellen, München, 334.
2 Nikephoros Patriarch of Constantinople, Short History (1990), ed. Cyril Mango (Corpus Fontium Historiae Byzantinae 13), Washington, D.C., 73.
3 Nikephoros (1990), 77.
4 Übersetzung zitiert nach Koder, Johannes (2022), Die frommen Byzantiner und ihre bösen Nachbarn. Das 7. Jahrhundert (582–717) in der Chronographia des Theophanes Homologetes, Wien, 224.
5 Übersetzung zitiert nach Koder (2022), 224.
6 Übersetzung zitiert nach Koder (2022), 226.
7 Übersetzung zitiert nach Koder (2022), 231.
8 Regesten der Kaiserurkunden des oströmischen Reiches von 565–1453, bearbeitet von Franz Dölger. 1. Teil, 1. Halbband, Regesten 565–867 (2009), zweite Auflage unter Mitarbeit von Johannes Preiser-Kapeller und Alexander Riehle besorgt von Andreas E. Müller, München, Nr. 258.
9 Übersetzung zitiert nach Koder (2022), 260–261.
10 Übersetzung zitiert nach Koder (2022), 267.
11 Bulliet, Richard W. (2009), Cotton, Climate, and Camels. A Moment in World History, New York, 107.
12 Übersetzung bei Preiser-Kapeller, Johannes (2018), Jenseits von Rom und Karl dem Großen. Aspekte der globalen Verflechtung in der langen Spätantike, 300–800 n. Chr., Wien, 8.
13 Krannich, Torsten/Schubert, Christoph/Sode, Claudia/von Stockhausen, Annette (2002), Die ikonoklastische Synode von Hiereia 754 (Studien und Texte zu Antike und Christentum 15), Tübingen, 63.
14 Übersetzung bei Hunger (1958), 97–98.
15 Dölger (2009), Nr. 339.
16 Theophanes, Chronographia 472, 16–22; Übersetzung des Autors.

17 Übersetzung bei Höfert (2015), 396.
18 Annales Laureshamenses (1826), ed. Georg Heinrich Pertz (Monumenta Germaniae Historica SS, 1), Hannover, 38; Übersetzung des Autors.
19 Signes Codoñer, Juan (2014), The Emperor Theophilos and the East, 829–842, Birmingham, 128.
20 Kaldellis, Anthony (2019), Romanland: Ethnicity and Empire in Byzantium, Cambridges, Mass. u. a., 188.
21 Übersetzung bei John Skylitzes: A Synopsis of Byzantine History, 811–1057 (2010), translated by John Wortley, Cambridge, 103–105.
22 Die Byzantiner und ihre Nachbarn. Die De administrando imperio genannte Lehrschrift des Kaisers Konstantinos Porphyrogennetos für seinen Sohn Romanos (1995), übersetzt von Klaus Belke/Peter Soustal (Byzantinische Geschichtsschreiber 19), Wien, 240.
23 Ioannes Draschanacertensis Historia Armeniae (786–925 A. D.) (1965), ed. E. V. Zagareišvili, Tbilisi, 29, § 13.
24 Übersetzung bei Hunger (1958), 166–167.
25 Übersetzung nach Koder (2016), 23.
26 Das Eparchenbuch Leons des Weisen (1991), ed. Johannes Koder (Corpus Fontium Historiae Byzantinae 33), Wien, 111.
27 Die Byzantiner und ihre Nachbarn (1995), 184.
28 Stouraitis, Yannis (2017), Reinventing Roman Ethnicity in High and Late Medieval Byzantium, Medieval Worlds 5, 70–94.
29 Übersetzung bei Stouraitis (2017), 79.
30 Übersetzung bei Skylitzes (2010), 218.
31 Suda, Lexikon I (1928), ed. Ada Adler, Leipzig, 458.
32 Costantino Porfirogenito, De thematibus, Testo critico (1967), a cura di Agostino Pertusi, Vatikanstadt, 59–60.
33 Die Byzantiner und ihre Nachbarn (1995), 68.
34 Übersetzung bei Hunger (1958), 171.
35 Grünebaum, Gustav (1937), Eine poetische Polemik zwischen Byzanz und Bagdad im X. Jahrhundert. Analecta Orientalia 14, 43–64.
36 Übersetzung zitiert nach Michael Psellos, Leben der byzantinischen Kaiser (976–1075). Chronographia, Griechisch-Deutsch (2015), hrsg. von Diether Roderich Reinsch, Berlin u. a., 93.
37 McGeer, Eric (2000), The Land Legislation of the Macedonian Emperors. Translation and Commentary, Toronto, 119.
38 Stephenson, Paul (2003), The Legend of Basil the Bulgar-Slayer, Cambridge, 49–51.

5. KEIN PLATZ MEHR FÜR DAS NEUE ROM? DIE FRAGMENTIERUNG DER ÖSTLICHEN MITTELMEERWELT (1025–1261)

1 Trapp, Erich (1986), Militärs und Höflinge im Ringen um das Kaisertum. Byzantinische Geschichte von 969 bis 1118 (Byzantinische Geschichtsschreiber 16), Graz u. a., 56.
2 Übersetzung zitiert nach Psellos (2015), 279.
3 Übersetzung zitiert nach Psellos (2015), 308–313.
4 Übersetzung zitiert nach Psellos (2015), 517.
5 Armenia and the Crusades: Tenth to Twelfth Centuries: The Chronicle of

Matthew of Edessa, translated by Ara Edmond Dostourian (1993), Belmont, MA, 121–123.

6 Übersetzung zitiert nach Psellos (2015), 341–343.

7 Harvey, Alan (1989), Economic Expansion in the Byzantine Empire 900–1200, Cambridge.

8 Übersetzung nach Vademecum des byzantinischen Aristokraten. Das sogenannte Strategikon des Kekaumenos (1964), übersetzt von Hans-Georg Beck (Byzantinische Geschichtsschreiber 5), Graz u.a., 149–150.

9 Bartlett, Robert (1998), Die Geburt Europas aus dem Geist der Gewalt: Eroberung, Kolonisierung und kultureller Wandel von 950 bis 1350, München.

10 Übersetzung zitiert nach Psellos (2015), 553.

11 Trapp (1986), 122.

12 Trapp (1986), 128–129.

13 McGeer, Eric (2020), Byzantium in the Time of Troubles. The Continuation of the Chronicle of John Skylitzes (1057–1079), Leiden, 108–109.

14 Anna Komnene, Alexias (2001), übersetzt von Diether Roderich Reinsch, Berlin u.a., 124.

15 Trapp (1986), 182–183.

16 Gautier, Paul (1970), Diatribes de Jean l'Oxite contre Alexis Ier Comnène, Revue des études byzantines 28, 33.

17 Alexias (2001), 335–337.

18 Alexias (2001), 222–223. Vgl. dazu Vergil, Aeneis 1, 279 und 6, 847–853.

19 Alexias (2001), 19–20.

20 Hörandner, Wolfram (1974), Theodoros Prodromos. Historische Gedichte, Wien, 79–89.

21 Eideneier, Hans (1991), Ptochoprodromos, kritische Ausgabe, deutsche Übersetzung, Köln.

22 Schreiner, Peter (2007), Schlechte Straßen in Konstantinopel, in: Byzantina Mediterranea: Festschrift für Johannes Koder zum 65. Geburtstag, Wien, 586–588.

23 O City of Byzantium. Annals of Niketas Choniates (1984), übers. Harry J. Magoulias, Detroit, 107.

24 Gastgeber, Christian (2001), Die lateinische «Übersetzungsabteilung» der byzantinischen Kaiserkanzlei unter den Komnenen und Angeloi, Dissertation, Wien.

25 Übersetzung bei Hunger (1958), 198–201.

26 Stanković, Vlada (2015), Stronger than It Appears? Byzantium and its European Hinterland after the Death of Manuel I Komnenos, in: Alicia Simpson (Hrsg.), Byzantium 1180–1204: «The Sad Quarter of a Century»? Athen, 36.

27 Choniates (1984), 342.

28 Nikephoros Gregoras, Rhomäische Geschichte I (1973), übersetzt von Jan Louis van Dieten, Stuttgart, 85.

29 Theodoros II. Laskaris, Brief Nr. 216, Übersetzung bei Koder (2016), 39.

30 Pachymeres 1205, Übersetzung nach Koder (2016), 33.

6. VOM BASILEUS DER RÖMER ZUM KAYSER-I RUM. DAS NEUE ROM ZWISCHEN WESTLICHEM UND OSMANISCHEM IMPERIALISMUS (1261–1453)

1 Hunger, Herbert u.a. (1995), Das Register des Patriarchates von Konstantinopel II (Corpus Fontium Historiae Byzantinae 19/2). Wien, Nr. 116.
2 Acta Benedicti XII (1958), ed. Aloysius Tăutu, Vatikanstadt, Nr. 43, 225–227.
3 Übersetzung bei Brandes, Wolfram (2005), Die Pest in Byzanz nach dem Tode Justinians (565) bis 1453, in: Mischa Meier (Hrsg.), Pest. Die Geschichte eines Menschheitstraumas, Stuttgart, 220–221.
4 Demetrios Kydones, Correspondance I (1956), ed. Raymond-Joseph Loenertz, Vatikanstadt, 127, 85–128, 99.
5 Übersetzung bei Hunger, Herbert (1989), Das Patriarchatsregister von Konstantinopel als Spiegel byzantinischer Verhältnisse im 14. Jahrhundert, in: Epidosis. Gesammelte Schriften zur byzantinischen Geistes- und Kulturgeschichte, München, 124.
6 Miklosich, Franz/Müller, Joseph (1862), Acta patriarchatus Constantinopolitani MCCCXV–MCCCCII e codicibus manu scriptis Bibliothecae Palatinae Vindobonesis, Wien, 37–39.
7 Giorgio Sfranze, Cronaca, ed. Riccardo Maisano (1990) (Corpus Fontium Historiae Byzantinae 29). Rom, 83.
8 Asutay-Effenberger, Neslihan/Effenberger, Arne (2017), Byzanz. Weltreich der Kunst, München, 319–320.
9 Dazu Reinsch, Diether Roderich (1996), Lieber der Turban als was? Bemerkungen zum Dictum des Lukas Notaras, in: Philellēn. Studies in honour of Robert Browning, Venedig, 377–389.
10 Mehmet II. erobert Konstantinopel. Die ersten Regierungsjahre des Sultans Mehmet Fatih, des Eroberers von Konstantinopel 1453. Das Geschichtswerk des Kritobulos von Imbros (1986), übersetzt von Diether Roderich Reinsch (Byzantinische Geschichtsschreiber 17). Graz u.a., 247–248.
11 Zitiert bei Kaldellis, Anthony (2007), Hellenism in Byzantium. The Transformations of Greek Identity and the Reception of the Classical Tradition, Cambridge, 42.

7. DAS NEUE ROM IM JAHR 7000

1 Helmrath, Johannes/Annas, Gabriele (2013), Deutsche Reichstagsakten unter Kaiser Friedrich III. Fünfte Abteilung, zweiter Teil: Reichsversammlung zu Frankfurt 1454, München, 494–565.
2 Dukas, Chronographia – Byzantiner und Osmanen im Kampf um die Macht und das Überleben (1341–1462) (2020), übers. Diether Roderich Reinsch, Berlin u.a., 507.
3 Die Quellen zusammengefasst bei Kitromilides, Paschalis M. (2017), The Byzantine Legacy in Early Modern Political Thought, in: The Cambridge Intellectual History of Byzantium, Cambridge, 653–668.
4 Zitiert nach Mansel, Philip (2019), King of the World. The Life of Louis XIV, Dublin, 61.

Zeittafel

324–337	Konstantin I. Alleinherrscher im gesamten Römischen Reich
325	Erstes Ökumenisches Konzil in Nikaia (heute Iznik)
330	11. Mai: Einweihung Konstantinopels als neue Hauptstadt im Osten des Imperium Romanum
375	Vorstoß der Hunnen gegen das Gotenreich in der heutigen Ukraine
378	Römische Niederlage bei Adrianopel (Edirne) gegen die Goten, Kaiser Valens fällt
381	Zweites Ökumenisches Konzil in Konstantinopel, organisiert durch Kaiser Theodosius I.
395	Arkadios besteigt im Osten den römischen Kaiserthron, sein Bruder Honorius im Westen
410	Plünderung Roms durch die Westgoten unter Alarich
451	Viertes Ökumenisches Konzil in Chalkedon, Anerkennung von zwei Naturen in Jesus Christus
455	Plünderung Roms durch die Vandalen unter Geiserich
476	Absetzung des letzten weströmischen Kaisers Romulus Augustulus durch Odoaker, der die Oberhoheit des Kaisers Zenon in Konstantinopel anerkennt
488	Invasion Italiens durch die Ostgoten gegen Odoaker auf Anregung Konstantinopels
502–506	Krieg zwischen dem Römischen Reich und den Persern
527–565	Regierungszeit des Kaisers Justinian I.
533–534	Römische Eroberung des Vandalenreichs in Nordafrika nach kurzem Feldzug
535–540	Beginn des römischen Feldzuges gegen das Ostgotenreich in Italien
536	«Dust Veil» nach einem großen Vulkanausbruch, Übergang zur «Spätantiken Kleinen Eiszeit»
541/542	Eine Beulenpestwelle erfasst von Ägypten kommend Konstantinopel und das ganze Reich
545	Erste Einfälle slawischer Gruppen in das Gebiet südlich der Donau
562	«50-jähriger»-Friede mit den Persern

568	Reichsgründung der Awaren im Karpatenbecken
568	Einfall des Langobarden unter Alboin in Italien
571/572	Neuerlicher Kriegsausbruch mit den Persern
591	Friedensschluss mit Persien mit großen römischen Gebietsgewinnen
592–602	Feldzüge auf der Balkanhalbinsel gegen Awaren und Slawen
602	Neuerlicher Kriegsausbruch mit Persien nach dem Sturz des Kaisers Maurikios
614	Eroberung Jerusalems durch eine persische Armee
618–619	Eroberung Ägyptens durch die Perser
622–629	Feldzüge des Kaisers Herakleios gegen die Perser, Bündnis mit dem Westtürkenreich
622	Flucht des Propheten Mohammed von Mekka nach Medina
626	Die Awaren belagern erfolglos Konstantinopel
628/629	Friedensschluss mit den Persern, Wiederherstellung der Grenzen wie vor 602
632	Tod Mohammeds
636	Niederlage einer großen römischen Armee gegen die Araber am Jarmuk-Fluss
637	Einnahme Jerusalems durch die Araber
641/642	Eroberung Ägyptens durch die Araber
679–680	Festsetzung der Bulgaren nördlich des Balkangebirges an der unteren Donau
697–698	Eroberung Karthagos und Nordafrikas durch die Araber
717–718	Belagerung Konstantinopels durch die Araber, die unter Kaiser Leon III. abgewehrt wird
726/730	Beginn der kaiserlichen Propaganda gegen die Verehrung der Bilder («Ikonoklasmus»)
747/748	Letzte große Pestwelle in Konstantinopel und im Reich
750	Sturz der Umayyadendynastie im Kalifat durch die Abbasiden
751	Eroberung von Ravenna, dem römischen Hauptstützpunkt in Italien, durch die Langobarden
754	Synode von Hiereia, Verbot des Bilderkults unter Kaiser Konstantin V.
756	Siegreicher Feldzug des Frankenkönigs Pippin gegen die Langobarden

774	Eroberung des Langobardenreichs durch Karl den Großen
800	Kaiserkrönung Karls des Großen durch Papst Leo III. in Rom
811	Niederlage der Römer unter Kaiser Nikephoros I. gegen die Bulgaren; der Kaiser fällt
811/812	Gesandtschaft zu Karl dem Großen; Anerkennung als «Kaiser», aber nicht «der Römer»
824–827	Arabische Seefahrer aus Spanien erobern von Ägypten aus Kreta
827	Beginn der arabischen Eroberung Siziliens von Nordafrika aus
839	Erster Beleg für die Präsenz der warägischen Rus in Konstantinopel
843	Endgültiger Beschluss zur Anerkennung der Verehrung der heiligen Bilder (Ikonen)
860	Überraschungsangriff der Rus auf Konstantinopel
863/864	Missionsreise von Kyrill-Konstantin und Methodios ins Großmährische Reich
864	Der bulgarische Khan Boris akzeptiert die Taufe aus Konstantinopel
867	Ermordung von Kaiser Michael III., Kaiser Basileios I. begründet die «makedonische» Dynastie
869	Bündnis Basileios' I. mit Kaiser Ludwig II. gegen die Araber in Unteritalien
878	Eroberung von Syrakus durch die Araber
896	Sieg der Petschenegen über die Magyaren, die in Richtung ungarische Tiefebene ziehen
904	Arabische Seeräuber plündern Thessalonike
912–924	Krieg zwischen Simeon von Bulgarien und dem Römerreich
917	Simeon lässt sich zum *basileus* (Zar) der Bulgaren und Römer ausrufen
927	Simeon verstirbt, Friedensschluss mit seinem Nachfolger Peter
946/957	Die Fürstin der Rus, Olga, lässt sich taufen und besucht Konstantinopel
960/961	Eroberung Kretas durch den General Nikephoros Phokas
962	Kaiserkrönung des deutschen Königs Otto I. in Rom
968	Fürst Swjatoslaw von Kiew greift, durch Konstantinopel mobilisiert, Bulgarien an
968	Gesandtschaftsreise des Liutprand von Cremona nach Konstantinopel im Dienst von Kaiser Otto I., für dessen Sohn Otto II. er eine Prinzessin als Braut gewinnen soll

968/969	Nikephoros II. Phokas erobert Nordsyrien mit der wichtigen Stadt Antiocheia von den Arabern
969	Die schiitisch-ismaelitischen Fatimiden erobern von Tunesien aus Ägypten
971	Sieg des Kaisers Johannes I. Tzimiskes über Swjatoslaw von Kiew, der Bulgarien räumen muss
972	Vermählung der Theophanu, einer Verwandten von Kaiser Johannes I., mit Otto II. in Rom
988/989	Taufe des Großfürsten Wolodymyr von Kiew, Christianisierung der Rus
992	Kaiserliche Privileg-Urkunde für Venedig
1010–1080	Oort-Minimum der Sonnenaktivität, klimatische Schwankungen in ganz Afro-Eurasien
1014/1018	Endgültige Zerschlagung des bulgarischen Reiches durch die Römer unter Kaiser Basileios II.
1036–1040	Türkische Stämme unter Führung der Seldschuken erobern Chorasan und den östliche Iran
1053/1054	Verhandlungen mit Papst Leo IX. über ein gemeinsames Vorgehen gegen die Normannen in Unteritalien scheitern in einem wechselseitigen Kirchenbann
1055	Der Seldschuke Tughrul Beg wird vom Abbasiden-Kalifen in Bagdad als Sultan anerkannt
1071	Niederlage des Kaisers Romanos IV. Diogenes gegen die Seldschuken unter Alp Aslan bei Manzikert; Verlust des letzten römischen Stützpunktes in Italien an die Normannen
1081–1085	Abwehr eines normannischen Angriffs auf die westliche Balkanhalbinsel mit Hilfe Venedigs
1082	Handelsvertrag mit Venedig, Gewährung umfangreicher Privilegien
1095	Gesandtschaft des Kaisers Alexios I. Komnenos an Papst Urban II. um Hilfe gegen die Türken
1096	Ankunft der Teilnehmer des Ersten Kreuzzugs in Konstantinopel
1097	Römische Rückgewinnung Nikaias (Iznik) mit Hilfe der Kreuzfahrer
1099	Eroberung Jerusalems durch die Kreuzfahrer
1139–1142	Verhandlungen mit dem deutschen König Konrad III. über ein Bündnis gegen die Normannen
1143–1180	Herrschaft von Kaiser Manuel I. Komnenos

1144	Die Grafschaft Edessa fällt als erster Kreuzfahrerstaat wieder an die Muslime
1146	Vermählung Manuels I. mit Bertha von Sulzbach, die den Namen Eirene erhält
1147	Ankunft der Teilnehmer des Zweiten Kreuzzuges in Konstantinopel
1153–1156	Vergebliche Verhandlungen Manuels I. mit Friedrich I. Barbarossa über ein Bündnis
1161	Kaiser Manuel I. heiratet Maria aus dem Kreuzfahrerfürstentum von Antiocheia
1163/1164	Krieg Manuels I. mit Ungarn, Unterstützung der italienischen Städte gegen Friedrich I.
1169/1171	Salāh ad-Dīn übernimmt die Macht in Ägypten
1171	Ausweisung der Venezianer aus dem Römischen Reich
1176	Niederlage des Kaisers Manuel I. gegen die Seldschuken bei Myriokephalon in Kleinasien
1182	Übergriffe auf die Lateiner (Genuesen, Pisaner) in Konstantinopel
1185	Zeitweilige Eroberung Thessalonikes durch die Normannen
1185	Aufstand der Brüder Theodor-Peter und Asen in Bulgarien
1187	Niederlage der Kreuzfahrer gegen Sultan Salāh ad-Dīn bei Hattin, Verlust Jerusalems
1189/1190	Durchzug des Kreuzfahrerheers unter Kaiser Friedrich I. Barbarossa durch das Römerreich
1196	Forderung eines hohen Tributs durch Kaiser Heinrich VI., Einhebung der «Alemannensteuer»
1204	Eroberung Konstantinopels durch Kreuzfahrer und Venezianer
1205	Schwere Niederlage des lateinischen Kaiserreiches bei Adrianopel gegen die Bulgaren
1211	Sieg von Theodoros I. Laskaris über die Seldschuken, Sicherung des Exilreichs von Nikaia
1219/1220	Anerkennung der Autokephalie der serbischen Kirche durch das Patriarchat in Nikaia
1235	Anerkennung der Autokephalie der bulgarischen Kirche durch Patriarch Germanos II. in Nikaia
1237–1240	Eroberung der Fürstentümer der Rus durch die Mongolen
1243	Niederlage der Seldschuken in Kleinasien am Kösedağ gegen die Mongolen

1248–1254	Kreuzzug König Ludwigs IX. von Frankreich nach Ägypten, Machtübernahme der Mamluken
1258	Eroberung von Bagdad durch die Mongolen
1259	Sieg der Truppen von Nikaia über eine Allianz seiner Feinde in der Schlacht bei Pelagonia
1260	Die ägyptischen Mamluken besiegen die Mongolen bei Ain Jalut
1261, Juli	Eroberung von Konstantinopel durch Truppen Nikaias, triumphaler Einzug von Kaiser Michael VIII. Palaiologos am 15. August
1266	Karl von Anjou übernimmt die Herrschaft in Unteritalien und Sizilien und plant ab 1267 einen neuen Kreuzzug gegen Konstantinopel
1274	Konzil von Lyon; die römischen Gesandten erkennen die Oberhoheit des Papstes an
1282	Aufstand gegen Karl von Anjou auf Sizilien mit römischer finanzieller Unterstützung
1282	Beendigung der Kirchenunion nach dem Tod Michaels VIII. durch Andronikos II. Palaiologos
1291	Die Mamluken erobern Akkon, die letzte Festung der Kreuzfahrer in Palästina
1302	Niederlage der Römer gegen die Türken unter Osman bei Bapheus
1303	Anheuerung der Katalanischen Kompanie für den Kampf gegen die Türken in Kleinasien
1304–1329	Erste Besetzung der Insel Chios durch die genuesische Familie Zaccaria
1306–1309	Der aus dem Heiligen Land vertriebene Johanniterorden erobert Rhodos
1321–1328	Bürgerkrieg zwischen Kaiser Andronikos II. Palaiologos und seinem Enkel Andronikos III.
1326	Prusa/Bursa in Bithynien wird von den Osmanen erobert
1329	Niederlage der Römer gegen die Osmanen bei Pelekanon in Bithynien
1331	Nikaia (Iznik) wird von den Osmanen eingenommen
1337	Osmanische Eroberung von Nikomedeia (Izmit)
1341–1347	Bürgerkrieg zwischen der Regentschaft für Johannes V. Palaiologos und Johannes (VI.) Kantakuzenos
1346	Stefan IV. Dušan lässt sich zum «Zar der Serben und Griechen» krönen

1346	Ausbruch der Beulenpest in Konstantinopel, Ausbreitung des «Schwarzen Tods» im ganzen Mittelmeerraum und Europa; klimatischer Übergang zur «Kleinen Eiszeit»
1352–1354	Erneuter Bürgerkrieg zwischen Johannes VI. Kantakuzenos und Johannes V. Palaiologos
1352	Etablierung eines osmanischen Brückenkopfes in Europa mit der Eroberung der Festung Tzympe
1354	Eroberung der Stadt und Halbinsel Gallipoli durch die Osmanen
1355	Tod von Stefan IV. Dušan, Zerfall seines Reiches in verschiedene Teilherrschaften
1365/1368	Adrianopel (Edirne) wird zur neuen Residenzstadt der osmanischen Emire in Europa
1369	Kaiser Johannes V. reist nach Rom und legt ein Bekenntnis zum katholischen Dogma ab
1371	Niederlage einiger serbischer Teilherrscher am Fluss Maritza gegen die Osmanen
1380	Sieg des Moskauer Großfürsten Dmitri Donskoi über die Mongolen am Don
1388	Der bulgarische Zar Ivan Šišman muss die osmanische Oberhoheit anerkennen
1389	Niederlage eines serbischen Heers in der Schlacht auf dem Amselfeld (Kosovo Polje) gegen die Osmanen
1393	Osmanische Eroberung der bulgarischen Hauptstadt Tărnovo
1394–1402	Erste Belagerung Konstantinopels durch die Osmanen
1396	Niederlage des Kreuzfahrerheers unter König Sigismund von Ungarn gegen die Osmanen bei Nikopolis
1399–1402	Kaiser Manuel II. reist nach Italien, Frankreich und England, um Hilfe für Konstantinopel zu erbitten
1402	Niederlage der Osmanen gegen den Mongolenherrscher Timur Leng in der Schlacht bei Ankara
1413	Sultan Mehmed I. stellt nach einem Bürgerkrieg die Einheit im Osmanischen Reich wieder her
1422	Osmanische Belagerung Konstantinopels
1423	Übergabe von Thessalonike an die Venezianer, die es bis 1430 gegen die Osmanen halten können
1438/1439	Konzil von Ferrara/Florenz, Abschluss einer Union zwischen West- und Ostkirche
1443–1468	Kleinkrieg des albanischen Fürsten Skanderbeg gegen die Osmanen

1444	Niederlage eines Kreuzfahrerheers gegen die Osmanen bei Varna an der bulgarischen Schwarzmeerküste
1448	Niederlage des ungarischen Reichsverwesers Johann Hunyadi gegen die Osmanen im Kosovo
1451	Sultan Mehmed II. übernimmt die Macht im Osmanischen Reich
1453	Die Osmanen erobern am 29. Mai Konstantinopel; Kaiser Konstantin XI. Palaiologos fällt im Kampf
1459	Endgültige Eingliederung Serbiens in das Osmanische Reich
1460	Eroberung der noch römischen Peloponnes durch die Osmanen
1461	Eingliederung des seit 1204 eigenständigen Kaiserreichs von Trapezunt in das Osmanische Reich
1472	Großfürst Ivan III. von Moskau heiratet Sophia Palaiologina, Nichte des Kaisers Konstantin XI.
1481	Tod Sultan Mehmeds II.
1492	Jahr 7000 der römisch-ostchristlichen Zeitrechnung, Entdeckung Amerikas

Hinweise zur Literatur

Die folgenden Seiten bieten eine Auswahl an nützlichen Überblickswerken und wichtiger neuerer Fachliteratur zu den einzelnen Kapiteln, ohne Anspruch auf Vollständigkeit. Der systematischen Erfassung relevanter Literatur dient die Byzantinische Bibliographie Online der Byzantinischen Zeitschrift (https://www.degruyter.com/database/byz/html?lang=de, abgerufen am 11.03.2023).

Überblickswerke

Eine systematische Darstellung annähernd aller Aspekte der Geschichte und Kultur des mittelalterlichen Römerreichs bietet Daim, Falko (Hrsg.) (2016), Byzanz: Historisch-kulturwissenschaftliches Handbuch. Stuttgart. Ein älterer Forschungsüberblick findet sich in Schreiner, Peter (2011), Byzanz 565–1453 (Oldenbourg Grundriss der Geschichte 22). München. Immer noch nützlich ist Beck, Hans-Georg (1978), Das byzantinische Jahrtausend. München. Einen lexikalischen, aber in manchen Teilen mittlerweile veralteten Zugang eröffnet Kazhdan, Alexander P. (Hrsg.) (1991), The Oxford Dictionary of Byzantium, 3 Bde., Oxford.

Eine Auswahl von neuen Perspektiven der Forschung findet sich bei Kaldellis, Anthony (2019), Byzantium Unbound, Leeds, und Rapp, Claudia (2023), Zerrspiegel, Streiflichter und Seitenblicke: Perspektiven der Byzantinistik heute, Göttingen.

Neuere Überblickswerke zur Geschichte des Römerreichs im Mittelalter

Grünbart, Michael (2014), Das Byzantinische Reich (Geschichte Kompakt), Darmstadt.

Haldon, John (Hrsg.) (2009), A Social History of Byzantium, Oxford.

Haldon, John (2023), Byzantium. A History, Cheltenham.

Harris, Jonathan (2020), Introduction to Byzantium, 602–1453, London u. a.

Herrin, Judith (2013), Byzanz: Die erstaunliche Geschichte eines mittelalterlichen Imperiums, Stuttgart.

Külzer, Andreas (2012), Byzanz (Theiss Wissen Kompakt), Darmstadt.

Lilie, Ralph-Johannes (2003), Byzanz. Das zweite Rom, Berlin.

Lilie, Ralph-Johannes (2007), Einführung in die byzantinische Geschichte, Stuttgart.

Lilie, Ralph-Johannes (2014), Byzanz. Geschichte des oströmischen Reiches (C.H.Beck Wissen), München.

Mango, Cyril (Hrsg.) (2002), The Oxford History of Byzantium, Oxford.

Sarris, Peter (2015), Byzantium. A very short Introduction. Oxford.

Shepard, Jonathan (Hrsg.) (2009), The Cambridge History of the Byzantine Empire c. 500–1492, Cambridge.

Sode, Claudia/Angar, Mabi (2010), Byzanz. Ein Schnellkurs, Köln.

Stathakopoulos, Dionysios (2014), A Short History of the Byzantine Empire, London u. a.

Stephenson, Paul (Hrsg.) (2010), The Byzantine World, New York.
Treadgold, Warren (2020), A Concise History of Byzantium, London.

Alltag, Stadt, Land, Wirtschaft und Umwelt

Baron, Henriette/Daim, Falko (Hrsgg.) (2017), A Most Pleasant Scene and an Inexhaustible Resource? Steps Towards an Environmental History of the Byzantine Empire, Mainz.
Berger, Albrecht (2011), Konstantinopel. Geschichte, Topographie, Religion, Stuttgart.
Daim, Falko (Hrsg.) (2017), Die byzantinischen Häfen Konstantinopels, Mainz.
Haldon, John (1999), Warfare, State and Society in the Byzantine World, 565–1204, London.
Haldon, John (2005), The Palgrave Atlas of Byzantine History, Basingstoke.
Hunger, Herbert/Koder, Johannes (Hrsgg.) (1976 ff.), Tabula Imperii Byzantini, Wien (grundlegende historisch-geographische Darstellung der Kerngebiete des Byzantinischen Reiches in Karten und Einzelbänden).
Izdebski, Adam/Preiser-Kapeller, Johannes (Hrsgg.) (2023), A Companion to the Environmental History of Byzantium, Leiden u. a.
Koder, Johannes (2001), Der Lebensraum der Byzantiner. Historisch-geographischer Abriß ihres mittelalterlichen Staates im östlichen Mittelmeerraum (Byzantinische Geschichtsschreiber Ergänzungsband 1), Wien.
Koder, Johannes (2016), Die Byzantiner. Kultur und Alltag im Mittelalter, Wien u. a.
Laiou, Angeliki E. (Hrsg.) (2002), The Economic History of Byzantium, 3 Bde., Washington, D. C.
Laiou, Angeliki E./Morrisson, Cécile (2007), The Byzantine Economy, Cambridge.
Morrisson, Cécile (2015), Byzance et sa monnaie (IVe-XVe siècles), Paris.
Rapp, Claudia u. a. (2023), Mobility and Migration in Byzantium: A Sourcebook (Moving Byzantium 1), Wien.
Schreiner, Peter (2015), Konstantinopel. Geschichte und Archäologie (C.H.Beck Wissen), München.

Frauen- und Geschlechtergeschichte

Betancourt, Roland (2020), Byzantine Intersectionality: Sexuality, Gender, and Race in the Middle Ages, Cambridge, Mass. u. a.
Brubaker, Leslie/Tougher, Shaun (Hrsgg.) (2013), Approaches to the Byzantine Family, London u. a.
Herrin, Judith (2001), Women in Purple. Rulers of Medieval Byzantium, London.
Herrin, Judith (2013), Unrivalled Influence: Women and Empire in Byzantium, Princeton.
Melichar, Petra (2019), Empresses of Late Byzantium: Foreign Brides, Mediators and Pious Women, Berlin u. a.
Neville, Leonora (2019), Byzantine Gender, Leeds.
Ringrose, Katherine M. (2003), The Perfect Servant. Eunuchs and the Social Construction of Gender in Byzantium, Chicago.
Talbot, Alice Mary (2001), Women and Religious Life in Byzantium, Aldershot.

Kirche und Religionen

Angold, Michael (Hrsg.) (2006), The Cambridge History of Christianity, Volume 5: Eastern Christianity, Cambridge.

Ariantzi, Despoina/Eichner, Ina (Hrsgg.) (2018), Für Seelenheil und Lebensglück. Das byzantinische Pilgerwesen und seine Wurzeln, Mainz.

Beck, Hans-Georg (1980), Geschichte der orthodoxen Kirche im byzantinischen Reich, Göttingen.

Beck, Hans-Georg (1959), Kirche und theologische Literatur im byzantinischen Reich (Handbuch der Altertumswissenschaft Abt. XII/2, 1), München.

Bonfil, Robert u.a. (Hrsgg.) (2012), Jews in Byzantium. Dialectics of Minority and Majority Cultures, Leiden.

Cameron, Averil (2017), Byzantine Christianity: A Very Brief History, London.

Chadwick, Henry (2003), East and West: The Making of a Rift in the Church. From Apostolic Times until the Council of Florence, Oxford.

Efthymiadis, Stephanos (Hrsg.) (2011), The Ashgate Research Companion to Byzantine Hagiography, 2 Bde., Farnham.

Gastgeber, Christian u.a. (Hrsgg.) (2021), A Companion to the Patriarchate of Constantinople, Leiden u.a.

Holo, Joshua (2009), Byzantine Jewry in the Mediterranean Economy, Cambridge.

Hussey, Joan M. (1990), The Orthodox Church in the Byzantine Empire, Oxford.

Külzer, Andreas (1999), Disputationes graecae contra Iudaeos. Untersuchungen zur byzantinischen antijüdischen Dialogliteratur und ihrem Judenbild, Stuttgart u.a.

Müller, Andreas E. (2005), Berg Athos. Geschichte einer Mönchsrepublik (C.H.Beck Wissen), München.

Talbot, Alice-Mary (2014), Varieties of Monastic Experience in Byzantium, 800–1453, Notre Dame.

Kunst und Architektur

Asutay-Effenberger, Neslihan/Effenberger, Arne (2017), Byzanz. Weltreich der Kunst, München.

Belting, Hans (2004), Bild und Kult: Eine Geschichte des Bildes vor dem Zeitalter der Kunst, München.

Cormack, Robin (2018), Byzantine Art (Oxford History of Art), Oxford.

Deckers, Johannes G. (2007), Die frühchristliche und byzantinische Kunst (C.H.Beck Wissen), München.

Ousterhout, Robert G. (2019), Eastern Medieval Architecture: The Building Traditions of Byzantium and Neighboring Lands, Oxford.

Partsch, Susanna (2004), Frühchristliche und byzantinische Kunst (Reclam Kunstepochen). Stuttgart.

Restle, Marcel u.a. (Hrsgg.) (1963ff.), Reallexikon zur byzantinischen Kunst, Stuttgart (fortlaufend).

Schwartz, Ellen C. (Hrsg.) (2021), The Oxford Handbook of Byzantine Art and Architecture, Oxford.

Sprache, Literatur und Geistesleben

Beck, Hans-Georg (1971), Geschichte der byzantinischen Volksliteratur (Handbuch der Altertumswissenschaft Abt. XII/2, 3), München.
Berschin, Walter (1988), Greek Letters and the Latin Middle Ages. From Jerome to Nicholas of Cusa, Washington, D.C.
Cupane, Carolina/Krönung, Bettina (Hrsgg.) (2016), Fictional Storytelling in the Medieval Eastern Mediterranean and beyond, Leiden u.a.
Hörandner, Wolfram u.a. (Hrsgg.) (2019), A Companion to Byzantine Poetry, Leiden u.a.
Horrocks, Geoffrey C. (2010), Greek: A History of the Language and Its Speakers, London.
Hunger, Herbert (1978), Die hochsprachliche profane Literatur der Byzantiner (Handbuch der Altertumswissenschaft Abt. XII/5, 1–2), 2 Bde., München.
Hunger, Herbert (1989), Schreiben und Lesen in Byzanz. Die byzantinische Buchkultur, München.
Kaldellis, Anthony/Siniossoglou, Niketas (Hrsgg.) (2017), The Cambridge Intellectual History of Byzantium, Cambridge.
Lazaris, Stavros (Hrsg.) (2020), A Companion to Byzantine Science, Leiden u.a.
Papaioannou, Stratis (Hrsg.) (2021), The Oxford Handbook of Byzantine Literature, Oxford.
Rhoby, Andreas (2018), Der byzantinische Literaturhorizont. Griechische Literatur vom 4. bis zum 15. Jahrhundert und ihr Kontext, in: Online-Handbuch zur Geschichte Südosteuropas.
Rosenqvist, Jan Olof (2007), Die byzantinische Literatur. Vom 6. Jahrhundert bis zum Fall Konstantinopels 1453, Berlin u.a.
Trapp, Erich (Hrsg.) (1994–2017), Lexikon zur byzantinischen Gräzität, Wien (das erste umfassende Lexikon zum byzantinischen Griechisch, in acht Bänden).
Troianos, Spyros (2017), Die Quellen des byzantinischen Rechts, Berlin u.a.

1. Römer, Griechen, Byzantiner: das andere Mittelalter

Römische und «byzantinische» Identität

Kaldellis, Anthony (2019), Romanland: Ethnicity and Empire in Byzantium, Cambridges, Mass. u.a.
Page, Gill (2008), Being Byzantine. Greek Identity before the Ottomans, Cambridge.
Stouraitis, Yannis (Hrsg.) (2022), Identities and Ideologies in the Medieval East Roman World, Edinburgh.
Stuart, Michael u.a. (Hrsgg.) (2022), The Routledge Handbook on Identity in Byzantium, Abingdon.
Whalin, Douglas (2022), Roman Identity from the Arab Conquests to the Triumph of Orthodoxy, Cham.

Die Rezeption von Byzanz in Westeuropa

Albrecht, Stefan (2007), Byzanz in deutschen, französischen und englischen Schulbüchern, in: Andreas Helmedach (Hrsg.), Pulverfass, Powder Keg, Baril de Poudre? Südosteuropa im europäischen Geschichtsschulbuch, Hannover, 11–40.

Dörler, Philipp/Preiser-Kapeller, Johannes (2012), Justinian und die Osmanen. Byzanz im österreichischen Schulbuch von 1771 bis in die Gegenwart, in: Foteini Kolovou (Hrsg.), Byzanzrezeption in Europa. Spurensuche über das Mittelalter und die Renaissance bis in die Gegenwart, Berlin, 313–346.

Marciniak, Przemyslaw/Smythe, Dion C. (Hrsgg.) (2016), The Reception of Byzantium in European Culture since 1500, Aldershot.

2. Vom Alten zum Neuen Rom: die Orientierung eines Imperiums

Allgemeiner Überblick

Brandt, Hartwin (2007), Das Ende der Antike: Geschichte des spätrömischen Reiches (C.H.Beck Wissen), München.

Demandt, Alexander (2007), Die Spätantike. Römische Geschichte von Diocletian bis Justinian 284–565 n. Chr. (Handbuch der Altertumswissenschaft Abt. III/6), München.

Lee, A. D. (2013), From Rome to Byzantium AD 363 to 565. The Transformation of Ancient Rome, Edinburgh.

Morrisson, Cécile (Hrsg.) (2004), Le Monde Byzantin I. L'Empire romain d'Orient (330–641), Paris.

Pfeilschifter, Rene (2017), Die Spätantike. Der eine Gott und die vielen Herrscher (C.H.Beck Geschichte der Antike), München.

Die Christianisierung und die Entstehung römisch-christlicher Identität im Osten

Dagron, Gilbert (2003), Emperor and Priest. The Imperial Office in Byzantium, Cambridge.

Höfert, Almut (2015), Kaisertum und Kalifat. Der imperiale Monotheismus im Früh- und Hochmittelalter, Frankfurt u. a.

Millar, Fergus (2006), A Greek Roman Empire. Power and Belief under Theodosius II, 408–450, Berkeley.

Podskalsky, Gerhard (1972), Byzantinische Reichseschatologie. Die Periodisierung der Weltgeschichte in den vier Großreichen (Daniel 2 und 7) und dem Tausendjährigen Friedensreich (Apok. 20). Eine motivgeschichtliche Untersuchung, München.

Rapp, Claudia (2005), Holy Bishops in Late Antiquity. The Nature of Christian Leadership in an Age of Transition, Berkeley u. a.

Winkelmann, Friedhelm (1980), Die östlichen Kirchen in der Epoche der christologischen Auseinandersetzungen (5. bis 7. Jahrhundert), Berlin.

3. Das Neue Rom, das blieb, in der Welt der Spätantike (476–636)

Allgemeiner Überblick

Cameron, Averil/Ward-Perkins, Bryan/Whitby, Michael (Hrsgg.) (2000), The Cambridge Ancient History, Vol. XIV. Late Antiquity: Empire and Successors, A. D. 425–600, Cambridge.

Morrisson (2004).

Pfeilschifter (2017).

Sarris, Peter (2011), Empires of Faith. The Fall of Rome to the Rise of Islam, 500–700, Oxford.

Stephenson, Paul (2022), New Rome: The Empire in the East, Cambridge, Mass.

Kaiser Justinian und die Pest

Leppin, Hartmut (2011), Justinian. Das christliche Experiment, Stuttgart.
Little, Lester K. (Hrsg.) (2006), Plague and the End of Antiquity: The Pandemic of 541–750, Cambridge.
Maas, Michael (Hrsg.) (2005), The Cambridge Companion to the Age of Justinian, Cambridge.
Meier, Mischa (2003), Das andere Zeitalter Justinians. Kontingenzerfahrungen und Kontingenzbewältigung im 6. Jahrhundert n. Chr., Göttingen.
Meier, Mischa (2004), Justinian. Herrschaft, Reich und Religion (C.H.Beck Wissen), München.
Sarris, Peter (2006), Economy and Society in the Age of Justinian, Cambridge.
Tsiamis, Costas (2022), Plague in Byzantine Times: A Medico-historical Study, Berlin u. a.

Die Perserkriege und Kaiser Herakleios

Greatrex, Geoffrey/Lieu, Sam N. C. (2002), The Roman Eastern Frontier and the Persian Wars. Part II: A. D. 363–630. A narrative Sourcebook, London u. a.
Howard-Johnston, James (2021), The Last Great War of Antiquity, Oxford.
Hurbanič, Martin (2019), The Avar Siege of Constantinople in 626: History and Legend, Cham.
Kaegi, Walter E. (2003), Heraclius, Emperor of Byzantium, Cambridge.
Viermann, Nadine (2021), Herakleios, der schwitzende Kaiser: Die oströmische Monarchie in der ausgehenden Spätantike, Berlin u. a.
Winkelmann, Friedhelm (2001), Der monenergetisch-monotheletische Streit, Berlin.
Winter, Engelbert/Dignas, Beate (2001), Rom und das Perserreich. Zwei Weltmächte zwischen Konfrontation und Koexistenz, Berlin.

Das Römerreich und seine nähere und weitere Nachbarschaft

Canepa, Matthew P. (2010), Two Eyes of the Earth: Competition and Exchange in the Art and Ritual of Kingship between Rome and Sasanian Iran, Berkeley u. a.
Curta, Florin (2006), Southeastern Europe in the Middle Ages 500–1250, Cambridge.
Meier, Mischa (2021), Geschichte der Völkerwanderung: Europa, Asien und Afrika vom 3. bis zum 8. Jahrhundert n. Chr. (Historische Bibliothek der Gerda Henkel Stiftung), München.
Gandila, Andrei (2018), Cultural Encounters on Byzantium's Northern Frontier, c. AD 500–700: Coins, Artifacts and History, Cambridge.
Nechaeva, Ekaterina (2014), Embassies – Negotiations – Gifts. Systems of East Roman Diplomacy in Late Antiquity, Stuttgart.
Pohl, Walter (2015), Die Awaren. Ein Steppenvolk in Mitteleuropa 567–822 n. Chr., München.
Preiser-Kapeller, Johannes (2018), Jenseits von Rom und Karl dem Großen. As-

pekte der globalen Verflechtung in der langen Spätantike, 300–800 n. Chr., Wien.

4. Römer, die sich neu erfinden. Von der arabischen Expansion bis zur Erneuerung der Großmacht (636–1025)

Einen umfassenden Überblick über diese Jahrhunderte bietet Cheynet, Jean-Claude (Hrsg.) (2006), Le Monde Byzantin II. L'Empire byzantin (641–1204), Paris.

Die arabische Expansion und die Krise des 7. Jahrhunderts

Asa Eger, A. (2015), The Islamic-Byzantine Frontier. Interaction and Exchange among Muslim and Christian Communities, London u. a.
Berger, Lutz (2016), Die Entstehung des Islam: Die ersten hundert Jahre, München.
Brandes, Wolfram (2002), Finanzverwaltung in Krisenzeiten. Untersuchungen zur byzantinischen Administration im 6.–9. Jahrhundert, Frankfurt am Main.
Haldon, John F. (2016), The Empire That Would Not Die. The Paradox of Eastern Roman Survival, 640–740, Harvard.
Heilo, Olof (2016), Eastern Rome and the Rise of Islam: History and Prophecy, London.
Howard-Johnston, James (2010), Witnesses to a World Crisis: Historians and Histories of the Middle East in the Seventh Century, Oxford.

Die Zeit des Ikonoklasmus und die Beziehungen zu den Karolingern

Brubaker, Leslie/Haldon, John F. (2011), Byzantium in the Iconoclast Era, c. 680–850. A History, Cambridge.
Gantner, Clemens (2014), Freunde Roms und Völker der Finsternis. Die Konstruktion von Anderen im päpstlichen Rom des 8. und 9. Jahrhunderts, Wien u. a.
Humphreys, Michael T. G. (2014), Law, Power, and Imperial Ideology in the Iconoclast Era: c.680–850, Oxford.
Humphreys, Michael T. G. (Hrsg.) (2021), A Companion to Byzantine Iconoclasm, Leiden u. a.
Nerlich, Daniel (1999), Diplomatische Gesandtschaften zwischen Ost- und Westkaisern 756–1002, Bern.
Noble, Thomas F. X. (2009), Images, Iconoclasm and the Carolingians, Philadelphia.
Signes Codoñer, Juan (2014), The Emperor Theophilos and the East, 829–842, Birmingham.
Thümmel, Hans Georg (2005), Die Konzilien zur Bilderfrage im 8. und 9. Jahrhundert. Das 7. Ökumenische Konzil in Nikaia 787, Paderborn u. a.
Torgerson, Jesse W. (2022), The Chronographia of George the Synkellos and Theophanes. The Ends of Time in Ninth-Century Constantinople, Leiden u. a.

Die Makedonische Dynastie bis zur Regierung Basileios' II.

Chitwood, Zachary (2017), Byzantine Legal Culture and the Roman Legal Tradition, 867–1056, Cambridge.

Holmes, Catherine (2005), Basil II and the Governance of Empire (976–1025), Oxford.
Kaldellis, Anthony (2017), Streams of Gold, Rivers of Blood: The Rise and Fall of Byzantium, 955 A. D. to the First Crusade, Oxford.
Magdalino, Paul (Hrsg.) (2003), Byzantium in the Year 1000, Leiden u. a.
Maguire, Henry (Hrsg.) (1997), Byzantine Court Culture from 829 to 1204. Washington, D. C.
Németh, András (2018), The Excerpta Constantiniana and the Byzantine Appropriation of the Past, Cambridge.
Neville, Leonora (2004), Authority in Byzantine Provincial Society, 950–1100, Cambridge.
Riedel, Meredith (2018), Leo VI and the Transformation of Byzantine Christian Identity: Writings of an Unexpected Emperor, Cambridge.
Strässle, Peter M. (2006), Krieg und Kriegführung in Byzanz. Die Kriege Kaiser Basileios' II. gegen die Bulgaren (976–1019), Köln.

Das Römerreich im weiteren Kontext der Entwicklung der mittelalterlichen Welt

Borgolte, Michael (2022), Die Welten des Mittelalters. Globalgeschichte eines Jahrtausends, München.
Feldmann, Alex M. (2022), The Monotheisation of Pontic-Caspian Eurasia: From the Eighth to the Thirteenth Century, Edinburgh.
Franklin, Simon (2002), Writing, Society and Culture in Early Rus, c. 950–1300, Cambridge.
Gutas, Dimitri (1998), Greek Thought, Arabic Culture. The Graeco-Arabic Translation Movement in Baghdad and Early 'Abbāsid Society (2nd–4th/8th–10th Centuries), New York.
Jakobsson, Sverrir (2020), The Varangians: In God's Holy Fire, Cham.
McCormick, Michael (2002), Origins of the European Economy: Communications and Commerce AD 300–900, Cambridge.
Preiser-Kapeller, Johannes/Reinfandt, Lucian/Stouraitis, Yannis (Hrsgg.) (2020), Migration Histories of the Medieval Afroeurasian Transition Zone: Aspects of Mobility Between Africa, Asia and Europe, 300–1500 C. E., Leiden u. a.
von Euw, Anton/Schreiner, Peter (Hrsgg.) (1991), Kaiserin Theophanu. Begegnung des Ostens und Westens um die Wende des ersten Jahrtausends, 2 Bde., Köln.
Scheel, Roland (2015), Skandinavien und Byzanz: Bedingungen und Konsequenzen mittelalterlicher Kulturbeziehungen, Bonn.
Walker, Alicia (2012), The Emperor and the World. Exotic Elements and the Imaging of Middle Byzantine Imperial Power, Ninth to Thirteenth Centuries C. E., Cambridge.
Wickham, Chris (2005), Framing the Early Middle Ages. Europe and the Mediterranean, 400–800, Oxford.

5. Kein Platz mehr für das Neue Rom? Die Fragmentierung der östlichen Mittelmeerwelt (1025–1261)

Einen guten Überblick zur politischen Geschichte dieser Periode bietet immer noch Angold, Michael (1997), The Byzantine Empire 1025–1204, London u. a.

Das 11. Jahrhundert zwischen Basileios II. und Alexios I. Komnenos

Bayer, Axel (2002), Spaltung der Christenheit: das sogenannte Morgenländische Schisma von 1054, Köln u. a.

Beihammer, Alexander D. (2017), Byzantium and the Emergence of Muslim-Turkish Anatolia, ca. 1040–1130, London u. a.

Bernard, Floris (2014), Writing and Reading Byzantine Secular Poetry, 1025–1081, Oxford.

Cheynet, Jean-Claude (1990), Pouvoir et contestations à Byzance (963–1210), Paris.

Ellenblum, Ronnie (2012), The Collapse of the Eastern Mediterranean. Climate Change and the Decline of the East, 950–1072, Cambridge.

Harvey, Alan (1989), Economic Expansion in the Byzantine Empire, 900–1200, Cambridge.

Hillenbrand, Carol (2007), Turkish Myth and Muslim Symbol. The Battle of Manzikert, Edinburgh.

Howard-Johnston, James (Hrsg.) (2020), Social Change in Town and Country in Eleventh-Century Byzantium, Oxford.

Kaldellis, Anthony (2015), The Byzantine Republic: People and Power in New Rome, Harvard.

Krallis, Dimitris (2019), Serving Byzantium's Emperors: The Courtly Life and Career of Michael Attaleiates, London.

Papaioannou, Stratis (2013), Michael Psellos: Rhetoric and Authorship in Byzantium, Cambridge.

Shea, Jonathan (2020), Politics and Government in Byzantium: The Rise and Fall of the Bureaucrats, London.

Die Herrschaft der Komnenen und die ersten Kreuzzüge

Angold, Michael (1995), Church and Society in Byzantium under the Comneni 1081–1261, Cambridge.

Asutay-Effenberger, Neslihan/Daim, Falko (Hrsgg.) (2014), Der Doppeladler. Byzanz und die Seldschuken in Anatolien vom späten 11. bis zum 13. Jahrhundert, Mainz.

Borgolte, Michael (2002), Europa entdeckt seine Vielfalt 1050–1250, Stuttgart.

Bucossi, Alessandra/Rodriguez Suarez, Alex (Hrsgg.) (2016), John II Komnenos, Emperor of Byzantium: In the Shadow of Father and Son, London.

Drocourt, Nicolas/Kolditz, Sebastian (Hrsgg.) (2022), A Companion to Byzantium and the West, 900–1204, Leiden u. a.

Exarchos, Leonie (2022), Lateiner am Kaiserhof in Konstantinopel: Expertise und Loyalitäten zwischen Byzanz und dem Westen (1143–1204), Paderborn.

Harris, Jonathan, Byzantium and the Crusades, London 2022.

Hegele, Karlheinz (2009), Die Staufer und Byzanz: Rivalität und Gemeinsamkeit im Europa des Hochmittelalters, Schwäbisch Gmünd 2009.

Lilie, Ralph-Johannes (2004), Byzanz und die Kreuzzüge, Stuttgart.
Magdalino, Paul (1993), The Empire of Manuel I Komnenos (1143–1180), Cambridge.
Malamut, Elisabeth (2007), Alexis Ier Comnène, Paris.
Neville, Leonora (2016), Anna Komnene: The Life and Work of a Medieval Historian, New York.
Simpson, Alicia (2013), Niketas Choniates. A Historiographical Study, Oxford.

Zu den Jahrzehnten zwischen dem Tod Manuels I. und dem Vierten Kreuzzug 1204 sind die Beiträge in Simpson, Alicia (Hrsg.) (2015), Byzantium 1180–1204: «The Sad Quarter of a Century»? Athen, grundlegend.

Die Exilreiche nach 1204 und die Herrschaften der Lateiner

Angelov, Dimiter (2007), Imperial Ideology and Political Thought in Byzantium, 1204–1330, Cambridge.
Angelov, Dimiter (2019), The Byzantine Hellene: The Life of Emperor Theodore Laskaris and Byzantium in the Thirteenth Century, Cambridge.
Angold, Michael, (1975), A Byzantine Government in Exile. Government and Society under the Laskarids of Nicaea (1204–1261), Oxford.
Burkhardt, Stefan (2014), Mediterranes Kaisertum und imperiale Ordnungen: Das lateinische Kaiserreich von Konstantinopel, Berlin u. a.
Lock, Peter (1995), The Franks in the Aegean 1204–1500, London u. a.
Nicol, Donald M. (1957), The Despotate of Epiros (1204–1267), Oxford.
Shawcross, Theresa (2009), The Chronicle of Morea: Historiography in Crusader Greece, Oxford.
Van Tricht, Filip (2011), The Latin Renovatio of Byzantium: The Empire of Constantinople (1204–1228), Leiden u. a.

6. Vom Basileus der Römer zum Kayser-i Rum. Das Neue Rom zwischen westlichem und osmanischem Imperialismus (1261–1453)

Einen umfassenden Überblick bieten Nicol, Donald M. (2008), The Last Centuries of Byzantium, 1261–1453, Cambridge, sowie Laiou, Angeliki/Morrisson, Cécile (Hrsgg.) (2011), Le Monde Byzantin III. L'Empire grec et ses voisins XIIIe-XVe siècle, Paris, und Harris, Jonathan (2012), The End of Byzantium, Yale.

Werke zu einzelnen Kaisern der Palaiologendynastie

Çelik, Siren (2021), Manuel II Palaiologos (1350–1425): A Byzantine Emperor in a Time of Tumult, Cambridge.
Geanakoplos, Deno John (1959), Emperor Michael Palaeologus and the West, 1258–1282: A Study in Byzantine-Latin Relations, Cambridge, Mass.
Gickler, Helga (2015), Kaiser Michael IX. Palaiologos: sein Leben und Wirken (1278 bis 1320): Eine biographische Annäherung, Frankfurt am Main u. a.
Kolditz, Sebastian (2013), Johannes VIII. Palaiologos und das Konzil von Ferrara-Florenz (1438/39): Das byzantinische Kaisertum im Dialog mit dem Westen. 2 Bde., Stuttgart.

Laiou, Angeliki (1972), Constantinople and the Latins. The Foreign Policy of Andronicus II 1282–1328, Cambridge, Mass.

Leonte, Florin (2020), Imperial Visions of Late Byzantium: Manuel II Palaiologos and Rhetoric in Purple, Edinburgh.

Philippides, Marios (2018), Constantine XI Dragaš Palaeologus (1404–1453): The Last Emperor of Byzantium, London u. a.

Das Römerreich und die Expansion der Osmanen

Babinger, Franz (1987), Mehmed der Eroberer. Weltenstürmer einer Zeitenwende, München.

Estangüi Gomez, Raul (2014), Byzance face aux Ottomans: Exercice du pouvoir et contrôle du territoire sous les derniers Paléologues (milieu XIVe-milieu XVe siècle), Paris.

Foss, Clive (2022), The Beginnings of the Ottoman Empire, Oxford.

Korobeinikov, Dimitri (2014), Byzantium and the Turks in the Thirteenth Century, Oxford.

Matschke, Klaus-Peter (1981), Die Schlacht bei Ankara und das Schicksal von Byzanz. Studien zur spätbyzantinischen Geschichte zwischen 1402 und 1422, Weimar.

Necipoğlu, Nevra (2009), Byzantium between the Ottomans and the Latins. Politics and Society in the Late Empire, Cambridge.

Philippides, Marios/Hanak, Walter K. (2011), The Siege and the Fall of Constantinople in 1453: Historiography, Topography, and Military Studies, Farnham.

Schmitt, Oliver Jens/Kiprovska, Mariya (2022), Ottoman Raiders (Akıncıs) as a Driving Force of Early Ottoman Conquest of the Balkans and the Slavery-Based Economy, Journal of the Economic and Social History of the Orient 65, 497–582.

Todt, Klaus-Peter (1991), Kaiser Johannes VI. Kantakuzenos und der Islam: politische Realität und theologische Polemik im palaiologenzeitlichen Byzanz, Würzburg u. a.

Staat, Wirtschaft und Gesellschaft

Bartusis, Mark C. (2012), Land and Privilege in Byzantium. The Institution of Pronoia, Cambridge.

Gerstel, Sharon (2015), Rural Lives and Landscapes in Late Byzantium: Art, Archaeology, and Ethnography, Cambridge.

Kidonopoulos, Vassilios (1994), Bauten in Konstantinopel 1204–1328. Verfall und Zerstörung, Restaurierung, Umbau und Neubau von Profan- und Sakralbauten, Wiesbaden.

Kondyli, Fotini (2022), Rural Communities in Late Byzantium: Resilience and Vulnerability in the Northern Aegean, Cambridge.

Kyriakidis, Savvas (2011), Warfare in Late Byzantium, 1204–1453, Leiden u. a.

Macrides, Ruth u. a. (2013), Pseudo-Kodinos and the Constantinopolitan Court: Offices and Ceremonies, Farnham, Burlington.

Matschke, Klaus-Peter/Tinnefeld, Franz (2001), Die Gesellschaft im späten Byzanz. Gruppen, Strukturen und Lebensformen, Köln u. a.

Smyrlis, Kostis (2006), La fortune des grands monastères byzantins (fin du Xe–milieu du XIVe siècle), Paris.

Religion und Gelehrsamkeit
Blanchet, Marie-Helene (2008), Georges-Gennadios Scholarios (vers 1400-vers 1472): un intellectuel orthodoxe face à la disparition de l'empire byzantin, Paris.
Gaul, Niels (2011), Thomas Magistros und die spätbyzantinische Sophistik: Studien zum Humanismus urbaner Eliten in der frühen Palaiologenzeit, Mainz.
Harris, Jonathan (1995), Greek Emigrees in the West 1400–1520, Camberley.
Hilsdale, Cecily J. (2014), Byzantine Art and Diplomacy in an Age of Decline, Cambridge.
Kaldellis, Anthony (2014), A New Herodotos: Laonikos Chalkokondyles on the Ottoman Empire, the Fall of Byzantium, and the Emergence of the West, Washington, D.C.
Kotzabassi, Sofia (Hrsg.) (2023), A Companion to the Intellectual Life of the Palaeologan Period, Leiden u.a.
Kraus, Christof (2007), Kleriker im späten Byzanz. Anagnosten, Hypodiakone, Diakone und Priester 1261–1453, Wiesbaden.
Ryder, Judith R. (2010), The Career and Writings of Demetrius Kydones: a Study of fourteenth-century Byzantine Politics, Religion and Society, Leiden u.a.
Woodhouse, Christopher M. (1986), Gemistos Plethon. The Last of the Hellens, Oxford.

7. Das Neue Rom im Jahr 7000

Das Nachleben des Römerreichs nach 1453
Aschenbrenner, Nathanael/Ransohof, Jake (Hrsgg.) (2022), The Invention of Byzantium in Early Modern Europe, Washington, D.C.
Jorga, Nicolae (2000), Byzantium after Byzantium, Oxford.
Kefala, Eleni (2021), The Conquered: Byzantium and America on the Cusp of Modernity, Washington, D.C.

Das «byzantinische» Erbe Russlands
Kappeler, Andreas (2008), Rußland als Vielvölkerreich: Entstehung – Geschichte – Zerfall, München.
Khunchukashvili, David (2023), Die Anfänge des letzten Zarentums: Politische Eschatologie in der Moskauer Rus' zwischen Byzanz und dem Heiligen Römischen Reich, Berlin u.a.
Ostrowski, Donald (1999), Muscovy and the Mongols. Cross-Cultural Influences on the Steppe Frontier, 1304–1589, Cambridge.
Ostrowski, Donald (2004), «Moscow the Third Rome» as Historical Ghost, in: Helen C. Evans (Hrsg.), Byzantium: Faith and Power (1261–1557), New Haven, Conn., 170–179.

Danksagung

Mein herzlicher Dank gilt Dr. Stefan von der Lahr vom Verlag C.H.Beck für die Einladung, den Band «Byzanz» für die Reihe «Geschichte der Antike» zu verfassen, und ihm sowie Frau Andrea Morgan für die liebenswürdige Begleitung des Publikationsprozesses.

Ebenso danke ich allen Kolleginnen und Kollegen am Institut für Mittelalterforschung, insbesondere an der Abteilung Byzanzforschung, der Österreichischen Akademie der Wissenschaften für die Unterstützung.

Und ein besonderer Dank gilt unseren Familien in Griechenland und Österreich, darunter Iliana, Lorenz, Flora, Stephanos, Josefine, Nepomuk und Nikodemus für die stets willkommene Ablenkung vom Wissenschaftsbetrieb. Das Buch widme ich meiner lieben Frau.

Register (Personen und Orte in Auswahl)

KARTEN- UND BILDNACHWEIS

Abb. 1: mauritius images/Ian Furniss/Alamy/Alamy Stock Photos
Abb. 2, 3: Arne Effenberger
Abb. 4: (links) bpk/Münzkabinett, SMB; (rechts) bpk/Münzkabinett, SMB/ Lutz-Jürgen Lübke
Abb. 5: akg-images/Bible Land Picture
Abb. 6: Manuel Cohen/akg-images
Abb. 7: mauritius images/Westend61/Martin Siepmann
Abb. 8: https://commons.wikimedia.org/wiki/File:Louis-Apollo1.jpg?uselang=de

Karten

Sämtliche Karten: © Peter Palm, Berlin
Karte 3: Nach Malise Ruthven/Azim Nanji (2004), Historical Atlas of Islam, Cambridge/Mass.
Karte 7: Nach Peter Schreiner (2011), Byzanz 565–1453 (Oldenbourg Grundriss der Geschichte 22), München, 310, Karte II